U0720291

新編諸子集成

莊子集解

〔清〕王先謙撰

莊子集解内篇補正

劉武撰

中華書局

點校説明

清季王先謙的莊子集解，集納了前人注莊的許多成果，又提出了自己的一些新解，要言不煩，便於披覽，爲本世紀以來研究莊子者所必讀。近人劉武的莊子集解內篇補正，就莊子中最重要的內篇部分對集解做了許多補充訂正，頗有參考價值。但兩書都只出版過斷句本，初學者仍有不便。爲此，我們請沈嘯寰先生將兩書加以標點，並就其中的文字脱誤初步寫出校記，最後由我們定稿殺青，一併予以出版。點校工作的內容及體例如下：

一、集解一書用清宣統己酉年（即宣統元年，公元一九〇九年）思賢書局原刻本做底本，用商務印書館萬有文庫中的排印本對校。正文的全部和注釋中引用郭注、成疏及釋文的部分，還着重參校了郭慶藩莊子集釋（用我局出版的王孝魚點校本）的正文及所附郭注、成疏、釋文，並逐條查對了釋文原書。其他引文有疑問者也查對了原書。遇有脱誤，據以改補並寫出校記，兩通者則只在校記中指出異文。但少數明顯的誤字，則逕改不出校。避諱字也都逕改。

二、補正一書用我局一九五八年排印本做底本，正文全部及注釋中引用集解的部分，用集解的原刻本對校，並參校了集釋、釋文等書的有關部分。遇有異文，按上述同樣的原則處理。但補正對集解並未全録，顯係有意删省，就不再補録了。

三、劉武對莊子的句讀和解釋與王先謙頗多不同。凡兩説互歧者，正文的標點依照各自的理解來處理。

中華書局編輯部一九八五年九月

總目

莊子集解

目録

外篇

卷三

卷四

卷五

卷六

雜篇

卷七

卷八

序

夫古之作者，豈必依林草，羣鳥魚哉！余觀莊生甘曳尾之辱，卻爲犧之聘，可謂塵埃富貴者也。然而貸粟有請，内交於監河；係履而行，通謁於梁魏；説劍趙王之殿，意猶存乎捄世。遭惠施三日大索，其心迹不能見諒於同聲之友，況餘子乎！吾以是知莊生非果能迴避以全其道者也。

且其説曰：「天下有道，聖人成焉；天下无道，聖人生焉。」又曰：「周將處乎材不材之間。」夫其不材，以尊生也；而其材者，特藉空文以自見。老子云：「美言不信。」生言美矣，其不信又已自道之。故以橛飾鞭筴爲伯樂罪，而撽髑髏未嘗不用馬捶；其死棺槨天地，而以墨子薄葬爲大觳；心追容成、大庭結繩無文字之世，而恒假至論以修心。此豈欲後之人行其言者哉？嫉時焉耳。

是故君德天殺，輕用民死，刺暴主也；俗好道諛，嚴於親而尊於君，憤濁世也。登無道之廷，口堯而心桀；出無道之野，貌夷而行跖。則又奚取夫空名之仁義，與無定之是非？其志已傷，其詞過激。設易天下爲有道，生殆將不出於此。後世浮慕之以成俗，此讀生書者之咎，咎豈在書哉！

余治此有年，領其要，得二語焉，曰：「喜怒哀樂，不入於胸次。」竊嘗持此以爲衞生之經，而果有益也。噫！是則吾師也夫！

舊注備矣，輒芟取衆長，間下己意，輯爲八卷，命之曰集解。世有達者，冀共明之。

宣統元年七月

莊子集解卷一

内篇　逍遥遊第一

言逍遥乎物外，任天而遊無窮也。

北冥有魚，釋文：「本一作溟，北海也。」其名爲鯤。釋魚：「鯤，魚子。」方以智云：「鯤本小魚，莊子用爲大魚之名。」鯤之大，不知其幾千里也。化而爲鳥，其名爲鵬。鵬之背，不知其幾千里也；怒而飛，其翼若垂天之雲。是鳥也，海運則將徙於南冥。玉篇：「運，行也。」案：行於海上，故曰「海運」。下云「水擊」，是也。南冥者，天池也。成玄英云：「大海洪川，原夫造化，非人所作，故曰天池。」案：言物之大者，任天而遊。齊諧者，志怪者也。司馬彪云：「齊諧，人姓名。」簡文云：「書名。」諧之言曰：「鵬之徙於南冥也，水擊三千里，崔譔云：「將飛舉翼，擊水踉蹌。」搏扶摇而上者九萬里，崔云：「拊翼徘徊而上。」爾雅：「扶摇謂之飈。」郭注：「暴風從下上。」去以六月息者也。」成云：「六月，半歲，至天池而息。」引齊諧一證。野馬也，司馬云：「野馬，春月澤中游氣也。」成云：「青春之時，陽氣發動，遥望藪澤，猶如奔馬，故謂之野馬。」塵埃也，成云：「揚土曰塵。塵之細者曰埃。」生物之以息相吹也。成云：

「天地之間，生物氣息，更相吹動。」案漢書揚雄傳注：「息，出入氣也。」言物之微者，亦任天而遊。入此義，見物無大小，皆任天而動。「鵬」下不言，於此點出。**天之蒼蒼，其正色邪？其遠而無所至極邪？其視下也亦若是，則已矣。**其，謂鵬。是，謂人視天。鳥在九萬里上，率數約略如此，故曰「則已矣」，非謂遂止也。借人視天喻鵬視下，極言摶上之高。**且夫水之積也不厚，則其負大舟也無力。覆杯水於坳堂之上，**支遁云：「謂堂有坳垤形也。」**則芥爲之舟，**李頤云：「芥，小草。」**置杯焉則膠，**崔云：「著地。」**水淺而舟大也。風之積也不厚，則其負大翼也無力。故九萬里則風斯在下矣，而後乃今培風；**王念孫曰：「培，馮也。周禮馮相氏注：『馮，乘也。』鵬在風上，故言馮。培、馮聲近義通。漢書周緤傳，緤封蒯城侯，顔注：『吕忱蒯音陪，楚漢春秋作馮城侯。』是培、馮音近之證。」**背負青天而莫之夭閼者，**司馬云：「夭，折也。閼，止也。言無有折止使不行者。」**而後乃今將圖南。**謀向南行。借水喻風，唯力厚，故能負而行，明物非以息相吹不能遊也。**蜩與學鳩笑之曰：**釋文：「學，本又作鷽。本或作鸒，音預。司馬云：『學鳩，小鳩。』」俞樾云：「文選江淹詩『鸒斯高下飛』，李注引莊子此文説之。又引司馬云：『鸒鳩，小鳥。』是司馬注作鸒，不作鷽。」**「我決起而飛，**李云：「決，疾貌。」**槍榆、枋，**支云：「槍，突也。」李云：「猶集也。」榆、枋，二木名。枋，音方，李云：「檀木。」**時則不至而控於地而已矣，**王念孫云：「則，猶或也。」司馬云：「控，投也。」**奚以之九萬里而南爲？」**借蜩、鳩之笑，爲惠施寫照。適莽蒼者三飡而反，釋文：「蒼，七蕩反，或如字。崔云：『草野之色。』」三飡，猶言竟日。腹猶果然；適百里者宿舂糧；隔宿擣米儲食。適千里者三月聚糧。之二蟲又何知！借人爲二蟲設喻。小知不及大知，釋文：「音智，本亦作智。下大知同。」小年不及大年。上語明顯，設喻駢列，以掩其迹。奚以知其然也？朝菌不知晦朔，列子湯問篇：「朽壤之上，有菌芝者，生於朝，死於晦。」晦謂夜。釋文：「朔，旦也。」惠蛄不知春秋，此小年也。釋文：「惠，本作蟪。司馬云：『惠蛄，寒蟬也，一名蝭蟧，春生夏死，夏生秋死。』」楚之南有冥靈者，以五百歲爲春，五百歲爲秋；上古有大椿者，以八千歲爲春，八千歲爲秋。「楚之南」下，全引列子湯問篇。「楚」，彼作「荆」。而彭祖乃今以久特聞，李云：「彭祖，名鏗，堯臣，封彭城，歷虞、夏至商，年七百歲，故以久壽見聞。」衆人匹之，言壽者必舉彭祖爲比。不亦悲乎！此段從「小年」句演出。湯之問棘也是已。湯問篇「殷湯問於夏革」，張湛注：「湯大夫。」棘、革古同聲通用。窮髮之北，有冥海者，天池也。有魚焉，其廣數千里，未有知其修者，其名爲鯤。有鳥焉，其名爲鵬，背若泰山，翼若垂天之雲，湯問篇：「終髮北之北，有溟海者，天池也。有魚焉，其廣數千里，其長稱焉，其名爲鯤。有鳥焉，其名爲鵬，翼若垂天之雲，其體稱焉。」按：列子不言鯤化爲鵬。又此下至「而彼且奚適也」，皆列子所無，而其文若相屬爲義。漆園引古，在有意無意之間，所謂「洸洋自恣以適己」者，此類是也。摶扶摇羊角而上者九萬里，司馬云：「風曲上行若羊角。」絶雲氣，負青天，然後圖南，且適南冥也。引湯問再證。斥鴳笑之曰：司馬云：「斥，小澤。鴳，鴳雀也。斥，本作尺。」古字通。夏侯湛抵疑：「尺鷃不能陵桑榆。」文選七啟注：「鷃雀飛不過一尺，言其劣弱也。」案：雀飛何止一尺？下文明言「數仞」矣。「彼且奚適也？彼，鵬。我騰躍而上，不過數仞而下，翱翔蓬蒿之間，此亦飛之至也。而彼且奚適也？」又借斥鴳之笑，爲惠施寫照。此小大之辨也。點明。

故夫知效一官，行比一鄉，李云：「比，合也。」德合一君而徵一國者，郭慶藩云：「而讀爲能。能、而，古字通用。官、鄉、君、國相對，知、行、德、能亦相對。」司馬云：「徵，信也。」其自視也亦若此矣。此謂斥鴳。方説到人，暗指惠施一輩人。而宋榮子猶然笑之。司馬、李云：「榮子，宋國人。」崔云：「賢者。」謂猶以爲笑。且舉世[一]譽之而不加勸，舉世非之而不加沮，郭象云：「審自得也。」定乎内外之分，郭云：「内我而外物。」辨乎榮辱之境，郭云：「榮己而辱人。」斯已矣。成云：「榮子智德，止盡於斯。」彼其於世，未數數然也。言不數數見如此者也。雖然，猶有未樹也。司馬云：「樹，立也。至德未立。」案：言宋榮子不足慕。夫列子御風而行，成云：「列禦寇，鄭人，與鄭繻公同時。」案列子黄帝篇：「列子師老商氏，友伯高

〔一〕「舉世」下，王孝魚點校莊子集釋本（以下簡稱集釋本）有「而」字。下句「舉世」下同。

子，盡二子之道，乘風而歸。」下又云：「隨風東西，猶木葉幹殼，竟不知風乘我邪，我乘風乎？」泠然善也，郭云：「泠然，輕妙之貌。」旬有五日而後反。彼於致福者，未數數然也。成云：「致，得也。得風仙之福。」案：言得此福者，亦不數數見也。此雖免乎行，猶有所待者也。難免步行，猶必待風。列子亦不足慕。若夫乘天地之正，而御六氣之辯，司馬云：「六氣，陰、陽、風、雨、晦、明。」郭慶藩云：「辯讀爲變，與正對文。辯、變古字通。」以遊無窮者，彼且惡乎待哉！無所待而遊於無窮，方是逍遥遊一篇綱要。故曰：至人無己，神人無功，聖人無名。釋文：「己音紀。」成云：「至言其體，神言其用，聖言其名，其實一也。」案：不立功名，不以己與，故爲獨絶。此莊子自爲説法，下又列四事以明之。

堯讓天下於許由，司馬云：「潁川陽城人。」曰：「日月出矣，而爝火不息，字林：「爝，炬火也。」其於光也，不亦難乎！時雨降矣，而猶浸灌，其於澤也，不亦勞乎！夫子立而天下治，而我猶尸之，成云：「尸，主也。」吾自視缺然，請致天下。」許由曰：「子治天下，天下既已治也。而我猶代子，吾將爲名乎？名者，實之賓也，吾將爲賓乎？鷦鷯巢於深林，不過一枝；李云：「鷦鷯，小鳥。」郭璞云：「桃雀。」偃鼠飲河，不過滿腹。李頤云：「偃鼠，鼷鼠也。」李楨云：「偃，或作鼴，俗作鼹。」本草陶注：「一名鼢鼠，常穿耕地中行，討掘即得。」説文「鼢」下云：「地行鼠，伯勞所化也。」李説誤。歸休乎君！予無所用天下爲。

庖人雖不治庖，尸祝不越樽俎而代之矣。」釋文：「傳鬼神言曰祝。」案：引不受天下之許由，爲己寫照。　言非此不能獨全其天。

肩吾問於連叔成云：「並古之懷道者。」曰：「吾聞言於接輿，釋文：「皇甫謐云：『接輿躬耕，楚王遣使以黄金百鎰、車二駟聘之，不應。』」大而無當，釋文：「丁浪反。」案：當，底也。往而不返。吾驚怖其言，猶河漢而無極也，成云：「猶上天河漢，迢遞清高，尋其源流，略無窮極。」大有逕庭，宣穎云：「逕，門外路；庭，堂外地。大有，謂相遠之甚。」不近人情焉。」連叔曰：「其言謂何哉？」曰：「藐姑射之山，釋文：「藐音邈，簡文云：『遠也。』姑射，山名，在北海中。」有神人居焉，肌膚若冰雪，淖約若處子，李云：「淖約，好貌。」釋文：「處子，在室女。」不食五穀，吸風飲露。乘雲氣，御飛龍，而遊乎四海之外。「乘雲氣」三句，又見齊物論篇，「御飛龍」作「騎日月」。其神凝，三字喫緊。非遊物外者，不能凝於神。使物不疵癘而年穀熟。司馬云：「疵，毁也。」癘音癩，惡病。列子黄帝篇：「姑射山在海中。山上有神人焉，吸風飲露，不食五穀，心如淵泉，形如處女。不施不惠，而物自足，不聚不斂，而己無愆。陰陽常調，日月常明，四時常若，風雨常均，字育常時，年穀常豐。而土無札傷，人無夭惡，物無疵癘。」漆園本此爲説。吾是以狂而不信也。」狂，李又九況反。案：音讀如誑。言以爲誑。連叔曰：「然。瞽者無以與乎文章之觀，聾者無以與乎鐘鼓之聲。豈惟形骸有聾盲哉？夫知亦有之。是其言也，猶時女也。司馬云：「猶處女也。」案：時，是也。云是其言也，猶是若處女者也。此人也、此德也云云，極擬議之詞。之人也，之德也，將磅礴萬物，以爲一世蘄乎亂，孰弊弊焉以天下爲事！李云：「磅礴，猶旁礴。」李楨云：「亦作旁魄，廣被意也。言其德行廣被萬物，以爲一世求治，豈肯有勞天下之迹！老子曰：『我無爲而民自化。』亂，治也。」簡文云：「弊弊，經營貌。」案：蘄同期。之人也，物莫之傷，大浸稽天而不溺，司馬云：「稽，至也。」大旱、金石流、土山焦而不熱。是其塵垢粃糠，說文「粃」作「秕」。釋文：「秕糠，猶繁碎。」案：言於煩碎之事物，直以塵垢視之。將猶陶鑄堯、舜者也，孰肯以物爲事！又引不以天下爲事之神人，以明其自全之道。宋人資章甫[一]適諸越，李云：「資，貨也。章甫，殷冠也。以冠爲貨。」司馬云：「諸，於也。」越人短髮[二]文身，無所用之。爲無所用天下設喻。堯治天下之民，平海内之政，往見四子藐姑射之山，司馬、李云：「四子，王倪、齧缺、被衣、許由。」李楨云：「四子本無其人，徵名以實之，則鑿矣。」汾水之陽，窅然喪其天下焉。」汾水之陽，堯都。宣云：「窅然，深遠貌。」案：言堯亦自失其有天下之尊，下此更不足言矣。

〔一〕「章甫」下，集釋本有「而」字。

〔二〕「短髮」，集釋本作「斷髮」。

惠子謂莊子曰：司馬云：「姓惠名施，爲梁相。」「魏王貽我大瓠之種，瓠，瓜也，即今葫蘆瓜。我樹之成而實五石，以盛水漿，其堅不能自舉也。成云：「樹，植。實，子也。虚脆不堅，故不能自勝舉。」剖之以爲瓢，則瓠落無所容。簡文云：「瓠落，猶廓落也。」成云：「平淺不容多物。非不呺然大也，釋文：「呺，本亦作号。李云：『虚大貌。』」俞樾云：「呺，俗字，當作枵，虚也。」吾爲其無用而掊之。」莊子曰：「夫子固拙於用大矣。宋人有善爲不龜手之藥者，向秀云：「龜，拘坼也。」釋文：「徐音舉倫反。」李楨云：「此以龜爲皸之假借。玄應音義皸下引通俗文：『手足坼裂曰皸，經文或作龜坼。』下引此文爲證。」世世以洴澼絖爲事。成云：「洴，浮。澼，漂。絖，絮也。」李云：「漂絮水上。」盧文弨云：「洴澼，擊絮之聲。」客聞之，請買其方百金。李云：「金方寸重一斤爲一金。百金，百斤也。」聚族而謀曰：『我世世爲洴澼絖，不過數金；今一朝而鬻技百金，請與之。』客得之，以説吴王。越有難，吴王使之將。冬，與越人水戰，大敗越人，裂地而封之。能不龜手一也，或以封，或不免於洴澼絖，則所用之異也。今子有五石之瓠，何不慮以爲大樽而浮於江湖，司馬云：「慮，猶結綴也。樽如酒器，縛之於身，浮於江湖，可以自渡。」案：所謂腰舟。而憂其瓠落無所容？則夫子猶有蓬之心也夫！」向云：「蓬者，短不暢，曲士之謂。」案：言惠施以有用爲無用，不得用之道也。

惠子曰〔一〕：「吾有大樹，人謂之樗。其大本擁腫而不中繩墨，其小枝卷曲而不中規矩，立之塗，匠者不顧。今子之言，大而無用，衆所同去也。」猶言棄而不取。莊子曰：「子獨不見狸狌乎？成云：「狌，野猫。」卑身而伏，以候敖者；司馬云：「遨翔之物，雞鼠之屬。」東西跳梁，成云：「跳梁，猶走擲。」不辟高下；辟音避。中於機辟，辟，所以陷物。鹽鐵論刑法篇「辟陷設而當其蹊」，與此同義。亦作「臂」。楚詞哀時命篇：「外迫脅於機臂兮。」機臂，卽機辟也。玉篇王注，以爲弩身。死於網罟。今夫斄牛，司馬云：「旄牛。」其大若垂天之雲。成云：「山中遠望，如天際之雲。」此能爲大矣，而不能執鼠。今子有大樹，患其無用，何不樹之於無何有之鄉，廣莫之野，簡文云：「莫，大也。」彷徨乎無爲其側，釋文：「彷徨，猶翺翔。」逍遥乎寢卧其下？郭慶藩云：「逍遥，依説文，當作『消摇』。」又引王瞀夜云：「消摇者，調暢悦豫之意。」不夭斤斧，物無害者，無所可用，言無處可用之。人間世篇：「是不材之木也，無所可用。」又云：「予求無所可用久矣。」又山木篇：「無所可用。」文意並與此同。安所困苦哉！」又言狸狌之不得其死，斄牛之大而無用，不如樗樹之善全，以曉惠施。蓋惠施用世，莊子逃世，惠以莊言爲無用，不知莊之遊於無窮，所謂「大知」「小知」之異也。

〔一〕「惠子曰」，集釋本作「惠子謂莊子曰」。

内篇齊物論第二

天下之物之言，皆可齊一視之，不必致辯，守道而已。蘇輿云：「天下之至紛，莫如物論。是非太明，足以累心。故視天下之言，如天籟之旋怒旋已，如鷇音之自然，而一無與於我。然後忘彼是，渾成毁，平尊隸，均物我，外形骸，遺生死，求其真宰，照以本明，游心於無窮。皆莊生最微之思理。然其爲書，辯多而情激，豈真忘是非者哉？不過空存其理而已。」

南郭子綦隱机而坐，司馬云：「居南郭，因爲號。」釋文：「隱，馮也。李本机作几。」案：事又見徐无鬼篇，「郭」作「伯」，「机」作「几」。**仰天而嘘，荅焉似喪其耦。**向云：「嘘，息也。」釋文：「荅，解體貌，本又作嗒。耦，本亦作偶。」俞云：「偶當讀爲寓，寄也。即下文所謂『吾喪我』也。」案：徐无鬼篇「嘘」下無此句。**顔成子游立侍乎前，**李云：「子綦弟子，姓顔名偃，謚成，字子〔一〕游。」案：徐无鬼篇作「顔成子入見」。**曰：「何居乎？**徐无鬼篇作「夫子物之尤也」。**形固可使如槁木，而心固可使如死灰乎？**文子道原篇引老子曰：「形若槁木，心若死灰。」徐无鬼篇與此二句同，「木」作「骸」。知北遊篇：「形若槁骸，心若死灰。」庚桑楚篇亦有二句，「槁骸」

〔一〕「子」字，據陸德明經典釋文（以下簡稱釋文）補。

作「槁木之枝」。達生篇亦云：「吾執臂也，若槁木之枝。」是此「槁木」即槁木之枝。槁骸，亦槁枝也。以下異。**今之隱机者，非昔之隱机者也。」子綦曰：「偃，不亦善乎而問之也！**而同爾。**今者吾喪我，汝知之乎？汝聞人籟而未聞地籟，汝聞地籟而未聞天籟夫！」**郭云：「籟，簫也。」**子游曰：「敢問其方。」**成云：「方，術也。」**子綦曰：「夫大塊噫氣，**俞云：「塊，凷或體，大地。」成云：「噫而出氣。」**其名爲風。是唯无作，作則萬竅怒呺。而獨不聞之翏翏乎？**之，猶其。下同。釋文：「翏翏，長風聲。李本作飂。」**山林之畏佳，**即嵔崔，猶崔巍。**大木百圍之竅穴，似鼻，似口，似耳，似枅，似圈，似臼，似洼者，似污者；**字林云：「枅，柱上方木。」成云：「圈，獸之闌圈。」宣云：「洼，深池。污，窊也。三象身，三象物，二象地，皆狀木之竅形。」**激者，謞者，叱者，吸者，叫者，譹者，宎者，咬者，**宣云：「激如水激聲，謞如箭去聲，叱出而聲粗，吸入而聲細，叫高而聲揚，譹下而聲濁，宎深而聲留，咬鳴而聲清。皆狀竅聲。」釋文：「謞音孝。司馬云：『譹，哭聲。』」案：「交交黃鳥」，三家詩作「咬咬」。**前者唱于而隨者唱喁。**李云：「于、喁，聲之相和。」成云：「皆風吹樹動，前後相隨之聲。」**泠風則小和，飄風則大和，**李云：「泠，小風也。」爾雅：「回風爲飄。」和，胡〔二〕卧反。**厲風濟則衆竅爲**

〔二〕「胡」原誤「明」，據釋文改。

虛。向云：「厲，烈也。濟，止也。」風止則萬竅寂然。**而獨不見之調調、之刁刁乎？」**郭云：「調調、刁刁，皆動摇貌。」**子游曰：「地籟則衆竅是已，人籟則比竹是已。**以竹相比而吹之。**敢問天籟。」子綦曰：「夫吹萬不同，而使其自已也，咸其自取，怒者其誰邪！」**宣云：「待風鳴者地籟，而風之使竅自鳴者，卽天籟也。引子綦言畢。」案：此文以吹引言。風所吹萬有不同，而使之鳴者，仍使其自止也。且每竅各成一聲，是鳴者仍皆其自取也。然則萬竅怒呺，有使之怒者，而怒者果誰邪！悟其爲誰，則衆聲之鳴皆不能無所待而成形者，更可知矣，又何所謂得喪乎！「怒者其誰」，使人言下自領，下文所謂「真君」也。

大知閑閑，小知閒閒；釋文：「知音智。下同。」成云：「閑閑，寬裕也。」俞云：「廣雅釋詁：『閒，覗也。』閒閒，謂好覗察人。」此智、識之異。**大言炎炎，小言詹詹。**炎炎，有氣燄。成云：「詹詹，詞費也。」此議、論之異。**其寐也魂交，其覺也形開，**此寐、覺之異。**與接爲構，**成云：「構，合也。」**日以心鬭。**宣云：「心計相角。」**縵者，窖者，密者。**簡文云：「縵，寬。」司馬云：「窖，深也。」宣云：「密，謹也。」成云：「略而言之，有此三别。」此交、接之異。**小恐惴惴，大恐縵縵。**李云：「惴惴，小心貌。」宣云：「縵縵，迷漫失精。」此恐、悸之異。**其發若機栝，其司是非之謂也；**釋文：「機，弩牙。栝，箭栝。」成云：「司，主也。」案：發言卽有是非，榮辱之主也。**其留如詛盟，其守勝之謂也；**留不發，若詛盟然，守己以勝人。此語、默之異。**其殺若**

秋冬，以言其日消也；宣云：「琢削，使天真日喪。」**其溺之所爲之，不可使復之也；**溺，沈溺。宣云：「『爲之』之『之』，猶往。言一往不可復返。」**其厭也如緘，以言其老洫也；**宣云：「厭然閉藏。緘，祕固。洫，深也。老而愈深。」**近死之心，莫使復陽也。**宣云：「陰鷙無復生意。」**喜怒哀樂，慮歎變慹，**宣云：「慮多思，歎多悲，變多反覆，慹多怖，音執。」**姚佚啟態；**成云：「姚則輕浮躁動，佚則奢華縱放，啟則情欲開張，態則嬌淫妖冶。」案：姚同佻。動止交接，性情容貌，皆天所賦。以上言人。**樂出虛，**無聲而有聲。宣云：「本虛器，樂由此作。」**蒸成菌。**無形而有形，皆氣所使。以上言物。**日夜相代乎前，而莫知其所萌。**日與夜代，於何萌生？上句又見德充符篇。**已乎已乎！旦暮得此，其所由以生乎！**既無可推求，不如其已乎。然俯仰旦暮間，自悟真理。此者，生之根也。**非彼无我，**宣云：「彼，卽上之此也。」**非我无所取。**成云：「若非自然，誰能生我？若無有我，誰稟自然乎？」**是亦近矣，**成云：「我卽自然，自然卽我，其理非遠。」**而不知其所爲使。**宣云：「究竟使然者誰邪？」案：與上「怒者其誰邪」相應。**必**〔一〕**有真宰，而特不得其眹。**崔云：「特，辭也。」李云：「眹，兆也。」案：云若有真爲主宰者使然，而其眹迹不可得見。**可形已信，而不見其形，**可運動者，已信能之，而不見運動我之

〔一〕「必」，集釋本作「若」。按：據王氏案云「若有真爲主宰者使然」，則王氏本亦當作「若」。

形。有情而無形。與我有相維繫之情，而形不可見。**百骸、**成云：「百骨節。」**九竅、**眼、耳、鼻、口七竅，與下二漏而九。**六藏，**李楨云：「難經三十九難：『五藏，心、肝、脾、肺、腎也。』亦有六藏者，腎有兩藏也。左腎，右命門。命門者，謂精神之所舍也。其氣與腎通，故言藏有六也。」**賅而存焉，**成云：「賅，備。」**吾誰與爲親？**成云：「豈有親疏？」**汝皆説之乎？其有私焉？**將皆親而愛悦之乎？或有私於身中之一物乎？**如是皆有，爲臣妾乎，其臣妾不足以相治也**〔一〕。**其遞相爲君臣乎，其有真君存焉。**成云：「臣妾，士女之賤職。」案：謂役使之也。言皆悦不可，有私不可。既如是矣，或皆有之，而賤爲役使之臣妾乎，然無主不足以相治也。其或遞代爲君臣乎，然有真君在焉。即上「真宰」也。此語點醒。**如求得其情與不得，無益損乎其真。一受其成形，不亡以待盡。與物相刃相靡，其行盡如馳，而莫之能止，不亦悲乎！**成云：「刃，逆。靡，順也。」真君所在，求得不加益，不得不加損。惟人自受形以來，守之不死，坐待氣盡，徒與外物相攖，視歲月之行盡如馳，而莫之能止，不可悲乎！案：「一受其成形，不亡以待盡」，又見田子方篇，「亡」作「化」。**終身役役而不見其成功，苶然疲役而不知其所歸，可不哀邪！**所有皆幻妄，故無成功，疲於所役，而不知如何歸宿。盧文弨云：「苶，當作

〔一〕「也」，集釋本作「乎」。

茶。」司馬作「薾」。簡文云：「疲，困貌〔一〕。」**人謂之不死，奚益？其形化，其心與之然，可不謂大哀乎？**宣云：「縱生何用？及形化而心亦與之化，靈氣蕩然矣。」**人之生也，固若是芒乎！其我獨芒，而人亦有不芒者乎！**成云：「芒，闇昧也。」**夫隨其成心而師之，誰獨且無師乎？奚必知代而心自取者有之？愚者與有焉。**心之所志，隨而成之。以心爲師，人人皆有，奚必知相代之理而心能自得師者有之？即愚者莫不有焉。**未成乎心而有是非，是今日適越而昔至也。**未成凝一之心，妄起意見，以爲若者是道，若者非道，猶未行而自夸已至。此「是非」與下「是非」無涉。天下篇「今日適越而昔來」，惠施與辯者之言也，此引爲喻。**是以無有爲有。無有爲有，雖有神禹，且不能知，吾獨且奈何哉！**無而爲有，雖禹之智，不能解悟。自夸自欺，吾末如之何矣。此段反復喚醒世人。

夫言非吹也。應上「吹」。**言者有言，其所言者特未定也。果有言邪？其未嘗有言邪？其以爲異於鷇音，亦有辨乎，其無辨乎？**人言非風吹比，人甫有言，未定足據也。果據以爲言邪？抑以爲無此言邪？抑以爲與初生鳥音果有別乎，無別乎？其言之輕重尚不定。**道惡乎隱而有真僞？言惡乎隱而有是非？**隱，蔽也。道何以蔽而至於有真有

〔一〕「困貌」，釋文作「病困之狀」。

僞？言何以蔽而至於有是有非？**道惡乎往而不存？言惡乎存而不可？**宣云：「觸處皆道，本不須言。一言一道，亦不須辯。」**道隱於小成，**小成，謂各執所成以爲道，不知道之大也。宣云：「偏見之人，乃致道隱。」成引老子云：「大道廢，有仁義。」**言隱於榮華。**成云：「榮華，浮辯之詞，華美之言也。只爲滯於華辯，所以蔽隱至言。老子云：『信言不美，美言不信。』」**故有儒、墨之是非，以是其所非，而非其所是。**成云：「昔有鄭人名緩，學於求氏之地，三年藝成而化爲儒。儒者祖述堯、舜，憲章文、武，行仁義之道，辯尊卑之位，故謂之儒。緩弟名翟，緩化其弟，遂成於墨。墨者，禹道也。尚賢崇禮，儉以兼愛，摩頂放踵，以救蒼生，此謂之墨也。緩、翟二人，親則兄弟，各執一教，更相是非。緩恨其弟，感激而死。然彼我是非，其來久矣。争競之甚，起自二賢，故指此二賢爲亂羣之帥。是知道喪言隱，方督是非。」案：儒、墨事，見列禦寇篇。**欲是其所非而非其所是，則莫若以明。**郭嵩燾云：「彼是有對待之形，而是非兩立，則所持之是非，非是非也，彼是之見存也。」案：莫若以明者，言莫若即以本然之明照之。**物无非彼，物无非是。**有對立，皆有彼此。**自彼則不見，自知則知之。**觀人則昧，返觀卽明。**故曰：彼出於是，是亦因彼。**有此而後有彼，因彼而亦有此，乃彼此初生之説也。**彼是，方生之説也。雖然，方生方死，方死方生；**然其説隨生隨滅，隨滅隨生，浮游無定。郭以此言死生之變，非是。**方可方不可，方不可方可；**言可，卽有以爲不可者；言不可，卽有以爲可者。可不可，卽是非也。**因是因非，因非因是。**有因而是者，即有因而非者；有因而非者，即有因而是者。既有彼此，則是非之生無窮。**是以聖人不由，**宣云：「不由是非之途。」**而照之於天，**成云：「天，自然也。」案：照，明也。但明之於自然之天，無所用其是非。**亦因是也。**是，此也。因此是非無窮，故不由之。蘇輿云：「猶言職是故也。」**是亦彼也，彼亦是也。**是，此也。郭云：「此亦爲彼所彼，彼亦自以爲此。」**彼亦一是非，此亦一是非。**成云：「此既自是，彼亦自是；此既非彼，彼亦非此。故各有一是，各有一非也。」**果且有彼是乎哉？果且无彼是乎哉？**分則有彼此，合則無彼此。**彼是莫得其偶，謂之道樞。**成云：「偶，對。樞，要也。體夫彼此俱空，是非兩幻，凝神獨見，而無對於天下者，可得〔一〕會其玄極，得道樞要。」**樞始得其環中，以應无窮。**郭嵩燾云：「是非兩化，而道存焉，故曰道樞。握道之樞，以游乎環中。中，空也。是非反復，相尋無窮，若循環然。游乎空中，不爲是非所役，而後可以應無窮。」唐釋湛然止觀輔行傳宏決引莊子古注云：「以圓環內空體無際，故曰〔二〕環中。」案則陽篇亦云：「冉相氏得其環中以隨成。」**是亦一无窮，非亦一无窮也。**郭云：「天下莫不自是而莫不相非，故一是一非，兩行無窮。」**故曰「莫若**

〔一〕「得」，集釋本引成疏作「謂」。
〔二〕「故曰」，止觀輔行傳宏決作「名爲」。

以明」。惟本明之照，可以應無窮。此言有彼此而是非生，非以明不能見道。

以指喻指之非指，不若以非指喻指之非指也；以馬喻馬之非馬，不若以非馬喻馬之非馬也。天地，一指也；萬物，一馬也。爲下文「物謂之而然」立一影子。近取諸身，則指是；遠取諸物，則馬是。今曰指非指，馬非馬，人必不信，以指與馬喻之，不能明也。以非指非馬者喻之，則指之非指，馬之非馬，可以悟矣。故天地雖大，特一指耳；萬物雖紛，特一馬耳。可乎可，不可乎不可。郭云：「可乎己者，卽謂之可；不可於己者，卽謂之不可。」道行之而成，宣云：「道，路也。」案：行之而成，孟子所云「用之而成路」也。爲下句取譬，與理道無涉。物謂之而然。凡物稱之而名立，非先固有此名也。故指、馬可曰非指、馬，非指、馬者亦可曰指、馬。惡乎然？然於然。惡乎不然？不然於不然。何以謂之然？有然者，卽從而皆然之。何以謂之不然？有不然者，卽從而皆不然之。隨人爲是非也。物固有所然，物固有所可。无物不然，无物不可。論物之初，固有然有可，如指爲指，馬爲馬是也。論物之後起，則不正之名多矣，若變易名稱，無不然，無不可，如指非指，馬非馬，何不可聽人謂之？「惡乎然」以下，又見寓言篇。此是非可否並舉，以寓言篇證之，「不然於不然」下，似應更有「惡乎可？可於可。惡乎不可？不可於不可」四句，而今本奪之。故爲是舉莛與楹，厲與西施，恢恑憰怪，道通爲一。釋文：「爲，于僞反。」成云：「爲是故略舉數事。」俞云：「説文：『莛，莖也。』漢書東方朔傳：

『以莛撞鐘。』司馬云：『楹，屋柱也。厲，病癩。』莛、楹，以大小言；厲、西施，以美醜言。」成云：「恢，寬大之名。憰，奇變之稱。憰，矯詐之名。怪，妖異之稱。」案：自知道者觀之，皆可通而爲一，不必異視。**其分也，成也；**分一物以成數物。**其成也，毁也。**成云：「於此爲成，於彼爲毁。如散毛成氈，伐木爲舍等也。」**凡物无成與毁，復通爲一。**如此成卽毁，毁卽成，故無論成毁，復可通而爲一，不必異視。**唯達者知通爲一，爲是不用而寓諸庸。**唯達道者能一視之，爲是不用己見而寓諸尋常之理。**庸也者，用也；**宣云：「無用之用。」**用也者，通也；**無用而有用者，以能觀其通。**通也者，得也。**觀其通，則自得。**適得而幾已。**適然自得，則幾於道矣。**因是已。**因，任也。任天之謂也。**已而不知其然，謂之道。**宣云：「已者，既通爲一，不知其然，未嘗有心也。謂之道，所謂『適得而幾』也。」案：此言非齊是非不能得道，以下又反言以明。**勞神明爲一，而不知其同也，謂之朝三。**若勞神明以求一，而不知其本同也，是囿於目前之一隅，與「朝三」之説何異乎？**何謂朝三？狙公賦芧，曰：「朝三而暮四。」衆狙皆怒。曰：「然則朝四而暮三。」衆狙皆悅。名實未虧，而喜怒爲用，亦因是也。**列子黄帝篇：「宋有狙公者，愛狙，養之成羣，能解狙之意，狙亦得公之心。損其家口，充狙之欲。俄而匱焉，將限其食，恐衆狙之不馴於己也，先誑之曰：『與若芧，朝三而暮四，足乎？』衆狙皆起而怒。俄而曰：『朝四而暮三，足乎？』衆狙皆伏而喜。物之以能鄙相籠，皆猶此也。聖人以智籠羣愚，亦猶狙公之以智籠衆狙也。名實不虧，使其喜怒哉！」張湛注：「好養猿猴者，因謂之狙公。芧音序，栗也。」案：漆園引之，言名實兩無虧損，而喜怒爲其所用，順其天性而已，亦因任之義也。是以聖人和之以是非，而休乎天鈞，是之謂兩行。釋文：「鈞，本又作均。」成云：「均，自然均平之理。」案：言聖人和通是非，共休息於自然均平之地，物與我各得其所，是兩行也。案寓言篇亦云：「始卒若環，莫得其倫，是謂天均。天均者，天倪也。」此作「鈞」，用通借字。古之人，其知有所至矣。成云：「至，造極之名。」惡乎至？有以爲未始有物者，至矣盡矣，不可以加矣。郭云：「此忘天地，遺萬物，外不察乎宇宙，內不覺其一身，故能曠然無累，與物俱往，而無所不應。」其次以爲有物矣，以上又見庚桑楚篇。而未始有封也。封，界域也。其次見爲有物，尚無彼此。其次以爲有封焉，而未始有是非也。雖見有彼此，尚無是非。是非之彰也，道之所以虧也。見是非，則道之渾然者傷矣。道之所以虧，愛之所以成。私愛以是非而成。果且有成與虧乎哉？果且無成與虧乎哉？成云：「果，決定也。道無增減，物有虧成。是以物愛既成，謂道爲損，而道實無虧也。故假設論端，以明其義。」有成與虧，故昭氏之鼓琴也；無成與虧，故昭氏之不鼓琴也。宣云：「故，古也。」成云：「姓昭名文，古善琴者。鼓商則喪角，揮宮則失徵，未若置而不鼓，五音自全。亦猶存情所以乖道，忘智所以合真者也。」昭文之鼓琴也，師曠之枝策也，成云：「枝，柱也。策，打鼓枝，亦言擊節枝。曠妙解音律，晉平公樂師。」案：枝策者，拄其策而不擊。**惠子之據梧也，**司馬云：「梧，琴也。」成云：「檢典籍，無惠子善琴之文。據梧者，止是以梧几而據之談説。」案：今從成説。德充符篇莊謂惠子云：「今子外乎子之神，勞乎子之精，倚樹而吟，據槁梧而瞑。」案據梧而瞑，善辯者有不辯之時，枝策者有不擊之時。上昭文鼓琴，亦兼承不鼓意。**三子之知幾乎！皆其盛者也，故載之末年。**崔云：「書之於今也。」案：言昭善鼓琴，曠知音律，惠談名理，三子之智，其庶幾乎！皆其最盛美者也，故記載之，傳於後世。**唯其好之，以異於彼，其好之也，欲以明之彼。**宣云：「惟自以爲異於人，且欲以曉於人。」成云：「彼，衆人也。」案：「唯其好之」四語，專承善辯者言。**非所明而明之，故以堅白之昧終。**非人所必明，而强欲共明之，如「堅石」「白馬」之辯，欲衆共明，而終於昧，故曰「以堅白之昧終」。堅白，又見德充符、天下、天地、秋水四篇。成云：「公孫龍，趙人。當六國時，弟子孔穿之徒，堅執此論，横行天下，服衆人之口，不服衆人之心。」**而其子又以文之綸終，終身無成。**郭云：「昭文之子，又乃終文之緒。」成云：「昭文之子，倚其父業，卒其年命，竟無所成。」案：終文之緒，猶禮中庸云「纘太王、王季、文王之緒」也。所謂無成者，不過成其一技，而去道遠，仍是無成。**若是而可謂成乎，雖我亦成也。**成云：「我，衆人也。若三子異於衆人，遂自以爲成，而衆人異於三子，亦可謂之成也。」**若是而不可謂成乎，物與我無成也。**若是而不可謂成乎？則天下之無成者多矣。當知以我逐物，皆是無成也。**是故滑疑**

之耀，聖人之所圖也。爲是不用而寓諸庸，此之謂以明。司馬云：「滑疑，亂也。」案：雖亂道，而足以眩耀世人，故曰「滑疑之耀」。聖人必謀去之，爲其有害大道也。爲是不用己智，而寓諸尋常之理，此之謂以本然之明照之。以上言求道則不容有物，得物之一端以爲道，不可謂成。

今且有言於此，不知其與是類乎？其與是不類乎？類與不類，相與爲類，則與彼无以異矣。如人皆執彼此之見，今且有言如此，不知其與我類乎？與我不類乎？若務求勝彼，而引不類者爲類，則與彼之不類有異乎？宣云：「是，我也。」雖然，請嘗言之。成云：「嘗，試也。」有始也者，有未始有始也者，成云：「未始，猶未曾也。」案：事端未露。有未始有〔一〕夫未始有始也者。並無事端，僅具事理。有有也者，有无也者，言之有無。有未始有无也者，言未曾出。有未始有〔二〕夫未始有无也者。並出言之心亦未曾萌。俄而有无矣，而未知有无之果孰有孰无也。忽而有有言者，有無言者，然有者或情已竭，無者或意未盡。是有者爲無，無者爲有，故曰「未知有無之果孰有孰無也」。今我則已有謂矣，既顯有言矣。而未知吾所謂之果有謂乎，其果無謂乎？未知吾所言之果爲有言乎，其果爲無言乎？合

〔一〕「有」字，據集釋本補。
〔二〕「有」字，據集釋本補。

於道爲言，不合則有言與無言等。

天下莫大於秋毫之末，而太山爲小；莫壽於殤子，而彭祖爲夭。天地與我並生，而萬物與我爲一。釋文：「殤子，短命者也。或云：年十九以下爲殤。司馬云：『兔毫在秋而成。』」成云：「秋時，獸生毫毛，其末至微，故謂秋毫之末也。人生在於襁褓而亡，謂之殤子。物之生也，形氣不同，有小有大，有夭有壽。若以性分言之，無不自足。故以性足爲大，天下莫大於豪末，莫小於太山。太山爲小，則天下無大；豪末爲大，則天下無小。小大既爾，夭壽亦然。是以兩儀雖大，各足之性乃均；萬物雖多，自得之義唯一。」案：此漆園所謂齊彭、殤也。但如前人所説，則誠虚誕妄作矣。其意蓋謂太山、豪末皆區中之一物，既有相千萬於太山之大者，則太山不過與豪末等，故曰「莫大於豪末，而太山爲小」。彭祖、殤子，皆區中之一人，彭祖七八百年而亡，則彭祖不過與殤子等，故曰「莫壽於殤子，而彭祖爲夭」。我能與天地無極，則天地與我並生；我不必與萬物相競，則萬物與我爲一也。漆園道術精妙，喚醒世迷，欲其直指最初，各葆真性。俗子徒就文章求之，止益其妄耳。**既已爲一矣，且得有言乎？**何所容其言？**既已謂之一矣，且得无言乎？**謂之一，即是言。**一與言爲二，二與一爲三。自此以往，巧曆不能得，而況其凡乎！**成云：「夫以言言一，而一非言也。一既一矣，言又言焉，有一有言，二名斯起。復將後時之二名，對前時之妙一，有一有二，不謂之三乎？從三以往，雖有善巧算曆之人，亦不能紀得其數，而況凡夫之類乎！」**故自无適有，以至於三，而況自有適有**

乎！成云：「自，從也。適，往也。至理無言，言則名起。從無言以之有言，纔言則至於三。況從有言適有言，枝流分派，其可窮乎！」无適焉，因是已。若其無適，惟有因任而已。此舉物之大小、人之壽夭並齊之，得因任之妙。夫道未始有封，成云：「道無不在，有何封域？」言未始有常，郭云：「彼此言之，故是非無定。」爲是而有畛也。爲言無常，而後有畛域。請言其畛：有左，有右，或祖左，或祖右。有倫，有義，郭云：「物物有理，事事有宜。」釋文：「崔本作『有論有議』。」俞云：「崔本是。下文云『存而不論』，『論而不議』。又曰：『故分也者，有不分也；辯也者，有不辯也。』彼所謂分、辯，即此『有分有辯』。然則彼所謂論、議，即此『有論有議』矣。」案：上言「有畛」，倫義非畛也。當從俞說。有分，有辯，分者異視，辯者剖別。有競，有争，競者對競，争者羣争。此之謂八德。德之言得也。各據所得，而後有言。此八類也。六合之外，聖人存而不論；成云：「六合，天地四方。妙理希夷，超六合之外，所以存而不論。」六合之內，聖人論而不議。成云：「六合之內，謂蒼生所禀之性分。聖人隨其機感，陳而應之。既曰憑虛，亦無可詳議。」春秋經世，先王之志，聖人議而不辯。成云：「春秋者，時代。先王，三皇、五帝。志，記也。祖述軒、頊，憲章堯、舜，記録時代，以爲典謨。聖人議論，利益當時，終不取是辯非，滯於陳迹。」案：春秋經世，謂有年時以經緯世事，非孔子所作春秋也。故分也者，有不分也；辯也者，有不辯也。以不分爲分，不辯爲辯。曰：何也？聖人懷之，存之於心。衆人辯之以相示也。相夸示。故曰：辯也者，有不見也。不見道之大，而後辯起。夫大道不稱，宣云：「無可名。」大辯不言，使其自悟，不以言屈。大仁不仁，成云：「亭毒羣品，汎愛無心，譬彼青春，非爲仁也。」大廉不嗛，釋文：「徐音謙。」成云：「知萬境虛幻，無一可貪，物我俱空，何所遜讓？」大勇不忮。宣云：「無客氣害人之心。」道昭而不道，以道炫物，必非真道。言辯而不及，宣云：「不勝辯。」仁常而不成，郭云：「有常愛，必不周。」廉清而不信，宣云：「外示皦然，則中不可知。」勇忮而不成。成云：「舍慈而勇，忮逆物情，衆共疾之，必無成遂。」五者园而幾向方矣。釋文：「园，崔音圓〔一〕，司馬云：『圓也。』」成云：「幾，近也。」宣云：「五者本渾然圓通，今滯於迹而近向方，不可行也。」故知止其所不知，至矣。成云：「智不逮，不强知。知止其分，學之造極也。」孰知不言之辯，不道之道？不道，卽上「不稱」。若有能知，此之謂天府。宣云：「渾然之中，無所不藏。」注焉而不滿，酌焉而不竭，而不知其所由來，郭云：「至理之來，自然無迹。」此之謂葆光。成云：「葆，蔽也。韜蔽而其光彌朗。言藉言以顯者非道，反復以明之。」

故昔者堯問於舜曰：「我欲伐宗、膾、胥敖，崔云：「宗一，膾二，胥敖三國。」案人間世

〔一〕「圓」，釋文作「刓」。

篇：「堯攻叢枝、胥敖，國爲虚厲。」是未從舜言矣。南面而不釋然。成云：「釋然，怡悦貌也。」案：釋同懌。語又見庚桑楚篇。其故何也？」舜曰：「夫三子者，成云：「三國君。」猶存乎蓬艾之間。存，猶在也。成云：「蓬艾，賤草。」若不釋然，何哉？昔者十日並出，淮南子：「堯時十日並出，使羿射落其九。」故援以爲喻。萬物皆照，而況德之進乎日者乎！」成云：「進，過也。欲奪蓬艾之願，而伐使從我，於至道豈宏哉！」堯、舜一證。齧缺問乎王倪曰：釋文：「倪，徐五嵇反，李音義。高士傳云：『王倪，堯時賢人也。』天地篇云：『齧缺之師。』」「子知物之所同是乎？」曰：「吾惡乎知之！」郭云：「所同未必是，所異不獨非。彼我莫能相正，故無所用其知。」「子知子之所不知邪？」成云：「子既不知物之同是，頗自知己之不知乎？」曰：「吾惡乎知之！」郭云：「若自知其所不知，卽爲有知，有知則不能任羣才之自當。」「然則物无知邪？」汝既無知，然則物皆無知邪？曰：「吾惡乎知之！成云：「豈獨不知我，亦乃不知物。物我都忘，故無所措其知也。」雖然，嘗試言之。庸詎知吾所謂知之非不知邪？庸詎知吾所謂不知之非知邪？李云：「庸，用也。詎，何也。」案：小知仍未爲知，則不知未必非。且吾嘗試問乎女：民溼寢則腰疾偏死，司馬云：「偏枯。」鰌然乎哉？案：言物則不然。成云：「泥鰌。」木處則惴慄恂懼，釋文：「恂，徐音峻，恐貌。班固作眴。」猨猴然乎哉？三者孰知正處？民、鰌、猿，孰知所處爲正？民食芻豢，芻，野蔬。豢，家畜。孟子：

「芻豢之悅我口。」麋鹿食薦，説文：「薦，獸之所食。」蝍且甘帶，釋文：「蝍且，字或作蛆。廣雅云：『蜈公也。』崔云：『帶，蛇也。』」鴟鴉耆鼠，鴟、鴉二鳥。耆，釋文：「字或作嗜。」四者孰知正味？民、獸、蟲、鳥，孰知所食之味爲正？猨，猵狙以爲雌，釋文：「猵，徐敷面反，郭、李音偏。司馬云：『猵狙，一名獦牂，似猨而狗頭，憙與雌猨交。』」麋與鹿交，鰌與魚游。毛嬙、麗姬，人之所美也，魚見之深入，鳥見之高飛，麋鹿見之決驟。崔云：「決驟，疾走不顧。」四者孰知天下之正色哉？自我觀之，仁義之端，是非之塗，樊然殽亂，吾惡能知其辯！」釋文：「樊音煩。」説文：「殽，雜錯也。」成云：「行仁履義，損益不同，或於我爲利，於彼爲害，或於彼爲是，於我爲非，何能知其分別！」齧缺曰：「子不知利害，則至人固不知利害乎？」王倪曰：「至人神矣：成云：「至者，妙極之體；神者，不測之用。」大澤焚而不能熱，河、漢沍而不能寒，向云：「沍，凍也。」疾雷破山、風振海而不能驚。若然者，乘雲氣，郭云：「寄物而行，非爲動也。」騎日月，郭云：「有晝夜而無死生。」而遊乎四海之外。三句與逍遥遊篇同，「騎日月」作「御飛龍」。死生無變於己，郭云：「與變爲體，故死生若一。」而況利害之端乎！」齧缺、王倪二證。

瞿鵲子問於長梧子曰：「吾聞諸夫子，長梧子，李云：「居長梧下，因以爲名。」崔云：「名丘。」俞云：「瞿鵲，必七十子之後人。夫子，謂孔子。下文『丘也何足以知之』，即孔子名。因瞿鵲述孔子之言而折之。崔説非也。下文『丘也與汝皆夢也，予謂女夢亦夢也』，予者，長梧子自謂。既云『丘與女皆夢』，又云『予亦夢』，則安得即以丘爲長梧之名乎？」**聖人不從事於務，**郭云：「務自來而理自應，非從而事之也。」**不就利，不違害，**成云：「違，避也。」**不喜求，不緣道，**郭云：「獨至。」**无謂有謂，**謂，言也。或問而不答，即是答也。**有謂无謂，**有言而欲無言。**而遊乎塵垢之外。夫子以爲孟浪之言，**向云：「孟浪，音漫瀾，無所趨舍之謂。」宣云：「無畔岸貌。」李云：「猶較略也。」成云：「猶率略也。」案：率略即較略。謂言其大略。**而我以爲妙道之行也。吾子以爲奚若？」長梧子曰：「是黄帝之所聽熒也，**「黄」，元作「皇」，釋文：「本又作黄。」盧文弨云：「黄、皇通用。今本作黄。」成云：「聽熒，疑惑不明之貌。」**而丘也何足以知之！且汝亦大早計，**釋文：「大音泰。」成云：「方聞此言，便謂妙道，無異下云云也。」**見卵而求時夜，**崔云：「時夜，司夜，謂雞。」**見彈而求鴞炙。**司馬云：「鴞，小鳩，可炙。」毛詩草木疏云：『大如斑鳩，緑色，其肉甚美。』」成云：「即鶻鳥，賈誼所賦。」案：二句又見人間世篇。**予嘗爲女妄言之，女亦以妄聽之，奚？**成云：「何如？」**旁日月，**釋文：「旁，薄葬反，司馬云：『依也。』」郭云：「以死生爲晝夜之喻。」**挾宇宙，**尸子云：「天地四方曰宇，古往今來曰宙。」説文：「舟輿所極覆曰宙。」成云：「挾，懷藏也。」郭云：「以萬物爲一體之譬。」**爲其脗合，**脗，司馬云：「合也。」向音脣，云：「若兩脣之相合也。」成云：「無分别貌。」**置其滑涽，**成云：「置，任也。滑，亂也。向本作汩。涽，闇也。」**以隸相尊。**成云：「隸，賤稱，皁僕之類。」案：此貴賤一視。**衆人役役，聖人愚芚，**芚，徐徒奔反。司馬云：「渾沌不分察。」成云：「忘知廢照，芚然若愚。」**參萬歲而一成純。**參糅萬歲，千殊萬異，渾然汩然，不以介懷，抱一而成精純也。**萬物盡然，而以是相蘊。**釋文：「蘊，積也。」案：言於萬物無所不然，但以一是相蘊積。**予惡乎知説生之非惑邪！**説音悦。**予惡乎知惡死之非弱喪而不知歸者邪！**喪，失也。弱齡失其故居，安於他土。**麗之姬，艾封人之子也。**成云：「艾封人，艾地守封疆者。」**晉國之始得之，涕泣沾襟；及其至於王所，**崔云：「六國諸侯僭稱王，因謂晉獻公爲王也。」**與王同筐牀，**釋文：「筐，本亦作匡，崔云：『方也。』」**食芻豢，而後悔其泣也。**又借喻。**予惡乎知夫死者不悔其始之蘄生乎！**郭云：「蘄，求也。」**夢飲酒者，旦而哭泣；夢哭泣者，旦而田獵。方其夢也，不知其夢也。夢之中又占其夢焉，覺而後知其夢也。**覺、夢之異。**且有大覺而後知此其大夢也，**死爲大覺，則生是大夢。**而愚者自以爲覺，竊竊然知之。**自謂知之。**君乎，牧乎，固哉！**其孰真爲君上之貴乎？孰真爲牧圉之賤乎？可謂固陋哉！**丘也，與女皆夢也；予謂女夢，亦夢也。是其言也，其名爲弔詭。**釋文：「弔音的，至也。詭，異也。」蘇輿云：「言衆人聞此言，以爲弔詭，遇大聖則知其解矣。」**萬世之後，而一遇大聖知其解者，是旦暮遇之也。**解人難得，萬世一遇，猶旦暮然。**既使我與若辯矣，若勝**

我，我不若勝，若果是也？我果非也邪？我勝若，若不吾勝，我果是也？而果非也邪？若，而，皆汝也。其或是也，其或非也邪？有是有非。其俱是也，其俱非也邪？我與若不能相知也，則人固受其黮闇。吾誰使正之？使我各執偏見，不能相知，則旁人亦因之不明，是受其黮闇也。我欲正之，將誰使乎？黮闇，不明之貌。使同乎若者正之，既與若同矣，惡能正之！使同乎我者正之，既同乎我矣，惡能正之！使異乎我與若者正之，既異乎我與若矣，惡能正之！使同乎我與若者正之，既同乎我與若矣，惡能正之！然則我與若與人俱不能相知也，而待彼也邪？同彼，我不信；同我，彼不服。別立是非，彼我皆疑，隨人是非，更無定論，不能相知，更何待邪？極言辯之無益。化聲之相待，若其不相待。郭嵩燾云：「言隨物而變，謂之化聲。若，與也。是與不是，然與不然，在人者也。待人之爲是爲然，而是之然之，與其無待於人，而自是自然，一皆無與於其心，如下文所云也。」和之以天倪，因之以曼衍，所以窮年也。成云：「天，自然也。倪，分也。曼衍，猶變化。因，任也。窮，盡也。和以自然之分，任其無極之化，盡天年之性命。」案：此二十五字，在後「亦無辯」下，今從宣本移正。又寓言篇亦云：「卮言日出，和以天倪，因以曼衍，所以窮年。」

何謂和之以天倪？曰：是不是，然不然。是若果是也，則是之異乎不是也亦无辯；然若果然也，則然之異乎不然也亦无辯。成云：「是非然否，出自妄情，以理推求，舉體虛幻，所是則不是，所然則不然。何以知其然邪？是若定是，是則異非；然若定然，然則異否。而今此謂之是，彼謂之非；彼之所然，此以爲否。故知是非然否，理在不殊，彼我更對，妄爲分別，故無辯也矣。」忘年忘義，成云：「年者生之所稟，既同於生死，所以忘年。義者裁於是非，既一於是非，所以忘義。」振於无竟，故寓諸无竟。」成云：「振，暢。竟，窮。寓，寄也。」案：理暢於無窮，斯意寄於無窮，不須辯言也。瞿鵲、長梧三證。

罔兩問景曰：郭云：「罔兩，景外之微陰也。」釋文：「景，本或作影，俗。」「曩子行，今子止，曩子坐，今子起，何其無特操與？」成云：「獨立志操。」景曰：「吾有待而然者邪！吾所待又有待而然者邪！影不能自立，須待形；形不自主，又待真宰。吾待蛇蚹、蜩翼邪！言吾之待如之。釋文：「蚹音附。司馬云：『蛇腹下齟齬，可以行者也。』」成云：「若使待翼而飛，待足而走，禽獸甚多，何獨蛇蚹可譬？蚹，蛇蜕皮。翼，蜩甲也。蛇蜕舊皮，蜩新出甲，不知所以，莫辯所然，獨化而生，蓋無待也。是知形影之義，與蚹甲無異也。」案：言吾之所待，其蛇蚹邪，蜩翼邪？謂二物有一定之形，此尚不甚相合也。以上與寓言篇同，而繁簡互異。惡識所以然？惡識所以不然？」成云：「待與不待，然與不然，天機自張，莫知其宰。」罔兩、景四證。

昔者莊周夢爲胡蝶，栩栩然胡蝶也，成云：「栩栩，忻暢貌。」自喻適志與！李云：「喻，快也。」自快適其志。與音餘。不知周也。俄然覺，則蘧蘧然周也。成云：「蘧蘧，驚動之貌。」不知周之夢爲胡蝶與，胡蝶之夢爲周與？周與胡蝶，則必有分矣。此之謂物化。周、蝶必有分，而其入夢方覺，不知周、蝶之分也，謂周爲蝶可，謂蝶爲周亦可。此則一而化矣。現身説法，五證。齊物極境。

内篇 養生主第三

順事而不滯於物，冥情而不攖其天，此莊子養生之宗主也。

吾生也有涯，而知也无涯。生有窮盡，知無畔岸。**以有涯隨無涯，殆已；**向云：「殆，窮困〔一〕。」**已而爲知者，殆而已矣。**已，止也。事過思留，其殆更甚。言以物爲事，無益於性命。**爲善无近名，爲惡无近刑。**王夫之云：「聲色之類，不可名爲善者，卽惡也。」二語淺説。**緣督以爲經，**李頤云：「緣，順。督，中。經，常也。」李楨云：「人身惟脊居中，督脈並脊而上，故訓中。」王夫之云：「身後之中脈曰督。緣督者，以清微纖妙之氣，循虛而行，自順以適得其中。」深説。**可以保身，可以全生，**全其有生之理。**可以養親，**以受於親者歸之於親，養之至也。**可以盡年。**天所與之年，任其自盡，勿夭折之，則有盡者無盡。從正意説入，一篇綱要，下設五喻以明之。

庖丁爲文惠君解牛，釋文：「丁其名。崔、司馬云：『文惠君，梁惠王。』」成云：「解，宰割。」**手之所觸，肩之所倚，足之所履，膝之所踦，**蘇輿云：「説文：『踦，一足也。』膝舉則足

〔一〕「窮困」，釋文作「疲困之謂」。

單，故曰踦。」**砉然嚮然，奏刀騞然，**司馬云：「砉，皮骨相離聲。」崔云：「砉音畫。騞音近獲，聲大於砉也。」成云：「砉然嚮應，進奏鸞刀，騞然大解。」**莫不中音。**釋文：「中，丁仲反。下同。」**合於桑林之舞，**司馬云：「桑林，湯樂名。」崔云：「宋舞樂名。」釋文：「左傳『舞師題以旌夏』是也。」**乃中經首之會。**向、司馬云：「經首，咸池樂章也。」卽堯樂。宣云：「會，節也。」**文惠君曰：「譆！**李云：「歎聲。」**善哉！技蓋至此乎？」庖丁釋刀對曰：「臣之所好者道也，進乎技矣。**成云：「進，過也。」**始臣之解牛之時，所見无非牛者。三年之後，未嘗見全牛也。**成云：「操刀既久，頓見理間，纔覩有牛，已知空郤。亦猶服道日久，智照漸明，所見塵境，無非虚幻。」**方今之時，臣以神遇，**向云：「暗與理會。」**而不以目視，官知止而神欲行。**成云：「官，主司也。」案：「官」承上，專以目言。目方覩其迹，神已析其形。**依乎天理，**成云：「依天然之腠理。」**批大郤，**字林：「批，擊也。」成云：「大郤，間郤交際之處。」郭音郤。**道大窾，**郭慶藩云：「窾當爲款。漢書司馬遷傳注：『款，空也。』謂骨節空處。」**因其固然。技經肯綮之未嘗，**俞云：「技蓋枝之誤。枝，枝脈；經，經脈。枝經，猶言經絡〔一〕。素問王注引靈樞經云：『經脈爲裏，支而横者爲絡。』支、枝通作。經絡相連處，必有礙於游刃，庖丁因其固然，故無

〔一〕「絡」原誤「路」，據集釋引俞樾説改。

礙。」釋文：「肯，著骨肉。司馬云：『綮，猶結處也。』音啟。」言枝經肯綮，皆刃所未到。嘗，試也。而況大軱乎！軱音孤。崔云：「槃結骨。」良庖歲更刀，割也；族庖月更刀，折也。崔云：「族，衆也。」俞云：「謂折骨，非刀折。左傳曰：『無折骨。』」今臣之刀十九年矣，所解數千牛矣，而刀刃若新發於硎。釋文：「磨石。」彼節者有間，節，骨節。而刀刃者无厚，以无厚入有間，恢恢乎其於遊刃必有餘地矣，是以十九年而刀刃若新發於硎。雖然，每至於族，郭云：「交錯聚結爲族。」吾見其難爲，怵然爲戒，視爲止，郭云：「不屬目他物。」行爲遲。郭云：「徐其手。」動刀甚微，謋然已解，謋與磔同，解脱貌。如土委地。提刀而立，爲之四顧，爲之躊躇滿志，郭云：「逸足容豫自得之謂。」案：田子方篇亦云：「方將躊躇，方將四顧。」善刀而藏之。」釋文：「善，猶拭。」文惠君曰：「善哉！吾聞庖丁之言，得養生焉。」牛雖多，不以傷刃，物雖雜，不以累心，皆得養之道也。一喻。

公文軒見右師而驚曰：司馬云：「公文姓，軒名，宋人。」簡文云：「右師，官名。」「是何人也？惡乎介也？介，一足。天與，其人與？」司馬云：「爲天命與，抑人事也？」曰：「天也，非人也。天之生是使獨也，司馬云：「獨，一足。」案此與德充符篇兀者不同：介者天生，兀者人患。人之貌有與也。郭云：「兩足並行。」以是知其天也，非人也。」形殘而神全也。知天則處順。二喻。

澤雉十步一啄，百步一飲，不蘄畜乎樊中。蘄同期。猶言不期而遇。下同。李云：「樊，藩也，所以籠鳥〔一〕。」神雖王，不善也。釋文：「王，于〔二〕況反。」不善，謂不自得。鳥在澤則適，在樊則拘；人束縛於榮華，必失所養。三喻。

老聃死，司馬云：「老子。」案：老子不知其年，此借爲説。秦失弔之，釋文：「失音逸。」三號而出。弟子曰：「非夫子之友邪？」曰：「然。」「然則弔焉若此，可乎？」曰：「然。始也，吾以爲其人也，謂真人不死。而今非也。向吾入而弔焉，有老者哭之，如哭其子；少者哭之，如哭其母。彼其所以會之，必有不蘄言而言，不蘄哭而哭者。所謂「不言而信，不比而周」也。會，交際。言，稱譽。言老子誠能動物，我之不哭，自有説也。是遯天倍情，忘其所受，釋文：「遯，又作遁。」是，謂老聃。情，乃惠子所謂情，見德充符篇。受者，受其成形。古者謂之遁天之刑。語又見列御寇篇。德充符以孔子爲天刑之，則知「遁天刑」是贊語。舊解並誤。適來，夫子時也；適去，夫子順也。安時而處順，哀樂不能入也，古者謂是帝之縣解。」釋文：「縣音玄。」成云：「帝，天也。」案：大宗師篇云：「得者時也，

〔一〕「鳥」，釋文作「雉」。
〔二〕「于」原誤「千」，據釋文改。

失者順也。安時而處順，哀樂不能入也，此古之所謂縣解也。」與此文大同。來去得失，皆謂生死。德充符郭注亦云：「生爲我時，死爲我順；時爲我聚，順爲我散也。天生人而情賦焉，縣也。冥情任運，是天之縣解也。」言夫子已死，吾又何哀！四喻。

指窮於爲薪，以指析木爲薪，薪有窮時。**火傳也，不知其盡也。**形雖往，而神常存，養生之究竟。薪有窮，火無盡。五喻。

內篇人間世第四

人間世，謂當世也。事暴君，處汙世，出與人接，無爭其名，而晦其德，此善全之道。末引接輿歌云：「來世不可待也，往世不可追也。」此漆園所以寄慨，而以人間世名其篇也。

顏回見仲尼請行。曰：「奚之？」曰：「將之衛。」曰：「奚爲焉？」曰：「回聞衛君，釋文：「司馬云：『衛莊公蒯聵。』案左傳，莊公以魯哀十五年冬入國，時顏回已死。此是出公輒也。」姚鼐云：「衛君，託詞，以指時王糜爛其民者。」其年壯，其行獨，宣云：「自用。」輕用其國，役民無時。而不見其過，郭云：「莫敢諫。」輕用民死，視用兵易。死者以國量乎澤，若蕉，國中民死之多，若以比量澤地，如以火烈而焚之之慘也。郭嵩燾云：「蕉與焦通。左成九年傳『蕉萃』，班固賓戲作『焦瘁』。廣雅：『蕉，黑也。』」民其無如矣。無所歸往。回嘗聞之夫子曰：『治國去之，宣云：「無所事。」亂國就之，宣云：「欲相救。」醫門多疾。』入喻。願以所聞思其則，崔、李云：「則，法也。」庶幾其國有瘳乎！」李云：「瘳，愈也。」仲尼曰：「譆！若殆往而刑耳！成云：「若，汝也。往恐被戮。」夫道不欲雜，雜則多，多則擾，擾則憂，憂而不救。成云：「道在純粹，雜則事緒繁多，事多則心擾亂，擾則憂患起。藥病既乖，彼此俱困，己尚不立，焉能救物？」古之至人，先存諸己，而後存諸人。成云：「存，立也。」所存於己者未定，何暇至於暴人之所行！至，猶逮及也。暴人，謂衛君。且若亦知夫德之所蕩，而知之所爲出乎哉？德蕩乎名，知出乎争。成云：「德所以流蕩喪真者，矜名故也。智所以横出逾分者，争善故也。」名也者，相軋也；知也者，争之器也。二者凶器，非所以盡行也。成云：「軋，傷也。」案：言皆凶禍之器，非所以盡乎行世之道。蘇輿云：「瘳國，美名也；醫疾，多智也。持是心以往，争軋萌矣，故曰凶器。」此淺言之，下復深言。雖無用智争名之心，而持仁義繩墨之言以諷人主，尚不可游亂世而免於菑，況懷凶器以往乎！且德厚信矼，未達人氣；名聞不争，未達人心。簡文云：「矼，慤實貌。」案：雖慤厚不用智，而未孚乎人之意氣；雖不争名，而未通乎人之心志，人必疑之。而强以仁義繩墨之言術暴人之前者，是以人惡有其美也，釋文：「强，其兩反。」術同述。郭嵩燾云：「祭義『而術省之』，鄭注：『術當作述。』」案：人若如此，則是自有其美，人必惡之。命之曰菑人。菑人者，人必反菑之，若殆爲人菑夫！成云：「命，名也。」釋文：「菑音災。」且苟爲悦賢而惡不肖，惡用而求有以異？下而，汝也。且衛君苟好善惡惡，則朝多正人，何用汝之求有以自異乎？若唯无詔，王公必將乘人而鬭其捷。成云：「詔，言也。王公，衛君。」言汝唯無言，衛君必將乘汝之隙，而以捷辯相鬭。而目將熒之，而色將平之，口將營之，容將形之，心且成之。是以火救火，以水救水，名之曰益多，順始无窮。郭慶藩云：「熒，瞀之借字。説文：『瞀，惑也。从目，熒省聲。』」成云：「形，見也。」言汝目將爲所眩，汝色將自降，口將自救，容將益恭，心且舍己之是，以成彼之非。彼惡既多，汝又從而益之。始既如此，後且順之無盡。若殆以不信厚言，宣云：「未信而深諫。」案：此「若」字訓如。必死於暴人之前矣。且昔者桀殺關龍逄，紂殺王子比干，是皆修其身以下傴拊人之民，李云：「傴拊，謂憐愛之。」宣云：「人，謂君。」以下拂其上者也，故其君因其修以擠之。是好名者也。因其好修名之心而陷之。一證。昔者堯攻叢枝、胥敖，禹攻有扈，三國名。國爲虚厲，宣云：「地爲丘墟，人爲厲鬼。」身爲刑戮，其用兵不止，其求實無已。求實，貪利。三國如此，故堯、禹攻滅之。是皆求名、實者也，再證。蘇輿云：「龍、比修德，而桀、紂以爲好名，因而擠之。桀、紂惡直臣之有其美，而自恥爲辟王，是亦好名也。叢枝、胥敖、有扈，用兵不止，以求實也，堯、禹因而攻滅之，亦未始非求實也。故曰：『是皆求名、實者也。』」而獨不聞之乎？名、實者，聖人之所不能勝也，而況若乎！夫子又舉所聞告之。言人主據高位之名，有威權之實，雖以聖人爲之臣，亦不能不爲所屈，況汝乎！雖然，若必有以也，嘗以語我來！」以者，挾持之具。嘗，試也。顔回曰：「端而虚，端肅而謙虚。勉而一，黽勉而純一。則可乎？」曰：「惡！惡可？上惡，驚歎詞。下惡可，不可也。夫以陽爲充孔揚，衛君陽剛之氣充滿於内，甚揚於外。采色不定，容外見者無常。常人之所不違，平人莫之敢違。因案人之所感，以求容與其心。成云：「案，抑也。容與，猶快樂。人以箴規感動，乃因而挫抑之，以求放縱其心意。」名之曰日漸之德不成，而況大德乎！雖日日漸漬之以德，不能有成，而況進於大德乎！將執而不化，宣云：「自以爲是。」外合而內不訾，宣云：「外卽相合，而內無自訟之心。」姚鼐云：「訾，量也。聞君子之言，外若不違，而內不度量其義。」其庸詎可乎！」「然則我內直而外曲，成而上比。「然則」下，顏子又言也。內直者，與天爲徒。與天爲徒者，知天子之與己皆天之所子，而獨以己言蘄乎而人善之，蘄乎而人不善之邪？成云：「內心誠直，共自然之理而爲徒類。」宣云：「天子，人君。」郭云：「人無貴賤，得生一也。故善與不善，付之公當，一無所求於人也。」若然者，人謂之童子，是之謂與天爲徒。依乎天理，純一無私，若嬰兒也。外曲者，與人之爲徒也。擎、跽、曲拳，宣云：「擎，執笏。跽，長跪。曲拳，鞠躬。」人臣之禮也，人皆爲之，吾敢不爲邪！爲人之所爲者，人亦无疵焉，是之謂與人爲徒。成而上比者，與古爲徒。成云：「忠諫之事，乃成於今；君臣之義，上比於古。」其言雖教，讁之實也。所陳之言，雖是古教，卽有諷責之實也。古之有也，非吾有也。若然者，雖直而不病，郭云：「寄直於古，無以病我。」是之謂與古爲徒。若是，則可乎？」仲尼曰：「惡！惡可？大多政，釋文：「大音泰。」郭云：「當理無二，而張三條以政之，所謂大多政也。」案：政、正同。法而不諜，俞云：「四字爲句。列禦寇篇：『形諜成光。』釋文：『諜，便僻也。』此諜義同。言有法度，而不便僻。」雖固，亦无罪。雖未宏大，可免罪咎。雖然，止是耳矣，夫胡可以及化！不足化人。猶師心者也。」成云：「師其有心。」顏回曰：「吾无以進矣，敢問其方。」仲尼曰：「齊，吾將語若！釋文：「齊，本亦作齋。」有而爲之，其易邪？郭云：「有其心而爲之，誠未易也。」易之者，皞天不宜。」成云：「爾雅：『夏曰皓天。』言其氣皓汗也。」案：與虛白自然之理不合。蘇輿云：「易之者，仍師心也。失其初心，是謂違天。」於義亦通。顏回曰：「回之家貧，唯不飲酒、不茹葷者數月矣。如此，則可以爲齊乎？」成云：「葷，辛菜。」曰：「是祭祀之齊，非心齊也。」回曰：「敢問心齊。」仲尼曰：「一若志，宣云：「不雜也。」无聽之以耳而聽之以心，成云：「耳根虛寂，凝神心符。」无聽之以心而聽之以氣。成云：「心有知覺，猶起攀緣；氣無情慮，虛柔任物。故去彼知覺，取此虛柔，遣之又遣，漸階玄妙。」聽止於耳，宣云：「止於形骸。」俞云：「當作『耳止於聽』，傳寫誤倒也。此申說無聽之以耳之義，言耳之爲用，止於聽而已，故無聽之以耳也。」心止於符。俞云：「此申說無聽之以心之義，言心之用，止於符而已，故無聽之以心也。符之言合，與物合也，與物合，則非虛而待物之謂矣。」氣也者，虛而待物者也。俞云：「此申說氣。」宣云：「氣無端，即虛也。」唯道集虛。虛者，心齊也。」成云：「唯此真道，集在虛心。故虛者，心齊妙道也。」顏回曰：「回之未始得使，未得使心齊之教。實自回也；自見有閒。得使之也，未始有回也。既得教令，遂忘物我。可謂虚乎？」夫子曰：「盡矣。成云：「心齊之妙盡矣。」吾語若！若能入遊其樊而无感其名，汝入衞，能遊其藩内，而無以虚名相感動。入則鳴，不入則止。入吾言則言，不入則姑止。无門无毒，宣云：「不開一隙，不發一藥。」郭云：「使物自若，無門者也；付天下之自安，無毒者也。」李楨云：「門、毒對文，毒與門不同類。説文：『毒，厚也。害人之草，往往而生。』義亦不合。毒蓋𡑞之借字。説文𡑞下云：『保也，亦曰高土也，讀若毒。』與郭注『自安』義合。張行孚説文發疑云：『𡑞者，累土爲臺以傳信，卽吕覽所謂「爲高保禱於王路，寘鼓其上，遠近相聞」是也。』禱是𡑞之譌。𡑞者，保衞之所，故借其義爲保衞。周易『以此毒天下，而民從之』，老子『亭之毒之』，與此『無門無毒』，三毒字，皆是此義。廣雅：『毒，安也。』亦卽此訓。楨案：𡑞爲毒本字，正與門同類，所以門、毒對文，讀都皓切，音之轉也。」案：宣説望文生義，不如李訓最合。門者，可以沿爲行路；毒者，可以望爲標的。无門无毒，使人无可窺尋指目之意。一宅而寓於不得已，則幾矣。成云：「宅，居處也。處心至一之道，不得已而應之，非預謀也，則庶幾矣。」絶迹易，无行地難。宣云：「人之處世，不行易，行而不著迹難。」爲人使，易以僞；爲天使，難以僞。成云：「人情驅使，淺而易欺；天然馭用，爲而難矯。」聞以有翼飛者矣，未聞以无翼飛者也；聞以有知知者矣，未聞以无知知者也。釋文：「上音智，下如字。」宣云：「以神運，以寂照。」瞻彼闋者，虚室生白，司馬云：「闋，空也。室，喻心。心能空虚，則純白獨生也。」成云：「彼，前境也。觀察萬有，悉皆空寂，故能虚其心室，乃照真源。」吉祥止止。成云：「吉祥善福，止在凝静之心，亦能致善應也。」俞云：「『止止』連文，於義無取。淮南俶真訓：『虚室生白，吉祥止也。』疑此文下止字亦也字之誤。列子天瑞篇盧重元注云『虚室生白，吉祥止耳』，亦可證『止止』連文之誤。」案：下「止」字，或「之」之誤。夫且不止，是之謂坐馳。若精神外騖而不安息，是形坐而心馳也。夫徇耳目内通而外於心知，鬼神將來舍，而況人乎！李云：「徇，使也。」宣云：「耳目在外，而徇之於内；心智在内，而黜之於外。」成云：「虚懷任物，鬼神將冥附而舍止。人倫歸依，固其宜矣。」是萬物之化也，禹、舜之所紐也，伏羲、几蘧之所行終，而況散焉者乎！」此禹、舜應物之綱紐，上古帝王之所行止，而況凡散之人，有不爲所化乎！成云：「几蘧，三皇以前無文字之君。」蘇輿云：「言知此可爲帝王，可以宰世，而況爲支離之散人乎！」於義亦通。

葉公子高將使於齊，問於仲尼曰：「王使諸梁也甚重，成云：「委寄甚重。」齊之待使者，蓋將甚敬而不急。宣云：「貌敬而緩於應事。」匹夫猶未可動，而況諸侯乎！吾甚慄之。懼也。子常語諸梁也，曰：『凡事若小若大，寡不道以懽成。事無大小，鮮不由道而以懽然成遂者。事若不成，則必有人道之患；王必降罪。事若成，則必有陰陽之患。宣云：「喜懼交戰，陰陽二氣將受傷而疾作。」若成若不成而後无患者，唯有德者能之。』成云：「任成敗於前塗，不以憂喜累心者，唯盛德之人。」以上述子言。蘇輿云：「謂事無成敗，而卒可無患者，惟盛德爲能。」案：成説頗似張湊符離之敗，未可爲訓。蘇説是也。吾食也，執粗而不臧，宣云：「甘守粗糲，不求精善。」爨无欲清之人。成云：「清，涼也。然火不多，無熱可避。」今吾朝受命而夕飲冰，我其内熱與！憂灼之故。吾未至乎事之情，宣云：「未到行事實處。」而既有陰陽之患矣；事若不成，必有人道之患。是兩也，爲人臣者不足以任之，子其有以語我來！」仲尼曰：「天下有大戒二：成云：「戒，法也。」其一，命也；其一，義也。子之愛親，命也，不可解於心；受之於天，自然固結。臣之事君，義也，無適而非君也，無所逃於天地之間。成云：「天下未有無君之國。」是之謂大戒。是以夫事其親者，不擇地而安之，不論境地何若，惟求安適其親。孝之至也；夫事其君者，不擇事而安之，成云：「事無夷險，安之若命。」忠之盛也；自事其心者，哀樂不易施乎前，王念孫云：「施讀〔一〕爲移。此猶言不移易。晏子春秋外篇『君臣易施』，荀子儒效篇『哀虚之相易也』，漢書衛綰傳『人之所施易』，義皆同。正言之則爲易施，倒言之則爲施易也。」宣云：「事心如事君父之無所擇，雖哀樂之境不同，而不爲移易於其前。」知其不可奈何而安之若命，德

〔一〕「讀」原誤「謂」，據集釋引改。

之至也。爲人臣子者，固有所不得已，行事之情而忘其身，情，實也。何暇至於悦生而惡死！宣云：「尚何陰陽之患！」夫子其行可矣！丘請復以所聞：更以前聞告之。凡交，交鄰。近則必相靡以信，宣云：「相親順以信行。」遠則必忠之以言，宣云：「相孚契以言語。」言必或傳之。宣云：「必託使傳。」夫傳兩喜兩怒之言，宣云：「兩國君之喜怒。」天下之難者也。夫兩喜必多溢美之言，兩怒必多溢惡之言。郭云：「溢，過也。喜怒之言，常過其當。」凡溢之類妄，成云：「類，似也。似使人妄構。」妄則其信之也莫，成云：「莫，致疑貌。」莫則傳言者殃。故法言曰：引古格言。揚子法言名因此。『傳其常情，宣云：「但傳其平實者。」无傳其溢言，郭云：「雖聞臨時之過言而勿傳。」則幾乎全。』宣云：「庶可自全。」案：引法言畢。且以巧鬭力者，始乎陽，常卒乎陰，大至則多奇巧；釋文：「大音泰，本亦作泰。」案：鬭力屬陽，求勝則終於陰謀，欲勝之至，則奇譎百出矣。以禮飲酒者，始乎治，常卒乎亂，大至則多奇樂。禮飲象治，既醉則終於迷亂，昏醉之至，則樂無不極矣。凡事亦然。始乎諒，常卒乎鄙；宣云：「諒，信。鄙，詐。」俞云：「諒與鄙，文不相對。諒蓋諸之誤。諸讀爲都。釋地『宋有孟諸』，史記夏本紀作『明都』，是其例。『始乎都，常卒乎鄙』，都、鄙正相對。因字通作諸，又誤而爲諒，遂失其指矣。淮南詮言訓『故始於都者，常大於鄙』，卽本莊子，可據以訂正。彼文大字，乃卒字之誤。説見王氏雜志。」其作始也簡，其將畢也必巨。夫言者，風波也；如風之來，如波之起。行者，實喪也。郭嵩燾云：「實者，有而存之；喪者，縱而舍之。實喪，猶得失也。」風波易以動，實喪易以危。得失無定，故曰「易以危」。故忿設無由，巧言偏辭。忿怒之設端，無他由也，常由巧言過實，偏辭失中之故。獸死不擇音，氣息茀然，於是並生心厲。獸困而就死，鳴不擇音，而忿氣有餘。於其時，且生於心而爲惡厲，欲噬人也。以獸之心厲，譬下人有不肖之心。剋核大至，則必有不肖之心應之，而不知其然也。剋求精核太過，則人以不肖之心起而相應，不知其然而然。苟爲不知其然也，孰知其所終！宣云：「必罹禍。」故法言曰：『无遷令，成云：「君命實傳，無得遷改。」无勸成。』成云：「弗勞勸獎，强令成就。」再引法言畢。過度，益也。若過於本度，則是增益語言。遷令、勸成殆事，事必危殆。美成在久，惡成不及改，成而善，不在一時；成而惡，必有不及改者。可不慎與！且夫乘物以遊心，託不得已以養中，至矣。宣云：「隨物以遊寄吾心，託於不得已而應，而毫無造端，以養吾心不動之中，此道之極則也。」何作爲報也！郭云：「任齊所報，何必爲齊作意於其間！」莫若爲致命。此其難者。」但致君命，而不以己與，卽此爲難。若人道之患，非患也。

顔闔將傅衛靈公太子，釋文：「顔闔，魯賢人。太子，蒯聵。」而問於蘧伯玉曰：「有人於此，其德天殺。天性嗜殺。與之爲无方，則危吾國；宣云：「縱其敗度，必覆邦家。」與之爲有方，則危吾身。制以法度，先將害己。其知適足以知人之過，而不知其所以過。

釋文：「其知，音智。」但知責人，不見己過。若然者，吾奈之何？」蘧伯玉曰：「善哉問乎！戒之慎之，正汝身也哉！先求身之無過。形莫若就，心莫若和。宣云：「外示親附之形，内寓和順之意。」雖然，之二者有患。宣云：「猶未盡善。」就不欲入，和不欲出。附不欲深，必防其縱；順不欲顯，必範其趨。形就而入，且爲顛爲滅，爲崩爲蹶。顛，墜。滅，絶。崩，壞。蹶，仆也。心和而出，且爲聲爲名，爲妖爲孽。郭云：「自顯和之，且有含垢之聲；濟彼之名，彼且惡其勝己，妄生妖孽。」彼且爲嬰兒，亦與之爲嬰兒；喻無知識。彼且爲无町畦，亦與之爲无町畦；無界限。喻小有踰越。彼且爲无崖，亦與之爲无崖。不立崖岸。達之，入於無疵。順其意而通之，以入於無疵病。汝不知夫螳蜋乎？怒其臂以當車轍，不知其不勝任也，是其才之美者也。戒之慎之！積伐而美者以犯之，幾矣。而，汝也。伐，誇功也。美不可恃，積汝之美，伐汝之美，以犯太子，近似螳蜋矣。一喻。汝不知夫養虎者乎？不敢以生物與之，爲其殺之之怒也；不敢以全物與之，爲其決之之怒也。成云：「以死物投虎，亦先爲分決，不使用力。」時其飢飽，達其怒心。虎之與人異類而媚養己者，順也；故其殺者，逆也。虎逆之則殺人，養之則媚人。喻教人不可怒之。再喻。夫愛馬者，以筐盛矢，以蜄盛溺。成云：「蜄，大蛤也。」愛馬之至者。適有蚉虻僕緣，王念孫云：「僕，附也。言蚉虻附緣於馬體也。詩『景命有僕』，毛傳：『僕，附也。』」而拊之不時，成云：「拊，拍也。不時，掩馬不意。」則缺銜、毁首、碎胸。成云：「銜，勒也。」馬驚至此。意有所至，而愛有所亡，可不慎邪！」亡，猶失也。欲爲馬除蚉蝱，意有偏至，反以愛馬之故，而致亡失，故當慎也。三喻。

匠石之齊，至乎曲轅，見櫟社樹。石，匠名。之，往也。司馬云：「曲轅，曲道。」成云：「如轘轅之道也。社，土神。櫟樹，社木。」其大蔽數千牛，絜之百圍，文選注引司馬云：「絜，帀也。」李云：「徑尺爲圍，蓋十丈。」其高臨山十仞而後有枝，其可以爲舟者旁十數。俞云：「旁、方古通。方，且也。言可爲舟者且十數。」觀者如市，匠伯不顧，遂行不輟。遂，竟也。文選注引司馬云：「匠石，字伯。」弟子厭觀之，厭，飽也。走及匠石，曰：「自吾執斧斤以隨夫子，未嘗見材如此其美也。先生不肯視，行不輟，何邪？」曰：「已矣，勿言之矣！散木也，以爲舟則沈，體重。以爲棺槨則速腐，多敗。以爲器則速毁，疏脆。以爲門户則液樠，李楨云：「廣韻：『樠，松心，又木名也。』松心有脂，液樠正取此義。」以爲柱則蠹。蟲蝕。是不材之木也，无所可用，已見逍遥遊諸篇。故能若是之壽。」匠石歸，櫟社見夢曰：「女將惡乎比予哉？若將比予於文木邪？郭云：「凡可用之木爲文木，可成章也。」夫柤、梨、橘、柚、果、蓏之屬，成云：「蓏，瓜瓠之類。」實熟則剥，剥則辱，大枝折，小枝泄。俞云：「泄，當讀爲抴。荀子非相篇『接人則用抴』，楊注：『抴，牽引也。』小枝抴，謂見牽引也。」此以其能苦其生者也，故不終其天年而中道夭，自掊擊於世俗者也。掊擊由其自取。成云：「掊，打。」物莫不若是。且予求无所可用久矣，幾死，幾伐而死。乃今得之，郭云：「數有睥睨己者，唯今匠石明之。」爲予大用。成云：「方得全身，爲我大用。」使予也而有用，且得有此大也邪？且也，若與予也皆物也，奈何哉其相物也？而幾死之散人，又惡知散木！」而，汝。幾，近也。匠石覺而診其夢。王念孫云：「診讀爲畛。爾雅：『畛，告也。』告其夢於弟子。」弟子曰：「趣取无用，則爲社何邪？」既急取無用以全身，何必爲社木以自榮？曰：「密！猶言祕之。姚鼐云：「密、默字通。田子方篇仲尼曰：『默！女無言！』達生篇：『公密而不應。』」若無言！彼亦直寄焉，以爲不知己者詬厲也。彼亦特寄於社，以聽不知己者詬病之而不辭也。司馬云：「厲，病也。」不爲社者，且幾有翦乎！如不爲社木，且幾有翦伐之者，謂或析爲薪木。且也，彼其所保，與衆異，保於山野，究與俗衆異，非城狐、社鼠之比。以〔一〕義譽之，不亦遠乎！」宣云：「義，常理。」案：彼非託社神以自榮，而以常理稱之，於情事遠也。南伯子綦遊乎商之丘，李云：「即南郭也。伯，長也。」司馬云：「商之丘，今梁國睢陽縣。」見大木焉有異，結駟千乘，隱將芘其所藾。向云：「藾，

〔一〕「以」字上，集釋本有「而」字。

蔭也。」崔云：「隱，傷於熱也。」成云：「駟馬曰乘。言連結千乘，熱時可庇於其蔭。」子綦曰：「此何木也哉？此必有異材夫！」言必可爲材也。仰而視其細枝，則拳曲而不可以爲棟梁；俯而見其大根，則軸解而不可爲棺槨；成云：「軸，如車軸之轉，謂轉心木也。」案：解者，文理解散，不密緻。咶其葉，則口爛而爲傷；嗅之，則使人狂酲三日而不已。李云：「狂如酲也。病酒曰酲。」子綦曰：「此果不材之木也，以至於此其大也。成云：「不材爲全生之大材，無用乃濟物之妙用，故能不夭斧斤，而庇蔭千乘也。」嗟夫！神人以此不材！」由木悟人。宣云：「神人亦以不見其材，故無用於世，而天獨全也。」宋有荆氏者，宜楸、柏、桑。司馬云：「荆氏，地名。」宣此三木。其拱把而上者，求狙猴之杙者斬之；司馬云：「兩手曰拱，一手曰把。」宣云：「杙，繫㰁也。」三圍四圍，求高名之麗者斬之；崔云：「環八尺爲一圍。」郭慶藩云：「名，大也。」（詳天下「名山三百」下。）成云：「麗，屋棟也。」七圍八圍，貴人富商之家求樿傍者斬之。釋文：「樿，本亦作檀。」成云：「棺之全一邊而不兩合者，謂之樿傍。其木極大，當斬取大板。」故未終其天年，而中道已夭於斧斤，此材之患也。故解之以牛之白顙者，與豚之亢鼻者，與人有痔病者，不可以適河。郭云：「解，巫祝解除也。」成云：「顙，額也。亢，高也。三者不可往靈河而設祭。古者將人沈河以祭，西門豹爲鄴令，方斷之，卽其類是也。」此皆巫祝以知之矣，以、已同。郭云：「巫祝於此，亦知不材者全也。」所以爲不祥也，此乃神人之所以爲大祥也。宣云：「可全生，則祥莫大焉。」

支離疏者，司馬云：「支離，形體不全貌。疏其名。」頤隱於臍，肩高於頂，司馬云：「言脊曲頭縮也。」淮南曰：「脊管高於頂也。」會撮指天，司馬云：「會撮，髻也。古者髻在項中，脊曲頭低，故髻指天。」崔云：「會撮，項椎也。」李楨云：「崔說是。大宗師篇：『句贅指天。』李云：『句贅，項椎也，其形如贅。』亦與崔說證合。素問刺熱篇：『項上三椎，陷者中也。』王注：『此舉數脊椎大法也。』沈彤釋骨云：『項大椎以下二十一椎，通曰脊，骨曰脊椎。』難經四十五難云：『骨會大杼。』張注：『大杼，穴名，在項後第一椎，兩旁諸骨自此檠架往下支生，故骨會於大杼。』會撮，正從骨會取義，又在大椎之間，故曰『項椎』也。初學記十九引撮作㩧。玉篇：『㩧，木㩧節也。』與脊節正相似。从木作㩧，於義爲長。」五管在上，李云：「管，腧也。五藏之腧，並在人背。」李楨云：「頤、肩屬外說，會撮、五管屬內說。」兩髀爲脇。司馬云：「脊曲髀豎，故與脇肋相並。」挫鍼治繲，足以餬口；司馬云：「挫鍼，縫衣也。繲，浣衣也。」鼓筴播精，足以食十人。司馬云：「鼓，簸也。小箕曰筴。簡米曰精。」成云：「播，揚土。」上徵武士，則支離攘臂而遊於其間；郭云：「恃其無用，故不自竄匿。」上有大役，則支離以有常疾不受功；宣云：「不任功作。」上與病者粟，則受三鍾與十束薪。司馬云：「六斛四斗曰鍾。」夫支離其形者，猶足以養其身，終其天年，又況支離其德者乎！」成云：「忘形者猶足免害，況忘德者乎！」

孔子適楚，楚狂接輿遊其門曰：「鳳兮鳳兮，何如德之衰也！成云：「何如，猶如何。」來世不可待，往世不可追也。郭云：「當盡臨時之宜耳。」天下有道，聖人成焉；宣云：「成其功。」蘇輿云：「莊引數語，見所遇非時。苟生當有道，固樂用世，不僅自全其生矣。」天下無道，聖人生焉。宣云：「全其生。」方今之時，僅免刑焉。福輕乎羽，莫之知載；易取不取。禍重乎地，莫之知避。當避不避。已乎已乎，臨人以德！宣云：「亟當止者，示人以德之事。」殆乎殆乎，畫地而趨！宣云：「最可危者，拘守自苦之人。」迷陽迷陽，謂棘刺也，生於山野，踐之傷足。至今吾楚輿夫遇之，猶呼「迷陽踢」也。迷音讀如麻。无傷吾行！吾行郤曲，宣云：「郤步委曲，不敢直道。」无傷吾足！」

山木自寇也，膏火自煎也。司馬云：「木爲斧柄，還自伐；膏起火，還自消。」桂可食，故伐之；漆可用，故割之。成云：「桂心辛香，故遭斫伐，漆供器用，所以割之，俱爲才能，夭於斤斧。」人皆知有用之用，而莫知无用之用也。喻意點清結局，與上接輿歌不連，歌有韻，此無韻。

莊子集解卷二

内篇 德充符第五

德充於内，自有形外之符驗也。

魯有兀者王駘，李云：「刖足曰兀。」從之遊者，與仲尼相若。郭云：「弟子多少敵孔子。」常季問於仲尼曰：「王駘，兀者也，從之遊者，與夫子中分魯。弟子皆有所得。釋文：「常季，或云：孔子弟子。」或云：魯賢人。立不教，坐不議，虛而往，實而歸。固有不言之教，无形而心成者邪？宣云：「默化也。」是何人也？」仲尼曰：「夫子，聖人也。丘也，直後而未往耳。直，特也。未及往從。丘將以爲師，而況不如丘者乎！奚假魯國！何但假借魯之一邦！丘將引天下而與從之。」常季曰：「彼兀者也，而王先生，言居然王先生也。其與庸亦遠矣。固當與庸人相遠。若然者，其用心也，獨若之何？」仲尼曰：「死生亦大矣，而不得與之變，其人與變俱，故死生不變。雖天地覆墜，亦將不與之遺。成云：「遺，失也。」言不隨之而遺失。審乎无假，而不與物遷，郭慶藩云：「假是瑕之誤。淮南精神訓正作『審乎無瑕』。謂審乎己之無可瑕疵，斯任物自遷，而無役於物也。

左傳『傳瑕』，鄭世家作『甫假』，禮檀弓『公肩假』，漢書人表作『公肩瑕』。瑕、假形近，易致互誤。」**命物之化，而守其宗也。」**宣云：「主宰物化，執其樞紐。」**常季曰：「何謂也？」仲尼曰：「自其異者視之，肝膽楚越也；**本一身，而世俗異視之。**自其同者視之，萬物皆一也。**皆天地間一物。**夫若然者，且不知耳目之所宜，**耳目之宜於聲色，彼若冥然無所知。**而游心於德之和，**郭云：「放心於道德之間，而曠然無不適也。」**物視其所一，而不見其所喪，**宣云：「視萬物爲一致，無有得喪。」**視喪其足，猶遺土也。」常季曰：「彼爲己，**言騐但能修己耳。**以其知得其心，**以其真知，得還吾心理。**以其心得其常心，**又以吾心理，悟得古今常然之心理。**物何爲最之哉？」**最，聚也。衆人何爲羣聚而從之哉？**仲尼曰：「人莫鑑於流水，而鑑於止水，唯止能止衆止。**成云：「鑑，照也。」宣云：「水不求鑑，而人自來鑑。唯自止，故能止衆之求止者。」**受命於地，唯松柏獨也在，**句。**冬夏青青；受命於天，唯舜獨也正，**郭云：「下首唯有松柏，上首唯有聖人，故凡不正者皆來求正。若物皆青全，則無貴於松柏；人各自正，則無羨於大聖而趨之。」成云：「人頭在上，去上則死；木頭在下，去下則死。是以呼人爲上首，呼木爲下首。故上首食傍首，傍首食下首。下首草木，傍首蟲獸。」**幸能正生，以正衆生。**宣云：「舜能正己之性，而物性自皆受正。」**夫保始之徵，**保守本始之性命，於何徵驗？**不懼之實。勇士一人，雄入於九軍。**崔云：「天子六軍，諸侯三軍，通爲九軍。」**將求名而能**

自要者，而猶若此，將求功名而能自必者，猶可如此。而況官天地，府萬物，成云：「綱維二儀，苞藏宇宙。」直寓六骸，宣云：「直，猶特。以六骸爲吾寄寓。」成云：「六骸，身首四肢也。」象耳目，宣云：「以耳目爲吾迹象。」一知之所知，上知謂智，下知謂境。純一無二。而心未嘗死者乎！宣云：「得其常心，不以死生變。」彼且擇日而登假，假，徐音遐。宣云：「曲禮：『天王登假。』此借言遺世獨立。擇日，猶言指日。」案：言若黄帝之遊於太清。人則從是也。宣云：「人自不能舍之。」彼且何肯以物爲事乎！」因常季疑駘有動衆之意，故答之。申徒嘉，兀者也，而與鄭子産同師於伯昏无人。雜篇作「瞀人」。子産謂申徒嘉曰：「我先出，則子止；子先出，則我止。」郭云：「羞與刖者並行。」其明日，又與合堂同席而坐。子産謂申徒嘉曰：「我先出，則子止；子先出，則我止。今我將出，子可以止乎，其未邪？郭云：「質而問之，欲使必不並己。」且子見執政而不違，子齊執政乎？」執政，子産自稱。違，避也。齊，同也。斥其不遜讓。申徒嘉曰：「先生之門，固有執政焉如此哉？言伯昏先生之門，以道德相高，固有以執政自多如此者哉？子而説子之執政而後人者也！子乃悦愛子之執政，而致居人後者也！聞之曰：『鑑明則塵垢不止，止則不明也。久與賢人處，則无過。』止，猶集也。明鏡無塵，親賢無過。今子之所取大者，先生也，而猶出言若是，不亦過乎！」宣云：「取大，求廣見識。」案：取大，猶言引重。子産曰：「子既若是矣，既已殘形。猶與堯争善，宣云：「堯乃善之至者，故以爲言。」計子之德不足以自反邪？」宣云：「計子之素行，必有過而後致兀，尚不足自反邪？」申徒嘉曰：「自狀其過以不當亡者衆，不狀其過以不當存者寡。狀，猶顯白也。自顯言其罪過，以爲不至亡足者多矣；不顯言其罪過，而自反以爲不當存足者少也。知不可奈何而安之若命，惟有德者能之。宣云：「以兀爲自然之命而不介意，非有德者不能。」遊於羿之彀中，中央者，中地也，然而不中者，命也。上二中，如字。下二中，竹仲反。以羿彀喻刑網。言同居刑網之中，孰能自信無過？其不爲刑罰所加，亦命之偶值耳。人以其全足笑吾不全足者多矣。我怫然而怒，而適先生之所，則廢然而反。郭云：「廢向者之怒而復常。」不知先生之洗我以善邪！以善道淨我心累。吾與夫子遊十九年矣，而未嘗知吾兀者也。未聞先生以殘形見擯。今子與我遊於形骸之内，以道德相友。而子索我於形骸之外，以形迹相繩。不亦過乎！」子産蹵然改容更貌曰：「子无乃稱！」蹵然起謝。乃者，猶言如此。子無乃稱，謂子毋如此言也。大宗師篇「不知其所以乃」，亦謂不知其所以如此也。

魯有兀者叔山无趾，李云：「叔山，氏。」宣云：「無足趾，遂爲號。」踵見仲尼。崔云：「無趾，故踵行。」仲尼曰：「子不謹，前既犯患若是矣。雖今來，何及矣？」无趾曰：「吾唯不知務而輕用吾身，吾是以亡足。今吾來也，猶有尊足者存，宣云：「有尊於足者，不在形骸。」吾是以務全之也。夫天无不覆，地无不載，吾以夫子爲天地，安知夫子之猶若是也！」孔子曰：「丘則陋矣。夫子胡不入乎？請講以所聞！」无趾出。宣云：「徑去。」孔子曰：「弟子勉之！夫无趾，兀者也，猶務學以復補前行之惡，而況全德之人乎！」前惡虧德，求學以補之，況無惡行而全德者乎！无趾語老聃曰：「孔丘之於至人，其未邪！彼何賓賓以學子爲？俞云：「賓賓，猶頻頻也。賓聲、頻聲之字，古相通。廣雅釋訓：『頻頻，比也。』」郭云：「怪其方復學於老聃。」彼且蘄以諔詭幻怪之名聞，不知至人之以是爲己桎梏邪？」李云：「諔詭，奇異也。」案：吕覽傷樂篇作「俶詭」。木在足曰桎，在手曰梏。蘄、期同。言彼期以異人之名聞於天下，不知至人之於名，視猶己之桎梏邪？老聃曰：「胡不直使彼以死生爲一條，以可不可爲一貫者，解其桎梏，其可乎？」言生死是非，可通爲一，何不使以死生是非爲一條貫者，解其迷惑，庶幾可乎！无趾曰：「天刑之，安可解？」言其根器如此，天然刑戮，不可解也。

魯哀公問於仲尼曰：「衞有惡人焉，曰哀駘它。釋文：「惡，醜。」李云：「『哀駘，醜貌。它其名。』」丈夫與之處者，思而不能去也。婦人見之，請於父母曰『與爲人妻，寧爲夫子妾』者，十數而未止也。未嘗有聞其唱者也，常和而已矣。未嘗先人，感而後應。无君人之位以濟乎人之死，宣云：「濟猶拯也。」无聚禄以望人之腹。李楨云：「說文：『望，月滿也。』腹滿爲飽，猶月滿爲望，故以擬之。」又以惡駭天下，非以美動人。和而不唱，未嘗招引人。知不出乎四域，知名不出四境之遠。且而雌雄合乎前。宣云：「婦人、丈夫，皆來親之。」是必有異乎人者也。寡人召而觀之，果以惡駭天下。與寡人處，不至以月數，而寡人有意乎其爲人也；郭云：「未經月，已覺其有遠處。」不至乎期年，而寡人信之。國无宰，寡人傳國焉。成云：「國无良宰，傳以國政。」釋文：「傳，丈〔一〕專反。」悶然而後應，悶然不合於其意，而後應焉。氾而若辭。氾然不係於其心，而若辭焉。寡人醜乎，李云：「醜，慙也。」卒授之國。无幾何也，去寡人而行，成云：「俄頃之間，逃遁而去。」寡人卹焉若有亡也，宣云：「卹，憂貌。」若無與樂是國也。是何人者也？」仲尼曰：「丘也，嘗使於楚矣，適見㹠子食於其死母者，釋文：「㹠，本又作豚。」郭注：「食，乳也。」少焉眴若，皆棄之而走。釋文：「眴，本亦作瞬，司馬云：『驚貌。』」俞云：「眴若，猶眴然。徐无鬼篇：『衆狙恂然棄而走。』眴、恂，並𠧪之假借。說文：『𠧪，驚辭也。』始就其母食，少焉，覺其死，皆驚走也。」不見己焉爾，不得類焉爾。郭云：「生者以才德爲類，死而才德去矣，故生者以失類而走也。」案：言㹠子以母之不顧見己而驚疑，又不得其生之氣類而捨去也。所愛其母者，非愛其形也，愛

〔一〕「丈」原誤「文」，據釋文改。

使其形者也。成云：「使其形者，精神也。」戰而死者，其人之葬也，不以翣資，郭云：「翣者，武所資也。戰而死者，無武也，翣將安施！」成云：「翣者，武飾之具，武王爲之，或云周公作也。其形似方扇，使車兩邊。軍將行師，陷陣而死，及其葬日，不用翣資。是知翣者，武之所資，無武則翣無所資，以喻無神則形無所愛也。」李云：「資，送也。」刖者之屨，无爲愛之，釋文：「爲，于僞反。」郭云：「愛屨者，爲足故耳。」皆无其本矣。翣本於武，屨本於足。爲天子之諸御，不爪翦，不穿耳；御女不加修飾，使其質全。娶妻者止於外，不得復使。匹夫娶妻，休止於外，官不役之，使其形逸。形全猶足以爲爾，上二事，皆全其形。而况全德之人乎！宣云：「德全則有本，人豈能不愛乎！」今哀駘它未言而信，无功而親，使人授己國，唯恐其不受也，是必才全而德不形者也。」哀公曰：「何謂才全？」仲尼曰：「死生存亡，窮達貧富，賢與不肖，毁譽、饑渴、寒暑，是事之變，命之行也，成云：「並事物之變化，天命之流行。」日夜相代乎前，語又見齊物論篇。而知不能規乎其始者也。宣云：「雖有智者，不能詰所自始。」故不足以滑和，不可入於靈府。成云：「滑，亂也。」郭云：「靈府，精神之宅。」宣云：「惟其如是，故當任其自然，不足以滑吾之天和，不可以擾吾之靈府。」使之和豫通而不失於兑，使日夜无郤而與物爲春，李云：「兑，悦也。郤，間也。」宣云：「使和豫之氣流通，不失吾怡悦之性，日夜無一息間隙，隨物所在，同遊於春和之中。」是接而生時於心者也。宣云：「是四時不在天地，而吾心之春，無有間斷，乃接續而生時於心也。」是之謂才全。」「何謂德不形？」曰：「平者，水停之盛也。郭云：「天下之平，莫盛於停水。」其可以爲法也，郭云：「無情至平，故天下取正焉。」内保之而外不蕩也。蕩，動也。内保其明，外不動於物。德者，成和之修也。宣云：「修太和之道既成，乃名爲德也。」德不形者，物不能離也。」含德之厚，人樂親之。哀公異日以告閔子曰：「始也，吾以南面而君天下，執民之紀，而憂其死，成云：「執持綱紀，憂於兆庶，飲食教誨，恐其夭死。」吾自以爲至通矣。今吾聞至人之言，宣云：「孔子之言哀駘它者。」恐吾無其實，輕用吾身而亡其國。吾與孔丘，非君臣也，德友而已矣。」

闉跂支離无脤成云：「闉，曲也。謂攣曲企踵而行。脤，脣也。謂支體坼裂，傴僂殘病，復無脣也。」釋文：「脤，徐市軫反。又音脣。」説衛靈公，靈公説之，而視全人，其脰肩肩。上説言説，下説音悦。其下同。釋文：「脰，頸也。李云：『肩肩，羸小貌。』」李楨云：「攷工梓人文『數目顅脰』，注云：『顅，長脰貌。』與肩肩義合。知肩是省借，本字當作顅。」案：衛君悦之，顧視全人之脰，反覺其羸小也。甕㼜大癭説齊桓公，桓公説之，而視全人，其脰肩肩。説文：「癭，瘤也。」李云：「甕㼜，大癭貌。」

故德有所長，而形有所忘，總上。人不忘其所忘，而忘其所不忘，此謂誠忘。形宜忘，德不宜忘；反是，乃真忘也。故聖人有所遊，遊心於虛。而知爲孽，智慧運動，而生支孽。約爲膠，禮信約束，而相膠固。德爲接，廣樹德意，以相交接。工爲商。工巧化居，以通商賈。聖人不謀，惡用知？心無圖謀，故不用智。不斲，惡用膠？質不彫琢，何須約束？无喪，惡用德？德之言得也。本無喪失，何用以德相招引？不貨，惡用商？不貴貨物，無須通商。四者，天鬻也。天鬻者，天食也。釋文：「鬻，養也。」知、約、德、工四者，天所以養人也。天養者，天所以食之也。既受食於天，又惡用人？既受食於天矣，則當全其自然，不用以人爲雜之。有人之形，无人之情。屏絶情感。有人之形，故羣於人；成云：「和光混迹。」无人之情，故是非不得於身。絶是非之端。眇乎小哉！所以屬於人也。謷乎大哉！獨成其天。崔云：「類同於人，所以爲小；情合於天，所以爲大。」成云：「謷，高大貌也。」

惠子謂莊子曰：「人故无情乎？」莊子曰：「然。」惠子曰：「人而无情，何以謂之人？」莊子曰：「道與之貌，天與之形，成云：「虛通之道，爲之相貌；自然之理，遺其形質。」惡得不謂之人？」惠子曰：「既謂之人，惡得无情？」莊子曰：「是非吾所謂情也。宣云：「言惠子先誤認情字。」案：郭以是非承上言，非。吾所謂无情者，言人之不以好惡内傷其身，常因自然而不益生也。」宣云：「本生之理，不以人爲加益之。」惠子曰：「不益生，何以有其身？」成云：「若不資益生道，何以有其身乎？」莊子曰：「道與之貌，天與之形，

无以好惡内傷其身。有其身者如此。**今子外乎子之神，勞乎子之精，倚樹而吟，據槁梧而瞑。**成云：「槁梧，夾膝几也。言惠子疏外神識，勞苦精靈，故行則倚樹而吟詠，坐則隱几而談説，形勞心倦，疲怠而瞑。」**天選子之形，**選，解如孟子「選擇而使子」之選。**子以堅白鳴！」**言子以此自鳴，與公孫龍「堅白」之論何異？齊物論所謂「以堅白之昧終」也。解見前。

内篇 大宗師第六

本篇云：「人猶效之。」效之言師也。又云：「吾師乎！吾師乎！」以道爲師也。宗者，主也。

知天之所爲，知人之所爲者，至矣。知天之所爲者，天而生也；凡物皆自然而生，則當順其自然。知人之所爲者，以其知之所知，以養其知之所不知，終其天年而不中道夭者，是知之盛也。兩其知，音智。不强知，則智得所養。郭云：「知人之所爲者有分，故任而不强也；知人之所知者有極，故用而不蕩也。故所知不以無涯自困。」雖然，有患。成云：「知雖盛美，猶有患累，不若忘知而任獨也。」夫知有所待而後當，其所待者特未定也。成云：「知必對境，非境不當。境既生滅不定，知亦待奪無常。唯當境、知兩忘，然後無患。」庸詎知吾所謂天之非人乎？所謂人之非天乎？成云：「知能運用，無非自然。是知天之與人，理歸無二，故謂天卽人，謂人卽天。所謂吾者，莊生自稱。此則泯合天人，混同物我也。」且有真人，而後有真知。郭云：「有真人，而後天下之知皆得其真而不可亂。」何謂真人？古之真人，不逆寡，虛懷任物，雖寡少，不逆忤。不雄成，不以成功自雄。不謨士。成云：「虛夷而士衆自歸，非謀謨招致。」若然者，過而弗悔，當而不自得也。成云：「天時已過，曾無悔吝之心，分命偶當，不以自得爲美。」若然者，登高不慄，入水不濡，入火不熱。是知之能登假於道也若此。危難生死，不以介懷。其能登至於道，非世之所爲知也。古之真人，其寢不夢，成云：「絶思想，故寢寐寂泊。」其覺無憂，郭云：「隨所寓而安。」其食不甘，成云：「不耽滋味。」其息深深。李云：「内息之貌。」真人之息以踵，成云：「踵，足根。」宣云：「呼吸通於湧泉。」衆人之息以喉。宣云：「止於厭會之際。」屈服者，其嗌言若哇。屈服，謂議論爲人所屈。嗌，喉咽也。嗌，聲之未出；言，聲之已出。吞吐之際，如欲哇然，以狀無養之人。其耆欲深者，其天機淺。情欲深重，機神淺鈍。古之真人，不知説生，不知惡死；郭云：「與化爲體。」其出不訢，其入不距；釋文：「距，本又作拒。李云：『欣出則營生，拒入則惡死。』」翛然而往，翛然而來而已矣。成云：「翛然，無係皃。」不忘其所始，不求其所終；宣云：「知生之源，任死之歸。」受而喜之，宣云：「受生之後，常自得。」忘而復之。宣云：「忘其死，而復歸於天。」是之謂不以心捐道，不以人助天。是之謂真人。郭云：「物之感人無窮，人之逐欲無節，則天理滅矣。真人知用心則背道，助天則傷生，故不爲也。」俞云：「據郭注，捐疑偝之誤。」若然者，其心志，宣云：「志當作忘。無思。」其容寂，宣云：「無爲。」其顙頯，宣云：「頯，額也。」頯，大朴貌，宣云：「恢，上聲。」淒然似秋，煖然似春，郭云：「殺物非爲威，生物非爲仁。」喜怒通四時，宣云：「喜怒皆無心，如四時之運。」與物有宜，而莫知其極。隨事合宜，而莫窺其際。**故聖人之用兵也，亡國而不失人心；**崔云：「亡敵國而得其人心。」**利澤施於萬物，不爲愛人。**由仁義行，非行仁義。**故樂通物，非聖人也；**不求通物，而物情自通，爲聖人。**有親，非仁也；**至仁則無私親。**天時，非賢也；**宣云：「擇時而動，有計較成敗之心。」**利害不通，非君子也；**利害不觀其通，故有趨避。**行名失己，非士也；**成云：「必所行求名而失己性，非有道之士。」**亡身不真，非役人也。**宣云：「徒棄其身，而無當真性，爲世所役，非能役人。」**若狐不偕、**成云：「姓狐，字不偕，堯時賢人，不受堯讓，投河而死。」**務光、**成云：「夏時人，餌藥養性，好鼓琴，湯讓天下，不受，負石自沈於廬水。」**伯夷、叔齊、箕子胥餘、**司馬云：「胥餘，箕子名。」尸子曰：『箕子胥餘，漆身爲厲，被髮佯狂。』」**紀他、**成云：「湯時逸人，聞湯讓務光，恐及乎己，遂將弟子，蹈於窾水而死。」**申徒狄，**釋文：「殷時人，負石自沈於河。」**是役人之役，適人之適，而不自適其適者也。**郭云：「斯皆舍己效人，徇彼傷我者。」宣云：「爲人用，快人意，與真性何益！」**古之真人，其狀義而不朋，**郭云：「與物同宜，而非朋黨。」俞云：「郭注非也。此言其狀，非言其德。義讀爲峩。天道篇『而狀義然』，卽峩然也。朋讀爲崩。易『朋來无咎』，漢書五行志引作『崩來无咎』，是也。義而不朋，言其狀峩然高大而不崩壞也。」**若不足而不承，**宣云：「卑以自牧，而非居人下。」**與乎其觚而不堅也，**王云：「觚，特立不羣也。」崔云：「觚，棱也。」李楨云：「觚是孤借字。釋地『觚竹』，釋文：『本又作孤。』此孤、觚通作之證。孤特者，方而有棱，故字亦借觚爲之。『與乎其觚』，與『張乎其虛』對文，與當是趣之借字。說文：『趣，安行也。』」案：不堅，謂不固執。**張乎其虛而不華也，**成云：「張，廣大貌。」案：廓然清虛，而不浮華。**邴邴乎其似喜乎！**向云：「邴邴，喜貌。」郭云：「至人無喜，暢然和適，故似喜也。」**崔乎其不得已乎！**向云：「崔，動貌。」成云：「迫而後動，非關先唱，故不得已而應之也。」**滀乎進我色也，**簡文云：「滀，聚也。」宣云：「水聚則有光澤。言和澤之色，令人可親。」**與乎止我德也，**與，相接意。宣云：「寬閒之德，使我歸止。」**厲乎其似世乎！**崔本「厲」作「廣」，當從之。俞云：「世乃泰之借字。廣與泰義相應。」郭慶藩云：「厲、廣古通借。泰字作大。世、大古亦通借。」**謷乎其未可制也，**成云：「謷然高遠，超於世表，不可禁制。」**連乎其似好閉也，**李云：「連，綿長貌。」郭云：「綿邈深遠，莫見其門。」成云：「默如關閉，不聞見也。」釋文：「好，呼報反。」**悗乎忘其言也。**釋文：「悗，忘本反。」成云：「悗，無心貌。」以上言真人德行，下明其利物爲政之方。」**以刑爲體，**郭云：「刑者治之體，非我爲。」**以禮爲翼，**郭云：「禮者，世所以自行，非我制。」**以知爲時，**郭云：「知者時之動，非我唱。」**以德爲循。**郭云：「德者自彼所循，非我作。」**以刑爲體者，綽乎其殺也；**郭云：「任治之自殺，故雖殺而寬。」**以禮爲翼者，所以行於世也；**郭云：「順世所行，故無不行。」**以知爲時者，不得已於事也；**知以應時，不得已於世事，隨宜付之。**以德爲循者，言其與有足者至於丘也，**宣云：「德之所在，人人可至，我特循之耳。如丘之所在，有足者皆可至，我特與同登耳，非自立異。」案：無意於行，自然而至，故曰「與有足者至」也。**而人真以爲勤行者也。**宣云：「人視真人爲勤行不怠，豈知其毫末以我與乎！」**故其好之也一，其弗好之也一。**成云：「既忘懷於美惡，亦遺蕩於愛憎。故好與弗好，出自凡情，而聖智虚融，未嘗不一。」**其一也一，其不一也一。**成云：「其一，聖智也；其不一，凡情也。凡、聖不二，故不一皆一之。」**其一，與天爲徒；其不一，與人爲徒。**成云：「同天人，齊萬致，與天而爲類也。彼彼而我我，與人而爲徒也。」**天與人不相勝也，是之謂真人。**成云：「雖天無彼我，人有是非，確然論之，咸歸空寂。若使天勝人劣，豈謂齊乎！此又混一天人，冥同勝負，體此趣者，可謂真人。」**死生，命也，其有夜旦之常，天也。人之有所不得與，皆物之情也。**死生與夜旦等，皆由天命，不可更以人與。此物之情，實無足係戀也。**彼特以天爲父，而身猶愛之，而況其卓乎！**身知愛天，而況卓然出於天者乎！**人特以有君爲愈乎己，而身猶死之，**宣云：「勢分勝乎己。」**而況其真乎！**身知愛君，而況確然切於君者乎！喻貪生懼死，不如相忘於自然。**泉涸，魚相與處於陸，相呴以溼，相濡以沫，不如相忘於江湖。**「泉涸」四語，又見天運篇。**與其譽堯而非桀，不如兩忘而化其道。**宣云：「此道字輕，謂是非之道。」言譽堯非桀，不如兩忘其道；好生惡死，不如兩忘其累。」案：二語又見外物篇，下三字作「閉其所譽」。**夫大塊載我以形，勞我以生，佚我以**

老，息我以死。故善吾生者，乃所以善吾死也。宣云：「純任自然，所以善吾生也。如是，則死亦不苦矣。」案：六語又見後。列子天瑞篇：「人胥知生之樂，未知生之苦；知老之憊，未知老之逸；知死之惡，未知死之息也。」夫藏舟於壑，藏山於澤，島也。謂之固矣。然而夜半有力者負之而走，昧者不知也。舟可負，山可移。宣云：「造化默運，而藏者猶謂在其故處。」藏大小有宜，猶有所遯。若夫藏天下於天下，而不得所遯，是恒物之大情也。藏無大小，各有所宜，然無不變之理。宣云：「遯生於藏之過，若悟天下之理，非我所得私，而因而付之天下，則此理隨在與我共之，又烏所遯哉！此物理之實也。」案：恒物之大情，猶言常物之通理。特犯人之形而猶喜之，若人之形者，萬化而未始有極也，其爲樂可勝計邪！犯與笵同。見笵人形猶喜之，若人之生無窮，孰不自喜其身者！故聖人將遊於物之所不得遯而皆存。宣云：「聖人全體造化，形有生死，而此理已與天地同流，故曰皆存。」善妖善老，善始善終，人猶效之，又況萬物之所係，而一化之所待乎！釋文：「妖，本又作夭。」成云：「壽夭老少，都不介懷。雖未能忘生死，但復無所嫌惡，猶足爲物師傅，人倣效之。況混同萬物，冥一變化，爲物宗匠，不亦宜乎！」夫道，有情有信，无爲无形；宣云：「情者，静之動也；信者，動之符也。」成云：「恬然寂寞，無爲也；視之不見，無形也。」可傳而不可受，郭云：「古今傳而宅之，莫能受而有之。」可得而不可見；成云：「方寸獨悟，可得也。離於形色，不可見也。」自本自根，宣云：「道爲事物根本，更無有爲道之根本者，自本自根耳。」**未有天地，自古以固存；**成云：「老子云：『有物混成，先天地生。』」**神鬼神帝，**下文堪坏、馮夷等，鬼也；狶韋、伏羲等，帝也。其神，皆道神之。**生天生地；**成云：「老子云：『天得一以清，地得一以寧。』」**在太極之先而不爲高，在六極之下而不爲深；**陰陽未判，是爲太極。天地四方，謂之六極。成云：「道在太極之先，不爲高遠；在六合之下，不爲深邃。」**先天地生而不爲久，長於上古而不爲老。**釋文：「長，丁丈反。」案：此語又見後。**狶韋氏得之，以挈天地；**狶韋，卽豕韋，蓋古帝王也。成云：「挈，又作契。言能混同萬物，符合二儀。」**伏戲氏得之，以襲氣母；**成云：「襲，合也。氣母，元氣之母。爲得至道，故能畫八卦，演六爻，調陰陽，合元氣。」**維斗得之，終古不忒；**成云：「北斗爲衆星綱維，故曰維斗。得至道，故維持天地，歷終始，無差忒。」**日月得之，終古不息；堪坏得之，以襲崐崘；**釋文：「崔坏作邳。司馬云：『堪坏，神名，人面獸形。』淮南作『欽負』。」成云：「崐崘山神名。襲，入也。」**馮夷得之，以遊大川；**司馬云：「清泠傳曰：『馮夷，華陰潼鄉隄首（成疏有「里」字。）人也。服八石，得水仙，是爲河伯。』一云：以八月庚子浴於河，溺死。」**肩吾得之，以處大山；**司馬云：「山神，不死，至孔子時。」成云：「得道，處東岳，爲太山之神。」**黄帝得之，以登雲天；**崔云：「黄帝得道而上天也。」**顓頊得之，以處玄宮；**李云：「顓頊，高陽氏。玄宫，北方宫也。月令曰：『其帝顓頊，其神玄冥。』」成云：「得道爲北方之帝。玄者，北方之色，故處於玄宮。」禺强得之，立乎北極；釋文：「海外經云：『北方禺强，黑身手足，乘兩龍。』郭璞以爲水神，人面鳥身。簡文云：『北海神也，一名禺京，是黃帝之孫也。』」西王母得之，坐乎少廣，莫知其始，莫知其終；釋文：「山海經：『西王母狀如人，狗尾，蓬頭，戴勝，善嘯，居海水之涯。』漢武内傳云：『西王母與上元夫人降帝，美容貌，神仙人也。』崔云：『少廣，山名。』或云：西方空界之名。」彭祖得之，上及有虞，下及五伯；崔云：「彭祖壽七百歲，或以爲仙，不死。」成云：「上自有虞，下及殷、周，凡八百年。」傅說得之，以相武丁，奄有天下，乘東維，騎箕尾，而比於列星。司馬云：「東維箕、斗之間，天漢津之東維也。星經：『傅說一星，在尾上。』」崔云：「傅說死，其精神乘東維，託龍尾，乃列宿。」釋文：「崔本此下更有『其生無父母，死，登假，三年而形遯，此言神之無能名者也』。」案：下引七事以明之。

南伯子葵問乎女偊曰：「子之年長矣，而色若孺子，何也？」李云：「葵當爲綦，聲之誤也。」釋文：「偊，徐音禹。一云：是婦人也。」曰：「吾聞道矣。」南伯子葵曰：「道可得學邪？」曰：「惡！惡可！子非其人也。夫卜梁倚有聖人之才，而无聖人之道，我有聖人之道，而无聖人之才，李云：「卜梁姓，倚名。」宣云：「倚聰明，似子貢；偊忘聰明，似顔子也。」吾欲以教之，庶幾其果爲聖人乎！不然，以聖人之道告聖人之才，亦易矣。吾猶守而告之，守而不去，與爲諄復。參日而後能外天下；成云：「心既虚寂，萬境皆空。」

已外天下矣，吾又守之，七日而後能外物；郭云：「物者，朝夕所需，切己難忘。」成云：「天下疏遠易忘，資身之物親近難忘，守經七日，然後遺之。」已外物矣，吾又守之，九日而後能外生；成云：「隳體離形，坐忘我喪。」已外生矣，而後能朝徹；成云：「死生一觀，物我兼忘，豁然如朝陽初啓，故謂之朝徹。」宣云：「朝徹，如平旦之清明。」朝徹，而後能見獨；見一而已。見獨，而後能无古今；成云：「任造物之日新，隨變化而俱往，故無古今之異。」无古今，而後能入於不死不生。宣云：「生死一也。至此，則道在我矣。」殺生者不死，生生者不生。蘇輿云：「『殺生』二語，申釋上文。絶貪生之妄覬，故曰殺生；安性命之自然，故曰生生。死生順受，是不死不生也。」其〔一〕爲物，无不將也，无不迎也；成云：「將，送也。道之爲物，拯濟無方，迎無窮之生，送無量之死。」无不毁也，无不成也。成云：「不送而送，無不毁滅；不迎而迎，無不生成。」其名爲攖寧。攖寧也者，攖而後成者也。」郭嵩燾云：「孟子趙注：『攖，迫也。』物我生死之見迫於中，將迎成毁之機迫於外，而一無所動其心，乃謂之攖寧。置身紛紜蕃變、交争互觸之地，而心固寧焉，則幾於成矣，故曰『攖而後成』。」南伯子葵曰：「子獨惡乎聞之？」曰：「聞諸副墨之子，成云：「副，貳也。」宣云：「文字是翰墨爲之，然文字非道，不過傳

〔一〕「其」字，據集釋本補。

道之助，故謂之副墨。又對初作之文字言，則後之文字，皆其孳生者，故曰『副墨之子』。」副墨之子聞諸洛誦之孫，成云：「羅洛誦之。」案：謂連絡誦之，猶言反復讀之也。洛、絡同音借字。對古先讀書者言，故曰「洛誦之孫」。古書先口授而後著之竹帛，故云然。洛誦之孫聞之瞻明，見解洞徹。瞻明聞之聶許，聶許，小語，猶囁嚅。聶許聞之需役，成云：「需，須。役，行也。須勤行勿怠者。」需役聞之於謳，釋文：「於音烏。」王云：『謳，歌謠也。』」宣云：「詠歎歌吟，寄趣之深。」於謳聞之玄冥，宣云：「玄冥，寂寞之地。」玄冥聞之參寥，宣云：「參悟空虛。」參寥聞之疑始。」宣云：「至於無端倪，乃聞道也。疑始者，似有始而未嘗有始。」

子祀、子輿、子犁、子來四人相與語曰：崔云：「淮南『子祀』作『子永』，行年五十四，而病傴僂。」顧千里云：「淮南精神篇作『子求』，非。求、永字，經傳多互誤。抱朴子博喻篇：『子永歎天倫之偉。』」案：據此，下「祀」「輿」字當互易。「孰能以无爲首，以生爲脊，以死爲尻，孰知生死存亡之一體者，吾與之友矣。」成云：「人起自虛無，故以無爲首；從無生有，生則居次，故以生爲脊；死最居後，故以死爲尻。死生離異，同乎一體。能達斯趣，所遇皆適，豈有存亡欣惡於其間！誰能知是，我與爲友也。」四人相視而笑，莫逆於心，遂相與爲友。俄而子輿有病，子祀往問之。曰：「偉哉！夫造物者，將以予爲此拘拘也！成云：「子輿自歎。」司馬云：「拘拘，體拘攣也。」曲僂發背，成云：「傴僂曲腰，背骨發露。」上有五管，五藏之管向上。頤隱於齊，同臍。肩高於頂，句贅指天。」李云：「句贅，項椎。其形似贅，言其上向。」陰陽之氣有沴，郭云：「沴，陵亂也。」同戾。其心閒而无事，宣云：「不以病攖心。」跰𨇤而鑑於井，成云：「跰𨇤，曳疾貌。曳疾力行，照臨於井。」曰：「嗟乎！夫造物者，又將以予爲此拘拘也！」重歎之。子祀曰：「汝惡之乎？」曰：「亡，无同。予何惡！浸假而化予之左臂以爲雞，予因以求時夜；司夜也。「雞」疑是「卵」字之誤。時夜，卽雞也。既化爲雞，何又云因以求雞？惟雞出於卵，鴞出於彈，故因卵以求時夜，因彈以求鴞炙耳。齊物論云：「見卵而求時夜，見彈而求鴞炙」，與此文大同，亦其明證矣。浸假而化予之右臂以爲彈，予因以求鴞炙；浸假而化予之尻以爲輪，以神爲馬，予因以乘之，豈更駕哉！郭云：「無往不因，無因不可。」且夫得者時也，失者順也，安時而處順，哀樂不能入也。此古之所謂縣解也，成云：「得者，生也；失者，死也。」案養生主篇：「適來，夫子時也；適去，夫子順也。安時而處順，哀樂不能入也。古者謂是帝之縣解。」與此文證合。而不能自解者，物有結之。郭云：「一不能自解，則衆物共結之矣。」且夫物不勝天久矣，吾又何惡焉？」俄而子來有病，喘喘然將死，其妻子環而泣之。成云：「喘喘，氣息急也。」子犁往問之曰：「叱！避！叱令其妻子避。无怛化！」釋文：「怛，驚也。」勿驚將化人。倚其户與之語曰：「偉哉造物！又將奚以汝爲？爲何物？將奚以汝適？適，往也。以汝爲鼠肝乎？以汝爲蟲臂乎？」王云：「取微蔑至賤。」子來曰：「父母於子，東西南北，唯命之從。陰陽於人，不翅於父母，成云：「陰陽造化，何啻二親乎！」彼近吾死而我不聽，我則悍矣，彼何罪焉！彼，陰陽。悍，不順。宣云：「近，迫也。」夫大塊載我以形，勞我以生，佚我以老，息我以死。故善吾生者，乃所以善吾死也。六語又見大宗師篇。今之大冶鑄金，金踊躍曰『我必且爲鏌鋣』，大冶必以爲不祥之金。大冶，鑄金匠。今一犯人之形，而曰『人耳人耳』，夫造化者必以爲不祥之人。犯同範。偶成爲人，遂欣愛鄭重，以爲異於衆物，則造化亦必以爲不祥。今一以天地爲大鑪，以造化爲大冶，惡乎往而不可哉！」鼠肝、蟲臂，何關念慮！成然寐，蘧然覺。成然爲人，寐也；蘧然長逝，覺也。

子桑户、孟子反、子琴張三人相與友，曰：「孰能相與於无相與，相爲於无相爲？成云：「如百體各有司存，更相御用，無心於相與，無意於相爲，而相濟之功成矣。故於無與而相與周旋，無爲而相爲交友者，其意亦然。」孰能登天游霧，宣云：「超於物外。」撓挑无極，李云：「撓挑，猶宛轉也。宛轉玄曠之中。」相忘以生，无所終窮？」宣云：「不悦生，不惡死。」三人相視而笑，莫逆於心，遂相與友。莫然有閒，崔云：「莫然，定也。閒，頃也。」而子桑户死，未葬。孔子聞之，使子貢往侍事焉。成云：「供給喪事。」或編曲，李云：「曲，蠶薄。」或鼓琴，相和而歌曰：「嗟來桑户乎！嗟來桑户乎！而已反其真，而，汝。而我猶爲人猗！」成云：「猗，相和聲。」子貢趨而進曰：「敢問臨尸而歌，禮乎？」二人相視而笑，曰：「是惡知禮意！」是，謂子貢。子貢反，以告孔子曰：「彼何人者邪？修行无有，無自修之行。而外其形骸，臨尸而歌，顔色不變，无以命之。崔云：「命，名也。」彼何人者邪？」孔子曰：「彼游方之外者也，而丘游方之内者也。成云：「方，區域也。」外内不相及，而丘使女往弔之，丘則陋矣。彼方且與造物者爲人，王引之云：「爲人，猶言爲偶。中庸『仁者人也』，鄭注：『讀如「相人偶」之人，以人意相存偶之言。』公食大夫禮注：『每曲揖，及當碑揖，相人偶。』是人與偶同義。淮南原道篇：『與造化者爲人。』義同。齊俗篇『上與神明爲友，下與造化爲人』，尤其明證。」而遊乎天地之一氣。彼以生爲附贅縣疣，成云：「氣聚而生，譬疣贅附縣，非所樂。」以死爲決𤴯潰癰。釋文：「𤴯，胡亂反。」宣云：「疽屬。」成云：「氣散而死，若𤴯癰決潰，非所惜。」夫若然者，又惡知死生先後之所在！宣云：「一氣循環。」假於異物，託於同體，宣云：「即圓覺經地、風、水、火四大合而成體之説。蓋視生偶然耳。」忘其肝膽，遺其耳目，宣云：「外身也，視死偶然耳。」反覆終始，不知端倪，往來生死，莫知其極。芒然彷徨乎塵垢之外，逍遥乎无爲之業。成云：「芒然，無知貌。放任於塵累之表，逸豫於清曠之鄉。」彼又惡能憒憒然爲世俗之禮，以觀衆人之耳目哉！」成云：「憒憒，煩亂。」釋文：「觀，示也。」子貢曰：「然則夫子何方之依？」成云：「方内方外，未知夫子依從何道？」孔子曰：「丘，天之戮民也。成云：「聖迹禮儀，乃桎梏形性。夫子既依方内，是自然之理，刑戮之人也。故德充篇云『天刑之，安可解乎』！」雖然，吾與汝共之。」宣云：「己之所得不欲隱。」子貢曰：「敢問其方。」孔子曰：「魚相造乎水，人相造乎道。造，詣也。造乎水者魚之樂，造乎道者人之樂。相造乎水者，穿池而養給；相造乎道者，无事而生定。釋文：「池，本亦作地。」案：兩本並通。魚得水則養給，人得道則性定。生、性字通。故曰：魚相忘乎江湖，人相忘乎道術。」宣云：「愈大則愈適，豈但養給、生定而已。」子貢曰：「敢問畸人。」司馬云：「畸，不耦也。」郭云：「問向所謂方外而不偶於俗者安在？」曰：「畸人者，畸於人而侔於天。司馬云：「侔，等也。」成云：「率其本性，與自然之理同。」故曰：天之小人，人之君子；宣云：「拘拘禮法，不知性命之情，而人稱爲有禮。」人之君子，天之小人也。」案：各本皆同。疑複語無義，當作「天之君子，人之小人也」。成云：「子反、琴張，不偶於俗，乃曰畸人，實天之君子。」案不偶於俗，即謂不偕於禮，則人皆不然之，故曰「天之君子，人之小人也」，文義甚明。蘇輿云：「以人之小人斷定畸人，則琴張、孟孫輩皆非所取，莊生豈真不知禮者哉！」

顔回問仲尼曰：「孟孫才，名才。其母死，哭泣无涕，中心不戚，居喪不哀。无是三者，以善處喪蓋魯國。固有无其實而得其名者乎？回壹怪之。」郭、陸、成本「喪」字絶句。李楨云：「文義未完。『蓋魯國』三字當屬上句，與應帝王篇『功蓋天下』義同。釋言：『弇，蓋也。』釋名：『蓋，加也。』並有高出其上之意。言才以善處喪名蓋魯國也。」仲尼曰：「夫孟孫氏盡之矣，進於知矣。成云：「進，過也。」宣云：「其盡道過於知喪禮者。」唯簡之而不得，宣云：「簡者，略於事。世俗相因，不得獨簡，故未免哭泣居喪之事。」夫已有所簡矣。宣云：「然已無涕、不戚、不哀，是已有所簡矣。」蘇輿云：「二語泛言，不屬孟孫氏說。」姚云：「常人束於生死之情以爲哀痛，簡之而不得，不知於性命之真，已有所簡矣。」似較宣説爲優。孟孫氏不知所以生，不知所以死，宣云：「生死付之自然，此其進於知也。」不知就先，不知就後，成云：「先，生；後，死。既一於死生，故無去無就。」若化爲物，以待其所不知之化已乎！宣云：「順其所以化，以待其將來所不可知之化，如此而已。」案：死爲鬼物，化也。鼠肝、蟲臂，所不知之化也。且方將化，惡知不化哉？方將不化，惡知已化哉？宣云：「四語正不知之化，總非我所能與。」吾特與汝其夢未始覺者邪！宣云：「未能若孟孫之進於知也。」且彼有駭形而无損心，彼孟孫氏雖有駭變之形，而不以損累其心。有旦宅而无情死。成云：「旦，日新也。宅者，神之舍也。以形之改變，爲宅舍之日新耳。」姚云：「情，實也。言本非實有死者。」孟孫氏特覺，人哭亦哭，是自其所以乃。乃，猶言如此。人哭亦哭，已無容心。蘇輿云：「『孟孫氏特覺』句絶。言我汝皆夢，而孟孫獨覺，人哭亦哭，是其隨人發哀。」且也，相與吾之耳矣，庸詎知吾所謂吾之乎？人每見吾暫有身，則相與吾之。豈知吾所謂吾之，果爲吾乎，果非吾乎？且汝夢爲鳥而厲乎天，厲、戾同聲通用，至也。夢爲魚而没於淵，不識今之言者，其覺者乎，夢者乎？未知魚鳥是覺邪夢邪，抑今人之言魚鳥者是覺邪夢邪？造適不及笑，獻笑不及排，宣云：「人但知笑爲適意，不知當其忽造適意之境，心先喻之，不及笑也。及忽發爲笑，又是天機自動，亦不及推排而爲之，是適與笑不自主也。」安排而去化，乃入於寥天一。」宣云：「由此觀之，凡事皆非己所及排，冥冥中有排之者。今但當安於所排，而忘去死化之悲，乃入於空虚之天之至一者耳。」

意而子見許由，許由曰：「堯何以資汝？」成云：「意而，古之賢人。」郭云：「資者，給濟之謂。」意而子曰：「堯謂我：『汝必躬服仁義，而明言是非。』」成云：「必須己身服行，亦復明言示物。」許由曰：「而奚爲來軹？而，汝也。軹同只。夫堯既已黥汝以仁義，而劓汝以是非矣，宣云：「如加之以刑然。」汝將何以遊夫遥蕩、恣睢、轉徙之途乎？」成云：「恣睢，縱任也。轉徙，變化也。」案：言汝既爲堯所誤，何以遊乎逍遥放蕩、縱任變化之境乎？意而子曰：「雖然，吾願遊於其藩。」宣云：「言雖不能遵途，願涉其藩籬。」許由曰：「不然。夫盲者无以與乎眉目顔色之好，瞽者无以與乎青黄黼黻之觀。」意而子曰：「夫无莊之失其美，成云：「无莊，古之美人，爲聞道，故不復莊飾，而自忘其美色。」據梁之失

其力，成云：「據梁，古之多力人，爲聞道守雌故，失其力。」**黃帝之亡其知，**成云：「黃帝有聖知，亦爲聞道，故能亡遺其知。」**皆在鑪捶之間耳。**釋文：「捶，本又作錘。」成云：「鑪，竈也。錘，鍛也。三人以聞道契真，如器物假鑪冶打鍛，以成用耳。」**庸詎知夫造物者之不息我黥而補我劓，使我乘成以隨先生邪？」**宣云：「乘，猶載也。黥劓則體不備，息之補之，復完成矣。天今使我遇先生，安知不使我載一成體以相隨邪？」**許由曰：「噫！未可知也。我爲汝言其大略。吾師乎！吾師乎！䪡萬物而不爲義，澤及萬世而不爲仁，**司馬云：「䪡，碎也。」盧文弨云：「説文作䪡，亦作韲。隸省作䪡。」成云：「素秋霜降，碎落萬物，非有心斷割而爲義。青春和氣，生育萬物，非有情恩愛而爲仁。」**長於上古而不爲老，**成云：「萬象之前，先有此道，而日新不窮。」案：語又見前。**覆載天地、刻彫衆形而不爲巧。**成云：「天覆地載，以道爲原，衆形彫刻，咸資造化，同稟自然，故巧名斯滅。」**此所遊已。」**宣云：「應上遊。」

顔回曰：「回益矣。」仲尼曰：「何謂也？」曰：「回忘仁義矣。」曰：「可矣，猶未也。」他日復見，曰：「回益矣。」曰：「何謂也？」曰：「回忘禮樂矣。」曰：「可矣，猶未也。」他日復見，曰：「回益矣。」曰：「何謂也？」曰：「回坐忘矣。」司馬云：「坐而自忘其身。」**仲尼蹵然曰：「何謂坐忘？」顔回曰：「墮肢體，黜聰明，**成云：「墮，毀廢。黜，退除。」**離形去知，**宣云：「總上二句。」**同於大通，**成云：「冥同大道。」**此謂坐忘。」仲尼曰：**

「同則无好也，化則无常也。宣云：「無滯理。」而果其賢乎！丘也請從而後也。」宣云：「無私心。」爾誠賢乎！吾亦願學。極贊以進回。

子輿與子桑友，而霖雨十日。雨三日以往爲霖。子輿曰：「子桑殆病矣！」裹飯而往食之。至子桑之門，則若歌若哭，鼓琴曰：「父邪母邪！天乎人乎！」有不任其聲，而趨舉其詩焉。崔云：「不任其聲，憊也。」成云：「趨，卒疾也。」子輿入，曰：「子之歌詩，何故若是？」成云：「歌詩似有怨望，故驚怪問其所由。」曰：「吾思乎使我至此極者而弗得也。父母豈欲吾貧哉？天无私覆，地无私載，天地豈私貧我哉？求其爲之者而不得也。然而至此極者，命也夫！」知命所爲，順之而已。

應帝王第七

郭云：「無心而任乎自化者，應爲帝王也。」

齧缺問於王倪，四問而四不知。見齊物論。齧缺因躍而大喜，行以告蒲衣子。釋文：「尸子云：『蒲衣八歲，舜讓以天下。』崔云：『卽被衣，王倪之師也。』淮南子曰：『齧缺問道於被衣。』」蒲衣子曰：「而乃今知之乎？而，汝。有虞氏不及泰氏。成云：「泰氏，卽太昊伏羲也。」有虞氏，其猶藏仁以要人，亦得人矣，而未〔一〕始出於非人。崔云：「懷仁心以結人也。」宣云：「非人者，物也。有心要人，猶繫於物，是未能超出於物之外。」泰氏，其卧徐徐，其覺于于，司馬云：「徐徐，安穩貌。于于，無所知貌。」一以己爲馬，一以己爲牛，成云：「或馬或牛，隨人呼召。」其知情信，成云：「率其真知，情無虛矯。」其德甚真，郭云：「任其自得，故無僞。」而未始入於非人。」宣云：「渾同自然，毫無物累，未始陷入於物之中。」

肩吾見狂接輿。狂接輿曰：「日中始何以語女？」李云：「日中始，人姓名，賢者也。」崔本無「日」字，云：「中始，賢人也。」俞云：「日，猶言日者也。義見左文七年、襄二十六年、

〔一〕「未」原作「非」，據集釋本改。

昭七年、十九年傳。」肩吾曰：「告我：君人者，以己出經式義度，司馬云：「出，行也。」王念孫云：「經式義度，皆謂法也。義讀爲儀，古字通。」人孰敢不聽而化諸！」狂接輿曰：「是欺德也。成云：「以己制物，物喪其真，是欺誑之德，非實道。」其於治天下也，猶涉海鑿河，涉海而鑿爲河。而使蚉負山也。夫聖人之治〔一〕也，治外乎？用法，是治外也。正而後行，正其性而後行化。確乎能其事者而已矣。李云：「確，堅也。」宣云：「不强人以性之所難爲。」且鳥高飛以避矰弋之害，鼷鼠深穴乎神丘之下，以避熏鑿之患，成云：「矰，網。鼷鼠，小鼠。神丘，社壇。」宣云：「物尚有知如此。」而曾二蟲之无知！」曾是人之無知不如二蟲乎！

天根遊於殷陽，崔云：「地名。」至蓼水之上，李云：「蓼水，水名。」適遭无名人而問焉，曰：「請問爲天下。」无名人曰：「去！汝鄙人也，何問之不豫也！俞云：「釋詁：『豫，厭也。』楚詞惜誦『行婞直而不豫兮』，王注：『豫，厭也。』此怪天根之多問，猶云何不憚煩也！」予方將與造物者爲人，人，偶也，詳大宗師篇。厭則又乘夫莽眇之鳥，成云：「莽眇，深遠。」案：謂清虛之氣若鳥然。以出六極之外，成云：「六極，猶六合。」而遊无何有

〔一〕「治」原作「知」，據集釋本改。

之鄉，說見逍遥遊篇。以處壙埌之野。崔云：「壙埌，猶曠蕩也。」汝又何帠以治天下感予之心爲？」帠，徐音藝，未詳何字。崔本作「爲」，當從之。又復問。无名人曰：「汝遊心於淡，合氣於漠，順物自然，而无容私焉，宣云：「不用我智。」而天下治矣。」

陽子居見老聃曰：成云：「姓陽，字子居。」案：卽楊朱，見寓言篇注。「有人於此，嚮疾强梁，嚮往敏疾，强幹果決。物徹疏明，事物洞徹，疏通明達。學道不勌。如是者，可比明王乎？」老聃曰：「是於聖人也，胥易技係，勞形怵心者也。言此其學聖人，如胥之易，如技之係，徒役其形心者也。郭慶藩云：「胥徒，民給徭役者。易，治也。胥易，謂胥徒供役治事。技係，若王制『凡執技以事上者，不貳事，不移官』，是爲技所係也。」且也虎豹之文來田，以文致獵。猨狙之便、捷也。執斄之狗來藉。司馬云：「藉，繫也。」案：猴、狗以能致繫。二語亦見天地篇。如是者，可比明王乎？」陽子居蹵然曰：「敢問明王之治。」老聃曰：「明王之治，功蓋天下而似不自己，成云：「聖人功成不居，似非己爲之。」化貸萬物而民弗恃，宣云：「貸，施也。」成云：「百姓謂不賴君之能。」有莫舉名，宣云：「似有，而無能名。」使物自喜，成云：「物各自得。」立乎不測，宣云：「所存者神。」而遊於无有者也。」宣云：「行所無事。」

鄭有神巫曰季咸，列子黃帝篇云：「有神巫自齊來，處於鄭，命曰季咸。」知人之生死存亡，禍福壽夭，期以歲月旬日，若神。或歲或月或旬日，無不神驗。鄭人見之，皆棄而走。宣云：「惟恐言其不吉。」列子見之而心醉，向云：「迷惑於其道也。」歸以告壺子，列子作「壺邱子」。司馬云：「名林，鄭人，列子師。」曰：「始吾以夫子之道爲至矣，則又有至焉者矣。」郭云：「謂季咸之至，又過於夫子。」壺子曰：「吾與汝既其文，未既其實，而固得道與？成云：「與，授。既，盡也。吾比授汝，始盡文言，於其妙理，全未造實。汝固執文字，謂言得道邪？」案：列子「既其文」作「無其文」，張湛注引向秀云：「實由文顯，道以事彰。有道而無事，猶有雌無雄耳。今吾與汝，雖深淺不同，無文相發，故未盡我道之實也。此言聖人之唱，必有感而後和。」衆雌而无雄，而又奚卵焉！郭云：「喻列子未懷道。」而以道與世亢必信，而，汝也。信讀曰伸。言汝之道尚淺，而乃與世亢，以求必伸。列子「亢」作「抗」。夫故使人得而相女。故使人得而窺測之。嘗試與來，以予示之。」明日，列子與之見壺子。出而謂列子曰：「嘻！子之先生死矣，弗活矣，不以旬數矣！吾見怪焉，見溼灰焉。」宣云：「言無氣燄。」列子入，泣涕沾襟，以告壺子。壺子曰：「鄉吾示之以地文，列子注引向云：「塊然若土也。」萌乎不震不正。俞云：「列子作『⿱山非乎不誫不止』，當從之。罪讀爲⿱山非，說文作⿱山非，云：『山貌。』震卽誫之異文。不誫不止者，不動不止也，故以⿱山非乎形容之，言與山同也。今罪誤作萌，止誤作正，失其義矣。據釋文，崔本作『不誫不止』，與列子同，可據以訂正。」案：列子注引向云：「不動，亦不自止，與枯木同其不華，死灰均其寂魄，此至人無感之時也。是殆見吾杜德機也。成云：「杜，塞也。」列子「機」作「幾」，下同。注引向云：「德幾不發，故曰杜。」嘗又與來。」嘗，亦試也。明日，又與之見壺子。出而謂列子曰：「幸矣！子之先生遇我也。有瘳矣，全然有生矣。列子「全」作「灰」。吾見其杜權矣。」宣云：「杜閉中覺有權變。」列子入，以告壺子。壺子曰：「鄉吾示之以天壤，列子注引向云：「天壤之中，覆載之功見矣。比地之文，不猶外乎！」案：郭注「地之」作「之地」，「外」作「卵」，是誤字。昔人謂郭竊向注，殆不然，此類得毋近是乎？名實不入，列子注引向云：「任自然而覆載，則名實皆爲棄物。」案：郭注「則」下，作「天機玄應，而名利之飾皆爲棄物矣」。而機發於踵。宣云：「一段生機，自踵而發。」是殆見吾善者機也。宣云：「善即生意。」嘗又與來。」明日，又與之見壺子。出而謂列子曰：「子之先生不齊，釋文：「側皆反，本又作齋。下同。」吾无得而相焉。試齊，且復相之。」列子入，以告壺子。壺子曰：「吾鄉示之以太沖莫勝。列子「勝」作「眹」，當從之。注引向云：「居太沖之極，浩然泊心，玄同萬方，莫見其迹。」案：郭注「莫見其迹」作「故勝負莫得厝其間也」。是殆見吾衡氣機也。宣云：「衡，平也。」列子注引向云：「無往不平，混然一之。」案：郭注同。鯢桓之審爲淵，止水之審爲淵，流水之審爲淵。淵有九名，此處三焉。列子「鯢桓之審」作「鯢旋之潘」，張注以爲當作「蟠」，云：「鯢，大魚。桓，盤桓也。蟠，洄流也。言大魚盤桓，其水蟠洄而成深泉。」淵有九名者，謂鯢桓、止水、流水、濫水、（爾雅：「水涌出也。」）沃水、（水泉從上溜下。）氿水、（水泉從旁出。）雍水、（河水決出，還復入也。）汧水、（水流行也。）肥水。（水所出異爲肥。）是爲九淵，皆列子之文。成云：「水體無心，動止隨物，或鯨鯢盤桓，或凝湛止住，或波流湍激。雖多種不同，而玄默無心一也。」**嘗又與來。」明日，又與之見壺子。立未定，自失而走。壺子曰：「追之！」列子追之不及，反以報壺子，曰：「已滅矣，已失矣，吾弗及也**〔一〕**。」壺子曰：「鄉吾示之以未始出吾宗。**深根冥極，不出見吾之宗主。**吾與之虛而委蛇，**成云：「委蛇，隨順貌。」郭云：「無心而隨物化。」案：列子「委蛇」作「猗移」，義同。**不知其誰何，**向云：「汎然無所係。」案：郭注同。**因以爲弟靡，**釋文：「弟音頹。弟靡，不窮之貌。」盧文弨云：「正字通弟作弚。後來字書亦因之，而於古無有也。類篇弟字下有徒回反一音，云：『弟靡，不窮皃。』正本此。列子作『茅靡』。」**因以爲波流，**崔本作「波隨」，云：「常隨從之。」王念孫云：「崔本是也。蛇、何、靡、隨爲韻。蛇，古音徒禾反。靡，古音摩。隨，古亦音徒何反。」**故逃也。」**成云：「因任前機，曾無執滯，千變萬化，非相者所知，故季咸逃逸也。」案：列子注引向云：「至人其動也天，其靜也地，其行也水流，其湛也淵嘿。淵嘿之與水流，天行

〔一〕「也」，集釋本作「矣」。

之與地止，其於不爲而自然，一也。今季咸見其尸居而坐忘，卽謂之將死；見其神動而天隨，卽謂之有生。苟無心而應感，則與變升降，以世爲量，然後足爲物主，而順時無極耳，豈相者之所覺哉！」**然後列子自以爲未始學而歸**，成云：「始覺壺丘道深，自知未學。」**三年不出。爲其妻爨**，向云：「遺恥辱。」**食豕如食人**。釋文：「食音祀。」郭云：「忘貴賤也。」**於事无與親**，不近世事。**彫琢復朴**，成云：「彫琢華飾之務，悉皆屏除，復於朴素。」**塊然獨以其形立**。塊然無偶。**紛而封哉**，釋文：「紛而，崔云：『亂貌。』哉，崔本作戎，云：『封戎，散亂也。』」李楨云：「崔本是也。列子作『份然而封戎』。六句人、親、朴、立、戎、終，各自爲韻。」**一以是終**。宣云：「道無復加也。引季咸、壺子事，明帝王當虛己無爲，立於不測，不可使天下得相其端，以開機智。其取意微渺無倫。」以上引五事爲證。

无爲名尸，成云：「尸，主也。無爲名譽之主。」**无爲謀府**，無爲謀慮之府。**无爲事任**，郭云：「付物使各自任。」**无爲知主**。釋文：「知音智。」成云：「不運智以主物。」**體盡无窮**，體悟真源，冥會無窮。**而遊无朕**，崔云：「朕，兆也。」成云：「朕，迹也。晦迹韜光，故無朕。」**盡其所受於天，而无見得**，全所受於天，而無自以爲得之見。**亦虛而已**。郭云：「不虛，則不能任羣實。」**至人之用心若鏡**，郭云：「鑒物而無情。」**不將不迎，應而不藏**，成云：「將，送也。物感斯應，應不以心，既無將、迎，豈有情於隱匿哉！」**故能勝物而不傷**。成云：「用心不勞，故無損害。」此段正文。

南海之帝爲儵，北海之帝爲忽，中央之帝爲渾沌。簡文云：「儵、忽，取神速爲名。渾沌，以合和爲貌。神速〔一〕譬有爲，合和譬無爲。」崔云：「渾沌，無孔竅也。」儵與忽時相與遇於渾沌之地，渾沌待之甚善。儵與忽謀報渾沌之德，曰：「人皆有七竅，以視聽食息，此獨无有，嘗試鑿之。」日鑿一竅，七日而渾沌死。郭云：「爲者敗之。」此段喻意。

〔一〕「神速」原作「儵忽」，據釋文改。

莊子集解卷三

外篇　駢拇第八

蘇輿云："駢拇下四篇，多釋老子之義。周雖悅老風，自命固絶高，觀天下篇可見。四篇於申老外，别無精義，蓋學莊者緣老爲之。且文氣直衍，無所發明，亦不類内篇汪洋俶詭。王氏夫之、姚氏鼐皆疑外篇不出莊子，最爲有見。即如此篇，首云『淫僻於仁義之行』，末復以『淫僻』『仁義』平列，踳駁顯然。且云『余媿乎道德』，莊子焉肯爲此謙語乎？"

駢拇枝指，出乎性哉！而侈於德。李云"駢，併也。"成云："'足大拇指與第二指相連。枝指，手有六指也。'"崔云："'侈，過也。'"案：生而有之，故曰出乎性。德之言得也。所得比人爲過。**附贅縣疣，出乎形哉！而侈於性。**附贅縣疣，見大宗師篇。形既成而後附，故曰出乎形，然過於自然之性。**多方乎仁義而用之者，列於五藏哉！而非道德之正也。**成云："'方，道術也。'"案：多術以施用仁義者，以五性爲人所同有，而列於五藏，以配五行，然非道德之本然。**是故駢於足者，連无用之肉也；枝於手者，樹无用之指也；**樹，立。**多方駢枝於五藏之情者，**情，實。**淫僻於仁義之行，**淫，過也。過詭於正，故曰淫僻。**而多方於聰明之用也。是故駢於明者，亂五色，淫文章，青黄黼黻之煌煌非乎？而離朱是已。**言自離朱諸人始也。成云：「斧形謂之黼，兩己相背謂之黻。五色，青、黃、赤、白、黑也。青與赤爲文，赤與白爲章。煌煌，眩目貌。」司馬云：「離朱，黃帝時人，百步見秋毫之末。一云見千里鍼鋒。孟子作離婁。」**多於聰者，亂五聲，淫六律，金石、絲竹，黃鐘、大呂之聲非乎？而師曠是已。**釋文：「師曠，晉大夫，善音律，能致鬼神。史記云：『冀州南和人，生而無目。』」郭云：「生而有耳目者，所困常在於希離慕曠，則離、曠雖聰明，乃亂耳目之至也。」**枝於仁者，擢德塞性以收名聲，使天下簧鼓以奉不及之法非乎？而曾、史是已。**枝於仁者，謂標舉仁義，如枝生一指。曾、史性優於仁義，而性不長者爭慕之，天下喧攘，如簧如鼓，以奉不能及之法式也。曾、史，曾參、史魚。王念孫云：「塞與擢，義不相類。塞當爲搴，形近而誤。擢、搴，皆謂拔取之也。廣雅：『搴，取也，拔也。』方言作攓，云：『取也。南楚曰攓。』説文作攐，云：『拔取也。』淮南俶真篇：『俗世之學，擢德攓性，内愁五藏，外勞耳目，乃始招蟯振繾物之毫芒，搖消掉捎仁義禮樂，暴行越智於天下，以招號名聲於世。』又曰：『今萬物之來，擢拔吾性，攓取吾情。』皆其證。」**駢於辯者，纍瓦結繩竄句，游心於堅白同異之間，而敝跬譽无用之言非乎？而楊、墨是已。**崔云：「聚無用之語，如瓦之纍，繩之結也。一云：瓦當作丸。」案：竄易文句，游蕩心思於堅白同異之間也。郭嵩燾云：「敝，謂勞敝也。跬譽，猶云咫言。半步爲跬。司馬法：『一舉足曰跬。』跬，三尺也。跬譽者，邀一時之近譽。勞敝於有近譽、無實用之言，故謂之駢於辯。楊朱、墨翟稟性多辯，故特舉之。」故此皆多駢旁枝之道，非天下之至正也。彼正正者，不失其性命之情。俞云：「上正字乃至字之誤。」故合者不爲駢，而枝者不爲跂；釋文：「跂，其知反。」宣本作「歧」。案：跂、歧同。長者不爲有餘，短者不爲不足。是故鳧脛雖短，續之則憂；鶴脛雖長，斷之則悲。成云：「鳧，小鴨。」故性長非所斷，性短非所續，无所去憂也。宣云：「率其本然，自無憂，何待去？」意仁義其非人情乎！彼仁人何其多憂也？蘇輿云：「『仁人』，宣本作『仁義』，是。郭注云：『恐仁義非人情而憂之者，真可謂多憂也。』似所見本亦作『仁義』。此言仁義束縛，使人失其常性而多憂患。在宥篇『愁其五藏以爲仁義』，即此旨。此緣下『仁人』而誤。」且夫駢於拇者，決之則泣；枝於手者，齕之則啼。二者或有餘於數，或不足於數，其於憂一也。駢者數不足，枝者數有餘。今世之仁人，蒿目而憂世之患；司馬云：「蒿，目亂也。」俞云：「蒿是睢之叚字。玉篇：『睢，目明，又望也。』是睢爲望視之貌。仁人之憂天下，必爲睢然遠望，故云然。睢與蒿，古音相近，故得通用。詩『白鳥翯翯』，孟子作『鶴鶴』，文選景福殿賦作『皠皠』。蒿之通睢，猶翯之通鶴與皠矣。」不仁之人，決性命之情而饕富貴。決，潰也。如水之決隄而出。情，實。饕，貪也。故意仁義其非人情乎！自三代以下者，天下蘇輿云：「自三代以下者，莊子有此文法，胠篋、在宥篇屢見。」何其囂囂也？成云：「囂囂，猶讙聒。」且夫待鉤繩規矩而正者，是削其性；成云：「鉤，曲，繩，直，規圓，矩方，皆損害本性。」待繩約膠漆而固者，是侵其德也；成云：「約，束縛也。侵傷其德。」屈折禮樂，呴俞仁義，以慰天下之心者，此失其常然也。禮樂周旋，是屈折也。呴俞，猶煦嫗，假仁義也。天下有常然。常然者，曲者不以鉤，直者不以繩，圓者不以規，方者不以矩，附離不以膠漆，約束不以纆索。釋文：「廣雅：『纆，索也。』」故天下誘然皆生，而不知其所以生；宣云：「誘然若有導以生者。」同焉皆得，而不知其所以得。故古今不二，不可虧也。古今無二理，不可以人爲損之。則仁義又奚連連如膠漆纆索，而遊乎道德之閒爲哉？使天下惑也！連連，相續貌。此尊道德而斥仁義。夫小惑易方，迷於所向。大惑易性。失其真性。何以知其然邪？自虞氏招仁義以撓天下也，俞云：「招，舉也。」釋文：「撓，亂也。」天下莫不奔命於仁義，奔馳以從之。是非以仁義易其性與？郭云：「雖虞氏無易之情，而天下之性固已易矣。」故嘗試論之，自三代以下者，天下莫不以物易其性矣。小人則以身殉利，士則以身殉名，以名利易性。大夫則以身殉家，聖人則以身殉天下。以家天下易性。故此數子者，蘇輿云：「數子，猶言此數等人。」事業不同，名聲異號，其於傷性以身爲殉，一也。臧與穀，二人相與牧羊，而俱亡其羊。釋文：「張揖云：『壻婢之子謂之臧。』崔本穀作㝅，云：『孺子曰㝅。』」問臧奚事，則挾筴讀書；問穀奚事，則博塞以遊。二人者，事業不同，其於亡羊均也。釋文：「筴，字又作策，李云：『竹箭也。』塞，博之類也。」案：策當讀如左傳「繞朝贈策」之策，驅羊鞭也。伯夷死名於首陽之下，盜跖死利於東陵之上。成云：「跖，柳下惠從弟，卒徒九千，常爲巨盜。東陵，山名，又云即太山，在齊州界，去東平十五里，跖死其上。」二人者，所死不同，其於殘生傷性均也，奚必伯夷之是而盜跖之非乎？天下盡殉也。彼其所殉仁義也，則俗謂之君子；其所殉貨財也，則俗謂之小人。其殉一也，則有君子焉，有小人焉；「則有」之則，與而同義。若其殘生損性，則盜跖亦伯夷已，跖與夷同。又惡取君子小人於其間哉？宣云：「稱名何取相異？」且夫屬其性乎仁義者，雖通如曾、史，非吾所謂臧也；釋文：「屬，謂係屬。」成云：「臧，善也。」屬其性於五味，雖通如俞兒，非吾所謂臧也；釋文：「司馬云：『俞兒，古之善識味人也。』崔云：『尸子曰：「膳俞兒和之以薑桂，爲人主上食。」淮南云：「俞兒、狄牙，嘗淄、澠之水而別之。」一云：俞兒，黃帝時人。狄牙則易牙，齊桓公時識味人也。一云：俞兒亦齊人。』」屬其性乎五聲，雖通如師曠，非吾所謂聰也；屬其性乎五色，雖通如離朱，非吾所謂明也。吾所謂臧者，非仁義之謂也，臧於其德而已矣；善在自得。吾所謂臧者，非所謂仁義之謂也，宣云：「此句疑言味而訛。」任其性命之情而已矣；吾所謂聰者，非謂其聞彼也，自聞而已矣；吾所謂明者，非謂其見彼也，自見而已矣。成云：「心神馳奔，耳目竭喪，此乃愚闇，豈曰聰明！若聽耳之所聞，視目之所見，保分任真，不蕩於外者，即物皆聰明也。」**夫不自見而見彼，不自得而得彼者，是得人之得而不自得其得，適人之適而不自適其適者也。**郭云：「此舍己效人者也，雖效之若人，而己已亡矣。」**夫適人之適而不自適其適，雖盜跖與伯夷，是同爲淫僻也。**郭云：「苟以失性爲淫僻，雖所失之塗異，其於失之一也。」案：大宗師篇：「狐不偕、務光、伯夷、叔齊、箕子胥餘、紀他、申屠狄，是役人之役，適人之適，而不自適其適者也。」莊子以全生爲大，故於伯夷一流人深致不滿，但務光、申徒狄諸人，情事未詳，當時或有可以不死之道。至夷、齊、箕子，所係至重，不可一概而論。此所見與聖人異也。**余愧乎道德，**宣云：「謙詞。」**是以上不敢爲仁義之操，而下不敢爲淫僻之行也。**宣云：「莊子將仁義、淫僻例視，何有上下之目！此上、下二字，就俗見言之。」案：三代以來，視道德甚尊，而論仁義不分析。韓非子混義於仁，此文亦以仁義併入仁人内言之。自孔、孟書外，罕能推見仁義之分者，漆園固别有微指，世儒亦無復深求。昌黎原道一篇，開宗明義，獨舉「仁」「義」「道」「德」四字，開示學人，所以能拔出唐賢而上契古聖也。

外篇

馬蹄第九

蘇輿云：「老子云：『無爲自化，清靜自正。』通篇皆申此旨，而終始以馬作喻，亦莊子内篇所未有也。」

馬，蹄可以踐霜雪，毛可以禦風寒，齕草飲水，翹足而陸。釋文：「崔本足作尾。司馬云：『陸，跳也，字書作踛。踛，馬健也。』」郭慶藩云：「崔足作尾。文選江賦注引亦作尾，陸作踛，云踛音六。廣韻：『踛，力竹切，翹踛也。』」此馬之真性也。雖有義臺、路寢，無所用之。雖極居處之莊麗，非馬性所適也。釋文：「義，徐音儀。路，正也，大也。崔云：『路寢，正室。』」俞云：「義、儀古通。儀臺，猶言容臺。淮南覽冥篇『容臺振而掩覆』，高注：『容臺，行禮容之臺。』」及至伯樂，曰：「我善治馬。」燒之，剔之，刻之，雒之，釋文：「伯樂，姓孫，名陽，善馭馬。司馬云：『燒鐵以爍之。剔，謂翦其毛。』」郭嵩燾云：「雒同烙，謂印烙。」連之以羈馽，編之以皁棧，釋文：「廣雅：『羈，勒也。』馽，丁邑反。崔云：『絆前後足也。』」文選馬汧督誄注引司馬云：「皁，櫪也。」棧，若檽牀，施之溼地也。馬之死者十二三矣；飢之渴之，馳之驟之，整之齊之，前有橛飾之患，而後有鞭筴之威，而馬之死者已過半矣。司馬云：「橛，銜也。飾，謂加飾於馬鑣也。」成云：「帶皮曰鞭，無皮曰筴。」陶者曰：「我善治埴，圓者中規，方者中矩。」釋文：「陶，窰也。崔云：『埴，土也。』」匠人曰：「我善治木，曲者中鉤，直者應繩。」夫埴、木之性，豈欲中規矩鉤繩哉？然且世世稱之曰：「伯樂善治馬，而陶、匠善治埴木。」此亦治天下者之過也。其過與治天下者等。吾意善治天下者不然。彼民有常性，織而衣，耕而食，是謂同德；成云：「物各自足，故同德。」一而不黨，命曰天放。成云：「黨，偏。命，名。天，自然也。」宣云：「渾一無偏，任天自在。」蘇輿云「與天爲一，泯善惡之黨」，於義亦通。故至德之世，其行填填，其視顛顛。崔云：「填填，重遲。顛顛，專一也。」當是時也，山无蹊隧，澤无舟梁；成云：「蹊，徑。隧，道。」郭云：「不求非望，故止於一家而足。」萬物羣生，連屬其鄉；宣云：「各就所居爲連屬。」禽獸成羣，草木遂長。郭云：「足性而止，無吞夷之欲，故物全。」是故禽獸可係羈而遊，烏鵲之巢可攀援而闚。郭云：「與物無害，故物馴。」夫至德之世，同與禽獸居，族與萬物並，族，聚也。惡乎知君子小人哉！同乎无知，其德不離；同乎无欲，是謂素樸。素樸而民性得矣。郭云：「知則離道以善，欲則離性以飾。」及至聖人，蹩躠爲仁，踶跂爲義，而天下始疑矣；李云：「蹩躠、踶跂，皆用心爲仁義之貌。」澶漫爲樂，摘僻爲禮，而天下始分矣。李云：「澶漫，猶縱逸也。」郭嵩燾云：「『摘僻』，當作『摘擗』。楚詞王注：『擗，析也。』摘者，摘取之；擗者，分析之。謂煩碎也。」故純樸不殘，孰爲犧尊！白玉不毁，孰爲珪璋！成云：「純樸不殘，全木未彫也。犧尊，酒器，刻爲牛首，以祭宗廟也。上鋭下方曰珪，半珪曰璋。」道德不廢，安取仁義！老子云：「大道廢，有仁義。」性情不離，安用禮樂！成云：「禮以檢迹，樂以和心。情苟不散，安用和心！性苟不離，何勞檢迹！」五色不亂，孰爲文采！五聲不亂，孰應六律！郭云：「此皆變樸爲華，棄本崇末，於其天素，有殘廢矣。」夫殘樸以爲器，工匠之罪也；毁道德以爲仁義，聖人之過也。成云：「以仁義之迹，毁無爲之道。」夫馬，陸居則食草飲水，喜則交頸相靡，靡與摩同。怒則分背相踶。宣云：「馬之踶必向後，故曰分背。」馬知已此矣。馬所知止此矣。李音智，非。夫加之以衡扼，釋文：「衡，轅前横木，縛軛者。扼，叉馬頸者也。」齊之以月題，司馬云：「馬頟上當顱如月形者也。」而馬知介倪、闉扼、鷙曼、李云：「介倪，猶睥睨也。闉，曲也。鷙，抵也。曼，突也。」司馬云：「言曲頸於扼以抵突也。」詭銜、竊轡。成云：「詭銜，吐出其勒。竊轡，盗脱籠頭。」故馬之知而態至盗者，充其所知，而態至於盗。伯樂之罪也。夫赫胥氏之時，民居不知所爲，行不知所之，含哺而熙，鼓腹而遊，民能以此矣。司馬云：「赫胥，上古帝王也。」案：熙與嬉同。以、已通作。及至聖人，屈折禮樂以匡天下之形，縣企仁義以慰天下之心，匡，正也。縣企，縣舉而企及之，使人共慕也。而民乃始踶跂好知，踶跂，自矜。好智，行詐。争歸於利，不可止也。此亦聖人之過也。

外篇　胠篋第十

將爲胠篋、探囊、發匱之盜而爲守備，司馬云：「從旁開爲胠。」蘇輿云：「説文：『匱，匣也。』俗加木作櫃。」則必攝緘、縢，固扃、鐍，此世俗之所謂知也。釋文：「廣雅云：『緘、縢，皆繩也。』李云：『扃，關。鐍，鈕也。』知音智。」然而巨盜至，則負匱、揭篋、擔囊而趨，唯恐緘、縢、扃、鐍之不固也。釋文：「三蒼云：『揭，舉也。』」然則鄉之所謂知者，不乃爲大盜積者也？也與邪同。故嘗試論之，世俗之所謂知者，有不爲大盜積者乎？所謂聖者，有不爲大盜守者乎？何以知其然邪？昔者齊國鄰邑相望，雞狗之音相聞，罔罟之所布，耒耨之所刺，李云：「耒，犁。耨，鋤也。」方二千餘里。闔四竟之内，成云：「闔，合也。」所以立宗廟社稷，治邑、屋、州、閭、鄉曲者，曷嘗不法聖人哉！成云：「司馬法：『六尺爲步，步百爲畝，畝百爲夫，夫三爲屋，屋三爲井，井四爲邑。』又云：『五家爲比，五比爲閭，五閭爲族，五族爲黨，五黨爲州，五州爲鄉。』鄭玄云：『二十五家爲閭，二千五百家爲州，萬二千五百家爲鄉。』」然而田成子一旦殺齊君而盜其國。所盜者豈獨其國邪？並與其聖知之法而盜之。故田成子有乎盜賊之名，而身處堯、舜之安，小國不敢非，大國不敢誅，十二世有齊國。釋文：「自陳恒弑簡公之時，數至莊子著書之日，其後人爲齊君者已歷十二世。」姚云：「自田常至王建十世，上合桓子無宇、釐子乞爲十二世。田氏自桓子始大，故合言十二世。」則是不乃竊齊國，並與其聖知之法，以守其盜賊之身乎？嘗試論之，世俗之所謂至知者，有不爲大盜積者乎？所謂至聖者，有不爲大盜守者乎？何以知其然邪？昔者龍逢斬，比干剖，萇弘胣，崔云：「讀若拖，或作施字。胣，裂也。」淮南子曰：「萇弘鈹裂而死。」」子胥靡，釋文：「密池反。」崔云：「『爛之於江中。』」故四子之賢而身不免乎戮。郭云：「言暴亂之君亦得據君人之威，以戮賢人，而莫之敢亢者，皆聖法之由也。向無聖法，則桀、紂焉得守斯位而放其毒，使天下側目哉！」蘇輿云：「聖法寄於刑賞，而桀、紂用法以戮賢。」故盜跖之徒問於跖曰：「盜亦有道乎？」跖曰：「何適而无有道邪？」成云：「何往非道？」夫妄意室中之藏，成云：「起妄心，斟量商度，有無必中。」聖也；入先，勇也；出後，義也；知可否，知也；分均，仁也。五者不備而能成大盜者，天下未之有也。」由是觀之，善人不得聖人之道不立，跖不得聖人之道不行；天下之善人少而不善人多，則聖人之利天下也少而害天下也多。故曰：「脣竭則齒寒，俞云：「此竭字當讀爲『竭其尾』之竭。說文豕下云：『竭其尾，故謂之豕。』脣竭，謂反舉其脣以向上。」魯酒薄而邯鄲圍，釋文：「許慎注淮南云：『楚會諸侯，魯、趙俱獻酒於楚王，魯酒薄而趙酒厚。楚之主酒吏求酒於趙，趙不與，吏怒，乃以趙厚酒易魯薄酒，奏之。楚王以趙酒薄，故圍邯鄲也。』」聖人生而大盜起。」掊擊聖人，縱舍盜賊，而天下始治矣。夫川竭而谷虚，丘夷而淵實。聖人已死，則大盜不起，天下平而无故矣。聖人不死，大盜不止。雖重聖人而治天下，則是重利盜跖也。爲之斗斛以量之，則並與斗斛而竊之；爲之權衡以稱之，則並與權衡而竊之；爲之符璽以信之，則並與符璽而竊之；爲之仁義以矯之，則並與仁義而竊之。何以知其然邪？彼竊鉤者誅，成云：「鉤，腰帶鉤也。」竊國者爲諸侯，諸侯之門，而仁義存焉，王引之云：「『存焉』當作『焉存』。焉，於是也。言仁義於是乎存也。古書如此句法甚多。（不備録。）此四句誅、侯爲韻，門、存爲韻，其韻皆在句末。史記游俠傳作『竊鉤者誅，竊國者侯，諸侯之門，仁義存』，是其明證也。」則是非竊仁義聖知邪？故逐於大盜，揭諸侯，成云：「逐，隨也。」宣云：「揭，舉也。」竊仁義並斗斛、權衡、符璽之利者，雖有軒冕之賞弗能勸，止之。斧鉞之威弗能禁。此重利盜跖而使不可禁者，是乃聖人之過也。故曰：「魚不可脱於淵，國之利器不可以示人。」彼聖人者，天下之利器也，非所以明天下也。明，示也。故絶聖棄知，大盜乃止；擿玉毁珠，釋文：「擿，義與擲同。」小盜不起；焚符破璽，而民朴鄙；掊斗折衡，而民不争；殫殘天下之聖法，而民始可與論議。釋文：「殫，盡也。」擢亂六律，鑠絶竽瑟，成云：「擢，拔也。」釋文：「鑠絶，燒斷之也。」塞瞽曠之耳，而天下始人含其聰矣；滅文章，散五采，膠離朱之目，而天下始人含其明矣；毀絶鉤繩而棄規矩，攦工倕之指，李云：「攦，折也。」而天下始人有其巧矣。成云：「人師分内，咸有其巧。譬猶蜘網、蜣丸，豈關工匠！」故曰：「大巧若拙。」削曾、史之行，鉗楊、墨之口，攘棄仁義，而天下之德始玄同矣。成云：「物不喪真，人皆自得，率性全理，故與玄道混同。」彼人含其明，則天下不鑠矣；崔云：「不消壞也。」人含其聰，則天下不累矣；成云：「累，憂患也。」人含其知，則天下不惑矣；人含其德，則天下不僻矣。彼曾、史、楊、墨、師曠、工倕、離朱，皆外立其德，自炫所得。而以爚亂天下者也，釋文：「三蒼云：『爚，火光消也。』」法之所无用也。宣云：「以正法言之，皆當去。」子獨不知至德之世乎？昔者容成氏、大庭氏、伯皇氏、中央氏、栗陸氏、驪畜氏、軒轅氏、赫胥氏、尊盧氏、祝融氏、伏羲氏、神農氏，司馬云：「此十二氏，皆古帝王。」當是時也，民結繩而用之，甘其食，美其服，樂其俗，安其居，鄰國相望，雞狗之音相聞，民至老死而不相往來。若此之時，則至治已。今遂至使民延頸舉踵曰「某所有賢者」，贏糧而趣之，崔云「贏，裹也。」則内棄其親而外去其主之事，内棄其親，若吴起；外去其主，若虞卿。足跡接乎諸侯之境，車軌結乎千里之外，軌，車轍迹。結，交也。則是上好知之過也。上誠好知而无道，好知以擾物，無道以靖之。則天下大亂矣。何以知其然邪？夫弓弩畢弋機變之知多，則鳥亂於上矣；李云：「兔網曰畢，繳射曰弋，弩牙曰機。」郭嵩燾云：「說文：『率，捕鳥畢也。』詩：『畢之羅之。』鳥罟亦謂之畢。李說非。」鉤餌罔罟罾笱之知多，則魚亂於水矣；王念孫云：「鉤當作釣，釣即鉤也。釋文：『釣，鉤也。』今正文作鉤，後人妄改。」說詳讀書雜志。削格、羅落、罝罘之知多，則獸亂於澤矣；李云：「削格，所以施羅綱也。」郭嵩燾云：「說文繫傳云：『長枝爲格。』削格，謂刮削之。削格、羅落，皆所以遮要禽獸。漢書鼂錯傳『爲中周虎落』，顏注：『謂遮落之。』」釋文：「罝，本又作罦。爾雅：『兔罟謂之罝，罬謂之罦。』罦，覆車也。』郭璞云：『今翻車。』」知詐漸毒、頡滑堅白、解垢同異之變多，則俗惑於辯矣。郭慶藩云：「荀子非十二子篇『知而險』，議兵篇『是漸之也』，正論篇『上凶險則下漸詐矣』。『知詐漸毒』四字義同，皆謂欺詐也。釋文：『頡滑，不正之語。解垢，詭曲之辭。』」案：頡，「黠」借字。故天下每每大亂，李云：「每每，猶昏昏也。」罪在於好知。故天下皆知求其所不知而莫知求其所已知者，皆知非其所不善而莫知非其所已善者，是以大亂。故上悖日月之明，下爍山川之精，中墮四時之施，成云：「爍，銷也。墮，壞也。」惴耎之蟲，釋文：「惴耎，謂無足蟲。」肖翹之物，李云：「翾飛之物。」莫不失其性。甚矣夫好知之亂天下也！自三代以下者是已。舍夫種種之民而悅夫役役之佞，李云：「種種，謹慤貌。役役，鬼黠貌。」釋夫恬淡无爲而悅夫啍啍之意，啍啍已亂天下矣。郭云：「啍啍，以己誨人也。」

在宥第十一

聞在宥天下，不聞治天下也。文選謝靈運從宋公戲馬臺詩注引司馬云：「在，察也。宥，寬也。」蘇輿云：「在不當訓察，察之則固治之矣。在，存也。存諸心而不露是善非惡之迹，以使民相安於渾沌，正胠篋篇含字之旨。」在之也者，恐天下之淫其性也；淫，過也。宥之也者，恐天下之遷其德也。遷而他效。天下不淫其性，不遷其德，有治天下者哉！宣云：「又何須更治之！」昔堯之治天下也，使天下欣欣焉人樂其性，是不恬也；成云：「恬，静也。」桀之治天下也，使天下瘁瘁焉人苦其性，是不愉也。成云：「愉，樂也。」夫不恬不愉，非德也。非德也而可長久者，天下无之。人大喜邪，毗於陽。大怒邪，毗於陰。俞云：「喜屬陽，怒屬陰。毗陽毗陰，言傷陰陽之和也。淮南原道訓『人大怒破陰，大喜墜陽』，與此義同。」陰陽並毗，四時不至，寒暑之和不成，其反傷人之形乎！成云：「人多疾病，豈非反傷形乎！」使人喜怒失位，居處無常，思慮不自得，中道不成章，於是乎天下始喬詰、卓鷙，崔云：「喬詰，意不平；卓鷙，行不平也。」而後有盜跖、曾、史之行。故舉天下以賞其善者不足，舉天下以罰其惡者不給，郭云：「慕賞乃善，故賞不能供；畏罰乃止，故罰不能勝。」故天下之大不足以賞罰。自三代以下者，匈匈焉終以賞罰爲事，彼何暇安其性命之情哉！成云：「匈匈，讙譁也。」而且説明邪，是淫於色也；説聰邪，是淫於聲也；説音悦，下同。説仁邪，是亂於德也；説義邪，是悖於理也；説禮邪，是相於技也；説樂邪，是相於淫也；釋文：「相，助也。」成云：「説禮乃助華浮技能，説樂更助宫商淫聲。」王夫之云：「與之偕而自失曰相。」説聖邪，是相於藝也；説知邪，是相於疵也。成云：「説聖迹，助世間之藝術；愛智計，益是非之疵病也。」天下將安其性命之情，之八者，存可也；亡可也。天下將不安其性命之情，之八者，乃始臠卷、獊囊而亂天下也。司馬云：「臠卷，不申舒之狀。」崔本「獊」作「戕」，云：「戕囊，猶搶攘。」而天下乃始尊之惜之，甚矣天下之惑也！豈直過也而去之邪！宣云：「豈但過時便任其去乎！」乃齊戒以言之，跪坐以進之，鼓歌以儛之，宣云：「乃奕世欣奉，不能已如此。」吾若是何哉！故君子不得已而臨莅天下，莫若无爲。无爲也，而後安其性命之情。故貴以身於爲天下，則可以託天下；愛以身於爲天下，則可以寄天下。宣云：「貴愛其身於爲天下，内重而見外之輕，此所以於天下無爲，乃可以爲天下之君也。」蘇輿云：「身下兩於字當衍。四語見老子。」故君子苟能无解其五藏，釋文：「解，散也。」案：駢拇篇：「多方乎仁義而用之者，列於五藏。」无擢其聰明，擢，猶拔也。謂顯拔之。言以聰明自詡也。尸居而龍見，淵默而雷聲，不動而如神，不言而名章。二語又見天運篇。神動而天隨，精神方動，天機自赴。從容無爲而萬物炊累焉。司馬云：「炊累，猶動升也。」向、郭云：「如埃塵之自動。」案：陽春和煦，如萬物層累而炊熟之。吾又何暇治天下哉！

崔瞿問於老聃曰：「不治天下，安藏人心？」「藏」是「臧」之誤，古字止作「臧」。安臧人心，言人心無由善。老聃曰：「汝慎無攖人心。成云：「攖撓人心。」人心排下而進上，宣云：「排抑則降下，稍進則亢上。」上下囚殺，宣云：「上下之間，係之若囚，傷之若殺。」蘇輿云：「其亢上也如殺，其排下也如囚。殺則驕，囚則僨。」淖約柔乎剛强。成云：「淖約，柔弱也。」郭云：「能淖約則剛强者柔矣。」廉劌彫琢，其熱焦火，其寒凝冰。廉，稜。劌，利。彫琢，刻削也。言尖利刻削之人，其心燥急則熱如焦火，戰惕則寒如凝冰。其疾俛仰之間，而再撫四海之外，撫，臨也。喻其疾速。其居也淵而靜，宣云：「言其深伏。」其動也縣而天。宣云：「言其飛浮。」僨驕而不可係者，僨驕不可禁係。其唯人心乎！昔者黃帝始以仁義攖人之心，堯、舜於是乎股无胈，脛无毛，以養天下之形，李云：「胈，白肉。」愁其五藏以爲仁義，矜其血氣以規法度。郭慶藩云：「釋言：『矜，苦也。』矜其血氣，猶孟子言『苦其心志』。」然猶有不勝也。堯於是放讙兜於崇山，投三苗於三峗，流共工於幽都，此不勝天下也夫！釋文：「峗，本亦作危。」案：古注「夫」字下屬，今以屬上。施及三王而天下大駭矣。宣云：「不安其性。」下有桀、跖，上有曾、史，成云：「桀、跖行小人之行爲下，曾、史行君子之行爲上。」而儒、墨畢起。同時並起。於是乎喜怒相疑，愚知相欺，善否相非，誕信相譏，而天下衰矣；大德不同，德本玄同，而此有不同之迹。而性命爛漫矣；成云：「爛漫，散亂。」天下好知，而百姓求竭矣。上窮其智，百姓不能供其求。於是乎釿鋸制焉，釋文：「釿音斤，本亦作斤。」繩墨殺焉，椎鑿決焉。工匠以繩墨正木，人君以禮法正人；工匠以斤鋸椎鑿殘木，人君以刑法殘人。天下脊脊大亂，釋文：「脊脊，相殘藉也。」案：與藉藉同。罪在攖人心。故賢者伏處大山嵁巖之下，俞云：「嵁當爲湛。文選封禪文李注：『湛，深也。』山以大言，巖以深言。」而萬乘之君憂慄乎廟堂之上。今世殊死者相枕也，桁楊者相推也，刑戮者相望也，釋文：「廣雅：『殊，斷也。』崔云：『械夾頸及脛者，皆曰桁楊。』」案：相枕，謂已死者。相推、相望，言其多。而儒、墨乃始離跂攘臂乎桎梏之間。意！同噫。甚矣哉！其无愧而不知恥也甚矣！吾未知聖知之不爲桁楊椄槢也，仁義之不爲桎梏、鑿枘也，司馬云：「椄槢，械楔。」成云：「鑿，孔也。以物内孔中曰枘。」桁楊以椄槢爲管，桎梏以鑿枘爲用。焉知曾、史之不爲桀、跖嚆矢也！向云：「嚆矢，矢之鳴者。」字林云：「嚆，大呼。」郭云：「言曾、史爲桀、跖之利用也。」故曰：『絕聖棄知而天下大治。』」

黃帝立爲天子十九年，令行天下，聞廣成子在於空同之上，故往見之，釋文：「廣成子，或云即老子。爾雅云：『北戴斗極爲空同。』」曰：「我聞吾子達於至道，敢問至道之精。吾欲取天地之精，以佐五穀，以養民人；成云：「欲取陰陽精氣，助成五穀。」吾又欲官陰陽，以遂羣生。成云：「欲象陰陽，設官分職。遂，順也。」爲之奈何〔一〕？」廣成子曰：「而所欲問者，物之質也；成云：「而，汝也。下同。所問粗淺，不過形質。」而所欲官者，物之殘也。宣云：「猶言朴散之餘。」自而治天下，雲氣不待族而雨，司馬云：「族，聚也。未聚而雨，言澤少。」草木不待黄而落，司馬云：「殺氣多。」日月之光益以荒矣。宣云：「天地之氣凋喪如此。」而佞人之心翦翦者，又奚足以語至道！」成云：「汝是諂佞之人，心甚狹劣。」李云：「翦翦，淺短貌。」案：翦與譾同。黄帝退，捐天下，築特室，席白茅，示潔淨。閒居三月，復往邀之。邀，求請也。廣成子南首而卧，黄帝順下風膝行而進，再拜稽首而問曰：「聞吾子達於至道，敢問治身奈何而可以長久？」廣成子蹶然而起，蹶然，疾起貌。曰：「善哉問乎！來！吾語女至道。至道之精，窈窈冥冥；至道之極，昏昏默默。无視无聽，抱神以静，形將自正。必静必清，无勞女形，无摇女精，乃可以長生。宣云：「此言安外以養内也。」目无所見，耳无所聞，心无所知，女神將守形，形乃長

〔一〕「爲之奈何」四字據集釋本補。

生。愼女內，絕思慮。閉女外，止動作。多知爲敗。宣云：「內外交引，病在於知，故總言之。」我爲女遂於大明之上矣，至彼至陽之原也；爲女入於窈冥之門矣，至彼至陰之原也。遂，徑達也。至人智照如日月，故名大明。有感而動，故曰遂於大明之上；無感之時，深根凝湛，故曰入於窈冥之門。天地有官，宣云：「兩儀分職。」陰陽有藏，宣云：「互爲其根。」愼守女身，物將自壯。宣云：「物卽道也。守身則道得其養，將自成也。」我守其一，以處其和，宣云：「二氣之和也。」故我修身千二百歲矣，吾形未嘗衰。」宣云：「形神相守，長久之道。」黃帝再拜稽首曰：「廣成子之謂天矣！」宣云：「與天合德。」廣成子曰：「來！吾語女。彼其物无窮，而人皆以爲有終；道如循環然，而人以爲沒則已焉。彼其物无測，而人皆以爲有極。道本無盡，而人以爲有盡。得吾道者，上爲皇而下爲王；失吾道者，上見光而下爲土。雖見光明，已爲土壤。今夫百昌，百物昌盛，謂之百昌。皆生於土而反於土，宣云：「人不知道，與物何異！」故余將去女，入无窮之門，以遊无極之野。成云：「反歸冥寂之本，入無窮之門；應變天地之間，遊無極之野。」吾與日月參光，吾與天地爲常。成云：「參，同也。」當我，緍乎！遠我，昏乎！釋文：「緍，泯合也。」郭嵩燾云：「緍、昏字通，緍亦昏也。當我，鄉我而來，遠我，背我而去，任人之向背，一以無心應之。」人其盡死，而我獨存乎！」宣云：「與道不息。」

雲將東遊，初學記一引司馬云：「雲將，雲之主帥。」過扶搖之枝，李云：「扶搖，神木也，生東海。」而適遭鴻蒙。司馬云：「自然元氣也。」鴻蒙方將拊脾雀躍而遊。成云：「拊，拍也。雀躍，跳躍也。」雲將見之，倘然止，贄然立，李云：「倘，自失貌。贄，不動貌。」曰：「叟何人邪？叟何爲此？」司馬云：「叟，長者稱。」鴻蒙拊脾雀躍不輟，對雲將曰：「遊。」雲將曰：「朕願有問也。」鴻蒙仰而視雲將曰：「吁！」雲將曰：「天氣不合，地氣鬱結，六氣不調，成云：「陰、陽、風、雨、晦、明。」四時不節。今我願合六氣之精，以育羣生，成云：「欲合六氣精華，以養萬物。」爲之奈何？」鴻蒙拊脾雀躍掉頭曰：「吾弗知，吾弗知。」雲將不得問。又三年，東遊，過有宋之野，而適遭鴻蒙。雲將大喜，行趨而進曰：「天忘朕邪？天忘朕邪？」尊之曰天，如黄帝之稱廣成子。再拜稽首，願聞於鴻蒙。鴻蒙曰：「浮游不知所求，猖狂不知所往，自得所求，自適所往。遊者鞅掌，有鞅在掌，言出遊也。以觀无妄，宣云：「真機之自動者，吾但從而寓目焉。」朕又何知！」雲將曰：「朕也自以爲猖狂，而百姓隨予所往；朕也不得已於民，宣云：「謝之不去。」今則民之放也。郭云：「爲民所放效。」願聞一言。」鴻蒙曰：「亂天之經，逆物之情，玄天弗成；成云：「亂天常道，逆物真性，自然之化不成。」解獸之羣，而鳥皆夜鳴；獸散其羣，鳥鳴於夜。災及草木，禍及止蟲。釋文：「止，本亦作昆。」蘇輿云：「止、豸同。」意！治人之過也！」

釋文：「意，本又作噫，下同。」郭云：「有治之迹，亂之所由生也。」雲將曰：「然則吾奈何？」鴻蒙曰：「意！毒哉！宣云：「言害已深。」僊僊乎歸矣！」成云：「僊僊，輕舉貌。勸令歸。」雲將曰：「吾遇天難，願聞一言。」鴻蒙曰：「意！心養。唯心當養。汝徒處无爲，而物自化。成云：「徒，但也。」墮爾形體，吐爾聰明，成云：「身心兩忘。」倫與物忘，人倫庶物，皆泯其迹。大同乎涬溟，司馬云：「涬溟，自然氣也。」宣云：「與浩氣同體。」解心釋神，莫然无魂。宣云：「解其黏，釋其縛。」成云：「魂，好知爲。莫然，無知。同死灰枯木。」萬物云云，成云：「云云，衆多也。」蘇輿云：「案『云云』，老子作『芸芸』，自然貌。」各復其根，宣云：「皆得其无妄之真本。」各復其根而不知。渾渾沌沌，終身不離；宣云：「不開其知識。」若彼知之，乃是離之。成云：「用知，乃離自然之性。」无問其名，无闚其情，宣云：「物本無名，我不必問；本無情，不必闚。」物故自生。成云：「任於獨化，物得生理也。」雲將曰：「天降朕以德，示朕以默，躬身求之，乃今也得。」再拜稽首，起辭而行。

世俗之人，皆喜人之同乎己，而惡人之異於己也。同於己而欲之、異於己而不欲者，以出乎衆爲心也。宣云：「言己超出於衆，皆當從己也。」夫以出於衆爲心者，曷嘗出乎衆哉！非果能超出於衆也。因衆以寧所聞，不如衆技衆矣。並無獨見，但因聞衆論，遂執一而安之，則反不如能集衆技者之信爲衆矣。而欲爲人之國者，此攬乎三王之利，而不見其患者也。宣云：「然且欲以己見治人之國者，此徒以聖知仁義爲利，而不見其害也。」此以人之國僥倖也，幾何僥倖而不喪人之國乎！其存人之國也，无萬分之一；其喪人之國也，一不成而萬有餘喪矣。一事不成，萬事隨之。悲夫！有土者之不知也！夫有土者，有大物也。有大物者，不可以物物；郭云：「不能用物而爲物用，卽是物耳，豈能物物哉！不能物物，則不足以有大物矣。」蘇輿云：「言有土者自以爲若有物存，則爲物所物矣。惟物而不物，故能以一身物萬物。下文『獨有』，卽無物之旨。」而不物，故能物物。宣云：「不見有物，則超乎物外，故能主宰乎物也。」明乎物物者之非物也，豈獨治天下百姓而已哉！出入六合，遊乎九州，獨往獨來，是謂獨有。獨有之人，是謂至貴。成云：「人欲出衆而已獨遊，衆無此能，是名獨有。獨有之人，百姓荷戴，以斯爲主，可謂至尊至貴也。」

大人之教，若形之於影，聲之於響。有問而應之，盡其所懷，爲天下配。成云：「配，匹也。先感爲主，應者爲匹。」處乎无響，郭云：「寂以待物。」行乎无方。郭云：「隨物轉化。」挈汝適復之撓撓，以遊无端，俞云：「釋詁：『適，往也。』適復，猶往復。撓撓，亂也。惟大人能提絜世俗往復撓亂之人，與之共遊於無端。」出入無旁，宣云：「去聲。」與日无始，成云：「與日俱新，故無終始。」頌論形軀，合乎大同，論其形貌，合乎人羣，不自立異。大同而无己。无己，惡乎得有有！郭云：「天下之難無者己也。己既無矣，則羣有不足復有之。」覩有者，昔之君子；宣云：「三代所謂明聖。」覩无者，天地之友。

賤而不可不任者，物也；卑而不可不因者，民也；民、物雖卑賤，惟當因而任之，反其性則亂。匿而不可不爲者，事也；郭云：「事藏於彼，而各自爲，故不可自爲，但當因任耳。」麤而不可不陳者，法也；成云：「法，言教也。理妙法麤，故順陳説。」遠而不可不居者，義也；成云：「義雖去道疏遠，苟其合理，應須取斷。」親而不可不廣者，仁也；成云：「親偏愛狹，周廣乃大仁也。」節而不可不積者，禮也；成云：「積，厚也。節，文也。」中而不可不高者，德也；修德之人，與世中和，自然高遠。一而不可不易者，道也；成云：「妙本一氣，通生萬物，甚自簡易，其唯道乎！」神而不可不爲者，天也。故聖人觀於天而不助，成云：「聖人觀自然妙理，大順羣物，而不助其性分。」成於德而不累，出於道而不謀，郭云：「不謀而一，所以爲易。」會於仁而不恃，所爲自與仁會，不恃賴之。薄於義而不積，應於禮而不諱，俞云：「諱讀爲違。廣雅釋詁：『諱，避也。』國語韋注：『違，避也。』二字聲近義通。不諱，卽不違。」接於事而不辭，齊於法而不亂，成云：「因於物性，以法齊之，故不亂。」恃於民而不輕，郭云：「恃其自爲，不輕用也。」因於物而不去。郭云：「因而任之，不去其本。」物者莫足爲也，而不可不爲。成云：「素無之，不可强爲；性中有者，不可不爲。」不明於天者，不純於德；成云：「闇自然之理，則澆薄之德不純。」不通於道者，无自而可。成云：「觸事面牆，無從而可。」不明於道者，悲夫！何謂道？有天道，有人道。无爲而尊者，天道也；有爲而累者，人道也。主者，天道也；臣者，人道也。天道之與人道也〔一〕，相去遠矣，不可不察也。宣云：「此段意膚文雜，與本篇義不甚切，不似莊子之筆，或後人續貂耳。」案：宣疑是也。然郭象有注，則晉世傳本已然。

〔一〕「天道之與人道也」七字，據集釋本補。

外篇 天地第十二

天地雖大，其化均也；郭云：「均於不爲而自化也。」萬物雖多，其治一也；郭云：「一以自得爲治。」人卒雖衆，其主君也。君原於德而成於天，本於有德而成於自然。故曰：玄古之君天下，无爲也，天德而已矣。成云：「玄，遠也。玄古聖君，無爲而治天下，自然之德而已矣。」蘇輿云：「玄字句絶，與下文『玄德』之玄同義。」以道觀言而天下之君正，郭云：「無爲者自然爲君。」郭嵩燾云：「言者，名也。正其君之名，而天下聽命焉。故曰名之必可言也，衷諸道而已矣。」以道觀分而君臣之義明，郭云：「各當其分，無爲位上，有爲位下也。」以道觀能而天下之官治，郭云：「官各當其所能則治。」以道汎觀而萬物之應備。宣云：「泛應不窮。」故通於天地者，德也；郭云：「萬物莫不皆得，則天地通。」行於萬物者，道也；成云：「至理無塞，恣物往來同行，故曰道。」宣云：「道蓋義字之訛。」上治人者，事也；成云：「事事有宜而天下治。」能有所藝者，技也。郭云：「技者，萬物之末用也。」技兼於事，事兼於義，義兼於德，德兼於道，道兼於天。郭云：「天道順則本末俱暢。」故曰：「古之畜天下者，畜，養。无欲而天下足，无爲而萬物化，淵靜而百姓定。」成云：「老子曰：『我好靜而民自正。』〔二〕記曰：釋文：「書名，老子所作。」「通於一而萬事畢，成云：「一，道也。事從理生，理必包事，本能攝末，故知一，萬事畢。語在西升經。」无心得而鬼神服。」以無心得者，無不服也。

夫子曰：司馬云：「莊子也。一云：老子也。」宣云：「孔子也。下言『夫子問於老聃』可知。」「夫道，覆載萬物者也，洋洋乎大哉！君子不可以不刳心焉。成云：「刳，去也，洗也。法道之無爲，洗去有心之累。」无爲爲之之謂天，上爲去聲。成云：「率性而動，天機自張。」无爲言之之謂德，成云：「應答無方，物來斯應。」愛人利物之謂仁，成云：「心無偏執，措其性命。」不同同之之謂大，郭云：「萬物萬形，各止其分，不引彼以同我，乃成大耳。」行不崖異之謂寬，宣云：「和光同塵。」有萬不同之謂富。故執德之謂紀，成云：「能持以前之德行者，可謂羣物之綱紀。」蘇輿云：「故字疑衍。」德成之謂立〔一〕，成云：「德行既成，方可立功濟物。」循於道之謂備，成云：「循，順也。順於虛通，德行方足。」不以物挫志之謂完。成云：「一毀譽，混榮辱，不以物屈，其德完全。」君子明於此十者，則韜乎其事心之大也，成云：「韜，包容也。」俞云：「事心，猶立心也。禮郊特牲鄭注：『事，猶立也。』呂覽論人篇『事心乎自然

〔一〕「立」原作「力」，據集釋本改。

之塗』，亦以事心連文。」沛乎其爲萬物逝也。成云：「逝，往也。爲羣生所歸往。」若然者，藏金於山，藏珠於淵；不利貨財，不近貴富；宣云：「不以物累身。」不樂壽，不哀夭；不榮通，不醜窮；壽夭俱忘，窮通不足言矣。不拘一世之利以爲己私分，郭云：「皆委之萬物。」不以王天下爲己處顯。郭云：「忽然不覺榮之在身。」顯則明，萬物一府，成云：「忘於物我。」死生同狀。」成云：「冥於變化。」

夫子曰：「夫道，淵乎其居也，漻乎其清也。釋文：「廣雅云：『漻，清貌。』」金石不得，无以鳴。金石不得其和不鳴，亦道之見端也。故金石有聲，不考不鳴。感而後應。萬物孰能定之！推此而言，萬物應感無方，孰能定之！夫王德之人，素逝而恥通於事，抱朴以往，羞通於庶務。蘇輿云：「素逝，卽山木篇『晏然體逝』之意。『通於事』與『通於神』對文，恥字疑誤。」立之本原而知通於神。故其德廣，本原既立，智可通神，故德能廣被。其心之出，有物採之。非感不應。故形非道不生，生非德不明。成云：「道能通生萬物，故非道不生；德能鑒照本原，故非德不明。老經云『道生之，德畜之』也。」存形窮生，立德明道，非王德者邪！蕩蕩乎！忽然出，勃然動，而萬物從之乎！此謂王德之人。郭云：「忽、勃，皆無心而應之貌。」視乎冥冥，聽乎无聲。宣云：「道不在形勢故。」冥冥之中，獨見曉焉；无聲之中，獨聞和焉。宣云：「道又非寂滅故。」故深之又深，而能物焉；宣云：「至不測矣，而物由此出。」神之又神，而能精焉。至無方矣，而精不可掩。故其與萬物接也，至无而供其求，非有而求無不給。時騁而要其宿，行遠而其歸可會。大小、長短、修遠。」宣云：「『修遠』當作『遠近』。大而小，長而短，遠而近。」

黄帝遊乎赤水之北，登乎崑崙之丘而南望，還歸，遺其玄珠，文選廣絶交論注引司馬云：「赤水，假名。玄珠，喻道也。」宣云：「赤者，南方明色，其北則玄境也。南乃明察之方。已遊玄境，不能久守，而復望明處，則玄亡也。」使知索之而不得，釋文：「知音智。」使離朱索之而不得，使喫詬索之而不得也。郭嵩燾云：「廣韻：『喫，同噄。』噄，聲也；詬，怒也，怒亦聲也。集韻云『喫詬力諍』者是也。知以神索之，離朱索之形影，喫詬索之聲聞，是以愈索愈遠。象罔者，若有形，若無形，故眸而得之。」乃使象罔，象罔得之。黄帝曰：「異哉！象罔乃可以得之乎？」宣云：「似有象而實無，蓋無心之謂。」

堯之師曰許由，許由之師曰齧缺，齧缺之師曰王倪，王倪之師曰被衣。堯問於許由曰：「齧缺可以配天乎？吾藉王倪以要之。」堯欲讓天下於齧缺，因王倪要致之。許由曰：「殆哉圾乎天下！圾同岌，危也。齧缺之爲人也，聰明叡知，給數以敏，其性過人，釋文：「數音朔。」成云：「叡，聖。給，捷。敏，速也。」而又乃以人受天。宣云：「非純乎天者。」彼審乎禁過，而不知過之所由生。郭云：「過生於聰知，又役知以禁之，其知彌甚矣。」與之配天乎？彼且乘人而无天，若令爲天子，彼且專任人而無復自然之性。方且本身而異形，顯分人己。方且尊知而火馳，宣云：「尚智巧而急用之。」方且爲緒使，宣云：「爲細事所役。」方且爲物絯，釋文：「廣雅云：『束也，公才反。』」宣云：「爲物所拘。」方且四顧而物應，宣云：「酬接不暇。」方且應衆宜，事事求合。方且與物化而未始有恒。宣云：「屢爲物變而不能定。」夫何足以配天乎？雖然，有族有祖，宣云：「凡聚族必有宗祖。」可以爲衆父，而不可以爲衆父父。宣云：「衆父父者，乃族之祖也，萬化之大宗也。齧缺亦可爲衆人之父，但不能爲衆父之父耳。」治亂之率也，率，主也。用智理物，治之主，亦亂之主。北面之禍也，南面之賊也。」宣云：「不可爲人臣，亦不可爲人君。」案：借此言以警堯，非齧缺真如此也。

堯觀乎華。司馬云：「地名。」華封人曰：「嘻！聖人！請祝聖人：使聖人壽。」堯曰：「辭。」「使聖人富」。堯曰：「辭。」「使聖人多男子」。堯曰：「辭。」封人曰：「壽、富、多男子，人之所欲也。女獨不欲，何邪？」堯曰：「多男子則多懼，富則多事，壽則多辱。是三者，非所以養德也，故辭。」封人曰：「始也我以女爲聖人邪，今然君子也。宣云：「今如此，但可爲君子。」天生萬民，必授之職，多男子而授之職，則何懼之有！富而使人分之，則何事之有！夫聖人鶉居而鷇食，宣云：「鶉無常居，言不求安；」鷇待母食，言不求飽。」鳥行而无彰；成云：「與物俱冥，如鳥之飛行，無蹤跡可見。」天下有道則與物皆昌，天下无道則修德就閒；千歲厭世，去而上僊，乘彼白雲，至於帝鄉。三患莫至，成云：「三患，前富、壽、多男子也。」身常无殃，則何辱之有！」封人去之，堯隨之，曰：「請問。」封人曰：「退已！」

堯治天下，伯成子高立爲諸侯。釋文：「通變經云：『老子從此天地開闢以來，吾身一千二百變，後世得道，伯成子高是也。』」堯授舜，舜授禹，伯成子高辭爲諸侯而耕。禹往見之，則耕在野。禹趨就下風，立而問焉，曰：「昔堯治天下，吾子立爲諸侯；堯授舜，舜授予，而吾子辭爲諸侯而耕。敢問其故何也？」子高曰：「昔堯治天下，不賞而民勸，不罰而民畏。今子賞罰而民且不仁，德自此衰，刑自此立，後世之亂自此始矣。夫子闔行邪？无落吾事！」俋俋乎耕而不顧。釋文：「闔，本亦作盍。落，猶廢也。字林云：『俋俋，勇壯貌。』」

泰初有无无，並不得謂之無。有无名，可謂之無而不能名。一之所起，有一而未形。宣云：「太極尚未著。」物得以生，謂之德；宣云：「物得此未形之一以生，則性中各有一太極，故謂之德。」未形者有分，且然无間，謂之命；宣云：「雖分陰陽，猶且陽變陰合，流行無間，乃天之所以爲命也。」留動而生物，宣云：「動卽造化之流行，少留於此，卽生一物。」物成生理，謂之形；宣云：「物受之而成生理，謂之形。」形體保神，各有儀則，謂之性。成云：「體，質。」宣云：「形載神而保，合之視聽言動，各有當然之則，乃所謂性也。上所謂『得以生，謂之德』者，此也。言性在形之後者，性須形載之，故曰形體保神。」性修反德，宣云：「性修則復其所得於未形之一。」德至同於初。宣云：「德之至，則同於泰初，此極詣也。」同乃虛，虛乃大。宣云：「形容同於初之妙境。」合喙鳴，宣云：「渾合衆口，蓋忘言也。」喙鳴合，與天地爲合。宣云：「既忘言則與天地一體矣。」其合緡緡，釋文：「緡，武巾反。」若愚若昏，郭云：「坐忘而自合耳。」是謂玄德，同乎大順。郭云：「德玄而所順者大矣。」

夫子問於老聃曰：「有人治道若相放，可不可，然不然。郭云：「若相放效，强以不可爲可，不然爲然。」辯者有言曰：『離堅白若縣寓。』成云：「堅白，公孫龍守白論也。孔穿之徒，堅執此論，當時獨步，天下無敵。今辯者云『我能離析堅白之論，不以爲辯，如縣日月於區寓』也。」若是，則可謂聖人乎？」老聃曰：「是胥易技係，勞形怵心者也。解見應帝王篇。執留之狗成思，猿狙之便自山林來。釋文：「執留，本又作⿰犭留，一本作狸。司馬云：『⿰犭留，竹鼠也。』一云：『執留之狗，謂有能，故被留係，成愁思也。』」案：說文：「䶉，竹鼠也。」埤雅：「一名竹䶉。」郭璞山海經注「其音如留牛」，亦引此文「執留之狗」爲證。據此，知留是留牛，非竹䶉，特竹䶉之音似留牛耳。留牛即犛牛，留、犛雙聲字。蓋犛牛身大，逍遥遊篇所謂「若垂天之雲」者，此狗獨能執之，故謂之執留之狗。言狗以有能被係而成愁思，猿狙以便捷亦自山林而來，見拘縶也。應帝王篇引老子語云「猨狙之便、執斄之狗來藉」，與此文微異，而恉大同，尤留、斄同字之明證矣。丘！予告若，而所不能聞與而所不能言。謂道也。若、而，皆汝。凡有首、有趾、无心、无耳者衆，宣云：「具體爲人，而無知無聞者皆是。」有形者與无形无狀而皆存者盡无。有形，人也；無形無狀，道也。能人與道俱存者無之。其動，止也；其死，生也；其廢，起也。此又非其所以也。動靜、死生、興廢，皆非道之所在。有治在人，蘇輿云：「言道無可名，徒有治化之迹在人耳。」忘乎物，忘乎天，其名爲忘己。忘物矣，並其自然之天而亦忘之，是之謂忘己。忘己之人，是之謂入於天。」宣云：「與天爲一。」

將閭葂見季徹曰：釋文：「將，一本作蔣。葂，亦作菟，音免。姓將閭，名菟。或云：姓蔣，名閭葂也。季徹，人姓名，蓋季氏之族。」「魯君謂葂也曰：『請受教。』辭不獲命[一]，既已告矣，未知中否，請嘗薦之。嘗，試。薦，進也。吾進告徹。吾謂魯君曰：『必服恭儉，若被服之。拔出公忠之屬，屬，類。而无阿私，行政無私曲。民孰敢不輯！』」輯，和。季徹局局然笑曰：「若夫子之言，於帝王之德，猶螳蜋之怒臂以當車軼，則必不勝任

[一]「命」字，據集釋本補。

矣。釋文：「局局，大笑貌。軼音轍。」且若是，則其自爲處危，非自安之道。其觀臺多物，觀臺，君所居地。物，事也。言君所自此多事。將往投迹者衆。」舉足投迹者衆，君且不勝其煩，非帝王修德安人之道。將閭葂覤覤然驚曰：「葂也汒若於夫子之所言矣。釋文：「覤覤，驚懼貌，許逆反。」案：汒若，猶茫然。雖然，願先生之言其風也。」俞云：「風讀爲凡，猶云言其大凡也。風本從凡聲，故得通用。」季徹曰：「大聖之治天下也，搖蕩民心，使之成教易俗，宣云：「搖蕩，猶言鼓舞。」舉滅其賊心而皆進其獨志，成云：「舉，皆也。」宣云：「除其害道之心，進其得一之志。」若性之自爲，而民不知其所由然。若然者，豈兄堯、舜之教民，溟涬然弟之哉？郭云：「溟涬，甚貴之謂。」宣云：「言不肯讓堯、舜居先而己後之。」欲同乎德而心居矣。」宣云：「欲同天下於一德，而心安處於不用矣。」

子貢南遊於楚，反於晉，過漢陰，見一丈人方將爲圃畦，李云：「菜蔬曰圃，埒中曰畦。」鑿隧而入井，成云：「隧，地道。」抱甕而出灌，搰搰然用力甚多而見功寡。郭云：「搰搰，用力貌。」子貢曰：「有械於此，一日浸百畦，用力甚寡而見功多，夫子不欲乎？」爲圃者卬而視之曰：「奈何？」成云：「問其方法。」曰：「鑿木爲機，後重前輕，挈水若抽，李云：「抽，引也。」數如泆湯，釋文：「數，所角反。泆，本或作溢。李云：『疾速如湯沸溢。』」其名爲槔。」釋文：「本又作橋，司馬、李云：『桔槔也。』」爲圃者忿然作色而笑曰：「吾聞之吾師：『有機械者必有機事，有機事者必有機心。』機心存於胸中，則純白不備；純白不備，則神生不定；神生不定者，道之所不載也。生、性同。言不可載道。吾非不知，羞而不爲也。」子貢瞞然慙，釋文：「瞞，李天典反，慙貌。司馬本作憮。」俯而不對。有間，爲圃者曰：「子奚爲者邪？」曰：「孔丘之徒也。」爲圃者曰：「子非夫博學以擬聖，於于以蓋衆，郭嵩燾云：「應帝王篇：『其覺于于。』説文：『于，於也，象氣之舒。』是於、于字同。於于，猶于于也。」獨弦哀歌以賣名聲於天下者乎？汝方將忘汝神氣，墮汝形骸，而庶幾乎！猶云其庶乎！而，汝也。而身之不能治，而何暇治天下乎？子往矣，无乏吾事！」釋文：「乏，廢也。」子貢卑陬失色，頊頊然不自得，行三十里而後愈。李云：「卑陬，愧懼貌。頊頊，自失貌。」其弟子曰：「向之人何爲者邪？夫子何故見之變容失色，終日不自反邪？」成云：「反，復也。崇朝神氣不復。」曰：「始以爲天下一人耳，昔以爲天下止一人耳。意尊孔子。不知復有夫人也。不知復有此輩人也。吾聞之夫子：『事求可，功求成，用力少，見功多者，聖人之道。』今徒不然。徒，輩也，言此輩人。執道者德全，德全者形全，形全者神全。神全者，聖人之道也。託生與民並行，宣云：「寄生於世，與民大同。」而不知其所之，汒乎淳備哉！汒乎，言不能測其所至。功利、機巧，必忘夫人之心。宣云：「夫人之心，必無此四累。」若夫人者，非其志不之，非其心不爲。之，往也。心志有所專執。雖以天下譽之，得其所謂，稱爲全德。謷然不顧；謷然，猶傲然。以天下非之，失其所謂，成云：「聲名喪失。」儻然不受。成云：「儻然，無心貌。」天下之非譽，无益損焉，是謂全德之人哉！郭云：「此宋榮子之徒，未足以爲全德。子貢之迷没於此人，即若列子之心醉於季咸也。」我之謂風波之民。」成云：「水性雖澄，逢風波起，我心不定，類彼波瀾。」反於魯，以告孔子。孔子曰：「彼假修渾沌氏之術者也：郭云：「以其背今向古，羞爲世事，故知其非真渾沌也。」宣云：「假修，言假人事以修之。」案：二説並通。識其一，不知其二；郭云：「徒識修古抱灌之朴，不知因時任物之易。」治其内，而不治其外。成云：「守道抱素，治内也；不能隨時應變，不治外也。」夫明白入素，无爲復朴，成云：「心智明白，會於質素之本；無爲虚淡，復於淳朴之原。」體性抱神，以遊世俗之間者，汝將固驚邪？郭云：「此真渾沌也，故與世同波而不自失，則雖遊於世俗而泯然無迹，豈必使汝驚哉！」俞云：「固讀爲胡。胡、固皆從古聲，故得通用。汝將胡驚邪，言汝與真渾沌遇，則何驚也？郭注正得其意。」且渾沌氏之術，予與汝何足以識之哉！」郭云：「渾沌玄同，孰識之哉！」

諄芒將東之大壑，海也。適遇苑風於東海之濱。苑風曰：「子將奚之？」曰：「將之大壑。」曰：「奚爲焉？」曰：「夫大壑之爲物也，注焉而不滿，酌焉而不竭，吾將遊焉。」成云：「大海宏深，以譬至理。雖寄往滄溟，實游心大道也。」苑風曰：「夫子无意於橫目之民乎？成云：「五行之内，惟民橫目。」願聞聖治。」諄芒曰：「聖治乎，官施而不失其宜，司馬云：「施政布教，各得其宜。」拔舉而不失其能，畢見其情事而行其所爲，宣云：「盡見情理，順而行之。」行言自爲而天下化，躬行其言，皆以自爲，而人化之。手撓顧指，四方之民莫不俱至，言以手麾，以顧指，而民畢從。司馬云：「撓，動也。」郭慶藩云：「顧指，謂顧其人而指使之。左思吴都賦『搴旗若顧指』，劉逵注：『謂顧指如意。』」此之謂聖治。」「願聞德人。」曰：「德人者，居无思，行无慮，不藏是非美惡。宣云：「心中過而不留。」四海之内，共利之之謂悦，共給之之謂安；民與上共悦安。爲、謂字同。怊乎若嬰兒之失其母也，儻乎若行而失其道也。釋文：「字林云：『怊，悵也。』」案：儻，心無主也。民仰賴之如此。財用有餘而不知其所自來，飲食取足而不知其所從。成云：「寡欲止分，故財用有餘；不貪滋味，故飲食取足。」此謂德人之容。」郭云：「德者，神人迹也，故曰容。」「願聞神人。」曰：「上神乘光，與形滅亡，上品神人，乘光照物，不見其形迹。此謂照曠。成云：「智周萬物，明逾三景，無幽不燭，豈非曠遠！」姚云：「晉人諱昭，皆書作照，右軍法帖皆然。不知者乃因照字作解，非也。」致命盡情，宣云：「致天命，盡實理。」天地樂而萬事銷亡，宣云：「與天地同樂，而物累皆捐。」萬物復情，齊其情實。此之謂混冥。」混同於玄冥。

門无鬼司馬本作「無畏」，云：「門姓，無畏字。」與赤張滿稽，宣云：「赤張姓，滿稽名。」觀於武王之師。謂孟津之役。赤張滿稽曰：「不及有虞氏乎！故離此患也。」不及有虞之揖讓，故遭離征伐之患。門无鬼曰：「天下均治而有虞氏治之邪，其亂而後治之與？」言天下皆治，而有虞氏又從而治之邪，其必有亂而後治之與？赤張滿稽曰：「天下均治之爲願，而何計以有虞氏爲？郭云：「均治則願各足矣，復何爲計有虞氏之德而推以爲君！」有虞氏之藥瘍也，李云：「瘍，頭創也。」王引之云：「藥，古讀曜，與療聲近義通。方言：『療，治也。』」郭云：「天下皆患創亂，故求虞氏藥之。」秃而施髢，病而求醫。宣云：「不秃何用髢？不病何用醫？」孝子操藥以修慈父，修，治也。其色燋然，聖人羞之。宣云：「言不如養親使不病也。」至治之世，不尚賢，不使能；上如標枝，如樹枝無心而在上。民如野鹿；郭云：「放而自得。」端正而不知以爲義，自然合宜。相愛而不知以爲仁；實而不知以爲忠，當而不知以爲信；成云：「任真當理。」蠢動而相使，不以爲賜。互相役使，故不謝。是故行而无迹，事而无傳。」成云：「率性而動，故無迹可記。迹既昧矣，事亦滅焉。」姚本「无傳」爲一節，從之。

孝子不諛其親，忠臣不諂其君，臣子之盛也。親之所言而然，所行而善，則世俗謂之不肖子；君之所言而然，所行而善，則世俗謂之不肖臣。而未知此其必然邪！

宣云：「明於責臣子之諂諛，卻不知人情皆必然。」世俗之所謂然而然之，所謂善而善之，則不謂之道諛之人也。則與而同義。郭慶藩云：「道卽諂也。漁父篇：『希意道言謂之諂。』荀子不苟篇『非諂諛也』，賈子先醒篇『君好諂諛而惡至言』，韓詩外傳並作『道諛』。道、諂一聲之轉。」宣云：「世俗明道諛，而不謂之道諛。」然則俗固嚴於親而尊於君邪！宣云：「道諛君親則責之，道諛世俗則安之，豈世俗更嚴更尊邪？」謂己道人，則勃然作色；謂己諛人，則怫然作色。而終身道人也，終身諛人也，宣云：「惡其名而甘蹈其實。」合譬飾辭聚衆也，宣云：「廣合譬喻，使人易曉；修飾辭令，使人動聽。所謂招人附己也。」是始終本末不相坐。宣云：「蹈其實，不坐其罪，故曰不相坐。」垂衣裳，設采色，動容貌，以媚一世，而不自謂道諛，指人君。與夫人之爲徒，通是非，而不自謂衆人，宣云：「與衆人爲徒，同是非之習，而又自謂獨異於衆。」愚之至也。知其愚者，非大愚也；知其惑者，非大惑也。大惑者，終身不解；大愚者，終身不靈。司馬云：「靈，曉也。」三人行而一人惑，所適者猶可致也，成云：「適，往也。致，至也。」惑者少也；二人惑則勞而不至，惑者勝也。而今也以天下惑，予雖有祈嚮，祈，求也。不可得也。不亦悲乎！大聲不入於里耳，司馬云：「大聲，謂咸池六音之樂。」折楊、皇荂，成云：「蓋古之俗中小曲。」釋文：「荂，本又作華，音花。」則嗑然而笑。李云：「嗑，笑聲。」是故高言不止於衆人之心，宣云：「不相入也。」成云：

「超出俗表，謂之高言。」至言不出，俗言勝也。成云：「出，顯也。」以二缶鍾惑，而所適不得矣。釋文：「缶，應作垂；鍾，應作踵。言垂脚空中，必不得有之適也。司馬本作『二垂鍾』，云：『鍾，注意也。』」郭嵩燾云：「説文：『缶，瓦器也，所以盛酒漿。』『鍾，酒器也。』小爾雅：『釜二有半謂之藪，藪二有半謂之缶，缶二謂之鍾。』缶、鍾皆量器。缶受四斛，鍾受八斛。以二缶鍾惑，不辨缶鍾所受多寡也，持以爲量，茫乎無所適從矣。上文『一人惑』、『二人惑』，據人言；此『以二缶鍾惑』，據事言。」案：郭注云「各自信據，故不知所之」，所見蓋與今本同。自陸氏易「缶鍾」爲「垂踵」，成疏因之，説究未安。俞氏易「二缶鍾」爲「一企踵」，改字更多，不如郭注望文生義之爲勝也。而今也以天下惑，予雖有祈嚮，其庸可得邪？知其不可得也而强之，又一惑也，故莫若釋之而不推。宣云：「不必推究。」不推，誰其比憂！成云：「比，與也。」案：自寬之詞。厲之人夜半生其子，遽取火而視之，汲汲然惟恐其似己也。宣云：「厲，癩也。醜人惟恐子之相似，今知天下之惑，而我乃欲强所不可得而又成一惑，獨不懼其相似邪？故莫若釋之而遠於憂，蓋惟恐同蹈於惑也。」百年之木，破爲犧尊，淮南俶真篇高注：「犧尊，猶疏鏤之尊。」青黄而文之，其斷在溝中。斷棄之木。比犧尊於溝中之斷，則美惡有間矣，其於失性一也。跖與曾、史，行義有間矣，然其失性均也。且夫失性有五：一曰五色亂目，使目不明；二曰五聲亂耳，使耳不聰；三曰五臭薰鼻，困惾中顙；成云：「五臭，謂羶、薰、香、鯹、腐。惾，塞也。言鼻耽五臭，故壅塞不通而中傷顙額。外書呼香爲臭，故易云『其臭如蘭』；道經謂『五香』，故西升經云『香味是冤』也。」釋文：「惾，子公反，郭音俊。」**四曰五味濁口，使口厲爽；**郭慶藩云：「大雅思齊箋：『厲，病也。』廣雅：『爽，傷也。』言病傷滋味。」**五曰趣舍滑心，使性飛揚。**成云：「趣，取。滑，亂也。」**此五者，皆生之害也。而楊、墨乃始離跂自以爲得，非吾所謂得也。**離跂，離人獨立。**夫得者困，**成云：「既僞其性，則遭困苦。」**可以爲得乎？則鳩鴞之在於籠也，亦可以爲得矣。且夫趣舍聲色以柴其內，**如柴之塞。**皮弁、鷸冠、搢笏、紳修以約其外，**成云：「皮弁，以皮爲冠。鷸鳥翠羽飾冠。搢，插也。笏，猶珪。紳，大帶。修，長也。」**內支盈於柴柵，**成云：「柵，籠也。支柱充塞於內，故以柴柵擬之。」**外重纆繳，**釋文：「重，直龍反。」成云：「纆繳，繩也。」**睆睆然在纆繳之中**成云：「睆睆，視貌。」**而自以爲得，則是罪人交〔一〕臂、歷指，**司馬云：「交臂，反縛也。」宣云：「歷指，關指。」**而虎豹在於囊檻，亦可以爲得矣。**

〔一〕「交」原作「支」，據集釋本改。注文「交」字同。

莊子集解卷四

外篇 天道第十三

天道運而无所積，故萬物成；釋文：「積，謂積滯不通。」帝道運而无所積，故天下歸；宣云：「神與化俱。」聖道運而无所積，故海内服。宣云：「至誠無息。」明於天，通於聖，六通四辟於帝王之德者，其自爲也，昧然无不静者矣。釋文：「六通，陰、陽、風、雨、晦、明。四辟，四方開也。」成云：「六通，謂四方上下。四辟，謂四時。任物自動，故曰自爲。晦迹韜光，其猶昧闇，動不傷寂，故無不静也。」聖人之静也，非曰静也善，故静也；非以静爲善而學之。萬物无足以鐃心者，故静也。鐃，撓借字。水静則明燭鬚眉，平中準，大匠取法焉。其平與準相中，故匠人取法焉，謂之水平。中，竹仲反。水静猶明，而況精神！其明更可知。聖人之心静乎，天地之鑑也，萬物之鏡也。果能静，雖天地之精，萬物之理，皆莫能遁。夫虚静恬淡，寂漠无爲者，天地之平而道德之至，故帝王聖人休焉。宣云：「息心於此。」休則虚，虚則實，實則倫矣。休其心則與虚合德，與虚合德則萬理俱涵，萬理俱涵則無不井然有倫。**虚則静，静則動，動則得矣。**必虚方能静，静則可以動，動則得其宜矣。**静則无爲，无爲也，則任事者責矣。**静觀無爲，不擾羣下，則任事者各自責矣。**无爲則俞俞，俞俞者憂患不能處，年壽長矣。**釋文：「廣雅云：『俞俞，喜也。』」宣云：「外患不能居於其心，故神豫而長。」**夫虚静恬淡，寂寞无爲者，萬物之本也。明此以南鄉，堯之爲君也；明此以北面，舜之爲臣也。以此處上，帝王天子之德也；以此處下，玄聖素王之道也。**成云：「有其道而無其爵者，所謂玄聖素王，自貴者也，即老君、尼父是也。」姚云：「素王十二經，是後人語。」**以此退居而閒游，江海山林之士服；**成云：「巢、許之流。」**以此進爲而撫世，則功大名顯而天下一也。**郭云：「無爲之體大矣，天下何所不無爲哉！故主上不爲冢宰之任，則伊、吕静而司尹矣；冢宰不爲百官之所執，則百官静而御事矣；百官不爲萬民之所務，則萬民静而安其業矣；萬民不易彼我之所能，則天下之彼我静而自得矣。故自天子以下至於庶人，孰能有爲而成哉！是以彌無爲而彌尊也。」成云：「進爲，謂顯迹出仕也，伊、望之倫。」**静而聖，動而王，无爲也而尊，樸素而天下莫能與之争美。**雖大樸而自然至美。**夫明白於天地之德者，此之謂大本大宗，與天和者也；**郭云：「天地以無爲爲德，故明其宗本則與天無逆。」**所以均調天下，與人和者也。**郭云：「順天所以應人，故天和至而人和盡也。」成云：「均，平。調，順也。」**與人和者，謂之人樂；與天和者，謂之天樂。**成云：「俯同塵俗，仰合自然。」莊子曰：「吾師乎！吾師乎！𩐋萬物而不爲戾，澤及萬世而不爲仁，長於上古而不爲壽，覆載天地、刻雕衆形而不爲朽，郭云：「壽者，期之遠耳；無期，故無所稱壽。」案：六語又見大宗師篇。彼文「戾」作「義」，義者秋殺，有似暴戾也；「壽」作「老」，義同。此之謂天樂。故曰：知天樂者，其生也天行，其死也物化；成云：「其生也同天道之四時，其死也混萬物之變化。」靜而與陰同德，動而與陽同波。四語又見刻意篇。故知天樂者，无天怨，无人非，无物累，无鬼責。四語亦見刻意篇。「怨」，彼文作「災」。故曰：其動也天，其靜也地，動靜雖殊，無心則一。一心定而王天下；其鬼不祟，李云：「祟，禍也。」其魂不疲，語亦見刻意篇。一心定而萬物服。言以虛靜推於天地，通於萬物，此之謂天樂。天樂者，聖人之心，以畜天下也。」畜，養也。

夫帝王之德，以天地爲宗，以道德爲主，以无爲爲常。无爲也，則用天下而有餘；有爲也，則爲天下用而不足。故古之人貴夫无爲也。上无爲也，下亦无爲也，是下與上同德，下與上同德則不臣；成云：「上下無爲，則臣僭君德。」下有爲也，上亦有爲也，是上與下同道，上與下同道則不主。上必无爲而用天下，下必有爲爲天下用，此不易之道也。此論有精理，非空談。故古之王天下者，知雖落天地，不自慮也；知音智。落音絡。成云：「三皇、五帝淳古之君，知照籠落二儀，而垂拱無爲，委之臣下，故不自慮也。」

辯雖彫萬物，不自説也；成云：「宏辯如流，彫飾萬物，終不自言。」能雖窮海内，不自爲也。成云：「才能雖冠海内，夫何爲哉！故老子云：『是謂用人之力。』」天不産而萬物化，地不長而萬物育，帝王无爲而天下功。王念孫云：「爾雅：『功，成也。』中庸：『無爲而成。』」故曰：莫神於天，莫富於地，莫大於帝王。故曰：帝王之德配天地。此乘天地，馳萬物，而用人羣之道也。

本在於上，末在於下；要在於主，詳在於臣。三軍、五兵之運，德之末也；成云：「五兵，一弓，二殳，三矛，四戈，五戟。運，動也。」賞罰利害，五刑之辟，教之末也；成云：「辟，法也。」禮法度數，形名比詳，釋文：「比，較。詳，審。」治之末也；鐘鼓之音，羽毛之容，樂之末也；哭泣衰絰，隆殺之服，成云：「隆殺者，言五等喪服，各有差降。此是教迹外儀。」哀之末也。此五末者，須精神之運，心術之動，然後從之者也。末學者，古人有之，而非所以先也。成云：「古人，中古人也。先，本也。」君先而臣從，父先而子從，兄先而弟從，長先而少從，男先而女從，夫先而婦從。夫尊卑先後，天地之行也，故聖人取象焉。天尊地卑，神明之位也；春夏先，秋冬後，四時之序也。萬物化作，萌區有狀，成云：「萌兆區分，各有形狀。」盛衰之殺，變化之流也。盛衰之等殺，乃變化之流行也。夫天地至神，而有尊卑先後之序，而況人道乎！宗廟尚親，朝廷尚尊，鄉黨尚齒，行事尚賢，大道之序也。成云：「理之必然。」語道而非其序者，非其道也；語道而非其道者，安取道！成云：「既失其序，不堪治物。」是故古之明大道者，先明天而道德次之，成云：「自然是道德之本，故道德次之。」道德已明而仁義次之，宣云：「仁義是道德之緒。」仁義已明而分守次之，上下有分，庶職有守。分守已明而形名次之，宣云：「物象名稱。」形名已明而因任次之，因材授任。因任已明而原省次之，原恕省察。原省已明而是非次之，原省已明，是非乃定。是非已明而賞罰次之。郭云：「至治之道，本在於天，而末極於斯。」賞罰已明而愚知處宜，各有所處之宜。貴賤履位，各安其位。仁賢不肖襲情，襲，因。情，實也。各因其實。必分其能，分，別也。必由其名。宣云：「循名責實。」以此事上，以此畜下，以此治物，以此修身，知謀不用，必歸其天，宣云：「復於虛静無爲。」此之謂太平，治之至也。故書曰：古書也。「有形有名。」形名者，古人有之，而非所以先也。古之語大道者，五變而形名可舉，九變而賞罰可言也。自「明天」以下，至「形名」，五變其説；至「賞罰」，九變其説。驟而語形名，不知其本也；驟而語賞罰，不知其始也。倒道而言，迕道而説者，釋文：「迕音悟，司馬云：『横也。』」案：言語不循次序。人之所治也，但可爲受治之小人。安能治人！驟而語形名賞罰，此有知治之具，非知治之道；可用於天下，不足以用天下。此之謂辯士，一曲之人也。成云：「此苟飾華辭之士，一節曲見偏執之人。」禮法度數，形名比詳，古人有之，此下之所以事上，非上之所以畜下也。上所重在養人。

昔者舜問於堯曰：「天王之用心何如？」堯曰：「吾不敖无告，不以頑民之無可教告而慢之。不廢窮民，成云：「拯恤貧民，此心不替。」苦死者，嘉孺子而哀婦人。苦，悲憫。嘉，喜愛。孺子，稚子。哀，憐也。此吾所以用心也。」舜曰：「美則美矣，而未大也。」堯曰：「然則何如？」舜曰：「天德而出寧，郭云：「與天合德，則雖出而静。」日月照而四時行，若晝夜之有經，雲行而雨施矣。」郭云：「此皆不爲而自然。」成云：「經，常也。」堯曰：「膠膠擾擾乎！膠膠，固而不解。擾擾，紛而不寧。因舜言發悟，自覺多事。子，天之合也；我，人之合也。」成云：「言子德遠合上天，我心近符人事。」夫天地者，古之所大也，而黄帝、堯、舜之所共美也。故古之王天下者，奚爲哉？天地而已矣。

孔子西藏書於周室，司馬云：「藏其所著書也。」姚云：「此亦漢人語。藏書者，謂聖人知有秦火而預藏之，所謂『藏之名山』。」子路謀曰：「由聞周之徵藏史司馬云：「徵藏，藏名。一云：徵，典也。」史，藏府之史。有老聃者，免而歸居。釋文：「見周之末不可復匡，所以辭去。」夫子欲藏書，則試往因焉。」因之以藏書也。孔子曰：「善。」往見老聃，而老聃不許，不許其藏。於是繙十二經以説。釋文：「説者云：詩、書、易、禮、樂、春秋六經，加六緯，合爲十二經也。一説云：易上下經並十翼爲十二。又一云：春秋十二公經也。」老聃中其説，釋文：「中，丁仲反。」成云：「許其有理也。」宣云：「語未盡也。」案：下云「太謾」，是未許，成説未晰。中其説者，當是觀其説甫及半，故下云然。曰：「大謾，成云：「嫌其繁謾太多。」宣云：「謾，欺也，音滿，平聲。」案：繁則近謾，恐多無實之詞。願聞其要。」孔子曰：「要在仁義。」老聃曰：「請問：仁義，人之性邪？」孔子曰：「然。君子不仁則不成，不義則不生。成、生，皆以道言。仁義，真人之性也，又將奚爲矣？」舍是奚爲？老聃曰：「請問何謂仁義？」孔子曰：「中心物愷，宣云：「與物同樂。」兼愛无私，此仁義之情也。」情，實。老聃曰：「意！噫同。幾乎後言！近乎後世迂儒之言。夫兼愛，不亦迂乎！无私焉，乃私也。蘇輿云：「未忘无私之成心，是亦私也，與下篇莊子答商太宰蕩語相發。」夫子若欲使天下无失其牧乎？司馬云：「牧，養也。」則天地固有常矣，日月固有明矣，星辰固有列矣，禽獸固有羣矣，樹木固有立矣。夫子亦放德而行，宣云：「放同倣。」循道而趨，已至矣，又何偈偈乎揭仁義，若擊鼓而求亡子焉？釋文：「偈偈，用力貌。」成云：「亡子，逃人也。」案：揭，舉也。語又見天運篇。意！同噫。夫子亂人之性也！」郭云：「事至而愛，當義而止，斯忘仁義者也，常念之則亂真矣。」宣云：「夫子所謂『義之與比』，孟子所云『由仁義行』，即此意。」

士成綺見老子而問曰：「吾聞夫子聖人也，吾固不辭遠道而來，願見，百舍重趼而不敢息。司馬云：「百舍，百日止宿。」淮南修務訓高注：「趼，足生胝也。」今吾觀子，非聖人也。鼠壤有餘蔬，而棄妹之者，不仁也；郭云：「言其不惜物也。」成云：「鼠壤，鼠穴土中。妹，猶昧也。」案：成綺就所見言之。蔬可留其有餘，而任其狼藉，滿地散棄，佯若不知，是不仁也。生熟不盡於前，成云：「生，謂粟帛；熟，謂飲食。至充足也。」而積斂无崖。」聚斂無限止。老子漠然不應。成云：「鄙之不足答也。」士成綺明日復見，曰：「昔者吾有刺於子，今吾心正卻矣，心正而卻退，非復從前鄙見。何故也？」老子曰：「夫巧知神聖之人，吾自以爲脱焉。言子儗我聖人，吾久自以爲脱免，其名皆我所不居。昔者子呼我牛也而謂之牛，呼我馬也而謂之馬。子呼馬牛，我卽自謂。苟有其實，人與之名而弗受，再受其殃。有其實而不受其名，是再受殃累也。吾服也恒服，郭云：「服者，容行之謂也。不以毁譽自殃，故能不變其容。」吾非以服有服。」郭云：「有爲爲之，則不能恒服。」士成綺雁行避影，宣云：「側身貌。」履行，蘇輿云：「古者入室脱履而行席上。履行，言失其常。莊子正纍係履而見魏王，則因履穿係之以纍而不得脱，故王訝其憊。」遂進而問：「修身若何？」老子曰：「而汝。容崖然，岸然自異。而目衝然，直視。而顙頯然，釋文：「頯，去軌反，本又作顯。」成云：「顙頯高亢，顯露華飾。」而口闞然，郭云：「虓豁貌。」而狀義然，義讀爲峨，詳大宗師篇。似繫馬而止也。宣云：「志在馳騖。」動而持，宣云：「欲動而强持。」發也機，宣云：「發如機迅。」察而審，察事審詳。知巧而覩於泰，智巧而見於驕泰之色。凡以爲不信。郭嵩燾云：「凡此皆與自然之性不相應，是之謂不信也。」邊竟有人焉，其名爲竊。」司馬云：「言遠方嘗有是人。」竊，賊也。

夫子曰：成云：「莊子師老子，故稱夫子。」「夫道，於大不終，於小不遺，宣云：「大包無窮，小入無間。」故萬物備。廣廣乎其无不容也，廣廣，猶曠曠，見漢書武五子傳。淵乎其不可測也。形德仁義，神之末也，成云：「精神之末迹。」非至人孰能定之！宣云：「世俗鮮不爲末學所惑。」夫至人有世，謂有天下。不亦大乎！而不足以爲之累。天下奮棅而不與之偕，說文：「柄，或从棅。」言天下奮争威柄，獨不並遂。審乎无假而不與利遷，任真而不遷於和。極物之真，能守其本，成云：「窮理盡性，動不傷寂。」故外天地，遺萬物，而神未嘗有所困也。通乎道，合乎德，退仁義，賓禮樂，俞云：「賓讀爲擯。謂擯斥禮樂也。古賓、擯字通。」至人之心有所定矣。」

世之所貴道者，書也，書不過語，語有貴也。語之所貴者，意也，意有所隨。意之所隨者，不可以言傳也，而世因貴言傳書。世雖貴之，我猶不足貴也，爲其貴非其貴也。郭云：「其貴恒在意言之表。」故視而可見者，形與色也；聽而可聞者，名與聲也。

悲夫！世人以形色名聲爲足以得彼之情！夫形色名聲果不足以得彼之情，宣云：「彼，謂道。情，實也。」則知者不言，言者不知，而世豈識之哉！桓公讀書於堂上，輪扁斲輪於堂下，司馬云：「斲輪人名扁。」釋椎鑿而上，問桓公曰：「敢問公之所讀者何言邪？」公曰：「聖人之言也。」曰：「聖人在乎？」公曰：「已死矣。」曰：「然則君之所讀者，古人之糟魄已夫！」司馬云：「糟爛爲魄。」本又作粕。桓公曰：「寡人讀書，輪人安得議乎！有説則可，无説則死。」輪扁曰：「臣也，以臣之事觀之。斲輪，徐則甘而不固，疾則苦而不入。司馬云：「甘，緩也。苦〔一〕，急也。」不徐不疾，得之於手而應於心，口不能言，有數存焉於其間。李云：「數，術也。」臣不能以喻臣之子，臣之子亦不能受之於臣，是以行年七十而老斲輪。成云：「喻，曉也。故知物各有性，不可倣效。」古之人與其不可傳也宣云：「猶者。」死矣，然則君之所讀者，古人之糟魄已夫！」

〔一〕「苦」原作「疾」，據釋文改。

外篇　天運第十四

天其運乎？郭云："不運而自行。"地其處乎？郭云："不處而自止。"日月其爭於所乎？郭云："不爭而自代謝。"孰主張是？孰維綱是？孰居无事推而行是？三句分承"天""地""日月"。意者其有機緘而不得已邪？成云："機，關。緘，閉也。謂有主司關閉，事不得已。"意者其運轉而不能自止邪？雲者爲雨乎？雨者爲雲乎？孰隆施是？宣云："隆，興也，謂雲。施，謂雨。"孰居无事淫樂而勸是？宣云："雲雨乃陰陽交和之氣所成，故以爲造化之淫樂。"風起北方，一西一東，有上彷徨，司馬本作"旁皇"，云："飈風也。"孰噓吸是？孰居无事而披拂是？敢問何故？巫咸袑曰：李云："巫咸，殷相。袑，寄名也。"宣云："袑蓋招之訛。託言巫咸相招致荅耳。古來止有巫咸，無巫咸袑也。""來！吾語女。天有六極五常，司馬云："六極，四方上下。"成云："五常，謂五行。"帝王順之則治，逆之則凶。九洛之事，治成德備，監照下土，楊慎云："九洛，九疇洛書。"天下戴之，此謂上皇。"郭嵩燾云："言天之運，自然而已，帝王順其自然，以道應之。"

商太宰蕩問仁於莊子。司馬云："商，宋也。太宰，官。蕩，名。"莊子曰："虎狼，仁也。」曰：「何謂也？」莊子曰：「父子相親，何爲不仁？」曰：「請問至仁。」莊子曰：「至仁无親。」太宰曰：「蕩聞之：无親則不愛，不愛則不孝。謂至仁不孝，可乎？」莊子曰：「不然。夫至仁尚矣，孝固不足以言之。孝不過仁之一端。此非過孝之言也，不及孝之言也。如子所言，以親愛爲至仁，非過孝之言，不及孝之言也。夫南行者至於郢，北面而不見冥山，司馬云：「冥山，北海山名。」是何也？則去之遠也。喻以親愛爲至仁之言。故曰：以敬孝易，以愛孝難；以愛孝易，以忘親難；忘親易，使親忘我難；使親忘我易，兼忘天下難；兼忘天下易，使天下兼忘我難。夫德遺堯、舜而不爲也，有堯、舜之德，而不刻意效法堯、舜，此我忘天下。利澤施於萬世，天下莫知也，天下忘我。豈直太息而言仁孝乎哉！仁孝不足言。夫孝悌仁義，忠信貞廉，此皆自勉以役其德者也，宣云：「爲修德之名所役。」不足多也。故曰：至貴，國爵并焉；至富，國財并焉；釋文：「并，棄除也。」宣云：「至貴在我，何有於爵！至富在我，何有於財！」案：此讀并爲屏。至願，名譽并焉。至願莫知性適，而名譽不足言。是以道不渝。」成云：「道德淳厚，不隨物變。」

北門成問於黄帝曰：成云：「北門姓，成名，黄帝臣。」帝張咸池之樂於洞庭之野，吾始聞之懼，復聞之怠，卒聞之而惑，成云：「怠，謂懼心退息。」蕩蕩默默，乃不自得。」宣云：「神不能定，口不能言，失其常也。」帝曰：「汝殆其然哉！宣云：「言固宜如此。」吾奏之以人，徵之以天，宣云：「律與上天氣候相準。」行之以禮義，宣云：「禮節之，義宜之。」建之以太清。宣云：「取聲氣之元爲主宰。」夫至樂者，先應之以人事，順之以天理，行之以五德，應之以自然，然後調理四時，太和萬物。姚云：「徐笠山以『夫』至此三十五字爲郭注誤入正文，蓋本之潁濱。宣本亦無此三十五字，云『俗本雜入』。」四時迭起，宣云：「五聲配四時而賡奏。」萬物循生；宣云：「衆器象萬物而環作。」一盛一衰，文武倫經；成云：「倫，理。經，常也。夏盛冬衰，春文秋武，生殺之理，天道之常。」一清一濁，陰陽調和，流光其聲；宣云：「清濁相得，如二氣和合，當其交動，光輝盈溢也。」蟄蟲始作，吾驚之以雷霆；其卒无尾，其始無首；一死一生，一僨一起；所常无窮，而一不可待。郭嵩燾云：「雷霆之起，莫知其所自起，莫知其所自竟。其所自起，首也，生之端也；其所自竟，尾也，死之歸也。死生者，萬物之大常，與天爲無窮，而忽一至焉，則亦物之所不能待也。以喻樂之變化，動於自然。」俞云：「一不可待者，皆不可待也。一有皆義，見大戴記盧注、荀子楊注。」郭云：「以變化爲常，則所常者無窮。」女故懼也。吾又奏之以陰陽之和，燭之以日月之明；郭云：「所謂用天之道。」其聲能短能長，能柔能剛；變化齊一，不主故常；在谷滿谷，在阬滿阬；郭云：「至樂之道，無不周也。」塗郤守神，釋文：「郤，與隙義同。」成云：「塗，塞也。閑心知之孔隙，守凝一之精神。」以物爲量。卽上「在谷」二句意。其聲揮綽，郭云：「所謂闡諧。」成云：「揮，動。綽，寬也。如雷霆之震動，其聲寬廣。」其名高明。成云：「高如上天，明如日月，聲既廣大，名亦高明。」是故鬼神守其幽，成云：「各得其所，而不相撓。」老經云『以道利天下，其鬼不神』也。」日月星辰行其紀。郭云：「不失其度。」吾止之於有窮，流之於无止。蘇輿云：「有窮者吾與之爲有窮，无止者吾與之爲無止，止、流一順其自然也。」予欲慮之而不能知也，望之而不能見也，逐之而不能及也，儻然立於四虚之道，成云：「儻然，無心貌。立於四方空大之道。」倚於槁梧而吟。見齊物論。目知窮乎所欲見，力屈乎所欲逐，吾既不及已夫！形充空虚，乃至委蛇。汝委蛇，故怠。蘇輿云：「汝隨樂之委蛇而委蛇，故怠。」吾又奏之以无怠之聲，調之以自然之命，成云：「凡百蒼生，以自然爲其性命。奏此樂者，調造化之心靈，和自然之性命。」故若混逐叢生，林樂而无形；郭嵩燾云：「説文：『叢木曰林。』林樂者，相與羣樂之。五音繁會，不辨聲之所出，故曰無形。」布揮而不曳，布散揮霍，若曳而愈長，而未嘗曳也。幽昏而无聲。言其聲淡。動於无方，居於窈冥；或謂之死，或謂之生；或謂之實，或謂之榮；行流散徙，不主常聲。郭云：「隨物變化。」世疑之，稽於聖人。稽，考也。觀於聖人，則知至樂之妙，不必疑也。聖也者，達於情而遂於命也。成云：「通有物之情，順自然之命，故謂之聖。」天機不張而五官皆備，此之謂天樂，郭云：「忘樂而樂足，非張而後備。」无言而心說。郭云：「心説在適，不在言也。」故有焱氏爲之頌曰：成云：「焱氏，神農也。」釋文：「焱，本亦作炎。」『聽之不聞其聲，視之不見其形，充滿天地，苞裹六極。』頌樂如此。汝欲聽之而无接焉，而故惑也。而亦汝。樂也者，始於懼，懼故祟；樂未大和，聽之悚懼，如有禍祟。吾又次之以怠，怠故遁；其聲遁滅，似不欲聽而怠。卒之於惑，惑故愚；愚故道，成云：「心無分別，有同闇惑，蕩蕩默默，類彼愚迷，雅符真道。」道可載而與之俱也。」蘇輿云：「以混沌爲道，故由怠而幾於愚，則道可得而接焉矣。此章注重在此。」

孔子西遊於衞。成云：「自魯適衞，故曰西遊。」顔淵問師金，李云：「師，魯太師，金其名。」曰：「以夫子之行爲奚如？」師金曰：「惜乎，而夫子其窮哉！」顔淵曰：「何也？」師金曰：「夫芻狗之未陳也，李云：「結芻爲狗，巫祝用之。」盛以篋衍，李云：「衍，笥也。」巾以文繡，尸祝齊戒以將之；及其已陳也，行者踐其首脊，蘇者取而爨之而已。李云：「蘇，草也。取草者得以炊也。」將復取而盛以篋衍，巾以文繡，遊居寢卧其下，彼不得夢，必且數眯焉。釋文：「字林云：『眯，物入眼爲病也。』司馬云：『厭也。』」成云：「假令不致惡夢，必當數數遭魔。」今而夫子，亦取先王已陳芻狗，俞云：「此取字讀爲聚，見易萃象傳釋文、漢書五行志顔注。」聚弟子游居寢卧其下。故伐樹於宋，削迹於衞，窮於商、周，是非其夢邪？圍於陳、蔡之間，七日不火食，死生相與鄰，是非其眯邪？夫水行莫如用舟，而陸行莫如用車。以舟之可行於水也而求推之於陸，則沒世不行尋常。八尺曰尋，倍尋曰常。古今非水陸與？周、魯非舟車與？今蘄行周於魯，是猶推舟於陸也，勞而無功，身必有殃。彼未知夫无方之傳，司馬云：「方，常也。」郭慶藩云：「呂覽必己篇高注：『傳，猶轉也。』言無方之轉動。」應物而不窮者也。且子獨不見夫桔槔者乎？引之則俯，舍之則仰。彼，人之所引，非引人也，故俯仰而不得罪於人。故夫三皇、五帝之禮義法度，不矜於同而矜於治。成云：「矜，美也。禮樂威儀，不相沿襲。」郭云：「期合時宜，應治體而已。」故譬三皇、五帝之禮義法度，其猶柤梨橘柚邪！其味相反，而皆可於口。故禮義法度者，應時而變者也。今取猨狙而衣以周公之服，彼必齕齧挽裂，盡去而後慊。釋文：「李云：『慊，足也。』本亦作嗛。」觀古今之異，猶猨狙之異乎周公也。故西施病心而矉其里，矉於其里，字同顰。其里之醜人見而美之，歸亦捧心而矉其里。其里之富人見之，堅閉門而不出；貧人見之，挈妻子而去之走。彼知矉美而不知矉之所以美。惜乎！而夫子其窮哉！」

孔子行年五十有一而不聞道，乃南之沛，見老聃。司馬云：「老子，陳國相人。相，今屬苦縣，與沛相近。」老聃曰：「子來乎？吾聞子北方之賢者也，子亦得道乎？」孔子曰：「未得也。」老子曰：「子惡乎求之哉？」曰：「吾求之於度數，宣云：「制度、名數。」

五年而未得也。」老子曰：「子又惡乎求之哉？」曰：「吾求之於陰陽，十有二年而未得。」老子曰：「然。使道而可獻，則人莫不獻之於其君；使道而可進，則人莫不進之於其親；使道而可以告人，則人莫不告其兄弟；使道而可以與人，則人莫不與其子孫。然而不可者，无佗也，中无主而不止，中心無主，則道過而不留。外无正而不行。俞云：「正乃匹之誤。禮緇衣『唯君子能好其正』，鄭注：『正當爲匹，字之誤也。』是其例矣。此二句與宣三年公羊傳『自内出者無匹不行，自外至者無主不止』，文義相似。自外至者無主不止，故此言中無主而不止也。自内出者無匹不行，故此言外無匹而不行也。則陽篇『自外入者有主而不執，由中出者有正而不距』，正亦當爲匹，誤與此同。」由中出者，不受於外，宣云：「非時世之所宜，故不受。」聖人不出；宣云：「不以施於人。」由外入者，无主於中，宣云：「非吾心之精微，故無主。」聖人不隱。不以藏於心，必也中得吾心之精微，外合時世之變通，乃内外同歸，體用一致，聖人之所以合道也。名，公器也，不可多取。仁義，先王之蘧廬也，司馬云：「蘧廬，猶傳舍也。」止可以一宿而不可以久處，覯而多責。宣云：「數相見，必受譴。」古之至人，假道於仁，託宿於義，以遊逍遥之虚，食於苟簡之田，立於不貸之圃。成云：「苟，且。簡，略也。貸，施與也。知止知足，食於苟簡之田；不損己物，立於不貸之圃。而言田圃者，明是聖人養生之地。」逍遥，无爲也；苟簡，易養也；不貸，无出也。宣云：「不費。」古者謂是采真之遊。宣云：「不爲形迹所役。」姚本以上爲一節。以富爲是者，不能讓禄；以顯爲是者，不能讓名；親權者，不能與人柄。操之則慄，成云：「恐失所以戰慄。」舍之則悲，宣云：「貪戀。」而一无所鑒，宣云：「於理一無所見。」以闚其所不休者，宣云：「但明於逐物不止。」是天之戮民也。成云：「雖楚戮未加，而情性已困。」姚本以上爲一節。怨、恩、取、與、諫、教、生、殺，八者，正之器也，宣云：「正人之具。」唯循大變无所湮者，爲能用之。宣云：「惟與變化相循，無所湮滯者，乃合時宜也。」故曰：正者，正也。宣云：「因其所當正而正之。」其心以爲不然者，天門弗開矣。」成云：「其心之不能如是者，天機之門壅而弗開。天門，心也。」

孔子見老聃而語仁義。老聃曰：「夫播穅眯目，則天地四方易位矣；蚊虻噆膚，則通昔不寐矣。司馬云：「噆，齧也。」郭云：「外物加之雖小，而傷性已大也。」案：昔，夜也。夕、昔古通。夫仁義憯然，乃憤吾心，亂莫大焉。憯同慘。宣云：「使人亂心，更甚於眯目噆膚也。」吾子使天下无失其朴，郭云：「質全而仁義著。」吾子亦放風而動，總德而立矣，放同倣。宣云：「同歸於自然。」又奚傑然若負建鼓而求亡子者邪？成云：「傑然，用力貌。」案：天道篇引老子之言，亦云「又何偈偈乎揭仁義，若擊鼓而求亡子焉」，與此意同，謂驚駭天下也。夫鵠不日浴而白，烏不日黔而黑。宣云：「喻本質自然如此。」黑白之朴，不足以爲辯；宣云：「出於本質者，不足分别妍媸。」名譽之觀，不足以爲廣。名譽之觀美，亦不能於本性有所增廣。泉涸，魚相與處於陸，相呴以溼，相濡以沫，不若相忘於江湖。」宣云：「喻小惠相及，不如相忘於渾沌，各得之爲樂，又烏取乎仁義之區區哉！」案：「泉涸」四語，又見大宗師篇。

孔子見老聃歸，三日不談。宣云：「不自得也。」弟子問曰：「夫子見老聃，亦將何歸哉？」宣云：「何以歸正之？」孔子曰：「吾乃今於是乎見龍。龍合而成體，散而成章，乘乎雲氣而養乎陰陽。予口張而不能嗋，予又何規老聃哉！」子貢曰：「然則人固有尸居而龍見，雷聲而淵默，二語又見在宥篇。發動如天地者乎？賜亦可得而觀乎？」遂以孔子聲見老聃。宣云：「稱孔子爲先容。」老聃方將倨堂而應微曰：踞於堂上，其應聲微。「予年運而往矣，運，行。往，邁也。言行年已邁。子將何以戒我乎？」子貢曰：「夫三王、五帝之治天下不同，其係聲名一也。而先生獨以爲非聖人，如何哉？」成云：「謂排三王爲非聖。」釋文：「三王，本或作三皇。依注，作王是也，餘皆作三皇。」老聃曰：「小子少進！子何以謂不同？」對曰：「堯授舜，舜授禹，禹用力而湯用兵，文王順紂而不敢逆，武王逆紂而不肯順，故曰不同。」老聃曰：「小子少進！余語汝三皇、五帝之治天下。黄帝之治天下，使民心一，民有其親死不哭而民不非也。成云：「三皇行道，人心淳一，不獨親其親，不獨子其子，故親死不哭而世俗不非。必欲非之，則强哭者衆。」堯之治天下，使民心親，民有爲其親殺其殺而民不非也。宣云：「欲隆其親，餘皆降殺，則知覺稍開矣。」舜之治天下，使民心競，民孕婦十月生子，子生五月而能言，成云：「古者懷孕之婦，十四月而誕育生子，生子兩歲始能言。今與古乖異。」不至乎孩而始誰，成云：「未解孩笑，已別是非。」郭云：「誰者，别人之意。」則人始有夭矣。宣云：「元氣早凋。」禹之治天下，使民心變，人有心而兵有順，宣云：「人有心機，且以殺伐爲應天順人。」殺盜非殺，宣云：「謂爲當然。」人自爲種而天下耳，自爲黨類而成天下。是以天下大駭，儒、墨皆起。成云：「驚駭天下，致使儒崇堯、舜以飾非，墨遵禹道而自是。」其作始有倫，而今乎婦女，其作始尚有倫理，而今所行，丈夫而有婦女之道。何言哉！余語汝：三皇、五帝之治天下，名曰治之，而亂莫甚焉。三皇之知，此「三皇」當作「三王」，否則不可通。上悖日月之明，下睽山川之精，中墮四時之施。其知憯於蠇蠆之尾，王引之云：「蠇、蠆，皆蝎之異名。廣雅：『蠆、蝲，蠍也。』（今本脱「蝲」字。衆經音義五引作『蠆蝲，蠍也』，集韻引『蝲，蠆也』。）蝲音盧達反。蠆、蝲，皆毒螫傷人之名。蠆之言蛆，（音哲。）蝲之言瘌。廣雅釋詁云『毒、蛆、瘌，痛也』，是其義矣。蝲與蠇，古同聲。蠇、蠆實一字。史記秦本紀『厲共公』，始皇紀作『剌龔公』。剌之通作厲，猶蝲之通作蠇矣。」鮮規之獸，鮮規，未詳，蓋噬人之獸。莫得安其性命之情者，而猶自以爲聖人，不可恥乎？其无恥也！」子貢蹵蹵然立不安。

孔子謂老聃曰：「丘治詩、書、禮、樂、易、春秋六經，自以爲久矣，孰知其故矣，孰同熟。以奸者七十二君，釋文：「三蒼云：『奸，犯也。』」論先王之道而明周、召之迹，一君无所鉤用。釋文：「鉤，取也。」甚矣夫！人之難說也，道之難明邪！」老子曰：「幸矣，子之不遇治世之君也！夫六經，先王之陳迹也，豈其所以迹哉！今子之所言，猶迹也。夫迹，履之所出，而迹豈履哉！夫白鶂之相視，眸子不運而風化；司馬云：「風化，相待風氣而化生也。」又曰：「相視而成陰陽。」宣云：「不運，定睛注視。」案：風，讀如「馬牛其風」之風，謂雌雄相誘也。化者，感而成孕。蟲，雄鳴於上風，雌應於下風而風化。宣云：「傳聲而孕。」類自爲雌雄，故風化。釋文：「山海經：『亶爰之山有獸焉，其狀如狸而有髮，其名曰師類，帶山有鳥，其狀如鳳，五采文，其名曰奇類，皆自牝牡。』」性不可易，命不可變，宣云：「其真常者。」時不可止，道不可壅。宣云：「其變化者。」苟得其道，无自而不可；郭云：「雖化者無方而皆可。」失焉者，无自而可。」郭云：「所在皆不可。」孔子不出三月，復見，曰：「丘得之矣。烏鵲孺，李云：「孺，孚乳而生。」魚傅沫，司馬云：「傅口中沫，相與而生子。」細要者化，列子釋文引司馬云：「稺蜂細要者，取桑蟲祝之，使似己子。」有弟而兄啼。恐失父母之愛也。推極物性之不同。久矣夫，丘不與化爲人！不能與造化爲一人。不與化爲人，安能化人！」老子曰：「可。丘得之矣。」

外篇　刻意第十五

刻意尚行，其意峻刻，其行高尚。離世異俗，高論怨誹，李云：「非世無道，怨己不遇。」爲亢而已矣，此山谷之士，非世之人，宣云：「非，猶輕。」枯槁赴淵者之所好也。司馬云：「枯槁，若鮑焦、介推；赴淵，若申徒狄。」語仁義忠信，恭儉推讓，爲修而已矣，自修其身。此平世之士，教誨之人，成云：「此平時治世之士，施教誨物之人，若宣尼之居洙、泗，子夏之在西河。」遊居學者之所好也。語大功，立大名，禮君臣，正上下，爲治而已矣，此朝廷之士，尊主强國之人，致功并兼者之所好也。并兼敵國。就藪澤，處閒曠，釣魚閒處，無爲而已矣，宣云：「無爲，猶言閒散。」此江海之士，避世之人，閒暇者之所好也。吹呴呼吸，吐故納新，熊經鳥申，成云：「吹冷呼而吐故，呴暖吸而納新，如熊攀樹而自懸，類鳥飛空而伸脚。」爲壽而已矣，此道引之士，李云：「導氣令和，引體令柔。」養形之人，彭祖壽考者之所好也。若夫不刻意而高，无仁義而修，无功名而治，无江海而閒，不道引而壽，无不忘也，无不有也，郭云：「忘，故能有。」澹然无極而衆美從之，宣云：「不立一極而美無不全。」此天地之道，聖人之德也。故曰：夫恬惔同淡。寂寞，虛无无爲，此天地之平而道德之質也。釋文：「質，正也。」宣云：「本也。」故曰：聖人休，休焉則平易矣，釋文：「休，息也。」俞云：「此本作『故曰聖人休焉，休則平易矣』，『休焉』二字，傳寫誤倒。」天道篇『故帝王聖人休焉，休則虛』，與此文法相似，可據以訂正。」案：郭注、成疏、陸釋，皆止一「休」字，俞説是也。此後來刊本之誤。平易則恬惔矣。平易恬惔，則憂患不能入，邪氣不能襲，故其德全而神不虧。故曰：聖人之生也天行，郭云：「任自然而運動。」其死也物化；郭云：「蛻然無所係。」靜而與陰同德，動而與陽同波；郭云：「動靜無心，而付之陰陽也。」案：四語又見天道篇。不爲福先，不爲禍始；感而後應，迫而後動，不得已而後起。去知與故，管子心術篇：「去智與故。」此用其語。淮南主術篇高注：「故，巧也。」循天之理，成云：「循，順也。」故无天災，无物累，无人非，无鬼責。四語亦見天道篇。「災」，彼文作「怨」。其生若浮，其死若休；不思慮，不豫謀；光矣而不耀，信矣而不期；宣云：「無心於取必。」其寢不夢，其覺无憂；其神純粹，其魂不罷。此語亦見天道篇。虛无恬惔，乃合天德。故曰：悲樂者，德之邪；喜怒者，道之過；好惡者，德之失。故心不憂樂，德之至也；郭云：「至德常適，故情無所槩。」一而不變，靜之至也；郭云：「靜而一者，不可變也。」无所於忤，虛之至也；郭云：「其心豁然確盡，乃無纖介之違。」不與物交，惔之至也；郭云：「物自來耳，至惔者無交物之情。」案：惔同淡。无所於逆，粹之至也。郭云：「若雜乎濁欲，則有所不順。」故曰：形勞而不休則弊，精用而不已則勞，勞則竭。水之性，不雜則清，莫動則平，鬱閉而不流，亦不能清，宣云：「又將腐濁。」天德之象也。宣云：「静而日運。」故曰：純粹而不雜，静一而不變，惔而无爲，動而以天行，郭云：「若夫逐欲而動，人行也。」此養神之道也。夫有干、越之劍者，司馬云：「干，吴也。吴、越出善劍。」柙而藏之，不敢用也，寶之至也。精神四達並流，无所不極，上際於天，下蟠於地，化育萬物，不可爲象，宣云：「不可得而迹象之。」其名爲同帝。宣云：「與天帝同用。」純素之道，惟神是守，守而勿失，與神爲一，一之精通，合於天倫。合於自然之理。野語有之曰：「衆人重利，廉士重名，賢人尚志，聖人貴精。」故素也者，謂其无所與雜也；純也者，謂其不虧其神也。能體純素，謂之真人。成云：「體，悟解也。妙契純素之理，則所在皆真道也。」

外篇

繕性第十六

繕性於俗，俗學以求復其初，崔云：「繕，治也。」郭云：「已治性於俗矣，而欲以俗學復性命之本。」案：宣本刪一「俗」字。據郭注，明有兩「俗」字也，然疑衍一字。蘇輿云：「案當衍一俗字，學與思對文。言性與欲皆已爲俗所汙，雖學、思交致，只益其蒙。宣以『俗學』『俗思』句斷，似失之。」**滑欲於俗，思以求致其明，謂之蔽蒙之民。古之治道者，以恬養知；**釋文：「知音智。」宣云：「定能生慧。」**知生而无以知爲也，謂之以知養恬。**智生而不任智，是以智養其恬靜。**知與恬交相養，而和理出其性。**知、恬交養，而道德自其性出矣。**夫德，和也；道，理也。**宣云：「道德止是和順。理，猶順也。」**德无不容，仁也；道无不理，義也；**道德生仁義。**義明而物親，忠也；**宣云：「是爲實有道德。」**中純實而反乎情，樂也；**成云：「雖復涉於物境，而恒歸於真情，所造和適，故謂之樂。」**信行容體而順乎文，禮也。**實行於容體而順乎自然之節文，卽是禮也。**禮樂偏行，則天下亂矣。**釋文：「偏音遍。」郭云：「以一體之所履，一志之所樂，行之天下，則一方得而萬方失也。」俞云：「據郭注，是爲『一偏』之偏，故郭云然。釋文音誤。」案：本當作「偏」，唐時誤「偏」，故陸隨文作音，義不可通。宣本已改「偏」。

彼正而蒙己德，德則不冒，冒則物必失其性也。彼自正而蒙被我之德，是德與德相感，不以己之德强人而冒覆之也。若强天下而冒覆之，是以我正彼，則物之失其性者必多也。古之人在混芒之中，混混芒芒，初分之時也。與一世而得澹漠焉。成云：「恬澹寂漠，無爲之道也。」當是時也，陰陽和静，鬼神不擾，四時得節，萬物不傷，羣生不夭，人雖有知，无所用之，此之謂至一。當是時也，莫之爲而常自然。無所矯飾。逮德下衰，及燧人、伏羲始爲天下，是故順而不一。成云：「燧人變生爲熟，伏羲畫八卦以制文字，作結繩而爲罔罟，智詐萌矣，嗜欲漸焉，順黎庶之心，而不能混同至一也。」德又下衰，及神農、黄帝始爲天下，是故安而不順。成云：「神農有共工之伐，黄帝致蚩尤之戰，苟且欲安天下，未能大順羣生也。」德又下衰，及唐、虞始爲天下，興治化之流，宣云：「失其源也。」澆淳散朴，釋文：「澆，本亦作澆。」成云：「唐、虞設五典而綱紀五行，置百官而平章百姓，五行自兹而荒殆，百姓因此而澆訛，毁淳素而散樸質也。」離道以善，險德以行，險，危也。離於道以企善，危其德以制行，若務光、申徒狄之類是也。然後去性而從於心。宣云：「舍天性，用人心。」心與心識知而不足以定天下，宣云：「人益巧僞。」俞云：「詩：『不識不知。』『識知』二字連文，言必不識不知而後可定天下。諸家從識字斷句，非。」然後附之以文，益之以博。文滅質，博溺心，然後民始惑亂，无以反其性情而復其初。由是觀之，世喪道矣，道喪世矣。宣云：「以非道爲道。」世與道交相喪也，道之人何由興乎世，世亦何由興乎道哉！道无以興乎世，世无以興乎道，雖聖人不在山林之中，其德隱矣。成云：「使聖人降迹塵俗，混同羣生，韜藏聖德，莫能見用，雖居朝市，無異山林。」隱，故不自隱。宣云：「遭道隱之世，不必自隱而已隱也。」古之所謂隱士者，非伏其身而弗見也，非閉其言而不出也，非藏其知而不發也，時命大謬也。當時命而大行乎天下，則反一无迹；復於至一之世而不見其迹。不當時命而大窮乎天下，則深根寧極而待。深固自然之根，保寧至善之極，以待時也。此存身之道也。古之行身者，不以辯飾知，成云：「古人之行任其身者，不以浮辯飾小智。」不以知窮天下，成云：「不縱知以困蒼生。」不以知窮德，成云：「知止其分，不以無涯而累其自得。」危然處其所而反其性，郭云：「危然，獨正貌。」已又何爲哉！道固不小行，德固不小識。小識傷德，成云：「小識小知，虧損深玄之德。」小行傷道。故曰：正己而已矣。樂全之謂得志。樂全其性，即是得志。古之所謂得志者，非軒冕之謂也，謂其无以益其樂而已矣。郭云：「全其内而足。」今之所謂得志者，軒冕之謂也。軒冕在身，非性命也，物之儻來，寄者也。成云：「儻者，意外忽來。」寄之，其來不可圉，圉，禦也。其去不可止。故不爲軒冕肆志，肆志，放縱其志。不爲窮約趨俗，不貶志以徇俗。其樂彼與此同，視軒冕與窮約無異。故无憂而已矣。故能處貴而無憂。今寄去則不樂，今人所同。由是觀之，雖樂，未嘗不荒也。樂軒冕者，志荒於外。故曰：喪己於物，失性於俗者，謂之倒置之民。向云：「以外易内，可謂倒置。」

外篇

秋水第十七

秋水時至，百川灌河，李云：「水生於春，壯於秋。」**涇流之大，**司馬云：「涇，通也。」崔本作「徑」，云：「直度曰徑。」**兩涘渚崖之間，**釋文：「涘，涯也。水中可居曰渚。崖，字又作涯，亦作厓。」**不辯牛馬。**成云：「隔水遠看，不辨牛之與馬。」**於是焉河伯欣然自喜，以天下之美爲盡在己。**釋文：「河伯，姓馮名夷，見大宗師篇。」**順流而東行，至於北海，東面而視，不見水端，**成云：「北海，今萊州是。」**於是焉河伯始旋其面目，望洋向若而歎，**釋文「望」作「盳」，云：「盳洋，猶望羊，仰視貌。」司馬云：「若，海神。」**曰：「野語有之曰『聞道百，以爲莫己若』者，我之謂也。**李云：「聞道百，萬分之一也。」郭嵩燾云：「百者，多詞也。」郭慶藩云：「百，古讀若博，與若韻。」**且夫我嘗聞少仲尼之聞而輕伯夷之義者，始吾弗信，今我睹子之難窮也，吾非至於子之門則殆矣，吾長見笑於大方之家。」**司馬云：「大方，大道也。」**北海若曰：「井鼃不可以語於海者，拘於虛也；**王引之云：「鼃，本作魚，後人改之也。御覽時序部、鱗介部、蟲豸部引此，並云『井魚不可以語於海』，則舊本作魚可知。且釋文於此不出鼃字，直至下文『埳井之鼃』，始云『鼃，本又作蛙，户蝸反』，引司馬注云『鼃，水蟲，形似蝦蟇』，則此處作魚不作鼃明矣。若作鼃，則『户蝸』之音，『水蟲』之注，當先見於此，不應至下文始見也。再淮南原道篇『夫井魚不可與語大，拘於隘也』，梁張綰文『井魚之不識巨海，夏蟲之不見冬冰』，水經贛水注云『聊記奇文，以廣井魚之聽』，皆用莊子之文，則莊子之作『井魚』益明矣。井九二『井谷射鮒』，鄭注曰：『所生魚無大魚，但多鮒魚耳。』（見劉逵吴都賦注。）困學紀聞十引御覽所載莊子曰：『用意如井魚者，吾爲鉤繳以投之。』吕覽諭大篇：『井中之無大魚也。』此皆『井魚』之證。後人以此篇有『埳井鼃』之語，而荀子正論篇亦云『坎井之鼃，不可與語東海之樂』，遂改『井魚』爲『井鼃』，而不知井自有魚，無煩改作鼃也。自有此改，世動稱井鼃夏蟲，不復知有井魚之喻矣。」王念孫云：「虚與墟同，故釋文云：『虚，本亦作墟。』廣雅：『墟，凥也。』（凥，古「居」字。）文選西征賦注引聲類曰：『墟，故所居也。』經傳言丘墟者，皆謂故所居之地。言井魚拘於所居，不知海之大也。以喻河伯居於涯涘。崔注『拘於井中之空也』，訓虚爲空虚。」**夏蟲不可以語於冰者，篤於時也；**郭慶藩云：「司馬訓篤爲厚，迂曲難通。釋詁：『篤，固也。』論語『篤信好學』，謂信之固也；禮儒行『篤行而不倦』，謂所行之固也。凡鄙陋不達，謂之固。夏蟲爲時所蔽，故曰篤於時。篤字與上下文拘、束同義。」**曲士不可以語於道者，束於教也。**司馬云：「曲士，鄉曲之士。」**今爾出於崖涘，觀於大海，乃知爾醜，爾將可與語大理矣。**郭云：「以其知分，故可與言理也。」**天下之水，莫大於海，萬川歸之，不知何時止而不盈；尾閭泄之，不知何時已而不虚；**文選養生論注引司馬云：「尾閭，水之往海外出者也，一名沃焦，在東大海之中。尾者，在百川之下，故稱尾。閭者，聚也，水聚族之處，故稱閭也。在扶桑之東，有一石，方圓四萬里，厚四萬里，海水注者無不燋盡，故曰沃燋。」案：「沃燋」，亦作「沃焦」，見山海經。今環球周通，可釋此説之疑矣。春秋不變，水旱不知。此其過江河之流，不可爲量數。而吾未嘗以此自多者，自以比形於天地而受氣於陰陽，吾在天地之間，猶小石小木之在大山也，方存乎見少，又奚以自多！計四海之在天地之間也，不似礨空之在大澤乎？釋文：「礨，崔音壘。空音孔。礨孔，小穴也。李云：『小封也。』一云：蟻冢也。」計中國之在海内，不似稊米之在大倉乎？釋文：「郭注爾雅：『稊似稗。』大音泰。」號物之數謂之萬，人處一焉；人卒九州，穀食之所生，舟車之所通，人處一焉。崔云：「卒，盡也。」郭嵩燾云：「人卒九州，言極九州之人數。卒者，盡詞。九州之大，人數之繁，其在天之中，要亦萬物之一而已。」此其比萬物也，不似豪末之在於馬體乎？五帝之所連，崔云：「連，續也。」三王之所争，仁人之所憂，任士之所勞，盡此矣。伯夷辭之以爲名，仲尼語之以爲博，此其自多也，不似爾向之自多於水乎？」河伯曰：「然則吾大天地而小毫末可乎？」北海若曰：「否。夫物，量无窮，宣云：「各有局量。」時无止，宣云：「各據瞬息。」分无常，成云：「所稟分命，隨時變易。」終始无故。宣云：「變化日新。」是故大知觀於遠近，知同智。遠近並觀，不尚一隅之見。故小而不寡，大而不多，知量无窮；不以大小爲多寡，知量之各足也。

證曏今故，郭云：「曏，明也。今故，猶古今。」故遥而不悶，望古雖遥，我自无悶，不必與古爲徒也。掇而不跂，近可掇取，我亦不跂而求之。知時无止；證明今古之大道，不以人世壽夭爲大期，知時之無止也。察乎盈虚，故得而不喜，失而不憂，知分之无常也；知天道有盈虚，則得失無常，何足介意！明乎坦塗，郭云：「死生者，日新之正道也。」故生而不説，音悦。死而不禍，不以爲禍敗。知終始之不可故也。郭云：「明終始之日新，則知故之不可執而留矣。」計人之所知，不若其所不知；知者有窮，而不知者何限！其生之時，不若未生之時。生有盡，而天地無窮。以其至小，求窮其至大之域，是故迷亂而不能自得也。成云：「無窮之境未周，有限之智已喪。」由此觀之，又何以知毫末之足以定至細之倪！又何以知天地之足以窮至大之域！」毫末非小，天地非大。河伯曰：「世之議者皆曰：『至精无形，至大不可圍。』是信情乎？」成云：「信，實也。」北海若曰：「夫自細視大者不盡，宣云：「處小而視大，有所不及偏，故覺不可圍。」自大視細者不明。宣云：「處大而視小，有所不及審，故覺無形。」夫精，小之微也，垺，大之殷也，宣云：「垺音孚，郭也。殷，盛也。」故異便。宣云：「故一覺不可圍，是小者以大爲不便，而自便其小；一覺無形，是大者以小爲不便，而自便其大也。」此勢之有也。此勢所有，不足致辨。夫精粗者，期於有形者也；宣云：「尚在有迹處求道。」無形者，數之所不能分也；謂精。不可圍者，數之所不能窮也。謂粗。可以言論者，物之粗也；曰粗則猶可以言論。可以意致者，物之精也；曰精則猶可以意致。言之所不能論，意之所不能察致者，不期精粗焉。不期於精粗者，在意言之表，即道妙也。是故大人之行，不出乎害人，不多仁恩；固不害人，亦不以仁恩自多。動不爲利，不賤門隸；固不爲利，亦不以求利之守門僕隸爲賤。貨財弗爭，不多辭讓；不爭貨財，亦不以辭讓之德爲高。事焉不借人，不多食乎力，不賤貪污；事不借力於人，而自食其力，但期取足，亦不以人之貪得者爲賤。行殊乎俗，不多辟異；行不隨俗，亦不以乖僻立異爲多。爲在從衆，不賤佞諂；爲順衆情，亦未嘗以佞諂者爲賤。世之爵禄不足以爲勸，戮恥不足以爲辱；知是非之不可爲分，細大之不可爲倪。是非之迹不可分，細大之端不可見，惟大人知之。聞曰：成云：「寓諸他人，故稱聞曰。」『道人不聞，郭云：「任物而物性自通，則功名歸物矣，故不聞。」案：語又見山木篇，「道」作「至」。至德不得，郭云：「得者，生於失也。物各無失，則得名去也。」大人无己。』郭云：「任物而已。」約分之至也。」約己歸於其分。河伯曰：「若物之外，若物之内，惡至而倪貴賤？惡至而倪小大？」問既不期精粗，此物性之内外何由而有貴賤小大之端倪？北海若曰：「以道觀之，物无貴賤；以物觀之，自貴而相賤；物情彼此皆然，故言相。以俗觀之，貴賤不在己。世俗以外來之榮戮爲貴賤。以差觀之，等差之數。因其所大而大之，成云：「以自足爲大。」則萬物莫不大；因其所小而小之，成云：「以無餘爲小。」則萬物莫不小。知天地之爲稊米也，知豪末之爲丘山也，則差數等矣。以功觀之，兩須之事功也。因其所有而有之，則萬物莫不有；因其所无而无之，則萬物莫不无。蘇輿云：「物情以得用爲有，以相勝爲無，猶矢人謂可無函，函人謂可無矢也。然以矢爲有，則函敵矢，亦可爲有；以函爲無，則矢爲函拒，亦可謂無。」知東西之相反，而不可以相无，則功分定矣。東西本相反，然非東無以定西，故就相反而相須言之，則功分可定。以趣觀之，衆人之趣向。因其所然而然之，則萬物莫不然；因其所非而非之，則萬物莫不非。隨人之是非爲是非。知堯、桀之自然而相非，則趣操睹矣。堯非桀，桀亦非堯，附堯、桀者亦各執一是非，則趣操之無定可覩矣。昔者堯、舜讓而帝，之、噲讓而絶；司馬云：「燕王噲用蘇代之説，效堯、舜讓位與相子之，三年而國亂。」湯、武爭而王，白公爭而滅。釋文：「白公，名勝，楚平王之孫，作亂而死。事見左哀十六年傳。」由此觀之，爭讓之禮，堯、桀之行，貴賤有時，未可以爲常也。宣云：「貴賤以此，小大可知。」梁麗可以衝城，而不可以窒穴，言殊器也；崔云：「梁麗，屋棟也。」郭慶藩云：「列子湯問篇：『雍門鬻歌，餘音繞梁欐，三日不絶。』梁欐，卽梁麗也。上林賦『連捲欐佹』，注：『欐佹，支柱也。』欐者附著，佹者交午。廣韻：『麗，著也。』玉篇：『麗，偶也。』柱偶曰麗，梁棟相附著亦曰麗，卽謂椽柱之屬。爲梁麗必材之大者，故可用以衝城，不當泥視。」釋文：「窒，塞也。」騏驥驊騮，一日而馳千里，捕鼠不如狸狌，言殊技也；鴟鵂夜撮蚤，釋文：「淮南子『鴟夜聚蚤，察分毫末』，許慎云：『鴟夜聚食蚤蝨不失也。』司馬本作蚤，云：『鴟，鵂鶹，夜取蚤食。』」王引之云：「正文鵂字，涉釋文内『鴟，鵂鶹』而衍。埤雅引此已誤。釋文：『鴟，尺夷反。崔云：「鴟，鵂鶹。」』而不爲鵂字作音，則正文内無鵂字明矣。淮南主術篇亦云『鴟夜撮蚤』。」案：聚亦撮也。崔本「撮」作「最」。古書聚、最多通作，故又爲聚。察毫末，晝出瞋目而不見丘山，言殊性也。釋文：「瞋，本或作瞑。」蘇輿云：「作瞋是。言鴟夜察蚤之毫末，及晝則雖瞋目而不見丘山矣。徐无鬼篇『鴟目有所適』，亦謂適夜而不適晝也。」故曰：蓋師是而无非，師治而无亂乎？恒言如此。是未明天地之理，萬物之情者也。是猶師天而无地，師陰而无陽，其不可行明矣。然且語而不舍，非愚則誣也。宣云：「愚者不知，誣則知而妄言。」帝王殊禪，成云：「或宗族相承，或讓與他姓，故言殊禪。」三代殊繼。成云：「或父子相繼，或興兵征誅，故言殊繼。」差其時，逆其俗者，謂之篡夫；時俗既非，而差逆之，如子之、白公，則世以爲篡夫。當其時，順其俗者，謂之義徒。時俗可行而順舉之者，則世以爲義徒，可見貴賤有時。默默乎河伯！戒勿多言。女惡知貴賤之門，大小之家！」河伯曰：「然則我何爲乎？何不爲乎？吾辭受趣舍，吾終奈何？」北海若曰：「以道觀之，何貴何賤，是謂反衍，郭云：「貴賤之道，反覆相尋。」崔云：「無所貴賤，乃反爲美也。」本亦作「畔衍」，李云：「猶漫衍，合爲一家。」无拘而志，而，爾也，下同。貴賤無定，不必拘視。與道大蹇。拘滯則道難行。何少何多，是謂謝施，謝天之施而已。无一而行，與道參差。執一而行，則與道不齊合。嚴乎若國之有君，其无私德；不私惠於物，而物皆被德。繇繇乎若祭之有社，其无私福；繇繇，與由由同，自得之貌。如羣奉一社，咸以爲神之福我也。泛泛乎若四方之无窮，其无所畛域。泛泛如水之無畔岸。兼懷萬物，其孰承翼？是謂无方。萬物皆我懷之，其孰承我而孰助我？是謂無所偏向。萬物一齊，孰短孰長？宣云：「所以無方。」道无終始，物有死生，不恃其成；宣云：「有生死，則物之成不足恃。」一虛一滿，不位乎其形。宣云：「虛滿遞乘，則形無定位。」年不可舉，時不可止；宣云：「往者莫存，逝者莫挽。」消息盈虛，終則有始。是所以語大義之方，論萬物之理也。物之生也若驟若馳，言其速。无動而不變，无時而不移。何爲乎？何不爲乎？夫固將自化。」成云：「安而任之，必自變化，何勞措意爲與不爲？」河伯曰：「然則何貴於道邪？」宣云：「既無爲不爲之分，何貴學道？」北海若曰：「知道者必達於理，達於理者必明於權，明於權者不以物害己。至德者，火弗能熱，水弗能溺，寒暑弗能害，禽獸弗能賊。非謂其薄之也，薄，迫也。非謂其迫近之而不害也。言察乎安危，寧於禍福，成云：「寧，安。禍，窮塞。福，通達也。」謹於去就，莫之能害也。故曰：天在內，宣云：「天機藏於不見。」人在外，宣云：「人事著於作爲。」德在乎天。德以自然者爲尚。知天人之行，本乎天，位乎德，惟知天人之行者，本乎自然而處乎自得。蹢躅而屈伸，成云：「蹢躅，進退不定之貌。隨時屈伸，曾無定執。」反要而語極。」宣云：「乃學之要而道之極也。」曰：「何謂天？何謂人？」北海若曰：「牛馬四足，是謂天；落馬首，穿牛鼻，是謂人。落同絡。故曰：无以人滅天，无以故滅命，无以得殉名。勿以人事毁天然，勿以造作傷性命，勿以有限之得殉無窮之名。謹守而勿失，是謂反其真。」郭云：「真在性分之内。」

夔憐蚿，蚿憐蛇，蛇憐風，風憐目，目憐心。司馬云：「蚿，馬蚿蟲也。」廣雅云：『蛆渠，馬蚿。』夔一足，蚿多足，蛇無足，風無形，目形綴於此而明流於彼，心則質幽，爲神遊外。」成云：「憐是愛尚之名。」夔謂蚿曰：「吾以一足跉踔而行，成云：「跉踔，跳躑也。」予无如矣。成云：「簡易無如我者。」今子之使萬足，獨奈何？」以爲煩勞也。蚿曰：「不然。子不見夫唾者乎？噴則大者如珠，小者如霧，雜而下者不可勝數也。今予動吾天機，而不知其所以然。」蚿謂蛇曰：「吾以衆足行，而不及子之无足，不及其速。何也？」蛇曰：「夫天機之所動，何可易邪？吾安用足哉！」蛇謂風曰：「予動吾脊脅而行，則有似也。似有足。今子蓬蓬然起於北海，蓬蓬然入於南海，而似无有，何也？」風曰：「然。予蓬蓬然起於北海而入於南海也，然而指我則勝我，鰌我亦勝我。釋文：

「鰌，本又作蹭。」郭嵩燾云：「荀子强國篇『大燕鰌吾後』，楊注：『鰌，蹴也。言蹴踏於後也。』」成云：「人以手指撝風，風不能折指，以足蹴踏風，風亦不能折足，此小不勝也。」雖然，夫折大木，蜚大屋者，唯我能也，故以衆小不勝爲大勝也。爲大勝者，唯聖人能之。」能爲大勝者，衆小不勝無所容其計較，非知道之聖人不能如此。宣云：「目、心之用更神，當身可自喻之，故省文。」

孔子遊於匡，宋人圍之數帀，而絃歌不惙。釋文：「司馬云：『宋當作衛。衛人誤圍孔子，以爲陽虎，虎嘗暴於匡人也。』惙，本又作輟。」子路入見，曰：「何夫子之娱也？」孔子曰：「來！吾語女。我諱窮久矣，而不免，命也；成云：「諱，忌也。」求通久矣，而不得，時也。當堯、舜而天下无窮人，非知得也，賢士盡升庸，非其智得也。當桀、紂而天下无通人，非知失也，賢人皆隱遁，非其智失也。時勢適然。夫水行不避蛟龍者，漁父之勇也；陸行不避兕虎者，獵夫之勇也；白刃交於前，視死若生者，烈士之勇也；知窮之有命，知通之有時，臨大難而不懼者，聖人之勇也。由處矣！且安息。吾命有所制矣。」制之於天。无幾何，將甲者進，辭曰：釋文：「將，本亦作持。」「以爲陽虎也，故圍之；今非也，請辭而退。」謝過解去。

公孫龍問於魏牟曰：司馬云：「龍，趙人。牟，魏之公子。」姚云：「公孫龍與莊生時不相及，此其弟子所記耳。」「龍少學先生之道，長而明仁義之行，合同異，離堅白，然不然，可不可，困百家之知，窮衆口之辯，吾自以爲至達已。今吾聞莊子之言，汒焉異之，不知論之不及與，知之弗若與？今吾无所開吾喙，敢問其方。」公子牟隱机太息，仰天而笑曰：「子獨不聞夫埳井之鼃乎？埳，郭音陷。成云：「埳井，猶淺井。」謂東海之鱉曰：『吾樂與！自言甚樂。出跳梁乎井幹之上，幹，當從木作「榦」。釋文：「司馬云：『井欄也。褚詮之音西京賦作韓音。』」入休乎缺甃之崖，李云：「甃，如闌，以磚爲之，著井底也。」成云：「休息乎破磚之涯。」赴水則接腋持頤，宣云：「水承兩腋而浮兩頤。」蹶泥則没足滅跗，成云：「跗，腳趺也。」還虷蟹與科斗，莫吾能若也。宣云：「還，回顧也。」釋文：「虷音寒，井中赤蟲，一名蜎。爾雅云『蜎，蠉』，郭注云：『井中小蛣蟩赤蟲也。』科斗，蝦蟇子也。」案：言環顧此輩，無如其樂。且夫擅一壑之水，而跨跱埳井之樂，此亦至矣，夫子奚不時來入觀乎？』東海之鱉左足未入，而右膝已縶矣。司馬云：「縶，拘也。」三蒼云：『絆也。』」案：井小不容。於是逡巡而卻，從容而退。告之海曰：以海之大告之。『夫千里之遠，不足以舉其大；千仞之高，不足以極其深。禹之時，十年九潦，而水弗爲加益；湯之時，八年七旱，而崖不爲加損。夫不爲頃久推移，成云：「頃，少時。久，多時。」不以多少進退者，進退，謂損益。此亦東海之大樂也。』於是埳井之鼃聞之，適適然驚，成云：「適適，驚怖之容。」規規然自失也。規規，小貌，下同。且夫知不知是非之竟，上知音智，下知如字，下同。而猶欲觀於莊子之言，成云：「觀察至理之言。」是猶使蚊負山，商蚷馳河也，成云：「商蚷，馬蚿也。亦名商蚷，亦名且渠。」必不勝任矣。且夫知不知論極妙之言，而自適一時之利者，是非埳井之鼃與？且彼方跐黄泉而登大皇，釋文：「廣雅云：『跐，蹋也。』」成云：「大皇，天也。」无南无北，奭然四解，淪於不測；釋文：「奭音釋。」成云：「奭然無礙。」无東无西，始於玄冥，反於大通。王念孫云：「『無東無西』，當作『無西無東』，與通爲韻。」成云：「始於玄極而其道杳冥，反於域中而大通於物也。」子乃規規然而求之以察，索之以辯，郭云：「遊無窮者，非察辯所得。」是直用管窺天，用錐指地也，不亦小乎！子往矣！且子獨不聞壽陵餘子之學行於邯鄲與？司馬云：「未應丁夫爲餘子。」成云：「壽陵，燕邑。邯鄲，趙都，其俗能行，故燕國少年遠來學步。」未得國能，又失其故行矣，直匍匐而歸耳。成云：「未得趙國之能，更失壽陵之故，以手據地，匍匐而還。」今子不去，將忘子之故，失子之業。」公孫龍口呿而不合，司馬云：「呿，開也。」舌舉而不下，乃逸而走。

莊子釣於濮水，成云：「濮，水名，屬東郡，今濮州濮陽縣是。」楚王使大夫二人往先焉，司馬云：「威王也。」曰：「願以境内累矣！」欲以國事相累。莊子持竿不顧，曰：「吾聞楚有神龜，死已三千歲矣，王巾笥而藏之廟堂之上。此龜者，寧其死爲留骨而貴乎，寧其生而曳尾於塗中乎？」二大夫曰：「寧生而曳尾塗中。」莊子曰：「往矣！吾將曳尾於塗中。」

惠子相梁，成云：「惠施，宋人，爲梁惠王相。」莊子往見之。或謂惠子曰：「莊子來，欲代子相。」於是惠子恐，搜於國中三日三夜。莊子往見之，曰：「南方有鳥，其名爲鵷鶵，李云：「鸞鳳之屬。」子知之乎？夫鵷鶵發於南海而飛於北海，非梧桐不止，非練實不食，成云：「練實，竹實。」非醴泉不飲。於是鴟得腐鼠，鵷鶵過之，仰而視之曰：『嚇！』司馬云：「嚇，怒其聲，恐其奪己也。」詩箋：『以口拒人曰嚇。』」今子欲以子之梁國而嚇我邪？」姚云：「記此語者，莊徒之陋。」

莊子與惠子遊於濠梁之上。成云：「濠，水名，在淮南鍾離郡，有莊子墓在焉。亦有莊、惠遨遊之所。石絕水爲梁。」莊子曰：「儵魚出遊從容，釋文：「李音由，白魚也。」盧文弨云：「儵，當作鯈。」姚云：「儵，即至樂篇『食之鰌鯈』鯈字耳，而經籍多誤作儵。」是魚之樂也。」惠子曰：「子非魚，安知魚之樂？」莊子曰：「子非我，安知我不知魚之樂？」惠子曰：「我非子，固不知子矣；子固非魚矣，子之不知魚之樂全矣。」宣云：「與魚全無相知之理。」莊子曰：「請循其本。成云：「請尋其源。」子曰『汝安知魚樂』云者，既已知吾知之而問我，郭云：「循子『安知』之云，已知吾之所知矣，而方復問我。」我知之濠上也。」宣云：「我遊濠上而樂，則知魚遊濠下亦樂也。」

莊子集解卷五

外篇 至樂第十八

天下有至樂无有哉？有可以活身者无有哉？今奚爲奚據？奚避奚處？奚就奚去？奚樂奚惡？宣云：「言至樂活身之理俱有，不知人之取舍何如耳。」夫天下之所尊者，富貴壽善也；善者，所遇順善。所樂者，身安、厚味、美服、好色、音聲也；所下者，貧賤夭惡也；夭，短折。惡，惡疾。所苦者，身不得安逸，口不得厚味，形不得美服，目不得好色，耳不得音聲；若不得者，則大憂以懼。其爲形也亦愚哉！爲，于僞反，下同。夫富者，苦身疾作，勤力。多積財而不得盡用，其爲形也亦外矣。郭云：「內其形者，知足而已。」夫貴者，夜以繼日，思慮善否，宣云：「爲固位計。」其爲形也亦疏矣。郭云：「親其形者，自得於身中而已。」人之生也，與憂俱生，壽者惛惛，久憂不死，何苦也！宣本「何」下有「之」字，云：「猶其也。」姚氏章句本亦同，云：「之，是也。言何若是苦也。」其爲形也亦遠矣。烈士爲天下見善矣，人皆稱善。未足以活身。吾未知善之誠善邪，誠不善邪？若以爲善矣，不足活身；以爲不善矣，足以活人。行其言，足以活人。故曰：「忠諫不聽，蹲循勿爭。」郭慶藩云：「蹲循，即逡巡。廣雅：『逡巡，卻退也。』管子戒篇作『逡遁』，小問篇作『遵循』，晏子問篇作『逡循』，漢書萬章傳同，皆字異義同。」故夫子胥爭之以殘其形，不爭，名亦不成。宣云：「意在以爭成忠諫之名。」誠有善无有哉？成云：「善不善誠未可定。」今俗之所爲與其所樂，吾又未知樂之果樂邪，果不樂邪？吾觀夫俗之所樂，舉羣趣者，誙誙然如將不得已，舉世羣趨，如不得已。李云：「誙誙，趨死貌。」案：蘇輿云「樂舉，謂數數稱道之也」，於義亦通。而皆曰樂者，吾未之樂也，亦未之不樂也。樂不樂，吾未親歷其境。果有樂无有哉？樂之有無，吾弗知。吾以无爲誠樂矣，又俗之所大苦也。我以恬静無爲爲誠樂，而世俗又不以爲然。故曰：「至樂无樂，至譽无譽。」天下是非果未可定也。雖然，无爲可以定是非。成云：「忘是非而是非定。」至樂活身，唯无爲幾存。存是二者，唯無爲近之。請嘗試言之。天无爲以之清，地无爲以之寧，郭云：「皆自清寧耳，非爲之所得。」故兩无爲相合，萬物皆化。兩儀相合，萬物化生。姚云：「江南本作：『萬物皆化生。』」芒乎芴乎，李芒音荒，芴音忽。荒忽，猶恍惚也。而无從出乎！成云：「尋其從出，莫知所由。」芴乎芒乎，而无有象乎！萬物職職，成云：「職職，繁多貌。」皆從无爲殖。故曰：「天地无爲也，而无不爲也。」人也，孰能得无爲哉！宣云：「人能無爲，則同乎天地矣。」

莊子妻死，惠子弔之，莊子則方箕踞鼓盆而歌。釋文：「盆，瓦缶。」惠子曰：「與人居長子，成云：「共妻居處，長養子孫。」老身死，不哭亦足矣，又鼓盆而歌，不亦甚乎！」莊子曰：「不然。是其始死也，我獨何能无概然！司馬云：「概，感也。」案：古概、慨通作。察其始而本无生，非徒无生也，而本无形，非徒无形也，而本无氣。雜乎芒芴之間，變而有氣，氣變而有形，形變而有生，今又變而之死，是相與爲春秋冬夏四時行也。人且偃然寢於巨室，而我噭噭然隨而哭之，自以爲不通乎命，故止也。」

支離叔與滑介叔李云：「支離忘形，滑介忘智，言二子乃識化也。」觀於冥伯之丘，李云：「丘名。喻杳冥也。」崑崙之虚，黄帝之所休。俄而柳生其左肘，瘤作柳聲，轉借字。其意蹶蹶然惡之。成云：「蹶蹶，驚動貌。」支離叔曰：「子惡之乎？」滑介叔曰：「亡。成云：「亡，無也。」予何惡？生者，假借也；假之而生生者，塵垢也。死生爲晝夜。且吾與子觀化而化及我，我又何惡焉？」

莊子之楚，見空髑髏，髐然有形，宣云：「髐音囂，空枯貌。」撽以馬捶，釋文：「撽，苦弔反。説文作擊，云：『旁擊也。』」因而問之曰：「夫子貪生失理，而爲此乎？將子有亡國之事，斧鉞之誅，而爲此乎？將子有不善之行，愧遺父母妻子之醜，而爲此乎？

將子有凍餒之患，而爲此乎？將子之春秋故及此乎？」於是語卒，援髑髏枕而卧。夜半，髑髏見夢曰：「子之談者似辯士。姚云：「張君房本『子』上有『向』字。」視子所言，皆生人之累也，死則无此矣。子欲聞死之説乎？」莊子曰：「然。」髑髏曰：「死，无君於上，无臣於下，亦无四時之事，從然以天地爲春秋，釋文：「從，李、徐子用反，縱逸也。」雖南面王樂，不能過也。」莊子不信，曰：「吾使司命復生子形，爲子骨肉肌膚，反子父母妻子、閭里、知識，謂朋友。子欲之乎？」髑髏深矉蹙頞曰：矉同顰，皆愁貌。釋文：「頞，於葛反。」「吾安能棄南面王樂而復爲人間之勞乎？」

顔淵東之齊，孔子有憂色。子貢下席而問曰：「小子敢問：回東之齊，夫子有憂色，何邪？」孔子曰：「善哉汝問！昔者管子有言，丘甚善之，曰：『褚小者不可以懷大，綆短者不可以汲深。』成云：「此言出管子書。」郭慶藩云：「玉篇：『褚，裝衣也。』字或作衿。衆經音義引通俗文曰：『裝衣曰衿。』説文繫傳：『褚，衣之橐也。』集韻：『囊也。』左成三年傳：『鄭賈人有將寘於褚中以出。』蓋褚可以裝物，亦可以裝人。」夫若是者，以爲命有所成而形有所適也，夫不可損益。吾恐回與齊侯言堯、舜、黄帝之道，而重以燧人、神農之言。彼將内求於己而不得，不得則惑，人惑則死。成云：「不得解則心生疑惑，於是忿其勝己，必殺顔子。」且女獨不聞邪？昔者海鳥止於魯郊，魯侯御而觴之於廟，司馬云：

「國語『爰居止魯東門之外三日，臧文仲使國人祭之』，不云魯侯也。爰居，一名雜縣，舉頭高八尺。爾雅樊光注：『形似鳳皇。』」案：御，迎也。奏九韶以爲樂，具太牢以爲膳。鳥乃眩視憂悲，不敢食一臠，不敢飲一杯，三日而死。此以己養養鳥也，非以鳥養養鳥也。夫以鳥養養鳥者，宜栖之深林，遊之壇陸，釋文：「壇，司馬本作澶音但，云：『水沙澶也。』」成云：「壇陸，湖渚也。」浮之江湖，食之鰌、鰷，成云：「鰌，泥鰌。鰷，白魚子。」隨行列而止，委蛇而處。委蛇，自得。「昔者海鳥」至此，達生篇亦引之。彼唯人言之惡聞，奚以夫譊譊爲乎！成云：「譊，喧聒也。」咸池、九韶之樂，張之洞庭之野，鳥聞之而飛，獸聞之而走，魚聞之而下入，人卒聞之，相與還而觀之。卒、猝同。還，繞。唯人好觀樂。魚處水而生，人處水而死，故必相與異，句。其好惡故異也。故，猶本。故先聖不一其能，不同其事。成云：「聖人因循物性，使人如器，不一其能，各稱其情，不同其事。」名止於實，成云：「因實立名，名以召實，故名止於實，不用實外求名。」義設於適，成云：「隨宜施設，適性而已。」是之謂條達而福持。」如是之道，可謂條理通達而福德扶持者。

列子行食於道，天瑞篇「行」作「適衛」。從見百歲髑髏，天瑞篇「從」下有「者」字。攓蓬而指之曰：成云：「攓，拔也。」天瑞篇作「攓蓬而指顧謂弟子百豐曰」。「唯予與汝知而未嘗死，未嘗生也。而，汝也。天瑞篇「汝」作「彼」，「死」「生」倒換。若果養乎？予果歡乎？」

俞云：「詩二子乘舟『中心養養』，傳訓養爲憂。與下句歡對文。」釋文：「元嘉本『若果』作『汝過』，『予過』作『子過』。」案：天瑞篇作「此過養乎，此過歡乎」，與元嘉本兩「過」字合，而文義亦未愜，疑有誤。

種有幾？成云：「陰陽造物，轉變無窮，論其種類，不可勝計。」**得水則爲㡭，**釋文：「此古絶字，徐音絶，今讀音繼。司馬本作繼。本或作斷，又作『續斷』。」盧文弨云：「古絶字當作𢇍，此㡭乃繼字。」成云：「潤氣生物，從無生有，故更相繼續也。」案：釋草「蕢，牛脣」，郭注引毛詩傳曰：「水舃也，如續斷，寸寸有節，拔之可復。」説文：「蕢，水舃也。」郝懿行云：「今驗馬舃生水中者，華如車前而大，拔之節節復生。」據此，卽莊子所謂㡭也。拔之寸節復生，故以㡭爲名。其或作「斷」，又作「續斷」者，「㡭」或誤「斷」，後人又妄加「續」字耳。蕢如續斷，與生山谷之續斷，判然二物。節節復生，無根著土，故名水舃，與本文「得水爲㡭」合。天瑞篇上有「若鼃爲鶉」句，未得其解。**得水土之際則爲鼃蠙之衣，**司馬云：「言物根在水土際，布在水中，就水上（列注誤「土」。）視不見，按（列注作「鈔」。）之可得，如張綿（列注誤「縣」。）在水中，楚人謂之鼃蠙之衣。」成云：「青苔也，在水中若張綿，俗謂之蝦蟆衣也。」案：此言水與土相際而生，非謂水上之物。釋草：「芣苢，馬舃。馬舃，車前。」郭注：「今車前草，大葉長穗，好生道傍，江東呼爲蝦蟆衣。」則蝦蟆衣非青苔，亦非如司馬所云也。釋草又云「蕍，蕮」，郭注：「今澤蕮。」案：卽澤瀉也。本草云：「一名水瀉。」（卽木舃。）陶注：「葉狹而長，叢生淺水中。」蘇頌圖經：「葉似牛舌草，獨葉而長，秋開白花作叢，似穀精草，秋末采根暴乾。」案：此得水土之交，故有根可采也。文選注引韓詩章句曰：「芣苢，澤瀉也。」陸璣疏云：「馬舄，幽州謂之牛舌草。」蓋葉既相似，而水舄、澤舄、芣苢之名稱又復互混，故蝦蟆衣之名亦遂移於道邊之陵舄，而習焉不察也。**生於陵屯則爲陵舄**，司馬云：「言物因水成而陸產，生於陵屯，化作車前，改名陵舄也。一名澤舄，隨燥溼變也。」（此語亦名稱互混之證。）案列子張湛注：「陵屯，高潔處也。」蓋總謂無水之處。詩芣苢釋文引陸璣云：「牛舌，又名當道。」韓詩說云：「直曰車前，瞿曰芣苢。」乃就直道而生，及生道兩旁析言之。直道即當道，皆與此生於陵屯合。**陵舄得鬱棲則爲烏足**，司馬云：「鬱棲，蟲名。烏足，草名，生水邊也。言鬱棲在陵舄之中，則化爲烏足也。」李云：「鬱棲，糞壤也。言陵舄在糞則化爲烏足也。」案：鬱棲是糞壤，非蟲名，詳見下。**烏足之根爲蠐螬**，司馬本作「螬蠐」，云：「蝎也。」案：蠐螬、螬蠐二物。釋蟲「蟦蠐螬」，郭注：「在糞土中。」又云「蝤蠐，蝎」，郭注：「在木中。今雖通名爲蝎，所在異。」詩「領如蝤蠐」，蔡邕青衣賦作「領如螬蠐」，明「蝤」「螬」同字。說文：「蝤，蝤蠐也。」「蝎，蝤蠐也。」又云：「蠐，蠐蠹也。」「蠹，蠐蠹也。」据此，知司馬本誤混爲一。惟說文無「蟦」字，「蟦」疑「糞」之音轉字。烏足係陵舄在糞壤所化，其根在糞土中，而出爲蠐螬，益明矣。本草：「蟦蠐生河內平澤，及人家積糞草中，反行者良。」陶注：「蠐亦作蠀。」方言：「蠀螬謂之蟦。」蠐、蠀雙聲。**其葉爲胡蝶。**大者如足大指，以背行，乃駃於脚，從夏入秋，化爲蟬。論衡無形篇「蠐螬化爲復育，復育化而爲蟬」，是也。**胡蝶，胥也化而爲蟲**，釋文：「胡蝶，一名胥。」俞云：「『胥也』當連下

『化而爲蟲』讀之，與下『鴝掇千日爲鳥』兩文相對。千日爲鳥，言其久也，胥也化而爲蟲，言其速也。天瑞篇釋文：『胥，少也，謂少時也。』得之。」**生於竈下，其狀若脱，**脱同蜕。**其名爲鴝掇。**天瑞篇「鴝」作「鴝」，同。**鴝掇千日**張注：「千日而死。」**爲鳥，其名曰乾餘骨。**天瑞篇「爲」上有「化而」二字。**乾餘骨之沫爲斯彌，**李云：「沫，口中汁。」**斯彌爲食醯。頤輅**成云：「酢甕中蠛蠓，亦爲醯雞也。」**生乎食醯，黄軦**天瑞篇「生」上再有「食醯頤輅」四字。**生乎九猷，**天瑞篇「生」上再有「食醯黄軦」四字。**瞀芮生乎腐蠸。**成云：「腐蠸，螢火蟲，亦言是粉鼠蟲。」釋文：「音權，郭音歡。爾雅云：『一名守瓜。』一云：粉鼠也。」案：天瑞篇此上有「九猷生乎瞀芮」句，張注：「蠸音權，謂瓜中黄甲蟲也。」**羊奚比乎不箰，久竹生青寧，**釋文「羊奚比乎不箰」句，「久竹生青寧」句。司馬云：「羊奚，草名，根似蕪菁，與久竹比合而爲物，皆生於非類也。青寧，蟲名。」是司馬以「久竹」屬上讀。張湛讀與陸同，「羊奚」句注：「此異類而相親比。」「久竹」句注：「因於林藪而生。」並無確解，未知孰是。又天瑞篇此上有「羊肝化爲地皋」至「醯雞生乎酒」二十二句，莊子删之。**青寧生程，**成云：「赤蟲名。」**程生馬，馬生人，人又反入於機。**俞云：「又當作久，字之誤也。久，老也。天瑞篇作『人久入於機』。」**萬物皆出於機，皆入於機。**

外篇

達生第十九

達生之情者，情，實也。不務生之所无以爲；宣云：「爲無益之養者，生之所無以爲也。」達命之情者，不務知之所无奈何。宣云：「數之不可强者，知之所无奈何也。」養形必先之以物，成云：「謂資貨衣食。」物有餘而形不養者有之矣；宣云：「究竟物不足以養形。」有生必先无離形，形不離而生亡者有之矣。宣云：「究竟形不足以存生。」生之來不能卻，其去不能止。悲夫！世之人以爲養形足以存生，而養形果不足以存生，則世奚足爲哉！雖不足爲而不可不爲者，其爲不免矣。成云：「分外之事不足爲，分内之事不可不爲。」夫欲免爲形者，莫如棄世。棄世則无累，无累則正平，宣云：「遊於坦途。」正平則與彼更生，宣云：「與彼造化同其循環推移。」更生則幾矣。宣云：「近道。」事奚足棄而生奚足遺？成云：「人世虚無，何足捐棄？生涯空幻，何足遺忘？」棄事則形不勞，遺生則精不虧。夫形全精復，與天爲一。宣云：「合造化之自然。」天地者，萬物之父母也，合則成體，散則成始。宣云：「散於此者，爲成於彼之始。」形精不虧，是謂能移；移造化之權。精而又精，反以相天。宣云：「養精之至，化育賴其參贊。」

子列子問關尹曰：李云：「關尹，關令尹喜也。」成云：「姓尹，名喜，字公度，爲函谷關令，故曰關令尹真人，是老子弟子，懷道抱德，故列子詢之。」「至人潛行不窒，成云：「潛伏行世，不爲物境障礙。」案：列子黃帝篇作「不空」。蹈火不熱，行乎萬物之上而不慄。成云：「冥於寒暑，故火不能災；一於高卑，故心不恐懼。」請問何以至於此？」關尹曰：「是純氣之守也，非知巧果敢之列。成云：「是保守純和之氣，非心智巧詐、勇決果敢而得之。」居！吾語女。凡有貌象聲色者，皆物也，物與物何以相遠？郭云：「唯無心者獨遠。」夫奚足以至乎先？是色而已。郭云：「同是形色之物耳，未足以相先也。」姚云：「江南本『色』上有『形』字。」則物之造乎不形，而止乎无所化，列子張湛注：「有既無始，則所造者無形矣；形既無終，則所止者無化矣。」夫得是而窮之者，宣云：「言究心於此。」物焉得而止焉！成云：「非物所制。」案：黃帝篇無「物」字，「而止」誤爲「正曰」。彼將處乎不淫之度，郭云：「止於所受之分。」案：黃帝篇「淫」誤「深」。而藏乎无端之紀，郭云：「冥然與變化日新。」遊乎萬物之所終始，郭云：「終始者，物之極。」壹其性，郭云：「飾則二矣。」養其氣，郭云：「不以心使之。」合其德，郭云：「不以物離性。」案：黃帝篇「合」作「含」。以通乎物之所造。成云：「物之所造，自然也。既一性合德，與物相應，故能達至道之原，通自然之本。」夫若是者，其天守全，其神无郤，同隙。物奚自入焉！外患不能入也。夫醉者之墜車，雖疾不死。骨節與人同，而犯害與人異，其神全也，乘亦不知也，墜亦不知也，死生驚懼不入乎其胷中，是故遻物而不慴。釋文：「音悟。爾雅云：『遻，忤也。』郭注云：『謂干觸。』慴，懼也。」盧云：「今本作遌。」彼得全於酒而猶若是，而況得全於天乎！　聖人藏於天，故莫之能傷也。」引列子畢。　復讎者不折鏌、干，鏌邪、干將。　雖有忮心者不怨飄瓦，是以天下平均。故无攻戰之亂，无殺戮之刑者，由此道也。　不開人之天，而開天之天，郭云：「不慮而知，開天也；知而後感，開人也。　然則開天者，性之動；開人者，知之用。」開天者德生，郭云：「性動者，遇物而當，足則忘餘，斯德生也。」開人者賊生。　郭云：「知用者，從感而求，勌而不已，斯賊生也。」不厭其天，不忽於人，常守天德，不厭天也；智能燭物，不忽人也。　民幾乎以其真。　幾，近也。　成云：「率土盡真，蒼生無僞。」

仲尼適楚，出於林中，見痀僂者承蜩，猶掇之也。　成云：「痀僂，老人曲腰之貌。承蜩，以竿取蟬。　掇，拾也。」郭慶藩云：「承讀爲拯，謂引取之也。　說文作抍。　列子黃帝篇：『使弟子並流而承之。』釋文：『承音拯。』」案：黃帝篇「僂」作「慺」，借字。　仲尼曰：「子巧乎？有道邪？」曰：「我有道也。　五六月累丸，司馬云：「五六月，黏蟬時也。」累丸，謂累之於竿頭。」案：黃帝篇「累丸」作「纍垸」。　二而不墜，則失者錙銖；蓋所失二三。　累三而不墜，則失者十一；累五而不墜，猶掇之也。　吾處身也若厥株拘，釋文：「厥，本或作橛。」案：斷木爲杙也。株，木根也。言身若橛株之拘。黃帝篇作「橛株駒」，借字。吾執臂也若槁木之枝，郭云：「不動之至。」雖天地之大，萬物之多，而唯蜩翼之知。吾不反不側，不以萬物易蜩之翼，何爲而不得！」孔子顧謂弟子曰：「用志不分，乃凝於神，黃帝篇「凝」作「疑」，是也。下文「津人操舟若神」，「見者驚猶鬼神」，及「器之所以疑神」，並與此「疑於神」同意。其痀僂丈人之謂乎！」

顏淵問仲尼曰：「吾嘗濟乎觴深之淵，成云：「淵名，在宋國。」津人操舟若神。吾問焉，曰：『操舟可學邪？』曰：『可。善游者數能。善浮水者，數習則能。黃帝篇上有「能游者可教也」句。若乃夫没人，則未嘗見舟而便操之也。』没人，能没水者。雖向未見舟，入舟便能操之。黃帝篇「便」作「謖」，注：「謖，起也。」吾問焉而不吾告，敢問何謂也？」仲尼曰：「善游者數能，忘水也。黃帝篇「善」上有「能游者可教也，輕水也」二句。若乃夫没人之未嘗見舟而便操之也，彼視淵若陵，無覆溺之懼。視舟之覆猶其車卻也。郭云：「視舟之覆於淵，猶車之卻退於坂也。」覆卻萬方陳乎前而不得入其舍，黃帝篇「萬」下有「物」字，是也。「覆卻萬物」句，「方陳乎前而不得入其舍」句。俞云：「方，竝也。方之本義爲兩舟相竝，故方有竝義。方陳乎前，謂萬物竝陳乎前也。」張注：「神明之居，故謂之舍。」惡往而不暇！宣云：「神定則隨在暇豫。」以瓦注者巧，李云：「注，擊也。」成云：「用瓦器賤物而戲賭射者，既心無矜惜，故巧而中。」案：黄帝篇「注」作「摳」，張注：「摳，探也。以手藏物，探而取之。」以鉤注者憚，成云：「以鉤帶賭者，其物稍貴，恐不中，故心怖懼而不著。」案張注：「鉤，銀銅爲之。」以黄金注者殙。釋文：「一作殙。說文：『殙，瞀也。』元嘉本作昬。」案：黄帝篇作「惛」。郭云：「所要愈重，則其心愈矜。」其巧一也，而有所矜，則重外也。凡外重者内拙。」

田開之見周威公。釋文：「崔本作『周威公竈』。」俞云：「史記西周桓公之子威公，名不傳，崔本可補史闕。」威公曰：「吾聞祝腎學生。司馬云：「學養生之道。」吾子與祝腎游，亦何聞焉？」田開之曰：「開之操拔篲以侍門庭，成云：「拔篲，掃帚也。」亦何聞於夫子！」威公曰：「田子无讓！寡人願聞之。」開之曰：「聞之夫子曰：『善養生者，若牧羊然，視其後者而鞭之。』」郭嵩燾云：「鞭其後，則前者于于然行矣。」案：意謂謹持其終。威公曰：「何謂也？」田開之曰：「魯有單豹者，巖居而水飲，不與民共利，行年七十而猶有嬰兒之色，不幸遇餓虎，餓虎殺而食之。蘇輿云：「此言不戒畏塗。」有張毅者，高門、縣薄，宣云：「高門，大家。縣簾薄以蔽門，小家也。」无不走也，吕覽必己篇「張毅好恭，門閭、帷薄、聚居衆，無不趨」，高注：「過之必趨。」淮南人間訓：「張毅好恭，過宫室廊廟必趨，見門閭聚衆必下，厮徒馬圉皆與抗禮，然不終其壽，内熱而死。」俞云：「走是趣之壞字。莊子文不備，故學者莫得其解。」行年四十而有内熱之病以死。此言勞形無益。豹養其内而虎食其外，毅養其外而病攻其内，此二子者，皆不鞭其後者也。」

仲尼曰：「无入而藏，无出而陽，宣云：「恐其過静過動。」柴立其中央。宣云：「如槁木之無心，而立於動静之中。」三者若得，其名必極。宣云：「可稱至人。」夫畏塗者，十殺一人，則父子兄弟相戒也，必盛卒徒而後敢出焉，不亦知乎！人之所取畏者，蘇輿云：「取，即最字。」衽席之上，飲食之間，而不知爲之戒者，過也。」郭云：「十殺一耳，便大畏之。至於色欲之害，動皆之死地，而莫不冒之，斯過之甚也。」

祝宗人玄端以臨牢筴，説彘曰：成云：「祝，祝史。玄端，衣冠。筴，圈也。未祭之閒，臨圈説彘，其文在下也。」「汝奚惡死？吾將三月豢汝，十日戒，三日齊，藉白茅，加汝肩尻乎彫俎之上，則汝爲之乎？」釋文：「豢音患，司馬云：『養也。』」爲彘謀曰：「不如食以糠糟，而錯之牢筴之中。」錯，置也。又爲彘設想如此。自爲謀，則苟生有軒冕之尊，死得於腞、楯之上，司馬云：「腞，猶篆也。楯，猶案也。」王念孫云：「腞，讀爲輇，謂載柩車也。雜記『載以輲車』，鄭注：『輲讀爲輇。』釋文：『輇，市專反，又市轉反。』士喪禮注：『載柩車。』周禮謂之蜃車，雜記謂之團。或作輇，或作槫，聲讀皆相附。此作腞聲，義亦同也。楯讀爲輴，亦載柩車也。輴、楯古通。雜記注『載柩以楯』，是其證也。」聚僂之中，釋文：「一説僂當作蔞，力久反。謂殯於菆塗蔞翣之中。」王念孫云：「聚僂，柩車飾也。衆飾所聚，故曰聚；其形中高而四下，故言僂也。釋名：「輿棺之車，其蓋曰柳。柳，聚也，衆飾所聚，亦其形僂也。」檀弓『設蔞翣』，荀子禮論作『縷翣』，呂覽節喪篇作『僂翣』。柳、簍、僂、縷，並字異而義同。」則爲之。不顧後患也。爲彘謀則去之，自爲謀則取之，所異彘者何也？

桓公田於澤，管仲御，見鬼焉。公撫管仲之手曰：「仲父何見？」對曰：「臣无所見。」公反，誒詒爲病，數日不出。釋文：「誒，於代反，郭音熙。詒，土代反，郭音怡。李音臺，云：『誒詒，失魂魄也。』」齊士有皇子告敖者曰：「公則自傷，鬼惡能傷公！司馬云：「皇姓，告敖字。」夫忿滀之氣，散而不反，則爲不足；李云：「忿，滿也。滀，結聚也。精神有逆，則陰陽結於内，魂魄散於外，故曰不足。」上而不下，則使人善怒；下而不上，則使人善忘；李云：「陽散陰凝，故怒；陰發陽伏，故忘也。」不上不下，中身當心，則爲病。」李云：「上下不和，則陰陽争而攻心，心，精神主，故病也。」桓公曰：「然則有鬼乎？」曰：「有。沈有履，竈有髻。釋文：「司馬本作『沈有漏』，云：『沈，水汙泥也。漏，神名。髻，竈神，著赤衣，狀如美女。』」户内之煩壤，雷霆處之；成云：「門户内糞壤之中，其間有鬼，名曰雷霆。」東北方之下者，倍阿、鮭蠪躍之；釋文：「蠪音龍。司馬云：『倍阿，神名。鮭蠪，狀如小兒，長一尺四寸，黑衣、赤幘、大冠，帶劍持戟。』」西北方之下者，則泆陽處之。司馬云：「泆陽，豹頭馬尾。一作狗頭，一云神名也。」水有罔象，司馬本作「無傷」，云：「狀如小兒，赤黑色，赤爪、大耳、長臂。一云水神名。」丘有崒，釋文：「本又作萃。司馬云：『狀如狗，有角，文身五采。』」山有夔，成云：「如鼓，一足。」野有彷徨，釋文：「本亦作『方皇』，司馬云：『方皇，狀如蛇，兩頭，五采文。』」澤有委蛇。」公曰：「請問委蛇之狀何如？」皇子曰：「委蛇，其大如轂，其長如轅，紫衣而朱冠。其爲物也惡，聞雷車之聲，則捧其首而立。見之者殆乎霸。」桓公囅然而笑曰：「此寡人之所見者也。」釋文：「『朱冠』，司馬本作『俞冠』，云：『俞國之冠也，其制似螺。』」於是正衣冠與之坐，不終日而不知病之去也。郭云：「此言憂來而累生者，不明也；患去而性得者，達理也。」

紀渻子爲王養鬭雞。釋文：「紀渻，人姓名。一本作消。」列子黃帝篇作「周宣王」。十日而問：「雞已乎？」黃帝篇「雞」下有「可鬭」二字，此奪。曰：「未也。方虛憍而恃氣。」張注：「無實而自矜者。」十日又問。曰：「未也。猶應嚮景。」李云：「應嚮鳴，顧景行。」十日又問。曰：「未也。猶疾視而盛氣。」張注：「常求敵而必己之勝。」十日又問。曰：「幾矣。雞雖有鳴者，已无變矣，張注：「彼命敵而我不應，忘勝負矣。」望之似木雞矣，其德全矣，宣云：「精神凝寂。」異雞无敢應者，反走矣。」郭云：「養之以至於全者猶無敵，況自全乎！」案：黃帝篇「矣」作「耳」。

孔子觀於呂梁，司馬云：「河水有石絶處也。今西河離石縣西有此縣絶，世謂之黃梁。淮南子曰『古者龍門未鑿，河出孟門之上』也。」成云：「或言蒲州二百里有龍門，河水所經，瀑布而下，亦名呂梁。或言宋國彭城縣之呂梁。」**縣水三十**〔一〕**仞，流沫四十里，黿鼉魚鼈之所不能游也。見一丈夫游之，以爲有苦而欲死也，**有憂患而自沈。**使弟子並流而拯之。**竝，傍同。黄帝篇作「承」，古通用字。**數百步而出，被髮行歌而游於塘下。**黄帝篇作「棠行」。**孔子從而問焉，曰：「吾以子爲鬼，察子則人也。請問蹈水有道乎？」曰：「亡，**音無。**吾无道。吾始乎故，長乎性，成乎命。與齊俱入，**司馬云：「齊，回水如磨齊也。」郭慶藩云：「齊，物之中央。漢書郊祀志『齊所以爲齊，以天齊也』，蘇林注：『當天中央齊也。』」王念孫云：「人臍居腹之中，故謂之臍。臍者，齊也。」宣云：「水漩入處似臍。」案：黄帝篇作「齎」，誤。**與汩偕出，**司馬云：「汩，涌波。」**從水之道而不爲私焉。**郭云：「任水而不任己。」**此吾所以蹈之也。」孔子曰：「何謂始乎故，長乎性，成乎命？」曰：「吾生於陵而安於陵，故也；長於水而安於水，性也；不知吾所以然而然，命也。」**郭云：「言人有偏能，得其所能而任之，則天下無難矣。用夫無難，以涉夫生生之道，何往而不通也！」

梓慶削木爲鐻，李云：「魯大匠。梓，官名；慶名。」俞云：「左襄四年傳『匠慶』，即此人。」

〔一〕「十」原作「千」，據集釋本及釋文改。

司馬云：「鐻，樂器也，似夾鍾。」釋文：「音據。」鐻成，見者驚猶鬼神。魯侯見而問焉，曰：「子何術以爲焉？」對曰：「臣工人，何術之有！雖然，有一焉。臣將爲鐻，未嘗敢以耗氣也，李云：「氣耗則心動，心動則神不專也。」必齊以靜心。齊三日，而不敢懷慶賞爵祿；宣云：「忘利。」齊五日，不敢懷非譽巧拙；宣云：「忘名。」齊七日，輒然忘吾有四枝形體也。釋文：「輒然，不動貌。」宣云：「忘我。」當是時也，无公朝，宣云：「忘勢。若非爲公家削之。」其巧專而外骨消；釋文：「骨，本亦作滑。」成云：「滑，亂也。」宣云：「外而滑心之事盡消。」然後入山林，觀天性；宣云：「察木之生質。」形軀至矣，木質極合。然後成見鐻，「見」，俗作「現」。如全鐻在目。然後加手焉；從而施工。不然則已。否則舍去。則以天合天，以吾之天，遇木之天。器之所以疑神者，其是與？」此言順其性則工巧若神，乖其性則心勞自拙。

東野稷以御見莊公，荀子哀公篇作「東野畢」，莊公作「定公」。進退中繩，左右旋中規。如繩直，如規圓。莊公以爲文弗過也，司馬云：「謂過織組之文。」案：即詩云「執轡如組」也。使之鉤百而反。成云：「任馬旋回，如鉤之曲，百度反之，皆復其跡。」顏闔遇之，哀公篇作「顏淵」，則魯定公是也。入見曰：「稷之馬將敗。」公密而不應。宣云：「密，默也。」少焉，果敗而反。公曰：「子何以知之？」曰：「其馬力竭矣，而猶求焉，故曰敗。」過耗則敗，無物不然。

工倕旋而蓋規矩，宣云：「蓋，猶過也，謂掩過之。但以手運旋，而巧過於規矩，精之至也。」指與物化，而不以心稽，成云：「手隨物化，因物施巧，心不稽留也。」故其靈臺一而不桎。宣云：「靈臺，神舍也。神凝而無拘束之苦。」忘足，屨之適也；忘腰，帶之適也；知忘是非，心之適也；不內變，不外從，事會之適也。內不變志，外不從物，隨所會而皆適。始乎適而未嘗不適者，忘適之適也。本性適而無往不適者，是自適其適，不因物而後適，乃並其適而亦忘之也。

有孫休者，成云：「魯人。」踵門而詫子扁慶子曰：李云：「扁，姓；慶子，字。」「休居鄉不見謂不修，臨難不見謂不勇，然而田原不遇歲，事君不遇世，賓於鄉里，賓、擯同。逐於州部，則胡罪乎天哉？休惡遇此命也？」惡音烏。不解何以遇此命？扁子曰：「子獨不聞夫至人之自行邪？忘其肝膽，遺其耳目，墮身體，黜聰明。芒然彷徨乎塵垢之外，芒然，無知貌。塵垢，謂俗累。逍遥乎无事之業，是謂『爲而不恃，長而不宰』。宣云：「率性而不恃能，長物而不居功。」案：語出老子。今汝飾知以驚愚，修身以明汙，昭昭乎若揭日月而行也。炫己以表異於人。三語又見山木篇。汝得全而形軀，具而九竅，而、爾同。无中道夭於聾盲跛蹇而比於人數，亦幸矣，又何暇乎天之怨哉！子往矣！」孫子出。扁子入坐，有間，仰天而歎。弟子問曰：「先生何爲歎乎？」扁子曰：「向者休來，吾告之以至人之德，吾恐其驚而遂至於惑也。」弟子曰：「不然。孫子之所言是邪，先生之所言非邪，非固不能惑是。孫子所言非邪，先生所言是邪，彼固惑而來矣，又奚罪焉？」扁子曰：「不然。昔者有鳥止於魯郊，魯君説之，爲具太牢以饗之，奏九韶以樂之，鳥乃始憂悲眩視，不敢飲食。此之謂以己養養鳥也。若夫以鳥養養鳥者，宜棲之深林，浮之江湖，食之以委蛇，則平陸而已矣。釋文：「委蛇，李云：『大鳥吞蛇。』司馬云：『委蛇，泥鰌。』」俞云：「養鳥者未聞必食以蛇，泥鰌亦臆説。至樂篇：『夫以鳥養養鳥者，宜棲之深林，游之壇陸，浮之江湖，食之鰌、鯈，隨行列而止，委蛇而處。』然則此文亦當云『食之以鰌、鯈，委蛇而處』，傳寫有闕文耳。且云『委蛇而處』，方與下文『則平陸而已矣』文義相屬，若無『而處』二字，下句便不貫矣。」今休，款啟寡聞之民也，李云：「款，空。啟，開也。如空之開，所見小也。」吾告以至人之德，譬之若載鼷以車馬，樂鴳以鐘鼓也。彼又奚能无驚乎哉？」郭云：「此章言善養生者各任性分之適而至矣。」

外篇山木第二十

蘇輿云：「此亦莊徒所記，旨同於人間世，處濁世、避患害之術也。」

莊子行於山中，見大木，枝葉盛茂，伐木者止其旁而不取也。問其故。曰：「无所可用。」莊子曰：「此木以不材得終其天年。」夫子出於山，釋文：「夫子，謂莊子。」舍於故人之家。故人喜，命豎子殺雁而亨之。釋文：「亨，普彭反，煮也。」王念孫云：「呂覽必己篇作『令豎子爲殺雁饗之』。據此，亨當作享，卽饗也。古書享作饗，亨亦作享，故釋文誤讀爲亨，今本遂改享爲亨。因元文作享，故陸音普彭反，若作亨，則無須音注矣。」案：雁卽鵞。說文：「鵝，雁也。」豎子請曰：「其一能鳴，其一不能鳴，請奚殺？」主人曰：「殺不能鳴者。」明日，弟子問於莊子曰：「昨日山中之木，以不材得終其天年；今主人之雁，以不材死。先生將何處？」莊子笑曰：「周將處乎材與不材之間。材與不材之間，似之而非也，宣云：「處世亦可謂近似，然而非也。」故未免乎累。若夫乘道德而浮游則不然。心乎道德，則不必言材與不材矣。无譽无訾，成云：「訾，毁。」一龍一蛇，或龍見，或蛇蟄。與時俱化，而无肯專爲；成云：「何肯偏滯而專爲一物！」一上一下，以和爲量，俞云：「此本作『一下一上』，上與量爲韻；今作『一上一下』，失其韻矣。古書往往倒文協韻，後人不知而誤改者甚多。此與秋水篇『无東无西』同。」浮游乎萬物之祖；宣云：「未始有物之先。」物物而不物於物，視外物爲世之一物，而我不爲外物之所物。則胡可得而累邪！此黄帝、神農〔一〕之法則也。若夫萬物之情，人倫之傳，人類之相傳。則不然。合則離，成則毁，有合、成，即有離、毁。廉則挫，有廉隅則被挫傷。釋文亦作「剉」，即嶢嶢易缺之義。尊則議，俞云：「議讀爲俄。詩賓之初筵箋：『俄，傾貌。』謂崇高必傾側。古書俄字，或以議爲之，或以儀爲之，或以義爲之。管子法禁篇『法制不議，則民不相私』，議亦俄也，謂法制不傾衺也。」有爲則虧，賢則謀，成云：「賢以志高，爲人所謀。」不肖則欺，以上言世事如此。胡可得而必乎哉？不能免累。悲夫！弟子志之，其唯道德之鄉乎！」釋文：「鄉，如字，亦音許亮反。」

市南宜僚見魯侯，釋文：「左傳：『市南有熊宜僚，楚人也。』」俞云：「淮南主術訓高注：『宜遼，姓也，名熊。』疑名姓字互誤。」魯侯有憂色。市南子曰：「君有憂色，何也？」魯侯曰：「吾學先王之道，修先君之業，吾敬鬼尊賢，親而行之，无須臾離居，釋文：「崔本無離字。」俞云：「崔本是也。吕覽慎人篇『胼胝不居』，高注訓居爲止。無須臾居者，無須臾止也。」然不免於患，吾是以憂。」市南子曰：「君之除患之術淺矣。夫豐狐文豹，棲於山

〔一〕「黄帝、神農」，集釋本作「神農、黄帝」。

林，伏於巖穴，静也；夜行晝居，戒也；雖飢渴隱約，隱約，潛藏也。猶旦胥疏於江湖之上而求食焉，定也。司馬云：「胥，須也。」蘇輿云：「旦當作且。」案：狐豹求食，何必待旦？蘇説是也。成云：「旦，明也。」則字訛已久。宣云：「疏，遠也。」言獸雖潛藏，猶且須遠於江湖無人之地而求飲食，此其處所一定也。」然且不免於罔羅機辟之患，是何罪之有哉？其皮爲之災也。今魯國獨非君之皮邪？吾願君刳形去皮，洒心去欲，而遊於无人之野。南越有邑焉，名爲建德之國。其民愚而朴，少私而寡欲；知作而不知藏，與而不求其報；不知義之所適，不知禮之所將；猖狂妄行，成云：「猖狂，無心。妄行，混跡也。」乃蹈乎大方；其生可樂，其死可葬。郭云：「言可終始處之。」吾願君去國捐俗，與道相輔而行。」君曰：「彼其道遠而險，又有江山，我无舟車，奈何？」市南子曰：「君无形倨，司馬云：「無倨傲其形。」无留居，司馬云：「無留安其居。」以爲舟[一]車。」君曰：「彼其道幽遠而无人，吾誰與爲鄰？吾无糧，我无食，釋文：「我，一本作餓。」安得而至焉？」市南子曰：「少君之費，寡君之欲，雖无糧而乃足。郭云：「所謂知足則無所不足也。」君其涉於江而浮於海，望之而不見其崖，愈往而不知其所窮。宣云：「獨往深造如此。」送

[一]「舟」，集釋本作「君」。

君者皆自崖而反，宣云：「人不相及。」君自此遠矣。郭云：「超然獨立於萬物之上也。」故有人者累，郭云：「有之以爲己私也。」見有於人者憂。郭云：「爲人所役用也。」故堯非有人，宣云：「有天下而不與。」非見有於人也。宣云：「忘帝力於何有。」吾願去君之累，除君之憂，而獨與道遊於大莫之國。大莫，猶廣莫。方舟而濟於河，有虚船來觸舟，雖有惼心之人不怒；釋文：「惼，爾雅云：『急也。』」有一人在其上，則呼張歙之；其口開翕。一呼而不聞，再呼而不聞，於是三呼邪，則必以惡聲隨之。向也不怒而今也怒，向也虚而今也實。以此故也。人能虚己以遊世，其孰能害之！」

北宫奢爲衛靈公賦斂以爲鐘，奢，衛大夫。賦斂，蓋謂募施。爲壇乎國門之外，宣云：「爲壇而登，因鑄於其所。」三月而成上下之縣。司馬云：「八音備，爲縣，而聲高下。」宣云：「時不久，而斂之多。」王子慶忌見而問焉，曰：「子何術之設？」俞云：「慶忌，疑周之王子而仕衛者，與王孫賈同。」奢曰：「一之間，无敢設也。心在一鐘之間，非敢更設術也。奢聞之：『既彫既琢，復歸於朴。』言末俗彫琢之後，宜反於朴，惟誠可以動之。侗乎其无識，釋文：「侗，無知貌。」案：言它無所識，唯冀其成。儻乎其怠疑；儻乎無所向，如怠如疑，又懼其不誠。萃乎芒乎，其送往而迎來；萃，聚也。芒，不辨也。送往迎來，言其多。來者勿禁，往者勿止；聽人自願。從其彊梁，從，讀曰縱。不願者聽之。隨其曲傅，釋文：「傅音附。司馬云：『曲附己者隨之。』本或作傳，張戀反。」因其自窮。黽勉自盡者因之。郭嵩燾云：「如左昭傳『賦晉國一鼓鐵以鑄刑鼎』。名爲賦斂，而聽民之自致，故曰因其自窮。」故朝夕賦斂而毫毛不挫，如未挫人毫毛者。而況有大塗者乎！」況處天下大通之塗者乎！謂道也。

孔子圍於陳、蔡之間，七日不火食。大公任往弔之，李云：「大公，大夫稱，任其名。」俞云：「廣韻一東公字注：『世本有太公穎叔。』然則大公乃複姓，非大夫稱。」曰：「子幾死乎？」曰：「然。」「子惡死乎？」曰：「然。」任曰：「予嘗言不死之道。宣云：「嘗，試也。」言不至犯患而死之道。」東海有鳥焉，其名曰意怠。其爲鳥也，翂翂翐翐，釋文：「翂音紛。翐音秩。」司馬云：『舒遲貌。』一云：飛不高貌。』」而似无能；引援而飛，迫脅而棲；李云：「不敢獨棲，迫脅在衆鳥中，纔足容身而宿，避害之至也。」進不敢爲前，退不敢爲後；食不敢先嘗，必取其緒。王念孫云：「緒，餘也。讓王篇『其緒餘以爲國家』，司馬注：『緒，殘也，謂殘餘也。』」是故其行列不斥，蘇輿云：「言爲衆鳥所容。」而外人卒不得害，是以免於患。直木先伐，甘井先竭。郭云：「才之患也。」子其意者飾知以驚愚，修身以明汙，昭昭乎若揭日月而行，三語已見達生篇。故不免也。昔吾聞之大成之人曰：成云：「大成之人，即老子也。」『自伐者无功，伐，夸也。功成者墮，名成者虧。』郭云：「恃功名以爲已成者，未之嘗全。」孰能去功與名而還與衆人！宣云：「反同於衆。」道流而不明居，道流衍於天下，而不顯然居之。得行而不名處；得，猶德也。德行而不以自名自處。純純常常，宣云：「純一其心，平常其行。」乃比於狂；成云：「既不矜飾，更類於狂人。」削迹捐勢，不爲功名。是故无責於人，人亦无責焉。至人不聞，語見秋水篇，「至」作「道」。子何喜哉？」何大自喜？孔子曰：「善哉！」辭其交遊，去其弟子，逃於大澤；衣裘褐，食杼栗；不取美服珍味。入獸不亂羣，入鳥不亂行。鳥獸不惡，而況人乎！

孔子問子桑雽曰：釋文：「雽音户。又作雩，音于。」俞云：「疑卽大宗師之子桑户。」「吾再逐於魯，伐樹於宋，削迹於衛，窮於商、周，圍於陳、蔡之間。吾犯此數患，親交益疏，徒友益散，何與？」子桑雽曰：「子獨不聞假人之亡與？李云：「假，國名。」林回棄千金之璧，負赤子而趨。林回，人姓名，卽假人之亡者。國亡民散，負子而逃。或曰：『爲其布與？赤子之布寡矣。布，謂財貨。爲其累與？赤子之累多矣。棄千金之璧，負赤子而趨，何也？』林回曰：『彼以利合，彼，謂璧。此以天屬也。』夫以利合者，迫窮禍患害相棄也；以天屬者，迫窮禍患害相收也。夫相收之與相棄亦遠矣。且君子之交淡若水，小人之交甘若醴；君子淡以親，小人甘以絶。彼无故以合者，則无故以離。」宣云：「言非天屬。」孔子曰：「敬聞命矣。」徐行翔佯而歸，絶學捐書，弟子无挹於前，宣云：「無可挹取於前。」其愛益加進。真意相感。異日，桑雽又曰：「舜之將死，真泠禹曰：釋文：「真，司馬本作直。云：『泠，曉也。』泠或爲命。」王引之云：「直當爲卤。卤，籀文乃字，形似直，故訛作直，又訛作真。『真泠禹』，當爲『乃命禹』也。」『汝戒之哉！形莫若緣，情莫若率。成云：「緣，順也。形必順物，情必率中。」緣則不離，率則不勞；宣云：「不離於物，則不勞於安排。」不離不勞，則不求文以待形；宣云：「天然真率，何求於禮文以待形！」不求文以待形，固不待物。』」宣云：「又何求於外物！」

莊子衣大布而補之，正緳係履而過魏王。司馬云：「緳，帶也。王，惠王。」郭嵩燾云：「帶之名緳，别無證据；正帶係履，不得爲憊。說文：『絜，麻一耑也。』與緳通。言整齊麻之一耑，以束其履而係之。履無絇，係之以麻，故曰憊。」魏王曰：「何先生之憊邪？」莊子曰：「貧也，非憊也。士有道德不能行，憊也；衣弊履穿，貧也，非憊也；此所謂非遭時也。宣云：「非，猶不。」王獨不見夫騰猿乎？其得柟梓豫章也，攬蔓其枝，成云：「攬蔓，猶把捉。」而王長其間，王長，猶言自大。雖羿、蓬蒙不能眄睨也。李云：「眄，或作睥。」案：言不能害之。及其得柘棘枳枸之間也，成云：「並有刺之惡木。」危行側視，振動悼慄，此筋骨非有加急而不柔也，處勢不便，未足以逞其能也。今處昏上亂相之間，而欲无憊，奚可得邪？此比干之見剖心，徵也夫！」處亂世不安於憊，必遭戮辱，比干之見剖心，其明徵也。

孔子窮於陳、蔡之間，七日不火食，左據槁木，右擊槁枝，而歌猋氏之風，猋氏，即猋氏，已見天運篇。有其具而无其數，宣云：「有枝擊木，而無節奏。」有其聲而无宮角，宣云：「有歌聲而無音律。」木聲與人聲，犁然有當於人心。宣云：「犁然，猶釋然，如犁田者其土釋然也。」顔回端拱還目而窺之。還目，回目。仲尼恐其廣己而造大也，愛己而造哀也，造，至也。自廣而至於自大，自愛而至於自傷，皆非所以處窮。曰：「回，无受天損易，郭云：「唯安之故易。」无受人益難。成云：「儻來而寄，推之即難。」无始而非卒也，郭云：「於今爲始者，於昨爲卒，則所謂始者即是卒矣。言變化之無窮。」人與天一也。郭云：「皆自然。」夫今之歌者其誰乎？」郭云：「任其自爾，歌者非我也。」回曰：「敢問无受天損易。」仲尼曰：「飢溺寒暑，窮桎不行，天地之行也，運物之泄也，飢渴也，寒暑也，窮困桎梏而不行也，皆天地之行，而運動萬物之所發見也。司馬云：「泄，發也。」言與之偕逝之謂也。宣云：「惟順化，與之偕往而已矣。」爲人臣者，不敢去之。宣云：「臣受君命，理不敢逃。」執臣之道猶若是，而況乎所以待天乎！」順受以待天，則損不能損矣，故曰易。「何謂无受人益難？」仲尼曰：「始用四達，宣云：「始用，初進也。初進之時，即四達而無不利。」爵禄並至而不窮，宣云：「人益如此。」物之所利，乃非己也，宣云：「此物之利，於己性分無與。」吾命有在外者也。宣云：「此吾氣數之命偶有通於外者也。」君子不爲盗，賢人不爲竊。吾若取之，何哉？宣云：「虚叨爵禄，無異盗竊。此君子賢人所不爲，吾獨取之，何哉？」故曰：鳥莫知於鷾鴯，釋文：「知音智。或曰：鷾鴯，燕也。」目之所不宜處，不給視，見不宜處者，不給於視，卽已棄去，不待回翔也。雖落其實，棄之而走。銜實落地，亦不收取。其畏人也，而襲諸人間，成云：「襲，入也。」案：其畏人也如此，而入居於人室。社稷存焉爾。」徒以所託在此，無異國之有社稷，人不能離爾。君子居人國，亦當知社稷存焉，盡心所事。至爵禄之益，我性不加，當思危邦不入，亂邦不居，而知之者鮮，故曰難。「何謂无始而非卒？」仲尼曰：「化其萬物而不知其禪之者，天化生萬物，日新不窮，而不知誰爲禪代之者。焉知其所終？焉知其所始？故無始非卒。正而待之而已耳。」守正而俟之而已。「何謂天與人一邪？」仲尼曰：「有人，天也；有天，亦天也。宣云：「人與天，皆天爲之。天卽理也。」人之不能有天，性也，宣云：「人或不能全有其天，以性分有所加損故也。」聖人晏然體逝而終矣。」宣云：「天者日逝而不停，聖人安然體其日逝者而終其身，又惡有以己與天抗者邪！此所以人與天一也。」

莊周遊乎雕陵之樊，司馬云：「雕陵，陵名。樊，藩也。」覩一異鵲自南方來者，翼廣七尺，目大運寸，王念孫云：「運與廣對文，廣爲横，則運爲從。目大運寸，猶言目大徑寸耳。越語『廣運百里』，韋注：『東西爲廣，南北爲運。』是運爲從也。」感周之顙而集於栗林。成云：

「感，觸也。」莊周曰：「此何鳥哉？翼殷不逝，翼大而不飛去。目大不覩。」感人顙。蹇裳躩步，執彈而留之。司馬云：「躩，疾行。留，伺便也。」覩一蟬方得美蔭而忘其身；螳蜋執翳而搏之，據葉自翳，若執之然。見得而忘其形；忘形之爲鵲所見。異鵲從而利之，見利而忘其真。宣云：「失其真性，故不逝不覩。」莊周怵然曰：「噫！物固相累，郭云：「相爲利者，恒相爲累。」二類相召也。」宣云：「蟬召螳蜋，螳蜋召鵲，皆自招害。」捐彈而反走，虞人逐而誶之。成云：「虞人，掌栗園者。疑其盜栗，故逐而誶問之。」莊周反入，三月不庭。釋文：「『三月』，一本作『三日』。司馬云：『不出坐庭中三月。』」王念孫云：「下文言『頃間』，則『三日』是也。如司馬說，庭上須加出字，而義始明。下文『甚不庭』，若解爲甚不出庭，尤不成語。庭當讀爲逞。不逞，不快也；甚不逞，甚不快也。逞字古讀若呈，聲與庭相近，故通作庭。」藺且從而問之：司馬云：「莊子弟子。」「夫子何爲頃間甚不庭乎？」莊周曰：「吾守形而忘身，守物形而忘己身。觀於濁水而迷於清淵。知物類之逐利，而不悟己之當避嫌。且吾聞諸夫子曰：『入其俗，從其俗。』成云：「夫子，謂老聃。言俗有禁令，從而行之。」今吾遊於雕陵而忘吾身，與蟬類。異鵲感吾顙，遊於栗林而忘真，與鵲類。栗林虞人以吾爲戮，戮，辱也。吾所以不庭也。」

陽子之宋，司馬云：「陽子，楊朱。」案：据寓言篇引列子。宿於逆旅。逆旅有妾二人，其一人美，其一人惡，惡者貴而美者賤。陽子問其故，逆旅小子對曰：「其美者自美，自美而驕亢。吾不知其美也；其惡者自惡，自惡而卑下。吾不知其惡也。」陽子曰：「弟子記之！行賢而去自賢之行，二行去聲。安往而不愛哉？」

外篇　田子方第二十一

田子方侍坐於魏文侯，數稱谿工。釋文：「李云：『田子方，魏文侯師，名無擇。谿工，賢人。』司馬本作雞。」文侯曰：「谿工，子之師邪？」子方曰：「非也，无擇之里人也，稱道數當，成云：「稱說言道，頻當於理。」故无擇稱之。」文侯曰：「然則子无師邪？」子方曰：「有。」曰：「子之師誰邪？」子方曰：「東郭順子。」文侯曰：「然則夫子何故未嘗稱之？」子方曰：「其爲人也真，人貌而天虛，俞云：「淮南俶真訓『虛室生白』，注：『虛，心也。』此謂人貌而天心。古以虛屬下讀，非。」緣而葆真，俞云：「緣，順也。『順而葆真，清而容物』，對文。」清而容物。清而不刻。物无道，正容以悟之，使人之意也消。郭云：「曠然清虛，正己而已，而物邪自消。」无擇何足以稱之！」子方出，文侯儻然終日不言，成云：「儻然，自失貌。」召前立臣，前侍立共聞之臣。而語之曰：「遠矣全德之君子！謂順子也。始吾以聖知之言、仁義之行爲至矣，吾聞子方之師，吾形解而不欲動，口鉗而不欲言。吾所學者直土梗耳，直，特也。司馬云：「土梗，土人也，遭雨則壞。」宣云：「喻其至粗。天真之外，皆土梗也。」夫魏真爲我累耳！」郭云：「知至貴者，以人爵爲累。」

溫伯雪子適齊，成云：「姓溫，名伯，字雪子，楚之懷道人。」舍於魯。魯人有請見之者，溫伯雪子曰：「不可。吾聞中國之君子，明乎禮義而陋於知人心，成云：「陋，拙也。」宣云：「習於末學而昧於本體。」吾不欲見也。」至於齊，反舍於魯，是人也又請見。溫伯雪子曰：「往也蘄見我，今也又蘄見我，是必有以振我也。」蘄，求也。振我，猶言起予。出而見客，入而歎。明日見客，又入而歎。其僕曰：「每見之客也，蘇輿云：「之客，猶是客。」必入而歎，何邪？」曰：「吾固告子矣：『中國之民，明乎禮義而陋乎知人心。』昔之見我者，進退一成規，一成矩；從容一若龍，一若虎；成云：「擎跪揖讓，前卻方圓，逶迤若龍，槃辟若虎。」其諫我也似子，其道我也似父。是以歎也。」成云：「匡諫我如子之事父，訓導我似父之教子。遠近尊卑，自有情義，既非天性，何事殷勤！是知聖迹之弊，遂有斯矯，是以歎之也。」仲尼見之而不言。子路曰：「吾子欲見溫伯雪子久矣，見之而不言，何邪？」仲尼曰：「若夫人者，目擊而道存矣，亦不可以容聲矣。」宣云：「目觸之而知道在其身，復何所容其言說邪？」

顏淵問於仲尼曰：「夫子步亦步，夫子趨亦趨，夫子馳亦馳，夫子奔逸絕塵，而回瞠若乎後矣。」釋文：「瞠，直視貌。」夫子曰：「回，何謂邪？」曰：「夫子步亦步也，夫子言亦言也，夫子趨亦趨也，夫子辯亦辯也，夫子馳亦馳也，夫子言道，回亦言道也。

及奔逸絶塵，而回瞠若乎後者，夫子不言而信，成云：「不言而爲衆所信。」不比而周，不與人親比，而情意自然周徧。」无器而民滔乎前，釋文：「謂無人君之器，而民滔聚其前。」而不知所以然而已矣。」仲尼曰：「惡！歎詞。可不察與！夫哀莫大於心死，而人死亦次之。宣云：「心死則滯於迹，不能與造化同體，其可哀甚於人死也。」日出東方而入於西極，宣云：「以日喻化宰。」萬物莫不比方。宣云：「從日爲方向。」有目有趾者，待是而後成功，待晝而作。是出則存，是入則亡。日出則有世事，日入則無世事。萬物亦然，有待也而死，有待也而生。宣云：「待造化之往來爲生死，如依日之出入爲存亡。」吾一受其成形，而不化以待盡，語又見齊物論，彼「化」作「亡」。效物而動，物動而我亦動，似效之也。日夜无隙，而不知其所終，日夜代嬗，初無間隙，而不知其所終極。薰然其成形，成云：「薰然，自動貌。」知命不能規乎其前，宣云：「雖知命者不能豫規乎其前。」丘以是日徂。惟覺日之云逝。吾終身與汝交一臂而失之，雖吾汝終身相與，不啻把一臂而失之，言其暫也。可不哀與！女殆著乎吾所以著也。言汝殆止見乎吾所以見也，如言辯之迹。彼已盡矣，彼所著者已盡爲陳迹矣。而女求之以爲有，而汝執之以爲有，尚切切求之。是求馬於唐肆也。李云：「唐，亭也。」宣云：「唐，中路。肆，市肆也。馬豈停於唐肆而求之於是哉！因回以馬喻，亦即馬言。」吾服女也甚忘，女服吾也亦甚忘。郭云：「服，思存之謂。甚忘，謂過去之速也。」宣云：「吾與汝皆無可執，過去都卽成忘。」雖然，女奚患焉！雖忘乎故吾，吾有不忘者存。」宣云：「故吾去而新吾又來，無頃刻留，亦無頃刻息，則時時有不忘者存焉。雖奔逸絶塵，何必有瞠若乎後之慮哉！」

孔子見老聃，老聃新沐，方將被髮而乾，慹然似非人。釋文：「慹，乃牒反，又丁立反。司馬云：『不動貌。』」郭云：「寂泊之至。」孔子便而待之，少焉見曰：「丘也眩與？其信然與？向者先生形體掘若槁木，掘同倔。似遺物離人而立於獨也。」老聃曰：「吾遊心於物之初。」宣云：「物之初，無物之際也。遊心於無物之際，遇道之真也。」孔子曰：「何謂邪？」曰：「心困焉而不能知，口辟焉而不能言，司馬云：「辟，卷不開也。」嘗爲女議乎其將。嘗，試也。將者，且然而未必之詞。至陰肅肅，至陽赫赫；肅肅出乎天，赫赫發乎地；宣云：「陰陽互爲其根。」兩者交通成和而物生焉，或爲之紀而莫見其形。孰維綱是？消息滿虛，一晦一明，日改月化，日有所爲，而莫見其功。成云：「陰消陽息，夏滿冬虛，夜晦晝明，日遷月變，新新不已，故日有所爲。」生有所乎萌，死有所乎歸，始終相反乎无端，而莫知其所窮。郭云：「所謂迎之不見其首，隨之不見其後。」蘇輿云：「『終始』二句，卽所謂『方生方死，方死方生』也。」非是也，且孰爲之宗！」成云：「若非是虛通生化之道，誰爲萬物之宗本乎！」孔子曰：「請問遊是。」成云：「請問遊心是道，其術如何？必得遊是，復有何功力也？」老聃曰：「夫得是，至美至樂也。得至美而遊乎至樂，謂之至人。」孔子曰：「願聞其方。」曰：「草食之獸不疾易藪，水生之蟲不疾易水，行小變而不失其大常也，成云：「疾，患。易，移也。夫食草之獸，不患移易藪澤，水生之蟲，不患移易池沼，但有草有水，則不失大常，從東從西，特小變耳。亦猶人處大道之中，隨變任化，未始非我，此則不失大常，生死之變，蓋亦小耳。」喜怒哀樂不入於胸次。李云：「次，中也。」郭云：「知其小變而不失大常故。」夫天下也者，萬物之所一也。宣云：「萬化不踰真宰。」得其所一而同焉，宣云：「與真一合德。」則四肢百體將爲塵垢，而死生終始將爲晝夜而莫之能滑，滑，亂也。而況得喪禍福之所介乎！宣云：「介，際也。」棄隸者若棄泥塗，知身貴於隸也，隸，屬也，謂官屬。貴在於我而不失於變。不以變而失我之貴。且萬化而未始有極也，萬化無極，我亦與之爲無極。夫孰足以患心！宣云：「則逍遥遊之矣。」已爲道者解乎此。」宣云：「惟既履道者知之。」孔子曰：「夫子德配天地，而猶假至言以修心，古之君子，孰能脱焉？」成云：「然則古之君子，誰能遺於言説而免於修爲乎？」老聃曰：「不然。夫水之於汋也，无爲而才自然矣。説文：「井一有水、一無水，謂之瀱汋。」引釋水文郭注云：「山海經『天井夏有水，冬無水』，即此類。」蓋汋乃水之自然涌出，無所作爲，唯其才之自然也。至人之於德也，不修而物不能離焉，不言修而體物不遺。若天之自高，地之自厚，日月之自明，夫何修焉！」孔子出，以告顏回曰：「丘之於道也，其猶醯雞與！郭云：「醯雞，甕中之蠛蠓也。」微夫子之發吾覆也，覆，謂有所蔽而不見。吾不知天地之大全也。」宣云：「天地之大全，即萬物之所一也。」

莊子見魯哀公。成云：「莊子與魏惠王、齊威王同時，去魯哀公一百二十年，如此云『見魯哀公』，蓋寓言耳。」哀公曰：「魯多儒士，少爲先生方者。」成云：「方，術也。」言魯地鮮莊子無爲之學。莊子曰：「魯少儒。」哀公曰：「舉魯國而儒服，何謂少乎？」莊子曰：「周聞之：儒者冠圜冠者，知天時；履句屨者，知地形；李云：「句，方也。」緩佩玦者，事至而斷。成云：「緩者，五色條繩，穿玉玦以飾佩也。玦，決也。」君子有其道者，未必爲其服也；爲其服者，未必知其道也。公固以爲不然，何不號於國中曰『无此道而爲此服者，其罪死』？」於是哀公號之，五日而魯國无敢儒服者。獨有一丈夫儒服而立乎公門，公即召而問以國事，千轉萬變而不窮。莊子曰：「以魯國而儒者一人耳，可謂多乎？」

百里奚爵祿不入於心，故飯牛而牛肥，使秦穆公忘其賤，與之政也。有虞氏死生不入於心，完廩、浚井是也。故足以動人。宣云：「成邑成都，師錫帝禪。」宋元君將畫圖，衆史皆至，受司馬云：「受命。」揖而立；舐筆和墨，在外者半。宣云：「此不能畫者。」

有一史後至者，儃儃然不趨，徐音但。李云：「儃儃，舒閒之貌。」受揖不立，因之舍。公使人視之，則解衣般礴，司馬云：「般礴，謂箕坐也。」臝。司馬云：「將畫，故解衣見形。」君曰：「可矣，是真畫者也。」郭云：「内足者，神閒而意定。」

文王觀於臧，成云：「臧，近渭水地名。」見一丈夫釣，而其釣莫釣，無心施餌，意不在魚。非持其釣，非執釣爲事。有釣者也，別有所釣。常釣也。非偶如此。文王欲舉而授之政，而恐大臣父兄之弗安也；父兄，親族。欲終而釋之，釋，弗舉。而不忍百姓之无天也。於是旦而屬之夫夫司馬云：「夫夫，大夫也。」曰：「昔者寡人夢，郭慶藩云：「昔、夕古通。昔者，卽夕者也。或竟作『夕者』，晏子春秋下篇『夕者瞢與二日鬭』是也。或作『昔者』，雜下篇『有梟昔者鳴』是也。（説苑辨物篇同。）或爲『夜者』，外篇『寡人夜者聞西方有男子哭』是也。（「晝」亦作「晝者」，雜上篇：「晝者進膳。」）」見良人黑色而頓，良人，猶言善人。頓、髯同。乘駁馬而偏朱蹄，駁，雜色。一蹄赤。號曰：號，謂命令。『寓而政於臧丈人，寓，寄。而，汝。庶幾乎民有瘳乎！』」諸大夫蹵然曰：「先君王也。」謂季歷。俞云：「『先君』下奪命字，下文『先君之命王』可證。」文王曰：「然則卜之。」諸大夫曰：「先君之命王，其无它，可無它疑。又何卜焉！」遂迎臧丈人而授之政。典法无更，典，常也。偏令无出。無偏私之政令。三年，文王觀於國，則列士壞植散羣，不復植黨。俞云：「左宣二年傳『華元爲植』，杜

注：『植，將主也。』列士必先有主，而後有徒衆，故欲散其羣，必先壞其植也。」長官者不成德，同歸於善，不獨成其德。斔斛不敢入於四竟。釋文：「斔音庾。」李云：『六斛四斗曰斔。』」案：言他處之斔斛恐大小異式，不入於竟。列士壞植散羣，則尚同也；長官者不成德，則同務也；斔斛不敢入於四竟，則諸侯无二心也。文王於是焉以爲大師，北面而問曰：「政可以及天下乎？」臧丈人昧然而不應，泛然而辭，朝令而夜遁，終身无聞。顔淵問於仲尼曰：「文王其猶未邪？宣云：「德未足以信人邪？」又何以夢爲乎？」仲尼曰：「默！汝无言！夫文王盡之也，郭云：「任諸大夫而不自任，斯盡之也。」而又何論刺焉！彼直以循斯須也。」成云：「循，順也。斯須，猶須臾。」郭云：「斯須者，百姓之情當悟未悟之頃，故文王循而發之，以合衆情也。」

列御寇爲伯昏无人射，列子黄帝篇「无」作「瞀」。引之盈貫，司馬云：「貫，鏑也。」案：張湛注：「盡弦窮鏑。」措杯水其肘上，郭云：「左手如拒石，右手如附枝，右手放發而左手不知，故可措之杯水也。」發之，適矢復沓，成云：「沓，重也。」案：「適」，黄帝篇作「鏑」，字同。言矢已發，而其次適矢復重入扣也。方矢復寓。方沓矢，復寄杯於肘矣。當是時，猶象人也。凝然不動，猶木土偶人。伯昏无人曰：「是射之射，非不射之射也。張注：「雖盡射之理，而不能不以矜物。不射之射者，忘其能否，雖不射而同乎射也。」嘗與汝登高山，嘗，試也。黄帝篇誤

「當」。履危石，臨百仞之淵，若能射乎？」汝能以不射射乎？於是无人遂登高山，履危石，臨百仞之淵，背逡巡，足二分垂在外，成云：「仍背淵卻行，足垂二分在外空。」揖御寇而進之。御寇伏地，汗流至踵。伯昏无人曰：「夫至人者，上闚青天，下潛黃泉，郭慶藩云：「潛與闚對文，當訓爲測。爾雅：『潛，測也。』」揮斥八極，神氣不變。郭云：「揮斥，猶縱放也。」今汝怵然有恂目之志，釋文：「爾雅：『恂，慄也。』李又作眴，音荀。」案：張注引何承天纂云：「吴人呼瞬目爲恂（字疑作「眴」。）目。」謂心懼而目眩也。爾於中也殆矣夫！」郭云：「有懼則所喪多矣。」

肩吾問於孫叔敖曰：「子三爲令尹而不榮華，三去之而无憂色。吾始也疑子，今視子之鼻間栩栩然，成云：「栩栩，歡暢貌。」子之用心獨奈何？」孫叔敖曰：「吾何以過人哉！吾以其來不可卻也，其去不可止也，吾以爲得失之非我也，而无憂色而已矣。我何以過人哉！且不知其在彼乎，其在我乎？宣云：「不知可貴者在令尹乎，在我乎？」其在彼也，亡乎我；宣云：「若在令尹，與我無與。」在我也，亡乎彼。宣云：「若在我，與令尹無與。」方將躊躇，方將四顧，養生主篇亦云：「爲之四顧，爲之躊躇滿志。」何暇至乎人貴人賤哉！」仲尼聞之曰：「古之真人，知者不得說，美人不得濫，盜人不得劫，伏戲、黃帝不得友。成云：「智人不得辨說，美色不得淫濫，盜賊不能劫剥，三皇、五帝何足交友也！」死生亦大矣，而无變乎己，況爵禄乎！若然者，其神經乎大山而无介，成云：「介，礙也。」入乎淵泉而不濡，處卑細而不憊，宣云：「貧賤不得而病。」充滿天地，既以與人，己愈有。」神明充滿天地，盡以濟人，而己愈有也。

楚王與凡君坐，少焉，楚王左右曰「凡亡」者三。釋文：「司馬云：『凡，國名，在汲郡共縣。』」案左傳：「凡，周公之後也。」隱七年有凡伯。成云「楚文王共凡僖侯同坐」，未知所出。郭云：「言有三亡徵也。」俞云：「楚子左右言『凡亡』者三人也。郭注非。」凡君曰：「凡之亡也，不足以喪吾存。夫『凡之亡也，不足以喪吾存』，則楚之存不足以存存。由是觀之，則凡未始亡而楚未始存也。」

莊子集解卷六

外篇 知北遊第二十二

知北遊於玄水之上，登隱弅之丘，釋文：「弅音紛。李云：『隱出弅起，丘貌。』」而適遭无爲謂焉。成云：「此章並假立姓名，寓言明理。」知謂无爲謂曰：「予欲有問乎若：汝也。何思何慮則知道？何處何服則安道？居處服習。何從何道則得道？」從，隨從。道，由也。三問而无爲謂不答也，非不答，不知答也。宣云：「本無名言。」知不得問，反於白水之南，登狐闋之丘，而覩狂屈焉。知以之言也問乎狂屈。之，此也。狂屈曰：「唉！釋文：「李音熙，云：『應聲。』」予知之，將語若，汝。中欲言而忘其所欲言。」知不得問，反於帝宮，見黃帝而問焉。黃帝曰：「无思无慮始知道，无處无服始安道，无從无道始得道。」宣云：「皆言自然乃合道也。」知問黃帝曰：「我與若知之，彼與彼不知也，無爲謂與狂屈。其孰是邪？」黃帝曰：「彼无爲謂真是也，狂屈似之，我與汝終不近也。夫知者不言，言者不知，故聖人行不言之教。成云：「引老子經爲證。」道不可致，郭云：「道在自然，非可言致。」德不可至。郭云：「不失德，故稱德，稱德則不至也。」仁可爲也，義可虧也，爲仁可也，虧仁以爲義亦可也。禮相僞也。禮文而僞。故曰：『失道而後德，失德而後仁，失仁而後義，失義而後禮。禮者，道之華而亂之首也。』故曰：『爲道者日損，郭云：「損，華，僞也。」損之又損之，以至於无爲，无爲而无不爲也。』郭云：「華去而朴全，則雖爲而非爲也。」成云：「引老經重明其旨。」今已爲物也，宣云：「朴散爲器。」欲復歸根，宣云：「欲反於道。」不亦難乎！其易也，其唯大人乎！生也死之徒，死也生之始，孰知其紀！宣云：「死生循環無窮。」人之生，氣之聚也，聚則爲生，散則爲死。若死生爲徒，宣云：「死生爲一氣。」吾又何患！故萬物一也，宣云：「萬物之生死，總一氣也。」是其所美者爲神奇，其所惡者爲臭腐；宣云：「以生爲神奇而美之，以死爲臭腐而惡之。」臭腐復化爲神奇，神奇復化爲臭腐。故曰：『通天下一氣耳。』郭云：「死生彼我豈殊哉！」聖人故貴一。」宣云：「以上皆言道也。」知謂黄帝曰：「吾問无爲謂，无爲謂不應我，非不我應，不知應我也。吾問狂屈，狂屈中欲告我而不我告，非不我告，中欲告而忘之也。今予問乎若，若知之，奚故不近？」黄帝曰：「彼其真是也，以其不知也；此其似之也，以其忘之也；宣云：「近於無知。」予與若終不近也，以其知之也。」宣云：「道本不容言。」狂屈聞之，以黄帝爲知言。宣云：「無爲謂終於無言。」

天地有大美而不言，宣云：「利及萬物，不言所利。」四時有明法而不議，宣云：「氣候明分，不須擬議。」萬物有成理而不說。宣云：「各有成性，不煩詞說。」聖人者，原天地之美而達萬物之理。原，本也。以覆載爲心，其本原與天地同，又萬物各有生成之理，因而達之。是故至人无爲，大聖不作，觀於天地之謂也。以天地爲法。今彼神明至精，與彼百化，上彼，彼天地；下彼，彼物。姚本「今」作「舍」，云：「從劉得一本改。」物已死生方圓，莫知其根也，物自變異，莫知根原。扁然而萬物自古以固存。扁然，猶翩然。自古以來，永永固存。六合爲巨，未離其內；秋豪爲小，待之成體。宣云：「大無外，小無間。」天下莫不沈浮，終身不故；成云：「浮沈升降，新新相續。」陰陽四時運行，各得其序。郭云：「不待爲之。」惛然若亡而存，成云：「惛然如昧，似無而有。」油然不形而神，油然而興，不見形迹，化馳若神。萬物畜而不知。萬物被畜養而不自知。此之謂本根，可以觀於天矣。達其本根，可與觀自然之天矣。

齧缺問道乎被衣，釋文：「被音披，本亦作披。」被衣曰：「若正汝形，一汝視，天和將至；宣云：「體靜神凝，則和氣自復。」攝汝知，一汝度，神將來舍。俞云：「淮南道應〔一〕篇、

〔一〕「道應」，原誤「道德」，據淮南子改。

文子道原篇並作『正汝度』。此文一當作正。度，猶形也。」案：言心斂形正，神明自歸。德將爲汝美，道將爲汝居，自然道德在身。汝瞳焉如新出之犢而无求其故！」成云：「瞳焉，無知直視之貌。」案：初生之犢，天性純一，故以爲況。言未卒，齧缺睡寐。被衣大説，行歌而去之，釋文：「體向所説，畏[一]其視聽以寐耳。受道速，故被衣喜也。」曰：「形若槁骸，心若死灰，成云：「形同槁木之骸。」案：徐无鬼篇亦作「槁骸」，齊物論作「槁木」，庚桑楚作「槁木之枝」。人百骸猶木衆枝，是「槁骸」卽「槁枝」矣。真其實知，不以故自持。郭云：「與變俱也。」媒媒晦晦，釋文：「媒音妹。」案：陸讀爲昧也。无心而不可與謀。宣云：「彼既無心，我不容有言。」彼何人哉！」郭云：「獨化者也。」

舜問乎丞曰：李云：「丞，舜師。一云：古有四輔，前疑後丞，蓋官名。」「道可得而有乎？」曰：「汝身非汝有也，汝何得有夫道？」舜曰：「吾身非吾有也，孰有之哉？」曰：「是天地之委形也；俞云：「齊策高注：『委，付也。』左成二年傳杜注：『委，屬也。』天地之委形，謂天地所付屬之形也。下並同。」生非汝有，是天地之委和也；性命非汝有，是天地之委順也；孫子非汝有，是天地之委蜕也。宣云：「形形相禪，故曰蜕。」故行不知所

〔一〕「畏」原作「謂」，據釋文改。

往，處不知所持，食不知所味。一生之中，行則有往，而究不知所往；處則有持，而究不知所持；食則有味，而究不知所味。天地之强陽氣也，宣云：「就氣之健動言之。」又胡可得而有邪？」

孔子問於老聃曰：「今日晏閒，敢問至道。」老聃曰：「汝齊戒，疏瀹而心，釋文：「瀹音藥。」成云：「疏瀹，猶洒濯。」澡雪而精神，成云：「澡雪，猶精潔。」掊擊而知！釋文：「知音智。」成云：「打破聖智。」夫道，窅然難言哉！將爲汝言其崖略。崖，猶邊際也。夫昭昭生於冥冥，有倫生於无形，有倫序之事，皆自無形生之。精神生於道，形本生於精，宣云：「本，質榦。」而萬物以形相生，故九竅者胎生，人獸。八竅者卵生。禽魚。其來无迹，其往无崖，无門无房，宣云：「無門不知所出，無房不知所歸。」四達之皇皇也。宣云：「大通溥博。」邀於此者，成云：「此，謂道。」俞云：「説文無邀字。彳部：『徼，循也。』即今邀字。又曰：『循，行順也。』然則邀亦順也。邀於此，猶言順於此。郭訓邀爲遇，非。」四肢彊，思慮恂達，成云：「恂，通也。」耳目聰明，其用心不勞，其應物无方。天不得不高，地不得不廣，日月不得不行，萬物不得不昌，此其道與！郭云：「此皆不得不然而自然耳，非道能使然也。」且夫博之不必知，辯之不必慧，聖人以斷之矣。以、已同。成云：「博讀經典，不必知真；宏辯飾詞，不必慧照。故老經云：『善者不辯，辯者不善；知者不博，博者不知。』斯則聖人斷棄之矣。」若夫益之而不加益，損之而不加損者，聖人之所保也。保其分定。淵淵乎其若海，魏魏乎其終則復始也，釋文：「魏魏，魚威反，讀作巍巍。」運量萬物而不匱，則君子之道，彼其外與！萬物皆往資焉而不匱，此其道與！蘇輿云：「運量萬物，猶有治化之迹，故曰外。萬物往資，猶易『資生資始』之資，此天地自然之功用也，故曰道。」中國有人焉，非陰非陽，宣云：「渾乎陰陽之際。」處於天地之間，直且爲人，稟兩閒之氣，特姑且爲人耳。將反於宗。終將反其本宗。自本觀之，生者，喑醷物也。李云：「喑音飲。醷音意。喑醷，聚氣貌。」案：言自其本宗觀之，生者，特一聚氣之物也。雖有壽夭，相去幾何？同在百年之中。須臾之説也。奚足以爲堯、桀之是非？共此須臾，何分堯、桀！

果蓏有理，釋文：「蓏，徐力果反。」宣云：「木實草實，種類不亂，各有倫理。」人倫雖難，所以相齒。人之倫雖難齊，其所以生者自相齒次。聖人遭之而不違，宣云：「順應。」過之而不守。與爲推移。調而應之，德也；調和而應之，即是上德。偶而應之，道也。偶然無心而應之，即契聖道。帝之所興，王之所起也。郭云：「如斯而已。」

人生天地之間，若白駒之過郤，釋文：「本亦作隙。隙，孔也。」忽然而已。爲時甚暫。注然勃然，莫不出焉；宣云：「興起而生。」油然漻然，莫不入焉。釋文：「漻音流。」宣云：「歸虚而死。」已化而生，又化而死，生物哀之，人類悲之。宣云：「對死者曰生物，別於物曰人類。」解其天弢，墮其天袠，釋文：「弢，字林云：『弓衣也。』墮，許規反。」成云：「袠，束囊也。」案：喻形骸束縛，死則解墮。紛乎宛乎，成云：「紛綸、宛轉，並釋散之貌。」魂魄將往，逝也。乃身從之，乃大歸乎！

不形之形，宣云：「不形者，形所自出。」形之不形，宣云：「形者，不形所爲。」是人之所同知也，非將至之所務也，宣云：「非將至於道者之所務也。」此衆人之所同論也。彼至則不論，論則不至。成云：「彼至聖之人，忘言得理，故無所論説；若論説之，則不至於道。」明見无值，雖明見之而無所值。辯不若默。道不可聞，聞不若塞。不如塞耳。此之謂大得。」成云：「能知此意，可謂深得於大理矣。」

東郭子問於莊子曰：「所謂道，惡乎在？」莊子曰：「无所不在。」東郭子曰：「期而後可。」郭云：「欲令莊子指名所在。」莊子曰：「在螻蟻。」曰：「何其下邪？」曰：「在稊稗。」曰：「何其愈下邪？」曰：「在瓦甓。」曰：「何其愈甚邪？」曰：「在屎溺。」東郭子不應。莊子曰：「夫子之問也，固不足質。成云：「質，實也。固答子之問，猶未逮真也。」正獲之問於監市履狶也，每下愈況。李云：「正，亭卒也；獲，其名也。監市，市魁也。狶，大豕。履，踐也。市魁履豕，履其股腳，狶難肥處，故知豕肥耳。問道亦況下賤，則知道也。」成云：「正，官號，今之市令也。」宣云：「況，顯譬也。」汝唯莫必，无乎逃物。言汝莫期必道在何處，無乎逃於物之外也。至道若是，大言亦然。成云：「至道，理也。大言，教也。」周、徧、咸三者，異名同實，其指一也。周、徧、咸三字一恉。嘗相與游乎无何有之宮，同合而論，无所終窮乎！宣云：「遊心於虛際，則見道之同合而無窮極也。」嘗相與无爲乎！澹而靜乎！漠而清乎！郭慶藩云：「漠亦清也。釋詁：『漠、察，清也。』樊注：『漠然，清貌。』」調而閒乎！和調而閒逸也。寥已吾志，寥然虛寂者，吾之志。无往焉而不知其所至；本無所往，而已不知其所至極。去而來而不知其所止，去而復來，而又不知其所往止。吾已往來焉而不知其所終；倏往倏來，初無終極。彷徨乎馮閎，郭云：「馮閎者，虛廓之謂。」大知入焉而不知其所窮。大聖智者入焉，恣變化之所如。物物者與物无際，物物者，道也。物在卽道在，故與物無涯際。而物有際者，所謂物際者也；成云：「一物則各有涯際，特謂之物際耳，烏可言道！」不際之際，道本不際，而見於物際。際之不際者也。見於物際，而仍是不際也。謂盈虛衰殺，彼爲盈虛非盈虛，彼爲衰殺非衰殺，彼，彼道也。成云：「富貴爲盈，貧賤爲虛，老病爲衰殺。」彼爲本末非本末，彼爲積散非積散也。」成云：「終始爲本末，生來爲積，死去爲散。」

婀荷甘與神農同學於老龍吉。神農隱几闔户晝瞑，婀荷甘日中奓户而入，釋文：「奓音奢，司馬云：『開也。』」曰：「老龍死矣！」神農隱几擁杖而起，嚗然放杖而笑，上言「隱几」，此「隱几」二字衍。釋文：「嚗音剥，李云：『放杖聲。』」曰：「天知予僻陋慢訑，成云：「老龍有自然之德，故呼曰天。」釋文：「訑，郭音但。」故棄予而死。已矣！夫子无所發予之狂言而死矣夫！」成云：「狂言，猶至言也。非世人之所解，故名至言爲狂也。」弇堈弔聞之，李云：「弇堈，體道人；弔，其名。」宣云：「弇堈來弔也。」曰：「夫體道者，天下之君子所繫焉。郭云：「言體道者，人之宗主也。」今於道，秋豪之端，萬分未得處一焉，宣云：「今謂神農析秋豪之端，爲萬分猶未得處一，極言其少也。」而猶知藏其狂言而死，宣云：「知老龍也。」又況夫體道者乎！宣云：「道本不在言。」視之无形，聽之无聲，於人之論者，謂之冥冥，宣云：「論者終不能明道。」所以論道，而非道也。」郭云：「冥冥而猶非道，明道之無名也。」

於是泰清問乎无窮曰：「子知道乎？」无窮曰：「吾不知。」又問乎无爲。无爲曰：「吾知道。」曰：「子之知道，亦有數乎？」曰：「有。」曰：「其數若何？」无爲曰：「吾知道之可以貴，可以賤，可以約，可以散。此吾所以知道之數也。」成云：「貴爲帝王，賤爲僕隸，約聚爲生，分散爲死，數乃無極。」泰清以之言也問乎无始，之猶是。曰：「若是，則无窮之弗知，與无爲之知，孰是而孰非乎？」无始曰：「不知深矣，知之淺矣；弗知内矣，知之外矣。」於是泰清中而歎曰：釋文：「崔本中作卬。」「弗知乃知乎！

知乃不知乎！孰知不知之知？」无始曰：「道不可聞，聞而非也；道不可見，見而非也；道不可言，言而非也。知形形之不形乎？道不當名。」上云「不形之形，形之不形」。知形形之不形，則知道不當指名也。无始曰：「有問道而應之者，不知道也。雖問道者，亦未聞道。應者固非，問者亦未是。道无問，問无應。郭云：「絶學去教，而歸於自然之意也。」无問問之，是問窮也；本無可問而强問，是問窮也。无應應之，是无内也。無可應而强應，是徇外也，故曰無内。以无内待問窮，若是者，外不觀乎宇宙，内不知乎太初，不知事理在六合，不知道本在己身。是以不過乎崑崙，不遊乎太虚。」何以超崑崙而遊太虚乎？

光曜問乎无有曰：「夫子有乎，其无有乎？」光曜不得問，俞云：「淮南道應訓此句上有『无有弗應也』五字，當從之。此脱，則義不備。」而孰視其狀貌，孰同熟。窅然空然，終日視之而不見，聽之而不聞，搏之而不得也。光曜曰：「至矣！其孰能至此乎！予能有无矣，而未能无无也，宣云：「有曜無質，是能有無矣，未能若竟無之爲愈也。」及爲无有矣，何從至此哉！」宣云：「及爲無而猶未免於有矣，何從至乎無無之境哉！」

大馬之捶鉤者，成云：「大馬，楚之大司馬也。捶，打鍛也。鉤，腰帶也。」年八十矣，而不失豪芒。司馬、郭云：「玷捶鉤之輕重，不失豪芒。」大馬曰：「子巧與？有道與？」

曰：「臣有守也。王念孫云：「守，即道字。達生篇仲尼曰：『子巧乎？有道邪？』曰：『我有道也。』是其證。道字古讀若守，故與守通。九經、楚詞、老、莊諸子用韻之文，道字皆讀若守。說文：『道，從辵，首聲。』今本無聲字者，二徐不曉古音而刪之。」臣之年二十而好捶鉤，於物无視也，非鉤无察也。蘇輿云：「此即不以萬物易蜩翼之旨。」是用之者，假不用者也以長得其用，成云：「所以至老長得捶鉤之用者，假賴於不用心視察他物故也。」而況乎无不用者乎！不用善矣，乃並此不用而亦無之，所謂無無也。物孰不資焉？」故萬物皆資其用也。

冉求問於仲尼曰：「未有天地可知邪？」仲尼曰：「可。古猶今也。」郭云：「言天地常存，乃無未有之時。」冉求失問而退，成云：「失其問意。」明日復見，曰：「昔者吾問『未有天地可知乎』，夫子曰：『可。古猶今也。』昔者吾昭然，今日吾昧然，敢問何謂也？」仲尼曰：「昔之昭然也，神者先受之；郭云：「虛心以待命，斯神受也。」今之昧然也，且又爲不神者求邪？不神者，迹象也。滯於迹象，故復求解悟。无古无今，无始无終。皆一氣之化。未有子孫而有子孫，可乎？」宣云：「子孫可自無而有，天地不可自無而有乎？」冉求未對。仲尼曰：「已矣，未應矣！成云：「未對之閒，仲尼止令無應。」不以生生死，不以死死生。死者自死，其生也，非以生此死者也。生者自生，其死也，非以死此生者也。死生有待邪？皆有所一體。死生不相待，各有成體。有先天地生者物邪？者猶之。物物者非物。物物者，道也，不得謂之物。物出不得先物也，萬物並出，物不得先物。猶其有物也。猶然萬物皆有也。猶其有物也，无已。猶然萬物皆有，而且至於無已，以有物物者在也。聖人之愛人也終无已者，亦乃取於是者也。」聖人以愛人爲心，終無窮已者，亦取法天地之道也。

顔淵問乎仲尼曰：「回嘗聞諸夫子曰：『无有所將，无有所迎。』成云：「將，送也。聖人如鏡，不送不迎。」回敢問其遊。」宣云：「遊心何處？」仲尼曰：「古之人，外化而内不化；宣云：「與物偕逝，天君不動。」今之人，内化而外不化。心神摇徙，凝滯於物。與物化者，一不化者也。郭云：「常無心，故一不化；惟一不化，乃能與物化耳。」安化安不化，成云：「安，任也。聖人無心，隨物流轉，化與不化，皆安任之。」安與之相靡，成云：「靡，順也。」案：任與之相靡順。必與之莫多。成云：「雖與物相順，而亦各止其分，彼我無損。」狶韋氏之囿，黄帝之圃，有虞氏之宫，湯、武之室。世愈降則所處愈隘，聖人順時而安之。君子之人，若儒、墨者師，故以是非相鳌也，而況今之人乎！釋文：「鳌，子兮反，和也。」郭云：「儒、墨之師，天下之難和者，而無心者猶故和之，而況其凡乎！」案：言君子於今世之人，皆能隨而化之。聖人處物不傷物。宣云：「無心是非。」不傷物者，物亦不能傷也。唯无所傷者，爲能與人相將、迎。無將、迎可，將、迎亦可。山林與！臯壤與！使我欣欣然而樂與！皋壤，平原。樂未畢也，哀又繼之。成云：「情隨事遷，哀樂斯變。是知世之哀樂不足計也。」哀樂之來，吾不能禦，其去弗能止。悲夫！世人直爲物逆旅耳！郭云：「不能坐忘自得，而爲哀樂所寄耳。」案：爲外物客舍也。夫知遇而不知所不遇，遇有窮，知亦有窮。知能能而不能所不能。知以能爲能，而不知以不能爲能。无知无能者，固人之所不免也。宣云：「知能無涯，則有所不知，有所不能，此人之常也。」夫務免乎人之所不免者，宣云：「乃欲勞心推測，以冀盡知盡能。」豈不亦悲哉！成云：「愚惑之甚。」至言去言，至爲去爲。成云：「至理之言，無言可言；至理之爲，無爲可爲。」齊知之所知，則淺矣。宣云：「必欲以知之所知齊之，使皆無不知，豈見道者之爲哉！」

雜篇　庚桑楚第二十三

老聃之役，司馬云：「役，學徒、弟子。」有庚桑楚者，俞云：「列子仲尼篇『老聃之弟子有亢倉子者』，張湛注：『音庚桑。』賈逵姓氏英覽云：『吴郡有庚桑姓，稱爲七族。』然則庚桑子吴人與？」偏得老聃之道，以北居畏壘之山。李云：「畏壘，山名也。或云在魯，又云在梁州。」其臣之畫然知者去之，其妾之挈然仁者遠之，其地之人敬愛庚桑，願爲臣妾。然其中有畫然好明察爲知者，有挈然自標舉爲仁者，庚桑皆遠去之。擁腫之與居，司馬云：「擁腫，醜貌。」鞅掌之爲使。鞅掌，勞苦奔走之人。居三年，畏壘大壤。釋文：「壤，本亦作穰。」廣雅：『豐也。』」盧云：「列子天瑞篇亦以壤爲穰。」畏壘之民相與言曰：「庚桑子之始來，吾洒然異之。崔、李云：「洒然，驚貌。」今吾日計之而不足，向云：「無旦夕小利也。」歲計之而有餘。向云：「順時而大穰也。」庶幾其聖人乎！子胡不相與尸而祝之，社而稷之乎？」尸，主也。言欲奉以爲君。庚桑子聞之，南面而不釋然。語又見齊物論。弟子異之。庚桑子曰：「弟子何異於予？夫春氣發而百草生，正得秋而萬寶成。俞云：「得字疑涉下文而衍。易説卦：『兑，正秋也，萬物之所説也。』疏：『正秋而萬物皆説成也。』卽本此文。正秋而萬實成，文義已足，不必加得字。」夫春與秋，豈无得而然哉？天道已行矣。釋文「天」作「大」。案：時與道爲運行，有得而不覺也。吾聞至人尸居環堵之室，宣云：「隱居不耀。」而百姓猖狂不知所如往。宣云：「如相忘於天地。」今以畏壘之細民而竊竊欲俎豆予于賢人之間，我其杓之人邪？郭云：「不欲爲物標杓。」吾是以不釋於老聃之言。」成云：「老子云：『功成弗居，長而不宰。』楚既虔稟師訓，畏壘反此，故不釋然。」弟子曰：「不然。夫尋常之溝，巨魚无所還其體，而鯢、鰌爲之制；成云：「八尺曰尋，倍尋曰常。鯢，小魚。」釋文：「制，折也。謂小魚得曲折也。」案：「制」「折」古通用字。步仞之丘陵，巨獸无所隱其軀，而孽狐爲之祥。釋文：「六尺爲步，七尺曰仞。廣一步，高一仞也。」崔云：『祥，善也。』孽狐以小丘爲善也。」」且夫尊賢授能，先善與利，利祿先與善人。自古堯、舜以然，以、已同。而況畏壘之民乎？夫子亦聽矣！」庚桑子曰：「小子來！夫函車之獸，李云：「函獸，大容車。」介而離山，俞云：「方言：『獸無偶曰介。』」則不免於罔罟之患；吞舟之魚，碭而失水，釋文：「碭，徒浪反。謂碭溢而失水也。」則蟻能苦之。故鳥獸不厭高，魚鼈不厭深。郭云：「去利遠害乃全。」夫全其形生之人，藏其身也，不厭深眇而已矣。與物同。且夫二子者，謂上堯、舜。又何足以稱揚哉！是其於辯也，宣云：「凡事分辯，如尊賢授能，先善與利之爲。」將妄鑿垣牆而殖蓬蒿也。郭云：「將令後世妄行穿鑿而殖穢亂也。」簡髮而櫛，成云：「簡，擇。」數米而炊，言其瑣屑。竊竊乎又何足以濟世哉！舉賢則民相軋，軋，相傾也。任知則民相盗。宣云：「盗，詐也。」之數物者，不足以厚民。民之於利甚勤，子有殺父，臣有殺君，釋文：「殺音試，本又作弑。」正晝爲盗，日中穴阫。釋文：「向音裴，云：『阫，牆也。言無所畏忌。』」吾語女：大亂之本，必生於堯、舜之間，其末存乎千世之後。千世之後，其必有人與人相食者也。」語又見徐无鬼篇。南榮趎蹵然正坐曰：釋文：「趎，昌于反，向音疇。李云：『庚桑弟子。』人表作疇，淮南作幬。」盧云：「今淮南作疇。」「若趎之年者已長矣，將惡乎託業以及此言邪？」惡音烏。成云：「憑〔一〕託何學，方逮斯言？」庚桑子曰：「全汝形，抱汝生，俞云：「釋名：『抱，保也，相親保也。』是抱、保義通。抱汝生，卽保汝生也。」无使汝思慮營營。若此三年，則可以及此言矣。」南榮趎曰：「目之與形，吾不知其異也，而盲者不能自見；耳之與形，吾不知其異也，而聾者不能自聞；心之與形，吾不知其異也，而狂者不能自得。形同用異。形之與形亦辟矣，郭嵩燾云：「禮記大學注：『辟猶喻也。』言形之與形易喻也。」案：言我形之與人形亦易喻矣。而物或閒之邪，宣云：「物，物欲。」欲相求而不能相得？常有不能相喻者，故疑或閒隔之。今謂

〔一〕「憑」原誤「惡」，據成疏改。

趎曰：『全汝形，抱汝生，勿使汝思慮營營。』趎勉聞道達耳矣。」釋文：「崔、向云：『僅達於耳，未徹入於心也。』」庚桑子曰：「辭盡矣。曰：引古語。『奔蜂不能化藿蠋，司馬云：「奔蜂，小蜂也。一云土蜂。藿蠋，豆藿中大青蟲也。」成云：「細腰土蜂，能化桑蟲爲己子，而藿蠋不能化也。」越雞不能伏鵠卵，魯雞固能矣。』釋文：「向云：『越雞，小雞。或云荆雞。魯雞，大雞也，今蜀雞。』鵠，本亦作鶴，同。」雞之與雞，其德非不同也，有能有不能者，其才固有巨小也。今吾才小，不足以化子，子胡不南見老子？」南榮趎贏糧，七日七夜至老子之所。釋文：「方言：『贏，儋也。齊、楚、陳、宋之間謂之贏。』」老子曰：「子自楚之所來乎？」南榮趎曰：「唯。」老子曰：「子何與人偕來之衆也？」南榮趎懼然顧其後。懼然，猶瞿然。老子曰：「子不知吾所謂乎？」南榮趎俯而慙，仰而歎曰：「今者吾忘吾答，因失吾問。」老子曰：「何謂也？」南榮趎曰：「不知乎？人謂我朱愚。郭嵩燾云：「左襄四年傳杜注：『短小曰朱儒。』朱愚，蓋智術短小之謂。」蘇輿云：「案朱愚猶顓愚。朱、顓雙聲字。」知乎？反愁我軀。不仁則害人，仁則反愁我身；不義則傷彼，義則反愁我已。我安逃此而可？此三言者，趎之所患也，願因楚而問之。」老子曰：「向吾見若眉睫之間，吾因以得汝矣，已得汝心。今汝又言而信之。知吾言驗。若規規然若喪父母，李云：「規規，細小貌。」揭竿而求諸海也。向云：「言以短小之物，欲測深大之域。」女亡人哉！宣云：「如流亡之人。」惘惘乎汝欲反汝情性而无由入，可憐哉！」宣云：「失其所歸。」南榮趎請入就舍，召其所好，去其所惡，宣云：「召清虛，去物欲。」十日自愁，宣云：「未即能之，故復愁。」復見老子。老子曰：「汝自洒濯，盪滌。熟哉鬱鬱乎！宣云：「如熟物之氣蒸鬱於中。」然而其中津津乎猶有惡也。宣云：「所惡猶未盡去。」夫外韄者不可繁而捉，將内揵；内韄者不可繆而捉，將外揵。釋文：「韄音獲。李云：『韄，縛也。』向云：『揵，閉也。』」案：此言外韄者，耳目爲物所縛，不可以其繁擾而捉搤之，將必内閉其心，以息耳目之紛。内韄者，心思爲欲所縛，不可以其繆亂而捉搤之，將必外閉其耳目，以絶心思之緣。外、内韄者，道德不能持，若外、内物欲膠縛者，雖有道德，不能扶持。而況放道而行者乎！」向云：「放，依也。」南榮趎曰：「里人有病，里人問之，病者能言其病，然其病病者猶未病也。問病者，即病病者也。若趎之聞大道，譬猶飲藥以加病也，趎願聞衛生之經而已矣。」經，常也。宣云：「且求全生自養而已。」老子曰：「衛生之經，能抱一乎？成云：「守真不二也。」能勿失乎？成云：「還自得也。」能无卜筮而知吉凶乎？王念孫云：「『吉凶』，當爲『凶吉』。一、失、吉爲韻。管子心術篇：『能專乎？能一乎？能无卜筮而知凶吉乎？』是其證。（内業篇「凶吉」亦誤爲「吉凶」，惟心術篇不誤。）」能止乎？成云：「不逐分外。」能已乎？成云：「已過不追。」能舍諸人而求諸己乎？成云：「舍棄效彼之心，追求己身之道。」**能翛然乎？**成云：「往來無係止。」**能侗然乎？**宣云：「無知。」能兒子乎？宣云：

「元氣自然。」**兒子終日嗥而嗌不嗄，和之至也；**釋文：「嗥，本又作號。司馬云：『嗌，咽也。』嗄，於邁反。本又作嚘，徐音憂。司馬云：『楚人謂嗁極無聲曰嗄。』」俞云：「作嚘是也。老子『終日號而不嗄』，傅奕本作歔，即嚘之異文。揚子太玄經夷次三曰『柔，嬰兒於號，三日不嚘』，二宋、陸、王本同。蓋以嚘與柔爲韻，可知揚所見老、莊皆作嚘也。」**終日握而手不掜，共其德也；**釋文：「廣雅云：『掜，捉也。』」宣云：「共同拱。」案：赤子終日捲握，而不必捉物，以拱握其手乃德性固然也。**終日視而目不瞚，**釋文：「瞚，字又作瞬，同，音舜，動也。」**偏不在外也。**宣云：「無所偏向於外，視猶不視。」**行不知所之，居不知所爲，與物委蛇，而同其波。**與物順行，而同其波蕩。以上皆就赤子言。**是衞生之經已。」南榮趎曰：「然則是至人之德已乎？」**問此卽至人之德否？**曰：「非也。是乃所謂冰解凍釋者能乎？**者猶之。言是特所謂解釋胸中凝滯之能乎？**夫至人者，相與交食乎地而交樂乎天，**俞云：「徐无鬼篇曰『吾與之邀樂於天，吾與之邀食於地』，與此文異義同。交卽邀也。古字止作徼。左文二年傳『寡君願徼福於周公、魯公』，與此『邀食』『邀樂』語意相似。作邀者，後起字；作交者，叚借字。詩桑扈『匪交匪傲』，漢書五行志作『匪徼匪傲』，卽其例矣。」**不以人物利害相攖，**釋文：「廣雅云：『攖，亂也。』」**不相與爲怪，**不立異。**不相與爲謀，**不苟同。**不相與爲事，**不輕交接。**翛然**

而往，侗然而來。解具上。是謂衞生之經已。」曰：「然則是至乎？」已造極乎？曰：「未也。吾固告汝曰：『能兒子乎？』兒子動不知所爲，行不知所之，身若槁木之枝而心若死灰矣。二語見齊物論。又見徐无鬼、知北遊二篇，「木」作「骸」。若是者，禍亦不至，福亦不來。禍福无有，惡有人災也？」釋文：「惡音烏。」郭云：「禍福生於失得，人災由於愛惡。」宣云：「答以未也，而告之無進詞。蓋至道不外上所云，但有心以此爲至，即非道矣，老子所以奪之。」

宇泰定者，發乎天光。郭云：「德宇泰然而定，則其所發者天光耳，非人耀。」發乎天光者，人見其人。宣云：「自人視之，亦人耳。」人有修者，乃今有恒；宣云：「修，卽泰定。恒，純常也。」有恒者，人舍之，天助之。人來依止，天亦佑助。人之所舍，謂之天民；無位而尊。天之所助，謂之天子。

學者，學其所不能學也；行者，行其所不能行也；辯者，辯其所不能辯也。宣云：「三者皆不知止。」知止乎其所不能知，至矣。成云：「所不能知者，不强知之，此學之至妙。」若有不卽是者，天鈞敗之。成云：「若不以分内爲是者，斯敗〔一〕自然之性。」

〔一〕「敗」原誤「貶」，據成疏改。

備物以將形，具衆理以順形。藏不虞以生心，宣云：「退藏於不思慮之地，以活其心。」敬中以達彼，敬慎其内智，以達於外。若是而萬惡至者，宣云：「謂災患。」成云：「若文王之拘羑里，孔子之厄匡人。」皆天也，而非人也，宣云：「非我致之。」不足以滑成，不足以亂我之大成。不可内於靈臺。不可令人而擾吾之心。郭云：「靈臺，心也。」靈臺者有持，而不知其所持，而不可持者也。心不可動於物，貴能持之，但當自然而持，而不可有意執持之也。不見其誠己而發，每發而不當，未見其誠身而妄發，雖發必不當。業入而不舍，每更爲失。成云：「業，事也。」案：外事入擾於心而不舍去，雖更變而亦失。姚云：「上己，此也。不見其誠，則皆妄心耳，如此而發，固無當處，若能入矣，而不能久居，反更易爲失，是知及而仁不能守者也。」於義亦通。

爲不善乎顯明之中者，人得而誅之；爲不善乎幽閒之中者，鬼得而誅之。明乎人、明乎鬼者，然後能獨行。郭云：「幽顯無愧於心，故獨行而不懼。」

券内者行乎无名，宣云：「券，契也。得契合乎内。」成云：「無名，道也。履道者，雖行而無名迹。」券外者志乎期費。俞云：「荀子書每用綦字。王霸篇楊注：『綦，極也。』亦或作期。期費，猶言極費。費謂財用。」案：券外者志乎期費，言契合乎外者，志欲窮極其財用也。行乎无名者，唯庸有光；平常而有光輝。志乎期費者，唯賈人也，與賈人何異？人見其跂，猶

之魁然。人見其跂想分外，比之於市魁然。

與物窮者，物入焉；郭注：「窮，謂終始。」宣云：「我與物相終始，則物亦來就。」**與物且者，其身之不能容，焉能容人！**俞云：「且，苟且也。詩東門之枌『穀旦于差』，韓詩旦作且，云：『苟且也。』是重言爲苟且，單言爲且。上文『終始』，是窮極之義，苟且與窮極義正相反。」**不能容人者无親，无親者盡人。**郭云：「盡是他人。」**兵莫憯於志，鏌鋣爲下；**說文：「慘，毒也。」字或作「憯」。慘毒莫甚於心，而兵次之。**寇莫大於陰陽，无所逃於天地之間。**成云：「寇，敵也。」**非陰陽賊之，心則使之也。**郭云：「心使氣，則陰陽徵（俗作「癥」。）結於五藏而所在皆陰陽也，故不可逃。」

道通，其分也，宣云：「凡分必有畛域。道無畛域，故通乎其所分也。」**其成也毁也。**此有所成，則彼有所毁，故道無成毁之分。**所惡乎分者，其分也以備；**分皆求備，故惡分。**所以惡乎備者，其有以備。**其備有者，仍求備不已，故惡備。**故出而不反，見其鬼；**情識外馳而不知反，止見其爲鬼耳。**出而得，是謂得死。**外馳而遂有得，彼自以爲得也，不知是得死耳。**滅而有實，鬼之一也。**其性既滅，雖有形骸之實，自謂生存，吾以爲鬼之一也。**以有形者象无形者而定矣。**人有形質，當作無形質觀，則天君泰定矣。

出无本，道之流行無本根。**入无竅。**道之斂藏無竅隙。**有實而无乎處，**道有實在，而不見其處所。有長而无乎本剽，釋文：「剽，本亦作摽。崔云：『末也。』」案：木枝之遠揚者謂之標，故以訓末。言道之源流甚長，而不見其本末。有所出而无竅者有實。有實而无乎處者，宇也；有所出而無竅隙者，自非無實；雖有實而終無處所者，處乎四方上下之宇也。有長而无本剽者，宙也。雖有長而不見本末者，以古往今來之宙爲之本末也。有乎生，有乎死，有乎出，有乎入，人物有生死，陰陽有出入。入出而無見其形，是謂天門。郭云：「天門者，萬物之都名。謂之天門，猶言衆妙之門。」天門者，无有也，萬物出乎无有。郭云：「以無爲門。」有不能以有爲有，有之未生，非有之所能有。必出乎无有，無能生有。而无有一无有。聖人藏乎是。宣云：「並『無有』二字亦無之，乃衆妙所在也，故聖人藏焉。」古之人，其知有所至矣。惡乎至？有以爲未始有物者，至矣盡矣，弗可以加矣。其次以爲有物矣，以上又見齊物論篇。將以生爲喪也，以死爲反也，成云：「俗人以生爲得，以死爲喪。今欲反於迷精，故以生爲喪，以其無也，以死爲反，反於空寂。雖未盡於衆妙，猶可齊於死生。」是以分已。以同已。郭云：「雖欲均之，然已分矣。」成云：「猶見生死之異。」其次曰始无有，既而有生，生俄而死；以无有爲首，以生爲體，以死爲尻。孰知有无死生之一守者，吾與之爲友。言又次一等人，亦知有無生死之爲一，而守之不疑，孰能知此理者，吾亦與爲友。是三者雖異，郭云：「或有而無之，或有而一之，或分而齊之，故謂三也。此三者，雖盡與不盡，俱能無是非於胸中。」**公族也，**楚公族未受姓，如王子、王孫。**昭、景也，著戴也，**宣云：「此二族，著其所戴之先人爲氏。」**甲氏也，著封也，**「甲」，「中」之誤，宣改，今從之。云此一族是著其所封之邑爲氏。**非一也。**亦如上三者同一原也。

有生，黬也，釋文：「徐於減反。字林云：『釜底黑也。』」宣云：「有生皆出於闇穆，如釜底一抹皆黑，無彼此分別也。」**披然曰移是。**今忽然披曉於人曰「汝當移而從是」，此由我而生是非也。**嘗言移是，**試言之。**非所言也。**宣云：「本不足言。」**雖然，不可知者也。**然世人亦不知此也。**臘者之有膍胲，可散而不可散也；**成云：「臘，大祭。膍，牛百葉。胲，備也，亦言是牛蹄也。臘祭之時，牲牢甚備，至於四肢五藏，並皆陳設。祭事既訖，方復散之，則以散爲可；若其祭未了，則不合散，又以散爲不可。」**觀室者周於寢廟，又適其偃焉，**釋文：「司馬、郭云：『偃，屏側也。』」桂馥云：「屏當爲庰。急就篇『庰厠清圂糞土壤』，顔注：『庰，僻偃之名也。』」郭慶藩云：「偃當作匽。周禮宫人『爲其井匽』，鄭司農云：『匽，路厠也。』燕策『宋王鑄諸侯之象，使侍屏匽』，屏匽即庰厠也。」**爲是舉移是。**請嘗言移是。微物之散否有時，一室之觀覽必悉，爲此而舉及移是，則請試言移是。**是以生爲本，以知爲師，**此以我之生爲根本，以我之心知爲師。**因以乘是非；**因此相乘而起是非。**果有名實，因以己爲質；使人以己爲節，因以死償節。**郭云：「質，主也。」案：果有名實可争，因以己身爲主，使人皆從己以爲節義，因共以死守之，所謂「殺身以成名」也。若然者，以用爲知，以不用爲愚，以徹爲名，以窮爲辱。若然者，非特死生我不自主，卽知愚榮辱亦皆不自主。其舉而用，則我是賢知也；棄而不用，則我是庸愚也；徹而上達，則我爲榮名也；窮而在下，則我爲恥辱也。移是，今之人也，惟以權力移，此今之人也。是蜩與學鳩同於同也。逍遥遊篇言蜩與鷽鳩笑大鵬，是二蟲同一無知也。今人如此，不與二蟲等誚乎！

蹍市人之足，則辭以放驁，釋文：「蹍，女展反。廣雅云：『履也。』」宣云：「辭謝以放肆自引罪。」兄則以嫗，宣云：「蹍兄足則不必辭謝引罪，但煦嫗憐之而已。」大親則已矣。成云：「若父蹋子足，則閔然而已，不復詞費。」宣云：「可知道以相忘爲至也。」故曰：至禮有不人，郭云：「視人若己。」至義不物，郭云：「若得其宜，則物皆我也。」至知不謀，成云：「率性而照。」至仁无親，郭云：「辟之五藏，未曾相親而仁已至矣。」至信辟金。宣云：「不須以金爲質。」

徹志之勃，宣云：「徹，毀。勃，亂也。」解心之繆，成云：「繆，繫縛也。」去德之累，達道之塞。達，通也。富、貴、顯、嚴、名、利六者，嚴，威。勃志也；容、動、色、理、氣、意六者，繆心也；容貌、動作、顔色、詞理、氣息、情意也。惡、欲、喜、怒、哀、樂六者，累德也；去、就、取、與、知、能六者，塞道也。知音智。此四六者不盪胸中則正，郭云：「盪，動也。」正則静，静則明，明則虚，虚則无爲而无不爲也。

道者，德之欽也；道無可見，見其德之流行，則共仰爲有道之人，故曰道者德之欽。**生者，德之光也；**成云：「天地之大德曰生，故生化萬物者，盛德之光華也。」**性者，生之質也。**成云：「質，本也。自然之性，是稟生之本。」**性之動謂之爲，**郭云：「以性自動，故稱爲耳，此乃真爲，非有爲也。」**爲之僞謂之失。**成云：「感物而動，性之欲。僞情，分外有爲，謂之喪道。」**知者，接也；**接物而知之，謂之知。**知者，謨也；**知音智。謨，謀也。見事而慮之，故因謨見智。**知者之所不知，猶睨也。**雖智者有所不知，如目斜視一方，故不能徧，是以用智而偏，不如寂照。

動以不得已之謂德，迫而後動，乃見盛德。**動无非我之謂治，**舍我逐物則亂，反是則治。**名相反而實相順也。**騖名則僞而亂，終至相反；求實則真而治，終無不順。

羿工乎中微而拙於使人无己譽，中微則人譽己，是工拙常相因也。惟大道能無名。**聖人工乎天而拙乎人。**郭云：「任其自然，天也；有心爲之，人也。」**夫工乎天而俍乎人者，唯全人能之。**釋文：「俍音良。」成云：「俍，善也。全人，神人也。」案：聖人謂堯、舜以下，全人謂伏羲以上。**唯蟲能蟲，唯蟲能天。**成云：「鳥飛獸走，能蟲也，蛛網蜣丸，能天也，皆稟之造物，豈仿效之所能致！」案：言蟲之能亦不齊。**全人惡天，惡人之天，而況吾天乎人乎！**人言全人惡天，非惡天也，特惡人之天耳，謂己不順性而僞爲也。若直以人爲天，而使天下皆從己，則更非矣。

一雀適羿，適，遇也。羿必得之，威也；成云：「所獲者少，所逃者多。以威御世，其義亦爾。」以天下爲之籠，則雀無所逃。成云：「大道曠蕩，無不制圍，故以天下爲之籠，則雀無逃處。是知以威取物，深乖大造。」是故湯以胞人籠伊尹，秦穆公以五羊之皮籠百里奚。胞同庖。伊尹以割烹要湯；百里奚自鬻於秦養牲者，五羊之皮，食牛，以要秦穆公。二事皆孟子所斥。是故非以其所好籠之而可得者，无有也。

介者拸畫，外非譽也；郭云：「介，刖也。」崔云：「拸畫，不拘法度也。」俞云：「漢書司馬相如傳注：『拸，自放縱也。』與此拸字義同。穀梁桓六年傳『以其畫我』，公羊傳作『化我』，何注：『行過無禮謂之化。』畫義蓋同。人既刖足，不自顧惜，非譽皆所不計，故不拘法度。」胥靡登高而不懼，遺死生也。胥靡，役作之人。傳説胥靡是也。夫復謵不魄而忘人，釋文：「魄，元嘉本作愧。」郭嵩燾云：「説文：『讋，失氣言也。』『謵，言謵讋〔一〕也。』復謵，謂人語言慴伏以下我。以物與人曰魄，以言語餉人亦曰魄。不魄，謂不報謝。外非譽，遺死生，忘己者也；復謵不魄，忘人者也。」案：復謵不魄，諸解皆非，郭説爲近，下文所謂「敬之而不喜」也。此處疑有奪文，不敢强説。

〔一〕「謵讋」原誤「讋謵」，據説文乙正。

忘人，因以爲天人矣。能忘人，卽可以爲天人，以其近自然也。故敬之而不喜，侮之而不怒者，唯同乎天和者爲然。成云：「忘其逆順。」出怒不怒，則怒出於不怒矣；出於人所怒之事，而我不怒，則有時而怒，仍自不怒出。此孟子所謂「文王一怒」、「武王一怒」也。出爲无爲，則爲出於无爲矣。出於人所爲之地，而我不爲，則有時而爲，仍自無爲出。中庸所謂「無爲而成」，孔子所謂「無爲而治」也。欲靜則平氣，欲神則順心，郭云：「平氣則靜理足，順心則神功至。」有爲也。欲當則緣於不得已，郭云：「緣於不得已，則所爲皆當。」成云：「不得止者，感而後應，分内之事也。」不得已之類，聖人之道。郭云：「聖人以斯爲道，豈求無爲於恍惚之外哉！」

雜篇 徐无鬼第二十四

徐无鬼因女商見魏武侯，釋文：「徐无鬼，魏隱士。司馬本作『緡山人徐无鬼』。」成云：「女姓，商名，魏宰臣。」武侯，名擊。武侯勞之曰：「先生病矣！苦於山林之勞，故乃肯見於寡人。」徐无鬼曰：「我則勞於君，君有何勞於我？君將盈耆欲，長好惡，釋文：「長，丁丈反。」則性命之情病矣；情，實。君將黜耆欲，掔好惡，釋文：「掔，苦田反，又口閑反。崔云：『引去也。』」則耳目病矣。我將勞君，君有何勞於我？」武侯超然不對。司馬云：「超然，猶悵然。」少焉，徐无鬼曰：「嘗語君，吾相狗也。嘗，試。下之質，執飽而止，材質下者，甚飽而止。是狸德也；俞云：「廣雅釋獸：『狸，猫也。』秋水篇曰：『騏驥驊騮，捕鼠不如狸狌。』此本書以狸爲貓之證。御覽引尸子曰：『使牛捕鼠，不如貓狌之捷。』莊子言狸狌，尸子言猫狌，其義一也。狗取飽而止，與猫同，故云是狸德。」中之質，若視日；宣云：「凝然上視。」上之質，若亡其一。釋文：「一，身也。精神不動，若無其身。」吾相狗，又不若吾相馬也。吾相馬，直者中繩，成云：「謂馬前齒。」曲者中鉤，成云：「謂馬項。」方者中矩，成云：「謂馬頭。」圓者中規，成云：「謂馬眼。」是國馬也，國君得之爲上品。而未若天下馬也。天下馬有成材，釋文：「自然已足，不須教習。」若卹若失，釋文：「失音逸。司馬本作佚。李云：『卹、失，皆驚悚若飛也。』」成云：「眼自顧視，既似憂虞；蹄足緩疏，又如奔佚。」若喪其一，成云：「觀其神彩，若忘己身。」若是者，超軼絶塵，不知其所。」所，謂止所。武侯大悦而笑。

徐无鬼出，女商曰：「先生獨何以説吾君乎？説同悦，下同。吾所以説吾君者，横説之則以詩、書、禮、樂，從説之則以金板、六弢，釋文：「司馬、崔云：『金版、六弢，皆周書篇名。』或曰祕讖也。本又作六韜，謂太公六韜，文、武、虎、豹、龍、犬也。版，本又作板。」成云：「横，遠也；從，近也。武侯好武而惡文，故以兵法爲從，六經爲横也。」奉事而大有功者不可爲數，而吾君未嘗啟齒。笑也。今先生何以説吾君，使吾君説若此乎？」徐无鬼曰：「吾直告之吾相狗馬耳。」直，特也。女商曰：「若是乎？」成云：「怪其術淺。」曰：「子不聞夫越之流人乎？蓋當日相傳越之流人有是言也。去國數日，見其所知而喜；去國旬月，或旬或月。見其所嘗見於國中者喜；及期年也，見似人者而喜矣。似鄉里人也。不亦去人滋久，思人滋深乎！滋，愈。夫逃虚空者，司馬云：「故壞冢處爲空虚也。」案：謂墟旁有空處也，故下云「位其空」。藜、藋柱乎鼪、鼬之逕，其地但有鼪、鼬往來徑路，藜、藋森立如柱，極言其荒穢也。藜，蒿也。爾雅「拜，商藋」，郭注：「商藋似藜。」踉位其空，踉蹌而處其空地。

聞人足音跫然而喜矣，成云：「跫，行聲。」而況乎兄〔一〕弟親戚之謦欬其側者乎！李云：「謦欬，喻言笑也。」案：喻武侯有狗馬之好，驟聞而喜，不異流人之見鄉人，逃者之聞骨肉言笑也。久矣夫！莫以真人之言謦欬吾君之側乎！」正人之言，則莫以進君側也。徐无鬼見武侯，武侯曰：「先生居山林，食芧栗，郭慶藩云：「芧，即橡也，一名栩，一名柔，一名采。其實謂之皁，亦謂之樣。今書傳樣皆作橡。芧、柔、杼三字通。此篇『芧栗』，山木篇作『杼栗』。」厭葱韭，厭，足。以賓寡人，賓同擯。久矣夫！今老邪？其欲干酒肉之味邪？李云：「干，求也。」其寡人亦有社稷之福邪？」李云：「謂善言嘉謀，可以利社稷也。」徐无鬼曰：「无鬼生於貧賤，未嘗敢飲食君之酒肉，將來勞君也。」君曰：「何哉？奚勞寡人？」曰：「勞君之神與形。」成云：「形勞神倦，故慰之。」武侯曰：「何謂邪？」徐无鬼曰：「天地之養也一，宣云：「天地之生人皆同。」登高不可以爲長，居下不可以爲短。高、下，貴、賤也。君獨爲萬乘之主，以苦一國之民，以養耳目鼻口，夫神者不自許也。宣云：「心神當有不自得處。」夫神者，好和而惡姦。宣云：「和同物。姦，自私。」夫姦，病也，故勞之。唯君所病之，何也？」宣云：「何故自蹈此病？」武侯曰：「欲見先生久矣。

〔一〕「兄」，集釋本作「昆」。

吾欲愛民而爲義偃兵，可乎？」偃息兵戈，是爲裁制之義。徐无鬼曰：「不可。愛民，害民之始也；名爲愛民，而實役之，是愛卽害之始也。爲義偃兵，造兵之本也。號稱偃兵，敵國潛伺，是偃卽造之本也。君自此爲之，則殆不成。自名入實，近於不成。凡成美，惡器也。凡欲成美名者，惡其滯於器也。君雖爲仁義，幾且僞哉！雖欲成仁成義，不且滯於名器而爲僞哉！形固造形，無形之形，可以造衆形。成固有伐，其名之成，則有功自夸。變固外戰。其事之變，則日與外戰。君必无盛鶴列於麗譙之間，无徒驥於錙壇之宮，李云：「鶴列，謂兵如鶴之列。麗譙，樓觀名。」案：徒驥，猶言步騎。錙壇，宮名。蓋魏有此宮。麗譙之間，錙壇之宮，非可列兵走馬之地，喻令毋騁心兵也。无藏逆於得，順得可也，毋非理妄取，而藏逆於得。无以巧勝人，无以謀勝人，无以戰勝人。三者皆藏逆於得之事。夫殺人之士民，兼人之土地，以養吾私與吾神者，養吾私體，與吾心神。其戰不知孰善？無所謂善。勝之惡乎在？無所謂勝。君若勿已矣，若有不已於斯民之故。修胸中之誠，以應天地之情而勿攖。在吾修己之誠，以順應天地，而勿有所攖擾。夫民死已脱矣，君將惡乎用夫偃兵哉！」如是則民已脱於死亡矣，何用偃兵？

黄帝將見大隗乎具茨之山，釋文：「大隗，神名。司馬云：『具茨，在滎陽密縣東，今名泰隗山。』」方明爲御，昌寓驂乘，張若、謵朋前馬，司馬云：「先馬導。」昆閽、滑稽後車。至於襄城之野，成云：「汝州有襄城縣，在大隗山南。」七聖皆迷，无所問塗。適遇牧馬童子，問塗焉，曰：「若知具茨之山乎？」曰：「然。」「若知大隗之所存乎？」曰：「然。」黄帝曰：「異哉小童！非徒知具茨之山，又知大隗之所存。請問爲天下。」小童曰：「夫爲天下者，亦若此而已矣，亦若此遊於襄城之野而已。又奚事焉？不必更欲多事。予少而自遊於六合之内，予適有瞀病，釋文：「瞀，莫豆反。李云：『風眩貌。』」有長者教予曰：『若乘日之車，司馬云：「以日爲車也。」郭云：「日出而遊，日入而息。」而遊於襄城之野。』今予病少痊，予又且復遊於六合之外。夫爲天下，亦若此而已。予又奚事焉？」言非我所事也。黄帝曰：「夫爲天下者，則誠非吾子之事。雖然，請問爲天下。」小童辭。黄帝又問。小童曰：「夫爲天下者，亦奚以異乎牧馬者哉？亦去其害馬者而已矣。」見害於馬者去之，使馬得全其天也。黄帝再拜稽首，稱天師而退。已見大隗矣。

知士无思慮之變則不樂，辯士无談説之序則不樂，察士无淩誶之事則不樂，俞云：「禮鄉飲酒鄭注：『察，猶察察，嚴殺之貌。』老子『俗人察察』，河上公注：『察察，急且疾也。』察有嚴急之意，故以淩誶爲樂。李云：『淩，謂相淩轢。』廣雅：『誶，問也。』」皆囿於物者也。務自見其能，此爲物事所囿也。招世之士興朝，招致世人，相與共濟，此務興其朝者也。中民之士榮官，士僅中庸，持禄保位，此但榮其官者也。筋力之士矜難，筋力强壯，遇難則矜。勇敢之士奮患，性情勇敢，見患則奮。兵革之士樂戰，久於兵革，以戰爲樂。枯槁之士宿名，山林枯槁，留戀名高。法律之士廣治，講求法律，思廣治術。禮教之士敬容，束身禮教，敬飾容儀。仁義之士貴際。施用仁義，貴在交際。農夫无草萊之事則不比，商賈无市井之事則不比。成云：「比，和樂。古者因井爲市，故謂之市井。」庶人有旦暮之業則勸，庶人偶有旦暮與共之事，相聚爲業則競勸。百工有器械之巧則壯。器械巧便，工良費少，其氣自壯。錢財不積則貪者憂，權勢不尤則夸者悲。尤，異於衆。夸，矜驕也。勢物之徒樂變，遭時有所用，不能无爲也。物，事也。逞勢生事之徒，喜樂禍變，遭時而後有所用，其人不能安静。此皆順比於歲，不物於易者也，順歲時相追逐，無一息之停，各自囿於一物，不能相易。馳其形性，二者並馳。潛之萬物，宣云：「潛，汩没也。」終身不反，悲夫！

莊子曰：「射者非前期而中，謂之善射，成云：「期，準的也。射無期準而誤中一物，卽以爲善射。」天下皆羿也，可乎？」惠子曰：「可。」莊子曰：「天下非有公是也，而各是其所是，天下皆堯也，可乎？」成云：「各私其是，故無公是。」郭云：「若謂謬中者羿也，則私自是者亦可謂堯矣。」莊子以此明妄中者非羿，而自是者非堯。」惠子曰：「可。」宣云：「惠子亦自是者，故以爲可。」莊子曰：「然則〔二〕，儒、墨、楊、秉四，與夫子爲五，果孰是邪？」成云：「儒，姓鄭，名緩。墨名翟。楊名朱。秉者，公孫龍字。增惠施爲五，各相是非，用誰爲是？若天下皆堯，何爲五復相非乎？」或者若魯遽者邪？李云：「姓魯，名遽，周初人。」案：下引魯事。其弟子曰：『我得夫子之道矣，吾能冬爨鼎而夏造冰矣。』成云：「冬取千年燥灰以擁火，須臾出火，可以爨鼎；盛夏以瓦瓶盛水，湯中煮之，縣瓶井中，須臾成冰也。」魯遽曰：『是直以陽召陽，以陰召陰，成云：「千年灰，陽也，火又陽也，此以陽召陽；井中，陰也，水又陰也，此以陰召陰。」非吾所謂道也。吾示子乎吾道。』於是爲之調瑟，廢一於堂，廢一於室，鼓宮宮動，鼓角角動，音律同矣。宣云：「舉宮角以該五音。」弟子言氣之相召者，遽示以音之相動者。廢，置也。置一瑟於堂，置一瑟於室，相去異地，鼓之而宮角相應，律無不同。此遽自謂是道者也。」夫或改調一弦，於五音无當也，鼓之二十五弦皆動，未始異於聲，而音之君已。宣云：「莊子駁魯遽之道未足爲異也。言無論二瑟五音相應，姑就一瑟言之，當其本調既成，五音各有定弦，今或改調一弦，而爲變調，則於本調之五音移動而無當也，宜不相應矣。乃鼓之而二十五弦亦隨之而變，無不相應，此豈於五音之外有異聲哉？蓋五音可旋相爲宮，今所

〔二〕「然則」二字，據集釋本補。

改一弦，便是變調之宫，如君主然，則餘弦自隨之而動也。夫一瑟之閒，又是變調，無不相應如此，則二瑟五音之上，其相應尤理之常然，何足異乎？今遽以此誇其弟子，自謂積微，不知五音之相動與二氣之相召有以異乎？可見在人則見以爲非，在己則見以爲是，究之相等耳。」**且若是者邪？**」宣云：「惠與四人各是所是，究無公是，毋乃如魯遽邪？」**惠子曰：「今夫儒、墨、楊、秉，且方與我以辯，**五家相與辯論。**相拂以辭，相鎮以聲，**以言辭相拂拭，以聲譽相鎮定。**而未始吾非也，則奚若矣？」**宣云：「言四家皆不以我爲非，則何如矣？」郭云：「未始吾非者，各自是也。惠子便欲以此爲至。」**莊子曰：「齊人蹢子於宋者，其命閽也不以完，**宣云：「蹢與躑同。齊人殘其子足，使蹢躅於宋，命爲彼閽人，蓋爲閽不以完人也。」郭云：「此齊人之不慈，然亦自以爲是，故爲之。」**其求鈃鍾也以束縛，**釋文：「字林云：『鈃，似小鍾而長頸。』又云：『似壺而大。』」郭云：「乃反以愛鍾器爲是。束縛，恐其破傷。」姚云：「鈃上求字衍。」**其求唐子也而未始出域，有遺類矣夫！**郭云：「唐，失也。失亡其子，而不能遠索；遺其氣類，而未始自非。人之自是，有斯謬矣。」俞云：「夫字上屬，與左襄二十四年傳『有令德也夫』、『有令名也夫』句法相似。」今從之。**楚人寄而蹢閽者，**俞云：「蹢，當讀爲謪。方言：『謪，怒也。』廣雅：『謪，責也。』楚人寄而謪閽者，謂寄居人家而怒謪其閽者也。」案：自來注家，就本文解釋，與下文連爲一事，萬無可通之理。此「蹢」字緣上「蹢」字而誤。今斷從俞説。**夜半於无人之時**

而與舟人鬭，未始離於岑，而足以造於怨也。」郭云：「岑，岸也。齊、楚二人所行若此，未嘗自以爲非。今五子自是，豈異斯哉！」宣云：「離同麗。」案：夜半無人之時，舟未著岸而與舟人鬭，將有性命之虞，與寄而謫閽之事，皆足以造怨也。

莊子送葬，過惠子之墓，顧謂從者曰：「郢人堊慢其鼻端若蠅翼，使匠石斲之。匠石運斤成風，聽而斲之，釋文：「慢，本亦作漫。『郢人』，漢書音義作『獶人』，服虔曰：『獶人，古之善塗塈者，施廣領大袖以仰塗，而領袖不污，有小飛泥誤著其鼻，因令匠石揮斤而斲之。』獶音饒，韋昭乃回反。」成云：「堊，白善土也。漫，汙也。」案：聽而斲之，祇是放手爲之之義。當局本極審諦，旁人見若不甚經心，故云聽耳。而郭象以爲「瞑目恣手」，失之遠矣。石，匠人名。盡堊而鼻不傷，郢人立不失容。宋元君聞之，召匠石曰：『嘗試爲寡人爲之。』匠石曰：『臣則嘗能斲之。雖然，臣之質死久矣。』宣云：「質，施技之地，謂郢人也。」自夫子之死也，吾无以爲質矣，吾无與言之矣。」夫子，謂惠。莊、惠行事不同，而相投契，惠死而莊無可與縱言之人，是以歎也。

管仲有病，桓公問之曰：「仲父之病病矣，列子力命篇作「疾矣」，言病甚也。可不謂云，力命篇作「可不諱云」，言不可復諱而不言也。「謂」字誤。至於大病，則寡人惡乎屬國而可？」管仲曰：「公誰欲與？」公曰：「鮑叔牙。」曰：「不可。其爲人，絜廉善士也，其於不己若者不比之，不似己清潔者不與爲友，嫉惡太嚴也。力命篇作「不比之人」，不以人比數也。下文「又」字，蓋「人」字之誤。又一聞人之過，終身不忘。念舊惡。使之治國，上且鉤乎君，釋文：「鉤，反也。亦作拘。」宣云：「亦逆意。」下且逆乎民。其得罪於君也，將弗久矣。」公曰：「然則孰可？」對曰：「勿已，則隰朋可。其爲人也，上忘而下畔，力命篇「畔」上有「不」字，是。此脱。宣云：「上忘者，不自矜其能，故在己上者與之相忘。下不畔者，汎愛衆，故在己下者不忍畔之。」張湛注：「居高而自忘，則不憂下之離畔。」愧不若黄帝而哀不己若者。張注：「慚其道之不及聖，矜其民之不逮己，故能無棄人也。」以德分人謂之聖，以財分人謂之賢。以賢臨人，未有得人者也；臨人而自賢，人所不與也。以賢下人，未有不得人者也。張注：「與物升降者，物必歸。」其於國有不聞也，其於家有不見也。宣云：「不事察察。」勿已，則隰朋可。」

吴王浮於江，登乎狙之山。衆狙見之，恂然棄而走，逃於深蓁。成云：「恂，怖懼。蓁，棘叢。」有一狙焉，委蛇攫𢺳，見巧乎王。釋文：「𢺳，本又作搔，素報反。徐本作搎，七活反。司馬本作條。」成云：「委蛇，從容。攫搎，騰擲也。」王射之，敏給搏捷矢。俞云：「敏、給二字同義。後漢酈炎傳〔一〕『言論給捷』，李注：『給，敏也。』敏給當以狙言，謂狙性敏給，能搏接矢也。舊注以敏給屬王射言，非。捷、接古字通。」王命相者趨射，狙執死。司馬云：「相，佐王獵者也。執死，見執而死也。」王顧謂其友顏不疑曰：「之狙也，伐其巧、恃其便，捷也。以敖予，敖、傲同。以至此殛也。殛，死也。戒之哉！嗟乎，无以汝色驕人哉！」色，猶言意態。顏不疑歸而師董梧，釋文：「董梧，有道者也。」以助其色，釋文：「助，本亦作鋤。」成云：「除去也。」去樂辭顯，屏去聲樂，辭謝榮顯。三年而國人稱之。

南伯子綦隱几而坐，仰天而噓。南伯，即南郭，伯、郭聲近通用字。事又見齊物論篇，「几」作「机」。顏成子入見曰：「夫子，物之尤也。宣云：「言其出類拔萃。」案：齊物論篇作「何居乎」。形固可使若槁骸，心固可使若死灰乎？」齊物論篇作「槁木」，庚桑楚篇作「槁木之枝」。此與知北遊作「槁骸」，猶言槁枝也。以下異。曰：「吾嘗居山穴之中矣。當是時也，田禾一覩我，而齊國之衆三賀之。釋文：「齊君尊德，故國人慶之。」盧云：「田禾，即齊太公和。」我必先之，彼故知之；我名先著，彼乃知之，是我賣而彼鬻之也。我必賣之，彼故鬻之。若我而不有之，自有其名。彼惡得而知之？若我而不賣之，彼惡得而鬻之？

〔一〕「傳」原誤「注」，據後漢書改。

嗟乎！我悲人之自喪者，宣云：「逐外喪真。」**吾又悲夫悲人者，**宣云：「又自喪也。」**吾又悲夫悲人之悲者，**宣云：「亦自喪也。」**其後而日遠矣。」**宣云：「衆心盡遣，乃有此槁木死灰之象。」

仲尼之楚，楚王觴之，孫叔敖執爵而立，市南宜僚受酒而祭曰：「古之人乎！於此言已。」釋文：「左傳，孫叔敖是楚莊王相，孔子未生。哀公十六年仲尼卒後，白公爲亂，宜僚未嘗仕楚。又宣十二年傳，楚有熊相宜僚，與叔敖同時，去孔子甚遠。蓋寄言也。」成云：「古人飲必先祭，宜僚瀝酒祭，故祝聖人。」宣云：「燕會之際，正乞言憲道時也。蓋二子導孔子使言。」**曰：「丘也聞不言之言矣，未之嘗言，於此乎言之。**前此未嘗言不言之言，乃今言之。**市南宜僚弄丸而兩家之難解，**司馬云：「宜僚，楚勇士也，善弄丸。白公將作亂，殺子西。子期、石乞曰：『市南有熊宜僚者，若得之，可以當五百人。』往告，不許；承之以劍，不動，弄丸如故，曰：『吾亦不泄子。』白公遂殺子西。子期歎息兩家而已，宜僚不預其患。」案：言「難解」，非也。或記載有異。**孫叔敖甘寢秉羽而郢人投兵。**司馬云：「叔敖安寢恬卧，養德於廟堂之上，折衝於千里之外，敵國不敢犯，郢人投兵，無所攻伐。郢，楚都也。」釋文：「羽，雩舞者之所執。」案：淮南主術訓「昔孫叔敖恬卧而郢人無所害其鋒」，與此文意同。（「害」，王氏雜志正作「用」。）**丘願有喙三尺。」**能言之具，願有之而已。引孔子語畢。**彼之謂不道之道，**彼，謂宜僚。叔敖難解兵投，不煩論說，是不言之道也。此之謂不言之辯〔一〕。故德總乎道之所一，無論行德若何，期於合道，一而已矣。而言休乎知之所不知，至矣。上知音智。止其分，卽至矣。道之所一者，德不能同也；宣云：「非見德者所能同。」知之所不能知者，辯不能舉也。宣云：「非善辯者所能舉。」名若儒、墨而凶矣。宣云：「以名相標，凶德也。」故海不辭東流，大之至也。聖人并包天地，澤及天下，而不知其誰氏。是故生无爵，郭云：「有而無之。」死无謚，成云：「生既以功推物，故死亦無可謚。」實不聚，郭云：「令萬物各知足。」名不立，此之謂大人。狗不以善吠爲良，人不以善言爲賢，而況爲大乎！郭云：「大愈不可爲而得。」夫爲大不足以爲大，而況爲德乎！郭云：「唯自然乃德耳。」夫大備矣，莫若天地；然奚求焉，而大備矣。天地何求，自無不備。知大備者，无求、无失、无棄，不以物易己也。宣云：「己貴於物故也。」反己而不窮，自然不窮。循古而不摩，順古道而行，無須摩飾。大人之誠。實也。

子綦有八子，陳諸前，召九方歅曰：「爲我相吾子，孰爲祥？」九方歅曰：「梱也爲祥。」子綦瞿然喜曰：「奚若？」曰：「梱也將與國君同食以終其身。」子綦索然出

〔一〕「此之謂不言之辯」句，據集釋本補。

涕曰：索然，涕下連綿之貌。「吾子何爲以至於是極也！」哀其不幸。九方歅曰：「夫與國君同食，澤及三族，而況父母乎？今夫子聞之而泣，是禦福也。釋文：「禦，距也。」子則祥矣，父則不祥。」子綦曰：「歅！汝何足以識之？而梱祥邪，盡於酒肉，入於鼻口矣。言汝何謂梱祥邪？夫所謂祥者，特鼻入酒肉之香，口入酒肉之味，二者盡之矣。而何足以知其所自來？其所自來，皆虐取於民者。吾未嘗爲牧而牂生於奧，未嘗好田而鶉生於宎，若勿怪，何邪？釋文：「爾雅云：『牂，牝羊也。』奥，西南隅，未地也。宎，字又作窔，司馬云：『東北隅也。』一云東南隅。」盧云：「釋宫：『東南隅謂之窔。』東北隅乃宧也。」案：牂所自來，牧也；鶉所自來，田也。未田、牧而有牂、鶉，雖非如國君之取於民，亦必有由而至，汝未嘗一怪問，何邪？吾所與吾子遊者，遊於天地。逍遥遊也。吾與之邀樂於天，吾與之邀食於地；邀同徼。義具庚桑楚篇，彼「邀」作「交」。吾不與之爲事，不與之爲謀，不與之爲怪；庚桑楚篇大同。吾與之乘天地之誠而不以物與之相攖，上文「修胸中之誠，以應天地之情而勿攖」，與此義相應。吾與之一委蛇而不與之爲事所宜。吾一與之順應，而不必擇事所宜者爲之。凡此皆與吾子修道之實也。今也然有世俗之償焉！吾子不爲世俗酒肉之人，而今也居然有世俗酒食之報，可怪也！凡有怪徵者，必有怪行。宣云：「此常事也。」殆乎！非我與吾子之罪，幾天與之也！吾是以泣也。」宣云：「今無怪行，而有怪徵，殆非我與吾子之罪，幾於天危我家乎！是以泣也。无幾何而使梱之於燕，盜得之於道，全而鬻之則難，不若刖之則易，郭云：「全恐其逃，不若刖之易售也。」於是乎刖而鬻之於齊，適當渠公之街，然身食肉而終。宣云：「渠公，蓋齊所封國，如楚葉公之類。適當君門之街爲閽者，故曰與國君同食也。」

齧缺遇許由，曰：「子將奚之？」曰：「將逃堯。」曰：「奚謂邪？」曰：「夫堯，畜畜然仁，王云：「畜畜，愛卹勤勞之貌。」吾恐其爲天下笑。後世其人與人相食與！釋文：「言相〔一〕馳走於仁義，不復營農，飢則相食。」案：語又見庚桑楚篇。夫民不難聚也，愛之則親，利之則至，譽之則勸，致其所惡則散。愛利出乎仁義，捐仁義者寡，利仁義者衆。夫仁義之行，唯且无誠，郭云：「仁義既行，將僞以爲之。」且假乎禽貪者器〔二〕。且以利器假禽貪者。宣云：「如禽者之貪得，猶貪漁也，即重利盜跖意。」是以一人之斷制利天下，譬之猶一覕也。釋文：「司馬云：『覕，暫見貌。』又甫莅反，又普結反。」宣云：「一人之斷制，所見有限，猶目之一瞥，豈能盡萬物之情乎？」夫堯知賢人之利天下也，而不知其賊天

〔一〕「相」，釋文及集釋所引均作「將」。
〔二〕「器」字，據集釋本補。

下也，夫唯外乎賢者知之矣。」宣云：「惟不矜賢者，始知有心之賊天下。」

有暖姝者，釋文：「暖，柔貌。姝，妖貌。」有濡需者，釋文：「濡需，謂偷安須臾之頃。」有卷婁者。釋文：「卷婁，猶拘攣也。」所謂暖姝者，學一先生之言，則暖暖姝姝而私自説也，説同悦。自以爲足矣，而未知未始有物也，成云：「不知所學，未有一物可稱。」是以謂暖姝者也。濡需者，豕蝨是也。擇疏鬣，成云：「疏長之毛鬣。」自以爲廣宫大囿，奎蹏曲隈，乳閒股脚，自以爲安室利處，釋文：「奎，本亦作睽。」郭慶藩云：「曲隈，蓋謂胯内。淮南覽冥訓高注：『隈，曲深處。』左僖二十五年傳杜注：『隈，隱蔽之處。』是知言隈者，皆在内曲深之謂。」不知屠者之一旦鼓臂、布草、操煙火，而己與豕俱焦也。此以域進，此以域退，進退滯於境域。此其所謂濡需者也。卷婁者，舜也。羊肉不慕蟻，蟻慕羊肉，羊肉羶也。舜有羶行，百姓悦之，故三徙成都，至鄧之虚而十有萬家。釋文：「向云：『鄧，邑名。』虚，本又作墟。」堯聞舜之賢，舉之童土之地，向云：「童土，地無草木也。」曰冀得其來之澤。云望得舜來而施澤也。舜舉乎童土之地，年齒長矣，聰明衰矣，而不得休歸，所謂卷婁者也。是以神人惡衆至，超世之神人，則不願衆附。衆至則不比，衆至則不與親比。不比則不利也。宣云：「不與親比，則人亦不以爲利而就之。」故无所甚親，无所甚疏，抱德煬和，釋文：「煬，徐餘亮反。李云：『煬，炙也。爲和氣所炙。』」以順天下，此謂真人。

於蟻棄知，於魚得計，於羊棄意。郭嵩燾云：「蟻之附羶也，有利而趨之，卽其知也；羊之羶也，與以可歆之利，卽其意也。蟻無知而有知，羊無意而有意，當兩棄之。魚相忘於江湖，人相忘於道德，何羶之可慕哉！故曰於魚得計。」

以目視目，不外視。以耳聽耳，不外聽。以心復心，不外用。若然者，其平也繩，成云：「無心而正物。」其變也循。循，順也。與變推移。

古之真人，以天待之，成云：「用自然之道，虛其心以待物。」宣云：「之，當作人。」是。不以人入天。成云：「不以人事變天然之知。」古之真人。姚云：「覆言真人以美之。」

得之也生，失之也死；得之也死，失之也生。得自然則生，失自然則死；得外榮則死，失外榮則生。藥也，其實堇也，司馬云：「烏頭。」桔梗也，雞廱也，司馬云：「卽雞頭，一名芡。」豕零也，司馬云：「一名豬苓。」是時爲帝者也，藥有君臣，此數者，視時所宜，迭相爲君。何可勝言！

句踐也以甲楯三千，棲於會稽。唯種也能知亡之所以存，宣云：「明於謀國。」唯種也不知身之所以愁。暗於全身。故曰：鴟目有所適，成云：「適夜不適晝。」鶴脛有所節，解之也悲。以長爲節，去之則悲。故曰：風之過河也有損焉，日之過河也有損焉。宣云：「吹曬能令水耗。」請只風與日相與守河，而河以爲未始其攖也，恃源而往者也。

試請風、日常守河上，而河以爲未始擾而損之，何也？以河源長遠，有所恃而往也。釋文：「恃，本亦作持。」**故水之守土也審，影之守人也審，物之守物也審。**物各守其類，言皆止而不移。**故目之於明也殆，耳之於聰也殆，心之於殉也殆。**用有時而竭。**凡能其於府也殆，**凡藏府之有能者，亦皆危殆。**殆之成也不給改。**不能自反，及殆之已成，雖欲改而不給矣。**禍之長也茲萃，**禍患之長，多聚於人身。**其反也緣功，**其反於自然，皆緣功力。**其果也待久。**其果決自反，亦待積久。**而人以爲己寶，**而人以耳目心藏府爲身之寶，務竭其用，而不悟其日損。**不亦悲乎！故有亡國戮民无已，**所以亡國戮民相續於世。**不知問是也。**皆由於此，不一審問也。姚云：「是者，源也。」**故足之於地也踐，雖踐，恃其所不蹍而後善博也；**踐、蹍，皆履也。博，廣遠也。言足得地踐之，雖地任其踐，恃有不蹍者在，而後能善致其博遠也。**人之於知也少，雖少，恃其所不知而後知天之所謂也。**人之於知，每苦其少，然知雖少，恃有不知者在，而後知天道之自然。不知，即真知也。**知大一，知大陰，知大目，知大均，知大方，知大信，知大定，至矣。**宣云：「知此方爲真知，他何足云！」**大一通之，**成云：「大一，天也。能通生萬物，故曰通。」**大陰解之，**成云：「大陰，地也。」宣云：「解紛擾。」**大目視之，**務見其大。**大均緣之，**成云：「緣，順也。」郭云：「順其本性，令各自得，則大均也。」**大方體之，**郭云：「體之使各得其分，則萬方俱得，所以爲大方也。」**大信稽之，**成云：「稽，至也。循而任之，各至其實，斯大信也。」大定持之。郭云：「真不撓則自定，故持之以大定。」

盡有天，成云：「上七大，未有不由自然者。」循有照，成云：「順其自然，智自明照。」冥有樞，窈冥不言中，自有樞機。始有彼。大始之中，而彼我之端已見。則其解之也似不解之者，郭云：「解之無功，故似不解。」其知之也似不知之也，成云：「能忘其知，故似不知也。」不知而後知之。不知而後爲真知。其問之也，不可以有崖，問道無方。而不可以無崖。爲道固有方。頡滑有實，向云：「頡滑，謂錯亂也。」案：物物各有實理。古今不代，郭云：「各自有故，不可相代。」而不可以虧，郭云：「宜各盡其分。」則可不謂有大揚搉乎！成云：「其道廣大，豈不謂顯揚妙理而搉實論之乎？」闔不亦問是已，奚惑然爲！宣云：「闔同曷。」案：言曷不推問此理，爲惑然爲乎！姚讀「盡有天循」句，「有照冥」句，「有樞始」句，「有彼則」句，釋云：「天循者，常無以知其妙也；照冥者，常有以知其徼也。天循爲體，故有樞始；照冥爲用，故有彼則。言因彼爲則，無常則也。此非必其人也，人盡有之，特知解者鮮耳。而又不可以知解求也，故問者難而又不可不問。此理真實不虛，盍不問而終身惑乎！」今併取之。以不惑解惑，復於不惑，是尚大不惑。今以我之不惑，解人之惑，以反於不惑，是尚爲大不惑也。

莊子集解卷七

雜篇　則陽第二十五

則陽游於楚，成云：「姓彭名陽，字則陽，魯人。」**夷節言之於王，王未之見，夷節歸。**成云：「夷姓，名節，楚臣。王，楚文王也。」**彭陽見王果曰：「夫子何不譚我於王？」**司馬云：「王果，楚賢人。」李云：「譚，説也。」**王果曰：「我不若公閱休。」**釋文：「公閱休，隱士也。」**彭陽曰：「公閱休奚爲者邪？」曰：「冬則擉鼈於江，**司馬云：「擉，刺也。」**夏則休乎山樊。**釋文：「廣雅云：『樊，邊也。』」司馬云：「『以隱居山陰自顯。』」郭云：「言此者，以抑彭陽之進趣。」**有過而問者，曰：『此予宅也。』**」**夫夷節已不能，而況我乎！吾又不若夷節。**爲人又不相似。**夫夷節之爲人也，无德而有知，**同智。**不自許，以之神其交，**不以氣誼自許與，惟以推薦神其交結之術。**固顛冥乎富貴之地，**固顛倒冥蒙於富貴之地。**非相助以德，相助消也。**非能以德相助，相助以消德也。**夫凍者假衣於春，**凍者逢春，不啻假之以衣。**暍者反冬乎冷風。**釋文：「字林云：『暍，傷暑也。』」若得冷風，則不啻反爲冬時。**夫楚王之爲**

人也，形尊而嚴，其於罪也，无赦如虎，暴戾如此。非夫佞人、正德，其孰能撓焉！王云：「佞人以才辯奪之，正德以至道服之，否則不撓屈也。」故聖人，上文「正德」，此文「聖人」，皆謂公閱休。其窮也使家人忘其貧，其達也使王公忘其爵禄而化卑。郭云：「失其所以爲高。」其於物也，與之爲娱矣；其於人也，樂物之通而保己焉。成云：「混迹人間而無滯塞，雖復通物而不喪我。」故或不言而飲人以和，郭云：「人各自得，斯飲和矣，豈待言哉！」與人並立而使人化。郭云：「望其風而靡。」父子之宜，彼其乎歸居，彼其，猶詩云「彼其之子」也。歸居，猶言安居。易云「父父子子而家道正，正家而天下定」，即其義也。而一閒其所施。既歸隱不出，則所施於物者爲之一閒也。釋文：「閒音閑。」其於人心者，若是其遠也。其清高遠於人心。故曰待公閱休。」郭云：「欲其釋楚王而從閱休，將以静泰之風鎮其動心也。」

聖人達綢繆，周盡一體矣，聖人自愛其身，由中達外，周至無閒。而不知其然，性也。不知其然而然，出於性也。復命摇作而以天爲師，人則從而命之也。作，動也。或有摇動，皆復其本命，而以己之天爲師，人不過從而命之。憂乎知而所行恒无幾時，其有止也若之何？知貴能行，專以知爲憂而所行無幾時，甫行又止，吾將若之何哉？言行不可有止。生而美者，人與之鑑，人告以美，不啻予以鏡也。不告則不知其美於人也。若知之，若不知之，若聞之，若不聞之，其可喜也終无已，人之好之亦无已，性也。以上借美爲喻。聖人之愛人也，人與之名，奉以至仁之名。不告則不知其愛人也。若知之，若不知之，若聞之，若不聞之，其愛人也終无已，人之安之亦无已，性也。循性而行，貴在無已。

舊國舊都，望之暢然；宣云：「以故鄉喻本性。」雖使丘陵草木之緡，郭云：「緡，合也。」姚云：「緡乃芒昧不分明之意。在宥篇『當我緡乎』同此解。」入之者十九，猶之暢然。況見見聞聞者也？俞云：「入，謂入於丘陵草木掩蔽之中也。入之者十九，則其出外而可望見者十之一耳，而猶覺暢然喜悅，況見所嘗見，聞所嘗聞者乎？」以十仞之臺縣衆閒者也！俞云：「猶以十仞之臺，懸衆人耳目之閒，無不共見共聞，其暢然更可知。」

冉相氏得其環中以隨成，俞云：「路史循蜚紀有冉相氏。」郭云：「居空以隨物，而物自成。」案齊物論篇：「樞始得其環中，以應無窮。」與物无終无始，无幾无時日。成云：「無始，無過去。無終，無未來。無幾無時，無見在。」案：「日」字當屬上讀。與物化者，一不化者也，郭云：「與物化，故常無我；常無我，故常不化也。」案：語又見知北遊篇。闔嘗舍之！闔同曷。成云：「與化俱往，曷嘗暫舍也！」夫師天而不得師天，與物皆殉，其以爲事也若之何？夫欲師天之自然而卒不得，以致與物皆殉，其以應物爲事也究如何？夫聖人未始有天，未始有人，未始有始，未始有物，宣云：「無心若此。」與世偕行而不替，所行之備而不洫，王云：「洫，敗壞也。」案：與物偕行而無所替廢，所行皆備而無所敗壞，所謂「無爲而無不爲」

也。**其合之也若之何？**其無心而合道也又如何？兩言「若之何」，欲人之自審擇。

湯得其司御門尹登恆爲之傅之，宣云：「司御門尹，官名。」向云：「登恆，人名。」成云：「殷湯忘物，得良臣爲師傅，端拱而不爲也。」案：司御門尹，當是兩官，疑「御」下或有奪文，故郭云「委之百官而不與」也。不止一師，故下云「從師而不囿」。**從師而不囿，得其隨成；**宣云：「從師而不囿於師，得環中隨成之道。」**爲之司其名之名，**成云：「推功司御，名不在己。」**嬴法得其兩見。**成云：「嬴然，無心也。見，顯也。」案：無師法而君臣兩顯，所謂「以其君顯」也。**仲尼之盡慮，爲之傅之。**郭云：「仲尼曰：『天下何思何慮！』慮已盡矣。」宣云：「當以仲尼爲師而化之。」

容成氏曰：「除日无歲，郭云：「今所以有歲而存日者，爲有死生故也。若無死無生，則歲日之計除。」案：淮南本經訓高注：「容成氏，黄帝時造曆日者。」**无内无外。」**成云：「内，我也；外，物也。爲計死生，故有内外。歲日既遣，物我何施！」姚云：「除日無歲，積少以爲多也。無内無外，積微以成著也。此古之格言。」

魏瑩與田侯牟約，司馬云：「瑩，惠王。牟，齊威王。」**田侯牟背之。魏瑩怒，將使人刺之。犀首聞而恥之，曰：「君爲萬乘之君也，而以匹夫從讎！**釋文：「犀首，魏官名。司馬云：『若今虎牙將軍，公孫衍爲此官。』」**衍請受甲二十萬，爲君攻之，虜其人民，係其**

牛馬，使其君内熱發於背，然後拔其國。忌也出走，田忌也。然後抶其背，折其脊。」釋文：「三蒼云：『抶，擊也。』」季子聞而恥之，曰：釋文：「季子，魏臣。」「築十仞之城，城者既十仞矣，則又壞之，俞云：「下十乃七之誤。七仞去十仞不遠，城基已厚。若既十仞，直謂之已成可耳。此與下文『兵不起七年，是王之基』，對文爲喻，十當作七無疑。」此胥靡之所苦也。成云：「胥靡，徒役人也。」今兵不起七年矣，此王之基也。衍亂人，不可聽也。」宣云：「胥靡尚惜已築之城，犀首乃欲傾可王之基，此亂人也。」華子聞而醜之，曰：釋文：「華子，亦魏臣。」「善言伐齊者，亂人也；成云：「善，巧。」善言勿伐者，亦亂人也；謂伐之與不伐亂人也者，又亂人也。」成云：「此華子自道之詞。」宣云：「猶未免營心於事也。」王曰：「然則若何？」曰：「君求其道而已矣。」宣云：「道與太虛同體，王業且不足言，況騁怒乎！」惠子聞之而見戴晉人。釋文：「晉人，梁國賢人，惠施薦之魏王。」戴晉人曰：「有所謂蝸者，君知之乎？」釋文：「蝸音瓜。李云：『有兩角，俗謂之蝸牛。』三蒼云：『小牛螺也。俗名黃犢。』」曰：「然。」「有國於蝸之左角者曰觸氏，有國於蝸之右角者曰蠻氏，時相與争地而戰，伏尸數萬，逐北旬有五日而後反。」君曰：「噫！其虚言與？」曰：「臣請爲君實之。君以意在四方上下有窮乎？」蘇輿云：「在，猶察也。」君曰：「无窮。」曰：「知遊心於无窮，而反在通達之國，若存若亡乎？」郭云：「人迹所及爲通達，謂今四海之内也。」成云：「語其大小，可謂如有如無。」君曰：「然。」曰：「通達之中有魏，於魏中有梁，成云：「昔在河東，國號爲魏，爲秦所逼，徙都於梁。」於梁中有王。王與蠻氏，有辯乎？」君曰：「无辯。」客出，而君惝然若有亡也。釋文：「惝，惘也。」如有所失。客出，惠子見。上言「客出」，此「客出」二字當衍。君曰：「客，大人也，聖人不足以當之。」成云：「晉人所談，其理宏博，堯、舜聖人之行，不足以當之。」惠子曰：「夫吹筦也，猶有嗃也；釋文：「嗃，許交反，管聲也。」吹劍首者，吷而已矣。釋文：「吷音血，又呼悅反。司馬云：『劍首，謂劍環頭小孔也。吷然如風過。』」堯、舜，人之所譽也；道堯、舜於戴晉人之前，譬猶一吷也。」

孔子之楚，舍於蟻丘之漿。李云：「蟻丘，山名。賣漿家。」其鄰有夫妻臣妾登極者，司馬云：「極，屋棟也。升之以觀。」子路曰：「是稯稯何爲者邪？」釋文：「稯，本亦作總。」成云：「衆聚也。」仲尼曰：「是聖人僕也。成云：「古者淑人君子均號聖人，故孔子名宜僚爲聖人。言衆多者是市南宜僚之僕隸也。」是自埋於民，郭云：「與民同。」自藏於畔。王云：「隱藏於壠畔。」其聲銷，其志无窮，志在大道。其口雖言，其心未嘗言，心恆凝寂。方且與世違而心不屑與之俱。成云：「心迹俱異。」是陸沈者也，宣云：「無水而自沈也。」是其市南宜僚邪？」子路請往召之。孔子曰：「已矣！彼知丘之著於己也，成云：「著，明識也。」知丘之適楚也，以丘爲必使楚王之召己也，彼且以丘爲佞人也。夫若然者，其於佞人也羞聞其言，而況親見其身乎！必不相見。而何以爲存？」宣云：「言必避去。」子路往視之，其室虛矣。

長梧封人問子牢曰：釋文：「長梧，地名。封人，守封疆之人。司馬云：『子牢，卽琴牢，孔子弟子。』」「君爲政焉勿鹵莽，治民焉勿滅裂。司馬云：「鹵莽，猶麤粗也，謂淺耕稀種也。滅裂，斷其草也。」盧云：「麤，千奴反；粗，才古反。二字古多連用。繁露俞序篇：『始於麤粗，終於精微。』論衡正説篇：『略正題目麤粗之説，以照篇中微妙之文。』其他以『麤觕』連用者亦多，猶麤粗也。有欲改爲『粗疏』者，故正之。」昔予爲禾，耕而鹵莽之，則其實亦鹵莽而報予；芸而滅裂之，其實亦滅裂而報予。予來年變齊，來年，猶言次年。變齊者，更變而整齊之。深其耕而熟耰之，司馬云：「耰，鋤也。」其禾蘩以滋，予終年厭飧。」厭，足。莊子聞之曰：「今人之治其形，理其心，多有似封人之所謂：遁其天，離其性，滅其情，亡其神，以衆爲。無所不營。故鹵莽其性者，欲惡之孼，爲性萑葦蒹葭，案：言所欲、所惡叢生而傷正性，是吾性之萑葦蒹葭也。始萌以扶吾形，尋擢吾性，俞云：「尋與始，相對爲義。漢書郊祀志『寖尋於泰山矣』，晉灼注：『尋，遂往之意也。』言欲、惡之事，其始萌若足以扶助吾形，寖尋既久，則引誘吾心，拔擢吾性也。」並潰漏發，不擇所出，並潰，奔潰也。漏發，穿孔而出也。言情欲之害，奔潰偏發，不擇處所，精神既敗，形氣隨之也。漂疽疥癰，內熱溲膏是也。」

釋文：「漂，本亦作瘭。瘭疽，謂病瘡膿出。溲膏，謂虛勞人尿上生肥白沫也。」

柏矩學於老聃，釋文：「柏矩，有道人。」**曰：「請之天下遊。」老聃曰：「已矣！天下猶是也。」又請之，老聃曰：「汝將何始？」曰：「始於齊。」至齊，見辜人焉，推而强之，解朝服而幕之，**成云：「推而强之，令其正卧。」司馬云：「幕，覆也。」俞云：「周官掌戮『殺王之親者辜之』，鄭注：『辜之言枯也，謂磔之。』漢景帝紀『改磔曰棄市』，顔注：『磔，謂張其尸也。』是古之辜磔人者，必張尸於市，故柏矩如此。」**號天而哭之曰：「子乎子乎！天下有大菑，子獨先離之！」**大菑，謂被殺也。**曰：「莫爲盜！莫爲殺人！**宣云：「又言不是爲盜乎？不是爲殺人乎？」**榮辱立，然後覩所病；**郭云：「各自得則無榮辱，得失紛紜，故榮辱立，榮辱立則夸其所謂辱而跂其所謂榮矣。奔馳乎夸、跂之間，非病如何！」**貨財聚，然後覩所争。**郭云：「若以知足爲富，將何争乎！」**今立人之所病，聚人之所争，窮困人之身，使无休時，欲无至此，得乎！**郭云：「上有所好，則下不能安其本分。」**古之君人者，以得爲在民，以失爲在己；以正爲在民，以枉爲在己。**成云：「引過責躬。」**故一形有失其形者，退而自責。**一形，人也。成云：「一物失所，虧其形性，自責，若殷湯自翦，千里來霖，是也。」**今則不然。匿爲物而愚不識，**隱匿爲事，而責不識此物者爲愚。**大爲難而罪不敢，**大爲艱難，而以不敢爲者爲罪。**重爲任而罰不勝，**宣云：「過重其任，而於不勝者加罰。」**遠其塗而誅不至。**

宣云：「遠其程塗，而於不至者加誅。」民知力竭，則以僞繼之，郭云：「將以避誅罰也。」日出多僞，士民安得不僞！宣云：「蓋上行下效耳。」夫力不足則僞，知不足則欺，財不足則盜。盜竊之行，於誰責而可乎？」郭云：「當責上也。」

蘧伯玉行年六十而六十化，宣云：「不囿於故也。」未嘗不始於是之而卒詘之以非也，成云：「一歲之中，是非常出，故始時之是，終詘爲非。」未知今之所謂是之非五十九年非也。與寓言篇孔子同。

萬物有乎生而莫見其根，有乎出而莫見其門。人皆尊其知之所知，而莫知恃其知之所不知而後知，可不謂大疑乎！上兩其知，音智；下如字。郭云：「我所不知，物有知之者矣。故用物之知，則無所不知；獨任我知，知甚寡矣。今不恃物以知，而自尊知，則物不告我，非大疑如何！」宣云：「知之所不知，上所言『莫見』者是。」已乎已乎！且無所逃。宣云：「不知之理，古今誰能逃之！」此所謂然與，然乎？釋文：「然乎，言未然。」案：此與論語「其然，豈其然乎」意同。

仲尼問於大史大弢、伯常騫、豨韋曰：大弢三人，史官名。「夫衛靈公飲酒湛樂，不聽國家之政；田獵畢弋，不應諸侯之際。司馬云：「際，謂盟會之事。」其所以爲靈公者何邪？」郭云：「靈有二義。」大弢曰：「是因是也。」成云：「亂而不損曰靈，無道之謚，故曰是因是也。」伯常騫曰：「夫靈公有妻三人，同濫而浴。釋文：「濫，浴器。」史鰌奉御而進所，至其所。搏幣而扶翼。成云：「公見史魚，深懷愧悚，假遣人搏捉幣帛，令扶將羽翼，慰而送之。」其慢若彼之甚也，見賢人若此其肅也，是其所以爲靈公也。」成云：「又謚法：『德之精明曰靈。』」狶韋曰：「夫靈公也死，卜葬於故墓不吉，卜葬於沙丘而吉。掘之數仞，得石槨焉，洗而視之，有銘焉，曰：『不馮其子，靈公奪而里之。』」釋文：「里，居處也。」郭嵩燾云：「古之葬者，謂子孫無能馮依以保其墓，靈公得而奪之。」夫靈公之爲靈也久矣，之二人何足以識之？」蘇輿云：「狶韋歸之前定，言命、言神者之所祖也。」

少知問於大公調曰：「何謂丘里之言？」李云：「四井爲邑，四邑爲丘。五家爲鄰，五鄰爲里。」大公調曰：「丘里者，合十姓百名而以爲風俗也。合異以爲同，宣云：「合十百爲丘里。」散同以爲異。宣云：「散丘里爲十百。」今指馬之百體而不得馬，而馬係於前者，立其百體而謂之馬也。宣云：「可見合異爲同，方能見道。天下理皆如此。」是故丘山積卑而爲高，江河合水而爲大，俞云：「水乃小之誤。高、卑，小、大，相對爲文。」大人合并而爲公。郭云：「無私於天下，則天下之風一也。」是以自外入者，有主而不執；宣云：「心爲天下大本，故自外入者，有存主而無偏執。」由中出者，有正而不距。宣云：「行爲天下達道，故由中出者，得正理而物不能距。」案：「正」作「匹」，說見天運篇注。四時殊氣，天不賜，故歲成；宣云：「賜則私也。」五官殊職，君不私，故國治；郭云：「殊職自有其才，故任之耳，非私而與之。」文武大人不賜，故德備；郭云：「文者自文，武者自武，非大人所賜也。若由賜而能，則有時而闕矣。豈唯文武，凡性皆然。」案：宣本「武」下有「殊材」二字。文似有闕，而郭本已無，釋文、成疏皆然，自係後人增竄。萬物殊理，道不私，故无名。宣云：「道渾同，不得而名。」无名故无爲，无爲而无不爲。郭云：「名止於實，故無爲；實各自爲，故無不爲。」時有終始，世有變化，禍福淳淳，至有所拂者而有所宜；王云：「淳淳，流行貌。」宣云：「禍福渾然，自爲倚伏，失意中藏有好處。」自殉殊面，成云：「殉，逐也。面，向也。彼此是非，紛然固執，故各逐己見而所向不同。」有所正者有所差。郭嵩燾云：「強之以異趣，名爲正之，而實已兩差。」比於大澤，百材皆度；百木隨川而下，皆於水次受量度，無棄材。比，譬也。觀於大山，木石同壇。木石同生於大山之基址。成云：「壇，基也。」此之謂丘里之言。」少知曰：「然則謂之道，足乎？」大公調曰：「不然。今計物之數，不止於萬，而期曰『萬物』者，成云：「期，限也。」以數之多者號而讀之也。李云：「讀猶語也。」是故天地者，形之大者也；陰陽者，氣之大者也；道者爲之公。宣云：「道者，天地陰陽所公共，不可指之爲形，不可指之爲氣，是其大更爲無偶也。」因其大而號以讀之，則可也。宣云：「譬物之萬不可數，而約略號之，便於稱謂。道之大更無可指稱，亦借一道字約略號之耳，豈真有一事一物可名爲道哉！」已有之矣，乃將得比哉！宣云：「既有道之名，即不可與無名比。」則若以斯辯，譬猶狗馬，其不及遠矣。」宣云：「如子云『謂之道』，則是道猶狗之名狗，馬之名馬，同於一物，其不及道遠矣。」少知曰：「四方之内，六合之裏，萬物之所生惡起？」宣云：「疑不可名爲道，則萬物以何爲本？」太公調曰：「陰陽相照、相蓋、相治，俞云：「蓋，當讀爲害。釋言：『蓋，割裂也。』釋文：『蓋，舍人本作害。』是蓋、害古字通。陰陽或相害，或相治，猶下云『四時相生相殺』也。」四時相代、相生、相殺，欲惡去就於是橋起，宣云：「橋同矯，下同。」成云：「起貌也。」雌雄片合於是庸有。釋文：「片音判。」成云：「庸，常也。」安危相易，禍福相生，緩急相摩，聚散以成。緩急，謂壽夭。聚散，謂生死。此名實之可紀，精微之可志也。隨序之相理，橋運之相使，成云：「四序相隨，更相治理；五行運動，遞相驅使。」窮則反，終則始。此物之所有，言之所盡，知之所至，極物而已。極於可見之物而已。覩道之人，不隨其所廢，不原其所起，宣云：「知其無端，任其自然。隨，猶追尋也。」此議之所止。」宣云：「烏可妄言萬物起於何處哉！」少知曰：「季真之莫爲，接子之或使，二家之議，孰正於其情？孰偏於其理？」成云：「季真、接子，齊賢人，俱遊稷下。莫，無也。使，爲也。季真以無爲爲道，接子謂道有爲使物之功，各執一家，未爲通論，故問以定臧否。」俞云：「禮祭義鄭注、孟子公孫丑趙注，並云：『或，有也。』此文或與莫對。莫，無也；或，有也。易益上九『莫益之，或擊之』，亦以莫、或相對。」郭慶藩云：「接子，漢書人表作捷子。接、捷古字通。史記孟子荀卿列傳索隱：『接子，古著書者之名號。』」太公調曰：「雞鳴狗吠，是人之所知，雖有大知，同智。不能以言讀其所自化，宣云：「若究其一鳴一吠，天然之故，雖智者不能解説其自化之妙。」又不能以意其所將爲。宣云：「又不能意度其所將欲爲之機。」斯而析之，宣云：「斯，割也。詩：『斧以斯之。』」精至於无倫，大至於不可圍，精，細。倫，比也。宣云：「微物鳴吠，尚不能明其所以然，則小至莫破，大至莫載，烏可言讀意測邪！」或之使，莫之爲，未免於物而終以爲過。宣云：「二説猶未免物累，終是立言之過。」或使則實，成云：「滯有爲也。」莫爲則虛。成云：「溺無故也。」有名有實，是物之居；宣云：「説實，則是物之所居也。」此或使之説之過。」无名无實，在物之虛。宣云：「説虛，則是全空。」此莫爲之説之過。」可言可意，言而愈疏。以爲可以言詮，可以意測，不知言則去道愈遠。未生不可忌，物之未生，不可忌禁而使之不生。已死不可阻。釋文：「本亦作徂。」案：其已死也，不可礙阻而令其不死。死生非遠也，理不可覩。死生止在目前，而其理莫能覩。或之使，莫之爲，疑之所假。二説爲後世獻疑者之所借端。吾觀之本，其往无窮；吾求之末，其來无止。宣云：「欲究其始，則往者已無窮，不知所始；欲究其終，則來者方無止，不知其終。」无窮、无止，言之无也，與物同理；郭云：「物理無窮，故知言無窮，然後與物同理也。」或使、莫爲，言之本也，與物終始。曰或使，曰莫爲，言者以二説爲本也，然終始滯於物。**道不可有，有不可无。**成云：「至道不絶，非有非無，故執有執無，二俱不可。」**道之爲名，所假而行。**郭云：「物所由而行，故假名之曰道。」**或使莫爲，在物一曲，夫胡爲於大方？**二説僅居物之一偏，何足語於大方之家？**言而足，則終日言而盡道；**郭云：「求道於意言之表則足。」**言而不足，則終日言而盡物。**郭云：「不能忘言而存意則不足。」**道、物之極，言、默不足以載；**窮道與物之極，言與默莫能載。**非言非默，議其有極〔一〕。**」宣云：「離乎言、默，可以求道，此至論也。」

〔一〕「議其有極」，集釋本作「議有所極」。

外物第二十六

外物不可必，凡物之自外至者，其利害皆不可必。**故龍逢誅，比干戮，箕子狂，**宣云：「善不可爲。」**惡來死，桀、紂亡。**宣云：「惡不可爲。」**人主莫不欲其臣之忠，而忠未必信，故伍員流於江，**成云：「忠諫夫差，夫差殺之，取馬皮作袋，爲鴟鳥之形，盛其屍，浮之江水。」**萇弘死於蜀，藏其血三年，化而爲碧。**成云：「萇弘放歸蜀，自恨忠而遭譖，刳腸而死。蜀人感之，以匱盛其血，三年而化爲碧玉。」釋文：「見呂氏春秋。」**人親莫不欲其子之孝，而孝未必愛，故孝己憂而曾參悲。**成云：「孝己，殷高宗之子，遭後母之難，憂苦而死。曾參至孝，父母憎之，常遭父母打，鄰乎死地，故悲泣也。」李云：「曾參至孝，爲父所憎，常見絶糧而後蘇。」

木與木相摩則然，俞云：「淮南原道訓亦云：『兩木相摩而然。』但兩木相摩，未見其然。下句作『金與火』，疑此亦當作『木與火』。下文多言火，益知此文當爲『木與火』矣。蓋金木二物皆畏火，故舉以爲言，見火之爲害大也。」**金與火相守則流。陰陽錯行，則天地大絯，**釋文：「音駭。」宣云：「駭，動也。」**於是乎有雷有霆，水中有火，乃焚大槐。**司馬云：「水中有火，謂電也。焚，謂霹靂時燒大樹也。」**有甚憂兩陷而无所逃，**人亦有甚憂者，利害是也。害固害，利亦害也，故常兩陷而無所逃。螴蜳不得成，釋文：「螴蜳，郭音陳惇。」成云：「猶怵惕也。」案：言人視外物過重，雖怵惕恐懼，卒無所成。心若縣於天地之間，釋文：「縣音玄。」言馳情外物，極乎宇宙。慰暋沈屯，乍慰乍暋，乍沈乍屯。李云：「暋，悶也。」利害相摩，生火甚多，與物之生火同。郭云：「内熱故也。」衆人焚和。衆皆溺於利害，是自焚其心中太和之氣也。月固不勝火，人心之清明，譬猶月也，豈能勝此火乎？於是乎有僓然而道盡。釋文：「僓音頽。」宣云：「於是乎頽然隳壞，天理盡而生機熄矣。」

莊周家貧，故往貸粟於監河侯。釋文：「説苑作魏文侯。」監河侯曰：「諾。我將得邑金，將貸子三百金，可乎？」成云：「待我歲終得百姓租賦封邑之物，乃貸子。銅鐵之類，皆名爲金，非黄金也。」莊周忿然作色曰：「周昨來，有中道而呼者。周顧視車轍中，有鮒魚焉。周問之曰：『鮒魚來！子何爲者邪？』對曰：『我，東海之波臣也。君豈有斗升之水而活我哉？』周曰：『諾。我且南遊吴、越之王，激西江之水而迎子，可乎？』成云：「西江，蜀江也。」鮒魚忿然作色曰：『吾失我常與，我无所處。吾得斗升之水然活耳，君乃言此，曾不如早索我於枯魚之肆！』」

任公子李云：「任，國名。」爲大鉤巨緇，司馬云：「大黑綸也。」五十犗以爲餌，釋文：「犗，犍牛也。」蹲乎會稽，投竿東海，旦旦而釣，期年不得魚。已而大魚食之，牽巨鉤錎没而下，釋文：「銘，字林云：『猶陷字。』」鶩揚而奮鬐，白波若山，海水震蕩，聲侔鬼神，憚赫千里。郭慶藩云：「憚者，盛威之名。賈子解縣篇『陛下威憚大信』，（同伸。）與此同。」案：赫亦怒也，皆以魚言。任公子得若魚，若，是也。離而腊之，自制河以東，蒼梧以北，制同淛，浙江也。古「折」「制」字通。司馬云：「今在會稽錢塘。」蒼梧，山名，在嶺南。莫不厭若魚者。厭，飽食。已而後世輇才諷説之徒，皆驚而相告也。釋文：「李云：『輇，量人也。』本或作軨。軨，小也。本又或作輕。」夫揭竿累，司馬云：「累，綸也。」趣灌瀆，守鯢鮒，李云：「皆小魚。」其於得大魚難矣；飾小説以干縣令，其於大達亦遠矣。成云：「干，求也。縣，高也。令，謂令問。」宣云：「縣令，猶賞格也。」是以未嘗聞任氏之風俗，其不可與經於世亦遠矣。

儒以詩禮發冢。求詩禮，發古冢。大儒臚傳曰：釋文：「上傳語告下曰臚。」「東方作矣，司馬云：「謂日出。」事之何若？」小儒曰：「未解裙襦，口中有珠。詩固有之曰：『青青之麥，生於陵陂。生不布施，死何含珠爲？』」司馬云：「此逸詩，刺死人也。」接其鬢，成云：「接，撮也。」壓其顪，釋文：「字林云：『壓，一指按也。』顪，許穢反，司馬云：『頤下毛。』」儒以金椎控其頤，徐別其頰，无傷口中珠！」成云：「田恆資仁義以竊齊，儒生誦詩禮以發冢，由是觀之，聖迹不足賴。」蘇輿云：「苟無詩禮，何至敢奸！此莊子一偏之論，猶謂堯、舜以仁義教民，其流至於人與人相食，而田恆又因之以盜齊耳。」

老萊子之弟子出薪，遇仲尼，反以告曰：「有人於彼，修上而趨下，郭云：「長上而促下。」末僂而後耳，成云：「肩背傴僂。」司馬云：「耳卻後。」視若營四海，成云：「瞻視高遠，似營天下。」不知其誰氏之子。」老萊子曰：「是丘也，召而來！」仲尼至。曰：「丘！去汝躬矜與汝容知，宣云：「躬矜，矜持之行。容知，智慧之貌。」斯爲君子矣。」仲尼揖而退，蹙然改容而問曰：「業可得進乎？」老萊子曰：「夫不忍一世之傷，而驁萬世之患，釋文：「驁，本亦作敖，同。」案：言孔子不忍一世之傷，而傲然貽萬世之患。抑固窶邪？抑子胸中固素無蓄備而爲窶人邪？亡其略弗及邪？郭慶藩云：「亡讀如無。亡其，轉語也。史記范睢蔡澤傳：『亡其言臣者賤不可用乎？』呂覽愛類篇：『亡其不得宋且不義猶攻之乎？』韓策：『又亡其行子之術而廢子之謁乎？』是凡言亡其，皆轉語詞也。」案：古言「亡其」，若今之言「無亦」。言無亦子智略弗及此邪？惠以歡爲驁，終身之醜，中民之行進焉耳，夫以施仁惠爲事者，博衆人之歡欣，長一己之驕傲，此之謂以歡爲驁，乃終身之醜，意惟庸人之行或及此焉耳。宣云：「中民，庸人也。」蘇輿云：「中民，亦見徐无鬼篇。」相引以名，相結以隱。俞云：「隱，訓爲私。呂覽圜道篇高注：『隱，私也。』文選赭白馬賦『恩隱同渥』，李善引國語注曰：『隱，私也。』相結以隱，謂相結以私恩。」與其譽堯而非桀，不如兩忘而閉其所譽。善惡兩忘，閉塞之使無可譽，則所非者亦止。語又見齊物論篇，下四字作「廢其道」。反无非傷也，動无非邪也。成云：「反於物性，無不傷損，擾動心靈，皆非正法。」聖人躊躇以興事，以每成功。成云：「躊躇，從容也。聖人無心，應機而動，興起事業，恒自從容，不逆物情，故其功每就。」蘇輿云：「每與敏同。言興事不迫而成功自速。」奈何哉其載焉終矜爾！」奈何哉子載此仁義之迹，終於自矜爾乎！

宋元君夜半而夢人被髮闚阿門，釋文：「李云：『元公也。』案：宋元公名佐，平公之子。阿門，司馬云：『阿，屋曲簷也。』」曰：「予自宰路之淵，李云：「淵，名龜所居。」予爲清江使河伯之所，漁者余且得予。」俞云：「史記龜筴傳作豫且。」元君覺，使人占之，曰：「此神龜也。」君曰：「漁者有余且乎？」左右曰：「有。」君曰：「令余且會朝。」明日，余且朝。君曰：「漁何得？」對曰：「且之網，得白龜焉，其圓五尺。」君曰：「獻若之龜。」龜至，君再欲殺之，再欲活之，心疑，卜之，曰：「殺龜以卜，吉。」卜詞。乃刳龜，七十二鑽而无遺筴。每占必鑽龜，凡七十二次皆驗。仲尼曰：「神龜能見夢於元君而不能避余且之網；知能七十二鑽而无遺筴，知同智，下同。不能避刳腸之患。如是，則知有所困，神有所不及也。雖有至知，萬人謀之。蘇輿云：「言一物之智，不敵萬人之謀。山木篇『賢則謀，不肖則欺』，言賢則爲人所謀，與此謀義同。」魚不畏網而畏鵜鶘。姚云：「網之害大於鵜鶘，人之用小智者，猶魚之不知畏網也。」去小知而大知明，郭云：「小知自私，大知任物。」去善而自善矣。」成云：「遣矜尚之小心，合自然之大善。」嬰兒生无石師而能言，與能言者處也。釋文：「石，本又作碩。」案：「石」「碩」古字通用。宣云：「無知者有自然之能也。」

惠子謂莊子曰：「子言无用。」莊子曰：「知无用而始可與言用矣。夫地非不廣且大也，人之所用容足耳。然則厠足而墊之，致黃泉，人尚有用乎？」釋文：「厠音側。墊，下也，掘也。致，至也，本亦作至。」案：言地廣大無用者多，然使側足之外，掘之至於黃泉，則有用者尚有用乎？惠子曰：「无用。」莊子曰：「然則无用之爲用也亦明矣。」

莊子曰：「人有能遊，且得不遊乎？人有能自適者，何所不自適乎？人而不能遊，且得遊乎？人而不能自適，何所得自適乎？夫流遁之志，決絶之行，浮游隱遁，決絶棄世。噫！其非至知厚德之任與！真智大德之所任，殆不如此。覆墜而不反，火馳而不顧，火馳，猶後世言火速、火急也。雖遇覆墜，猶疾馳而不返顧，此果於用世者。蘇輿云：「火馳，亦見天地篇。」雖相與爲君臣，時也，時之適然。易世而无以相賤。世代變易，二者相等。故曰：至人不留行焉。至人於此，絶無流滯。夫尊古而卑今，學者之流也。且以狶韋氏之流觀今之世，夫孰能不波？且以淳古之風，視今之世，夫孰能不動於中！波，動也。唯

至人乃能遊於世而不僻，與世同遊而不僻處，與流〔一〕遁、決絕者異。**順人而不失己。**與覆墜、火馳者異。**彼教不學，承意不彼。**彼尊古卑今之教，我固不必學之，亦承其意而不必與彼分別也。

目徹爲明，耳徹爲聰，鼻徹爲顫，成云：「顫，辛臭之事也。」**口徹爲甘，心徹爲知，知徹爲德。**下知音智。徹，通也。**凡道不欲壅，壅則哽，哽而不止則跈，**道乃人所共由，不欲壅滯，壅滯則必至哽塞，哽塞而不止，則妄行而相騰踐矣。郭云：「跈，騰踐也。」**跈則衆害生。**郭云：「生，起也。」**物之有知者恃息，**宣云：「息所以通一身之氣。」**其不殷，非天之罪。**殷，正也。其或不正，非天之過，天之賦性無不中和也。**天之穿之，日夜无降，**成云：「降，止也。自然之理，穿通萬物，自晝及夜，未嘗止息。」**人則顧塞其竇。**成云：「竇，孔也。流俗之人，反於天理，壅塞根竅，滯溺不通。」**胞有重閬，**釋文：「胞，腹中胎。」郭云：「閬，空曠也。」成云：「人腹內空虛，故容藏胃；藏胃空虛，故通氣液。」**心有天遊。**宣云：「心必有閒處以適天機。」**室无空虛，則婦姑勃谿；**司馬云：「勃谿，反戾也。」宣云：「勃谿，逼塞相乘也。謂室無餘地，則尊卑逼塞，相乘踐也。」**心无天遊，則六鑿相攘。**宣云：「六鑿，六根之鑿性者也。無閒適處，則六根用

〔一〕「流」原作「遊」，據正文改。

事而奪性。」**大林丘山之善於人也，亦神者不勝。**宣云：「夫心有天遊，則方寸之内，逍遥無際，何假清曠之處而後適哉！今人見大林丘山之曠，而喜以爲善者，亦由平日胸次逼狹，神明不勝故也。」

德溢乎名，名溢乎暴，郭嵩燾云：「德所以洋溢，名爲之也；名所以洋溢，表暴以成之也。荀子富國篇：『聲名足以暴炙之。』」**謀稽乎誸，**郭云：「誸，急也。急而後考其謀。」**知出乎爭，**宣云：「爭而後騁智。」**柴生乎守，**柴，猶獨也。有守而後獨立不懼。達生篇云：「柴立其中央。」**官事果乎衆宜。**官之設事，必衆皆宜之，而後果行。**春雨日時，草木怒生，**「日」疑「曰」之誤。**銚鎒於是乎始修，**成云：「銚，耜之類也。鎒，鋤也。」**草木之到植者過半，而不知其然。**釋文：「植，立也。司馬云：『鋤拔反之更生曰到植。』」盧云：「到，古倒字。」成云：「鋤罷到生，時節使然。故制法立教，必須順時。」

靜然可以補病，宣云：「靜則神氣來復，故可以補病。」**眥𡟲可以休老，**釋文：「𡟲，本亦作搣。」郭嵩燾云：「廣韻：『搣，案也，摩也。』謂以兩手按摩目眥。」宣云：「此蓋養生之術，可以沐浴老容。」**寧可以止遽。**宣云：「寧定則心閒泰，可以止迫遽也。」**雖然，若是，勞者之務也，**宣云：「姑教勞者以自息之方耳。」**非佚者之所未嘗過而問焉。**宣云：「未能佚者不事此。」案：「非」字當衍。**聖人之所以駴天下，神人未嘗過而問焉；**聖人，如黄帝、堯、舜。神人，如廣成、大隗。賢人所以駴世，聖人未嘗過而問焉；務光、申徒狄之輩，蓋賢人也。君子所以駴國，賢人未嘗過而問焉；君子駴國，蓋田恆之徒。小人所以合時，君子未嘗過而問焉。

演門有親死者，釋文：「演門，宋城門名。」以善毀，毀，瘠。爵爲官師，宋君旌其孝行。其黨人毁而死者半。郭云：「慕賞而孝，去真遠矣，斯尚賢之過也。」黨，鄉黨。堯與許由天下，許由逃之；湯與務光天下，務光怒之。紀他聞之，帥弟子而踆於窾水，諸侯弔之三年，申徒狄因以踣河。釋文：「踆，字林云：『古蹲字。』司馬云：『窾，水名。』」成云：「他恐及己，與弟子蹲踞水旁。諸侯聞之，重其廉素，時往弔慰，恐其沈没。狄聞斯事，慕其高名，遂赴河自溺而死。」

荃者所以在魚，得魚而忘荃；釋文：「荃，崔音孫，香草也，可以餌魚。或云：積柴水中，使魚依而食焉。一云：魚笱也。」盧云：「如或所云，是潛也。見詩周頌。」案：成本作「筌」。蹄者所以在兔，得兔而忘蹄；釋文：「蹄，兔罝也。係其脚，故曰蹄。」言者所以在意，得意而忘言。吾安得忘言之人而與之言哉？

雜篇　寓言第二十七

寓言十九，宣云：「寄寓之言，十居其九。」案：意在此而言寄於彼。**重言十七，**宣云：「引重之言，十居其七。」**卮言日出，**釋文：「卮，字又作巵，音支。字略云：『圓酒器也。』王云：『卮器滿卽傾，空則仰，隨物而變，非執一守故者也。施之於言，故隨人從變，己無常主也。』」郭云：「日出，謂日新。」**和以天倪。**成云：「和，合也。天倪，自然之分也。」案：謂止能應以自然。

寓言十九，藉外論之。郭云：「言出於己，俗多不受，故借外耳。肩吾、連叔之類。」**親父不爲其子媒。親父譽之，不若非其父者也；**成云：「媒，媾合也。父談其子，人多不信；他人譽之，信者多矣。」**非吾罪也，人之罪也。**非吾故爲支離之過，乃人妄起疑議之過也。**與己同則應，不與己同則反，同於己爲是之，異於己爲非之。**人情專以同異爲是非，故須寓言。**重言十七，**姚云：「莊生書，凡託爲人言者，十有其九；就寓言中，其託爲神農、黄帝、堯、舜、孔、顔之類，言足爲世重者，又十有其七。」**所以已言也，**已，止也。止天下淆亂之言。**是爲耆艾。**此爲長老之言，則稱引之。釋詁：「耆艾，長也。」**年先矣，而无經緯本末以期年耆者，是非先也。**處事貴有經緯，立言貴有本末，所重乎耆艾者，年高而有道者也。若年居先矣，而胸無經緯本末，徒稱年耆者，是烏得爲先乎？蘇輿云：「期，猶限也。言他無以先人，徒以年爲限。則陽篇『計物之數，不止於萬，而期曰萬物』，與此期字義同。」人而无以先人，无人道也；宣云：「不能盡人之道。」人而无人道，是之謂陳人。郭云：「直是陳久之人耳。」宣云：「猶老朽也。」卮言日出，和以天倪，因以曼衍，所以窮年。因其事理而曼衍之，日出不窮，聊以盡我之年歲耳。齊物論云：「和之以天倪，因之以曼衍，所以窮年也。」不言則齊，齊與言不齊，言與齊不齊也，故曰无言。蘇輿云：「不言而道存，物論齊矣。言則有正有差，齊與言，言與齊，終無可齊之日，故曰莫若無言。」言无言，郭云：「言彼所言，故雖有言而我仍無言也。」終身言，未嘗言；終身不言，未嘗不言。有自也而可，有自也而不可；有自也而然，有自也而不然。郭云：「自，由也。由彼我之情偏，故有可不可，然不然。」惡乎然？然於然。惡乎不然？不然於不然。惡乎可？可於可。惡乎不可？不可於不可。物固有所然，物固有所可，无物不然，无物不可。以上又見齊物論篇。非卮言日出，和以天倪，孰得其久！非此無言之言，孰能傳久？萬物皆種也，以不同形相禪，宣云：「皆有種類，各以其形禪於無窮。」始卒若環，莫得其倫，郭云：「倫，理也。」案：如環無端，莫得其理。是謂天均。天均者，天倪也。成云：「均，齊也。是謂天然齊等之道。即以齊均之道，亦名自然之分也。」案：齊物論亦云：「是以聖人和之以是非，而休乎天均，是之謂兩行。」

莊子謂惠子曰：「孔子行年六十而六十化，始時所是，卒而非之，未知今之所謂是之非五十九年非也。」與則陽篇稱蘧伯玉同。惠子曰：「孔子勤志服知也。」宣云：「疑孔子勤勞心志，從事於多知，未得爲化也。」莊子曰：「孔子謝之矣，而其未之嘗言。宣云：「言孔子已謝去勤勞之迹而進於道，但口未之言耳。」孔子云：宣云：「引孔子雅言。」『夫受才乎大本，復靈以生。』大本，天也。人受才於天，而復其性靈以生。鳴而當律，聲爲律。言而當法，言而世爲天下法。利義陳乎前，而好惡是非直服人之口而已矣。使人乃以心服而不敢蘁立，定天下之定。釋文：「蘁音悟，逆也。」案：言但取服人口而已。而能使人心服，自不敢迕，如此者，斯足以立定天下之定理也。子言如此。已乎已乎！吾且不得及彼乎！」成云：「此莊子歎美宣尼之詞。」姚云：「勤志服知，孔子所言以教弟子者，然非孔子所以爲孔子，故曰謝之，若所未嘗言者，乃所爲孔子云也。何也？蓋有大本存焉。受才於大本，復善以反其生，孔子所以爲孔子也，還其大而已矣。若夫當律當法而明是非，此德之小者，豈孔子之謂哉！」義亦可采。

曾子再仕而心再化，宣云：「化，變也。」曰：「吾及親仕，三釜而心樂；成云：「六斗四升曰釜。」後仕，三千鍾而不洎，成云：「六斛四斗曰鍾。洎，及也。」案：不及親。吾心悲。」弟子問於仲尼曰：「若參者，可謂无所縣其罪乎？」郭云：「縣，係也。」宣云：「爲親而仕，心無係禄之罪。」曰：「**既已縣矣。**宣云：「已縣係於禄養矣。」**夫无所縣者，可以有哀乎？**成云：「孝子事親，務在於適，無論禄之厚薄，盡於色養而已，故有傭賃而稱孝子，三仕猶爲不孝。既心存哀樂，得無係禄之罪乎！夫唯無係者，故當無哀樂也。」**彼視三釜、三千鍾，如觀雀蚊虻相過乎前也。**」彼，謂無係者。俞云：「雀字衍。釋文云：『元嘉本作「如鸛蚊」，無虻字。』是陸所見本未衍雀字，故但言元嘉本無虻字，不言其無雀字也。惟鸛與蚊虻，一鳥一蟲，取喻不倫。王云：『鸛蚊，取大小相縣，以喻三釜、三千鍾之多少。』夫至人之視物，一吷而已，豈屑屑於三釜、三千鍾之多少，而必分別其爲鸛爲蚊乎！釋文又云：『鸛，本亦作觀。』疑是古本如此。其文云：『彼視三釜、三千鍾，如觀蚊虻相過乎前也。』淮南俶真篇『毀譽之於己，猶蚊虻之一過也』，義與此同。因觀誤作鸛，則『鸛蚊虻』三字不倫，乃有删一虻字，使鸛與蚊二文相稱者，元嘉本是也。又有增一雀字，使鸛雀與蚊虻二文相稱者，今本是也。皆非莊子之舊矣。」

顏成子游謂東郭子綦曰：成云：「居在郭東，曰東郭，猶是齊物篇中南郭子綦也。」**自吾聞子之言，一年而野，**成云：「野，質樸也。聞道一年，學心未孰，稍能樸素去浮華耳。」**二年而從，**成云：「順於俗也。」**三年而通，**成云：「不滯境也。」**四年而物，**成云：「與物同也。」**五年而來，**成云：「爲衆歸也。」**六年而鬼入，**成云：「神會物理。」**七年而天成，**成云：「合自然成。」**八年而不知死、不知生，**成云：「不覺死生聚散之異。」**九年而大妙。**成云：「妙，精微也。知照宏博，故稱大也。」

生有爲，死也。郭云：「生而有爲，則喪其生。」勸公：宣云：「設爲勸人之語，如下二句。」以其死也，有自也；郭云：「自，由也。由有爲，故死；由私其生，故有爲。」而生陽也，无自也。宣云：「死爲陰，生爲陽。」郭云：「生之陽，以其絶迹無爲而然，非有由也。」而果然乎？而，汝也。言汝果能無爲乎？惡乎其所適？惡乎其所不適？成云：「所在皆適。」天有曆數，氣數有定。地有人據，各據其所。吾惡乎求之？成云：「吾於何處分外求之？」莫知其所終，若之何其无命也？成云：「時來運去，非命如何！」言有命也。」莫知其所始，若之何其有命也？成云：「死去生來，猶春秋冬夏，豈其命乎！言無命也。」有以相應也，若之何其无鬼邪？郭云：「理必有應，若有神靈以致之也。」无以相應也，若之何其有鬼邪？」相應之理，有時而不靈。

衆罔兩問於景曰：影外微陰甚多，故曰衆罔兩。「若向也俯而今也仰，若，汝。向也括而今被髮，括，束髮。向也坐而今也起，向也行而今也止，何也？」景曰：「搜搜也，釋文：「搜，本又作叟。」成云：「叟叟，無心運動之貌。」奚稍問也？宣云：「何率爾而問！」予有而不知其所以。予雖居然有之矣，而不知所以然。予，蜩甲也，蛇蜕也，似之而非也。宣云：「甲、蜕猶有一定之形，故似之而非。」案：以上與齊物論同而繁簡異。火與日，吾屯也；

釋文：「屯，聚也。」宣云：「得火、日，則屯聚而顯。」陰與夜，吾代也。司馬云：「代，謂使得休息也。」彼，吾所以有待邪？彼，謂形。而況乎以有待者乎！謂形待天機而動也。齊物篇云：「吾所待又有待而然者邪？」彼來則我與之來，彼往則我與之往，彼强陽則我與之强陽。宣云：「强陽，謂健動也。」强陽者，又何以有問乎！」有，卽上文「予有」之有也。言彼健動者，又何能以予問乎！

陽子居南之沛，列子黃帝篇作楊朱。老聃西遊於秦，邀於郊，邀，約也。宣云：「子居邀老子於沛郊。」至於梁而遇老子。宣云：「梁，沛郊地名。」老子中道仰天而歎曰：「始以汝爲可教，今不可也。」陽子居不答。至舍，進盥漱巾櫛，黃帝篇「盥」作「涫」。脱屨戶外，膝行而前曰：「向者弟子欲請夫子，夫子行不閒，是以不敢。今閒矣，請問其過。」老子曰：「而睢睢盱盱，郭云：「跋扈之貌。」人將畏而疏遠。」而誰與居？誰與汝居處乎？大白若辱，盛德若不足。」辱，汙也。此道德經文。陽子居蹵然變容曰：「敬聞命矣。」其往也，舍者迎將其家，張湛注：「客舍家也。」公執席，妻執巾櫛，舍者避席，成云：「先坐者避席而走。」煬者避竈。成云：「然火者不敢當竈。」其反也，舍者與之爭席矣。郭云：「去其夸矜故也。」

莊子集解卷八

雜篇 讓王第二十八

讓王下四篇，古今學者多以爲僞作。

堯以天下讓許由，許由不受。又讓於子州支父，李云：「支父，字也，卽支伯也。」子州支父曰：「以我爲天子，猶之可也。雖然，我適有幽憂之病，王云：「謂其病深固也。」方且治之，未暇治天下也。」夫天下至重也，而不以害其生，又況他物乎！唯无以天下爲者，可以託天下也。

舜讓天下於子州支伯，子州支伯曰：「予適有幽憂之病，方且治之，未暇治天下也。」故天下大器也，而不以易生，此有道者之所以異乎俗者也。

舜以天下讓善卷，善卷曰：「余立於宇宙之中，冬日衣皮毛，夏日衣葛絺；春耕種，形足以勞動；秋收斂，身足以休息；日出而作，日入而息，逍遥於天地之間而心意自得。吾何以天下爲哉？悲夫！子之不知余也！」遂不受。於是去而入深山，莫知其處。

舜以天下讓其友石户之農，石户之農曰：釋文：「石户，本亦作后。石户，地名。」成云：「户字亦有作后者。」「捲捲乎后之爲人，葆力之士也。」釋文：「捲音權，郭音眷，用力貌。」案：「户」亦作「后」。此后乃自稱，言我捲捲勤苦，是葆力之士，未暇治天下也。以舜之德爲未至也，於是夫負妻戴，攜子以入於海，終身不反也。

大王亶父居邠，狄人攻之。事之以皮帛而不受，事之以犬馬而不受，事之以珠玉而不受，狄人之所求者土地也。大王亶父曰：「與人之兄居而殺其弟，與人之父居而殺其子，吾不忍也。子皆勉居矣！爲吾臣與爲狄人臣，奚以異？且吾聞之，不以所用養害所養。成云：「用養，土地。所養，百姓。」因杖筴而去之。民相連而從之，司馬云：「連，讀曰輦。」遂成國於岐山之下。夫大王亶父可謂能尊生矣。以生命爲貴。能尊生者，雖貴富不以養傷身，雖貧賤不以利累形。有養者不以嗜養傷身，無利者不以求財累形。今世之人，居高官尊爵者，皆重失之，唯恐失之。見利輕亡其身，豈不惑哉！

越人三世弒其君，王子搜患之，逃乎丹穴。釋文：「李云：『搜，王子名。』淮南子作翳。爾雅云：『南戴日爲丹穴。』」成云：「丹穴，南山洞也。」俞云：「翳前無三世弒君事。史記越世家索隱以搜爲翳之子無顓。據竹書紀年，翳爲其子所弒，越人殺其子，立無余，又見弒而立無顓。是無顓以前三世皆不善終，則王子搜是無顓之異名無疑矣。淮南子蓋傳聞之誤，當据索隱訂正。」而越國无君，求王子搜不得，從之丹穴。王子搜不肯出，越人薰之以艾，乘以王輿。王子搜援綏登車，仰天而呼曰：「君乎君乎！獨不可以舍我乎！」王子搜非惡爲君也，惡爲君之患也。若王子搜者，可謂不以國傷生矣，此固越人之所欲得爲君也。

韓、魏相與爭侵地。子華子見昭僖侯，昭僖侯有憂色。司馬云：「子華子，魏人。昭僖，韓侯。」俞云：「呂覽貴生篇引子華子曰：『全生爲上，虧生次之，死次之，迫生爲下。』又誣徒篇引子華子曰：『王者樂其所以王，亡者樂其所以亡。』高注並云：『子華子，古體道人。』知度、審爲兩篇注同。韓有昭侯，有僖王，無昭僖侯。」子華子曰：「今使天下書銘於君之前，成云：「銘，書記也。」書之言曰：『左手攫之則右手廢，釋文：「司馬云：『廢，病也。』一云：攫者，援書銘。廢者，斬右手。」右手攫之則左手廢，然而攫之者必有天下。』君能攫之乎？」昭僖侯曰：「寡人不攫也。」子華子曰：「甚善！自是觀之，兩臂重於天下也，身亦重於兩臂。韓之輕於天下亦遠矣，今之所爭者，其輕於韓又遠。君固愁身傷生以憂戚不得也！」憂其不得。僖侯曰：「善哉！教寡人者衆矣，未嘗得聞此言也。」子華子可謂知輕重矣。「僖」上脱「昭」字。

魯君聞顔闔得道之人也，使人以幣先焉。顔闔守陋閭，苴布之衣而自飯牛。李云：「苴，有子麻也。」魯君之使者至，顏闔自對之。使者曰：「此顏闔之家與？」顏闔對曰：「此闔之家也。」使者致幣，顏闔曰：「恐聽者謬而遺使者罪，不若審之。」俞云：「聽下者字衍，呂覽貴生篇無。」使者還，反審之，復來求之，則不得已。已避去。故若顏闔者，真惡富貴也。故曰：道之真以治身，其緒餘以爲國家，其土苴以治天下。司馬云：「土苴，如糞草也。」由此觀之，帝王之功，聖人之餘事也，非所以完身養生也。今世俗之君子，多爲身棄生以殉物，豈不悲哉！凡聖人之動作也，必察其所以之，與其所以爲。王云：「所以之者，謂德所加之方也。所爲者，謂所以待物也。」今且有人於此，以隨侯之珠彈千仞之雀，世必笑之。是何也？則其所用者重而所要者輕也。夫生者，豈特隨侯之重哉！俞云：「貴生篇侯下有珠字，當据補。」

子列子窮，容貌有飢色。客有言之於鄭子陽者曰：「列御寇，蓋有道之士也，居君之國而窮，君无乃爲不好士乎？」釋文：「子陽，鄭相。」鄭子陽卽令官遺之粟。成云：「主倉之官。」子列子見使者，再拜而辭。使者去，子列子入，其妻望之而拊心曰：「妾聞爲有道者之妻子，皆得佚樂，今有飢色。君過而遺先生食，言相君過聽，有此嘉惠。先生不受，豈不命邪！」子列子笑謂之曰：「君非自知我也。以人之言而遺我粟，至其罪我也，又且以人之言。此吾所以不受也。」其卒，民果作難而殺子陽。俞云：「子陽事見呂覽適威篇、淮南氾論訓。至史記鄭世家，則云『繻公二十五年，鄭繻公殺其相子陽，二十七年，子陽之黨共弒繻公駘』，又與諸書不同。」

楚昭王失國，屠羊說走而從於昭王。昭王反國，將賞從者，及屠羊說。屠羊說曰：「大王失國，說失屠羊；大王反國，說亦反屠羊。臣之爵祿已復矣，又何賞之言〔一〕？」王曰：「强之！」强令受賞。屠羊說曰：「大王失國，非臣之罪，故不敢伏其誅；大王反國，非臣之功，故不敢當其賞。」王曰：「見之！」屠羊說曰：「楚國之法，必有重賞大功而後得見。今臣之知不足以存國，知音智。而勇不足以死寇。吳軍入郢，說畏難而避寇，非故隨大王也。今大王欲廢法毀約而見說，約，與百姓共守法之約。此非臣之所以聞於天下也。」王謂司馬子綦曰：「屠羊說居處卑賤而陳義甚高，子綦爲我延之以三旌之位。」釋文：「三旌，三公位也。司馬本作『三珪』，云：『謂諸侯之三卿皆執珪也。』」宣云：「車服各有旌別，故曰三旌。」俞云：「爲上綦字衍。」案：「綦」或當作「其」。屠羊說曰：「夫三旌之位，吾知其貴於屠羊之肆也；萬鍾之祿，吾知其富於屠羊之利也。然豈可以食爵祿而使吾君有妄施之名乎！說不敢當，願復反吾屠羊之肆。」遂不受

〔一〕「言」，集釋本作「有」。

也。遂，竟也。

原憲居魯，環堵之室，茨以生草，成云：「以草蓋屋，謂之茨。」蓬户不完，釋文：「織蓬爲户。」桑以爲樞而甕牖，司馬云：「屈桑條爲户樞，破甕爲牖。」二室，司馬云：「夫妻各一室。」褐以爲塞，司馬云：「以褐衣塞牖。」上漏下溼，匡坐而弦。司馬云：「匡，正也。」釋文：「弦，謂弦歌。」子貢乘大馬，中紺而表素，李云：「紺爲中衣，加素爲表。」軒車不容巷，往見原憲。原憲華冠縰履，釋文：「以華木皮爲冠。」郭慶藩云：「上林賦『華楓枰櫨〔一〕』，張揖曰：『華，皮可以爲索。』即樗也。説文：『樗，木也。以其皮裹松脂。讀若華。』李云：『縰履，謂履無跟也。』三蒼解詁蹤作躧，云：『躡也。』聲類或作屣。通俗文：『履不著跟曰屣。』」杖藜而應門。子貢曰：「嘻！先生何病？」原憲應之曰：「憲聞之：『无財謂之貧，學而不能行謂之病。』今憲，貧也，非病也。」子貢逡巡而有愧色。原憲笑曰：「夫希世而行，司馬云：「希，望也。所行常顧世譽而動。」比周而友，成云：「周旋親比，以結朋黨。」學以爲人，教以爲己，釋文：「學當爲己，教當爲人，今不然也。」仁義之慝，司馬云：「依託仁義爲姦惡。」輿馬之飾，憲不忍爲也。」

〔一〕「枰櫨」原誤「秤櫨」，據漢書司馬相如傳及文選上林賦改。史記本傳作「華氾檘櫨」，字通用。

曾子居衞，緼袍无表，顔色腫噲，司馬云：「腫噲，剥錯也。」郭慶藩云：「疑噲當爲癐，病甚也。」手足胼胝。三日不舉火，十年不製衣，正冠而纓絶，捉衿而肘見，納履而踵決。曳縰而歌商頌，聲滿天地，若出金石。天子不得臣，諸侯不得友。故養志者忘形，成云：「賢人君子，不以形挫志。」養形者忘利，成云：「攝衞之士，不以利傷生。」致道者忘心矣。成云：「得道之人，忘心知之術。」

孔子謂顔回曰：「回來！家貧居卑，胡不仕乎？」顔回對曰：「不願仕。回有郭外之田五十畝，足以給飦粥；釋文：「飦，或作饘，廣雅云：『糜也。』」郭内之田十畝，足以爲絲麻；鼓琴足以自娱；所學夫子之道者足以自樂也。回不願仕。」孔子愀然變容曰：「善哉回之意！丘聞之：『知足者不以利自累也，審自得者失之而不懼，之，卽謂利。行修於内者无位而不怍。』丘誦之久矣，今於回而後見之，是丘之得也。」喜得此人也。

中山公子牟謂瞻子曰：司馬云：「魏之公子，封中山，名牟。」釋文：「瞻子，賢人也。淮南作詹。」「身在江海之上，心居乎魏闕之下，釋文：「魏，淮南作魏。司馬本同，云：『魏，讀曰魏。象魏觀闕，人君門也。』許慎云：『天子兩觀也。』」奈何？」瞻子曰：「重生。重生則利輕。」宣云：「重生，猶尊生。」中山公子牟曰：「雖知之，未能自勝也。」瞻子曰：「不能自勝則從，神无惡乎？釋文：「『不能自勝則從』絶句。一讀至神字絶句。」成云：「若不勝於情欲，則宜從順心神，亦不勞妄生嫌惡也。」俞云：「從字絶句，是也。呂覽審爲篇作『不能自勝則縱之』，文子下德篇、淮南道應篇並作『從之』，且疊『從之』二字，則『從神』之不當連讀明矣。」不能自勝而强不從者，此之謂重傷。重傷之人，无壽類矣。」釋文：「重，直用反。」俞云：「重傷，猶再傷也。不能自勝，則已傷矣；又强制之而不使縱，是再傷也。呂覽高注：『重，讀「復重」之重。』是也。釋文非。」魏牟，萬乘之公子也，其隱巖穴也，難爲於布衣之士，雖未至乎道，可謂有其意矣。

孔子窮於陳、蔡之間，七日不火食，藜羹不糝，成云：「藜菜之羹，不加米糝。」顔色甚憊，而弦歌於室。顔回擇菜，子路、子貢相與言曰：「夫子再逐於魯，削迹於衛，伐樹於宋，窮於商、周，圍於陳、蔡，殺夫子者无罪，藉夫子者无禁。釋文：「藉，陵藉也。」弦歌鼓琴，未嘗絶音，君子之无恥也若此乎？」顔回无以應，入告孔子。孔子推琴喟然而歎曰：「由與賜，細人也。召而來！吾語之。」子路、子貢入。子路曰：「如此者可謂窮矣。」孔子曰：「是何言也！君子通於道之謂通，窮於道之謂窮。今丘抱仁義之道，以遭亂世之患，其何窮之爲？郭慶藩云：「呂覽慎人篇爲作謂，是也。古爲、謂字通。」故内省而不窮於道，臨難而不失其德，天寒既至，俞云：「呂覽慎人篇天作大。此誤。」霜露既降，吾是以知松柏之茂也。陳、蔡之隘，釋文：「隘音厄。」於丘其幸乎！」孔子削然反琴而弦歌，成云：「削然，取琴聲。」子路扢然執干而舞。李云：「扢然，奮舞貌。」子貢曰：「吾不知天之高也，地之下也。」古之得道者，窮亦樂，通亦樂。所樂非窮通也，道德於此，則窮通爲寒暑風雨之序矣。俞云：「德當作得。呂覽愼人篇作『道得於此，則窮達一也，爲寒暑風雨之序矣』。疑此文『窮通』下亦當有『一也』二字，而今奪之。」案：成云：「得道之人，處窮通而常樂。」是成所見本「德」作「得」，與呂覽同。故許由娛於潁陽，而共伯得乎共首。司馬云：「共伯，名和，修其行，好賢人，諸侯皆以爲賢。周厲王之難，天子曠絶，諸侯皆請以爲天子，共伯不聽，（據路史，當補「弗獲免」三字。）即干王位。十四年，大旱屋焚，卜於太陽，兆曰：『厲王爲祟。』召公乃立宣王，共伯復歸於宗，逍遥得意共山之首。共丘山，今在河南共縣西。」

舜以天下讓其友北人无擇，北人无擇曰：「異哉！后之爲人也，居於畎畝之中，而遊堯之門。不若是而已，言不惟若此。又欲以其辱行漫我。漫，汙也。吾羞見之。」因自投清泠之淵。釋文：「山海經云：『在江南。』一云：在南陽郡西崿山下。」

湯將伐桀，因卞隨而謀，卞隨曰：「非吾事也。」湯曰：「孰可？」曰：「吾不知也。」湯又因瞀光而謀，瞀光曰：「非吾事也。」湯曰：「孰可？」曰：「吾不知也。」湯曰：「伊尹何如？」曰：「强力忍垢，吾不知其他也。」湯遂與伊尹謀伐桀，剋之，以讓卞隨。卞隨辭曰：「后之伐桀也謀乎我，必以我爲賊也；勝桀而讓我，必以我爲貪也。吾生乎亂世，而无道之人再來漫我以其辱行，吾不忍數聞也。」乃自投稠水而死。釋文：「司馬本稠作洞，云：『洞水，在潁川。』一云：在范陽郡界。」湯又讓瞀光曰：「知者謀之，武者遂之，仁者居之，古之道也。吾子胡不立乎？」瞀光辭曰：「廢上，非義也；殺民，非仁也；人犯其難，我享其利，非廉也。吾聞之曰：『非其義者，不受其禄；无道之世，不踐其土。』況尊我乎！吾不忍久見也。」乃負石而自沈於廬水。釋文：「司馬本作盧水，在遼東西界。一云：在北平郡界。」

昔周之興，有士二人處於孤竹，曰伯夷、叔齊。二人相謂曰：「吾聞西方有人，似有道者，試往觀焉。」至於岐陽，武王聞之，使叔旦往見之，與盟曰：「加富二等，成云：「加禄二級。」就官一列。」血牲而埋之。二人相視而笑曰：「嘻！異哉！此非吾所謂道也。昔者神農之有天下也，時祀盡敬而不祈喜；俞云：「喜當作禧。釋詁：『禧，福也。』不祈禧[一]，不祈福也。呂覽誠廉篇作『時祀盡敬而不祈福』，與此字異義同。」其於人也，

[一]「禧」原作「喜」，據集釋引俞樾説改。

忠信盡治而无求焉。樂與政爲政，樂與治爲治，不以人之壞自成也，不以人之卑自高也，不以遭時自利也。今周見殷之亂而遽爲政，上謀而下行貨，王念孫云：「下字誤加。上與尚同。呂覽誠廉篇正作『上謀而行貨』。」阻兵而保威，割牲而盟以爲信，揚行以説衆，殺伐以要利，是推亂以易暴也。吾聞古之士遭治世不避其任，遇亂世不爲苟存。今天下闇，周德衰，其竝乎周以塗吾身也，其，猶與其。竝，依。塗，汙也。不如避之以絜吾行。」二子北至於首陽之山，遂餓而死焉。若伯夷、叔齊者，其於富貴也，苟可得已，則必不賴。恃也。高節戾行，獨樂其志，不事於世，此二士之節也。

雜篇　盜跖第二十九

孔子與柳下季爲友。柳下季之弟名曰盜跖。盜跖從卒九千人，横行天下，侵暴諸侯，釋文：「李奇注漢書云：『跖，秦之大盜也。』」俞云：「史記伯夷傳正義云：『跖者，黄帝時大盜之名。』是跖之爲何時人，竟無定説。孔子與柳下惠不同時，柳下惠與盜跖亦不同時，讀者勿以寓言爲實也。」穴室樞户，司馬云：「破人户樞而取物也。」驅人牛馬，取人婦女，貪得忘親，不顧父母兄弟，不祭先祖。所過之邑，大國守城，小國入保，釋文：「禮記鄭注：『小城曰保。』」萬民苦之。孔子謂柳下季曰：「夫爲人父者，必能詔其子；爲人兄者，必能教其弟。若父不能詔其子，兄不能教其弟，則无貴父子兄弟之親矣。今先生，世之才士也，弟爲盜跖，爲天下害，而弗能教也，丘竊爲先生羞之。丘請爲先生往説之。」柳下季曰：「先生言『爲人父者必能詔其子，爲人兄者必能教其弟』，若子不聽父之詔，弟不受兄之教，雖今先生之辯，將奈之何哉？且跖之爲人也，心如涌泉，意如飄風，强足以距敵，辯足以飾非，順其心則喜，逆其心則怒，易辱人以言。先生必无往。」孔子不聽，顔回爲御，子貢爲右，往見盜跖。盜跖乃方休卒徒太山之陽，膾人肝而餔之。釋文：「餔，字林云：『日申時食也。』」孔子下車而前，見謁者曰：「魯人孔丘，聞將軍高義，敬再拜謁者。」謁者入通，盜跖聞之大怒，目如明星，髮上指冠，曰：「此夫魯國之巧僞人孔丘非邪？爲我告之：『爾作言造語，妄稱文、武，成云：「言憲章文、武。」冠枝木之冠，司馬云：「冠多華飾，如木之枝繁。」帶死牛之脅，司馬云：「取牛皮爲大革帶。」多辭繆説，不耕而食，不織而衣，摇脣鼓舌，擅生是非，以迷天下之主，使天下學士不反其本，妄作孝弟而儌倖於封侯富貴者也。子之罪大極重，俞云：「極當作殛。釋言：『殛，誅也。』言罪大而誅重也。極、殛古字通。書洪範、多士、左僖二十八年傳、昭七年傳釋文並曰：『殛，本作極。』」疾走歸！不然，我將以子肝益晝餔之膳。』」孔子復通曰：「丘得幸於季，願望履幕下。」釋文：「司馬本幕作綦，云：『言視不敢望跖面，望履結而還也。』」謁者復通，盜跖曰：「使來前！」孔子趨而進，避席反走，再拜盜跖。盜跖大怒，兩展其足，案劍瞋目，聲如乳虎，曰：「丘來前！若所言，順吾意則生，逆吾心則死。」孔子曰：「丘聞之，凡天下有三德：生而長大，美好无雙，少長貴賤見而皆説之，此上德也；知維天地，釋文：「知音智。」能辯諸物，此中德也；勇悍果敢，聚衆率兵，此下德也。凡人有此一德者，足以南面稱孤矣。今將軍兼此三者，身長八尺二寸，面目有光，脣如激丹，司馬云：「明也。」齒如齊貝，音中黃鐘，而名曰盜跖，丘竊爲將軍恥不取焉。將軍有意聽臣，臣請南使吴、越，北使齊、魯，東使宋、衛，西使晉、楚，使爲將軍造大城數百里，立數十萬户之邑，尊將軍爲諸侯，與天下更始，罷兵休卒，收養昆弟，共祭先祖。共讀曰供。此聖人才士之行，而天下之願也。」盜跖大怒曰：「丘來前！夫可規以利而可諫以言者，皆愚陋恒民之謂耳。今長大美好，人見而悦之者，此吾父母之遺德也。丘雖不吾譽，吾獨不自知邪？且吾聞之：『好面譽人者，亦好背而毁之。』今丘告我以大城衆民，是欲規我以利而恒民畜我也，安可久長也？城之大者，莫大乎天下矣。堯、舜有天下，子孫无置錐之地，朱、均不嗣。湯、武立爲天子而後世絶滅〔一〕，成云：「湯、武子孫咸遭篡弑。」非以其利大故邪？且吾聞之：古者禽獸多而人少，於是民皆巢居以避之，晝拾橡栗，暮栖木上，故命之曰有巢氏之民。古者民不知衣服，夏多積薪，冬則煬之，故命之曰知生之民。神農之世，卧則居居，成云：「居居，安静之容。」起則于于，郭慶藩云：「于于，廣大之意。方言：『于，大也。』禮檀弓『于則于』，正義亦訓于爲廣大。于于，重言。」民知其母，不知其父，與麋鹿共處，耕而食，織而衣，无有相害之心，此至德之隆也。然而黄帝不能致德，與蚩尤戰於涿鹿之野，流血

〔一〕此句原作「湯武立而天下後世絶滅」，據集釋本改。

百里。堯、舜作，立羣臣，湯放其主，武王殺紂。自是之後，以强陵弱，以衆暴寡。湯、武以來，皆亂人之徒也。今子修文、武之道，掌天下之辯，以教後世，成云：「辯説仁義，爲後世之教。」縫衣淺帶，釋文「縫」作「摓」。郭慶藩云：「列子黄帝篇注引向秀云：『摓衣，儒服寬而長大。』釋文：『摓，又作縫。』縫衣，大衣也。或作逢。禮儒行『逢掖之衣』，鄭注：『逢，猶大也。』釋文：『淺帶，縫帶使淺狹。』」矯言僞行，以迷惑天下之主，而欲求富貴焉，盗莫大於子。天下何故不謂子爲盗丘而乃謂我爲盗跖？子以甘辭説子路而使從之，使子路去其危冠，解其長劍，而受教於子，天下皆曰『孔丘能止暴禁非』。其卒之也，子路欲殺衛君而事不成，身菹於衛東門之上，是子教之不至也。子自謂才士聖人邪！則再逐於魯，削迹於衛，窮於齊，圍於陳、蔡，不容身於天下。子教子路菹此患，疑有奪文。上无以爲身，下无以爲人，子之道豈足貴邪？世之所高，莫若黄帝，黄帝尚不能全德，而戰涿鹿之野，流血百里。堯不慈，舜不孝，成云：「堯不授丹朱，舜爲父所疾。」禹偏枯，成云：「治水勤勞致疾。」湯放其主，武王伐紂，文王拘羑里。句應在「武王」上而誤倒。此六子者，世之所高也，孰論之，孰同熟。猶言精熟討論之。皆以利惑其真而强反其情性，其行乃甚可羞也！世之所謂賢士，伯夷、叔齊，伯夷、叔齊辭孤竹之君，而餓死於首陽之山，骨肉不葬。鮑焦飾行非世，抱木而死。成云：「鮑焦，周時隱者，飾行非世，荷擔采樵，拾橡充食。子貢遇之，曰：『吾聞非其政者不履其地，汙其君者不受其利。今子履其地，食其利，其可乎？』焦曰：『吾聞廉士重進而輕退，賢人易愧而輕死。』遂抱木立枯焉。」申徒狄諫而不聽，負石自投於河，爲魚鼈所食。成云：「諫而不聽，未詳所據。」介子推至忠也，自割其股以食文公，文公後背之，子推怒而去，抱木而燔死。尾生與女子期於梁下，女子不來，水至不去，抱梁柱而死。此六子者，无異於磔犬、流豕、操瓢而乞者，李云：「言人不得其死，猶猪、狗、乞兒流轉溝中者也。」皆離名輕死，釋文：「離，力智反。」不念本養壽命者也。不念本在養生，壽由天命者也。世之所謂忠臣者，莫若王子比干、伍子胥，子胥沈江，比干剖心。此二子者，世謂忠臣也，然卒爲天下笑。成云：「爲達道者所嗤。」自上觀之，至於子胥、比干，二子以身殉國，在諸人中猶爲最上。皆不足貴也。丘之所以説我者，若告我以鬼事，則我不能知也；若告我以人事者，不過此矣，皆吾所聞知也。今吾告子以人之情：目欲視色，耳欲聽聲，口欲察味，志氣欲盈。人上壽百歲，中壽八十，下壽六十，除病瘦、死喪、憂患，王念孫云：「瘦當爲瘐字之誤也。病瘐一類，死喪一類，憂患一類。瘐字或作瘉。」其中開口而笑者，一月之中不過四五日而已矣。天與地无窮，人死者有時，操有時之具而託於无窮之間，忽然无異騏驥之馳過隙也。不能説其志意，養其壽命者，皆非通道者也。丘之所言，皆吾之所棄也，亟去走歸，无復言之！子之道，狂狂汲汲，成云：「狂狂，失性〔一〕也。汲汲，不足也。」詐巧虛僞事也，非可以全真也，奚足論哉？」孔子再拜趨走，出門上車，執轡三失，目芒然无見，色若死灰，據軾低頭，不能出氣。歸到魯東門外，適遇柳下季。柳下季曰：「今者闕然數日不見，車馬有行色，得微往見跖邪？」成云：「微，無也。」孔子仰天而歎曰：「然。」柳下季曰：「跖得无逆汝意若前乎？」即篇首柳下所云也。孔子曰：「然。丘所謂无病而自灸也，疾走料虎頭，釋文：「料音聊。」成云：「料，觸。」編虎須，幾不免虎口哉！」

子張問於滿苟得曰：「盍不爲行？何不行義乎？无行則不信，不信則不任，不任則不利。故觀之名，計之利，而義真是也。若無所行，則人不見信，不見信則無人任用，不見任用則無利祿。故觀之於名，計之於利，惟行義真是也。若棄名利，反之於心，則夫士之爲行，不可一日不爲乎？」上爲殉名利言也。若棄名利而反之我心，士之爲行，亦不可一日不爲也。滿苟得曰：「无恥者富，多信者顯。成云：「多信，猶多言也。」無恥貪殘則富，多言夸伐則顯。」夫名利之大者，幾在无恥而信〔二〕。故觀之名，計之利，而信真是也。若棄名

〔一〕「性」原作「信」，據集釋引成疏改。

〔二〕「夫名利之大者，幾在無恥而信」句，據集釋本補。

利，反之於心，則夫士之爲行，抱其天乎！」觀之於名，計之於利，惟信真是也。若棄名利而反之吾心，則士之爲行，惟抱其自然之道而可乎！　子張曰：「昔者桀、紂貴爲天子，富有天下，今謂臧聚曰司馬云：「臧聚，謂臧獲、盜濫、竊聚之人。」『汝行如桀、紂』，則有怍色，有不服之心者，小人所賤也。仲尼、墨翟，窮爲匹夫，今謂宰相曰『子行如仲尼、墨翟』，則變容易色稱不足者，士誠貴也。故勢爲天子，未必貴也；窮爲匹夫，未必賤也。貴賤之分，在行之美惡。」滿苟得曰：「小盜者拘，大盜者爲諸侯，諸侯之門，義士存焉。四語又見胠篋篇，「義士」作「仁義」。昔者桓公小白殺兄入嫂司馬云：「以嫂爲室家。」而管仲爲臣，田成子常常卽恆。殺君竊國而孔子受幣。論則賤之，行則下之，則是言行之情悖戰於胸中也，言行相反而交戰。不亦拂乎！成云：「拂，戾也。」故書曰：『孰惡孰美？成者爲首，不成者爲尾。』」宣云：「言貴於成事，不在矯飾。」子張曰：「子不爲行，卽將疏戚无倫，貴賤无義，長幼无序，五紀六位將何以爲別乎？」俞云：「五紀卽五倫，六位卽六紀。白虎通：『六紀，謂諸父、兄弟、族人、諸舅、師長、朋友也。』不曰五倫而曰五紀，不曰六紀而曰六位，古人之語異耳。」滿苟得曰：「堯殺長子，崔云：「堯殺長子考監明。」舜流母弟，釋文：「弟，謂象也。流，放也。孟子曰：『封之也。或曰放焉。』」疏戚有倫乎？湯放桀，武王伐紂，貴賤有義乎？王季爲適，周公殺兄，長幼有序乎？儒者僞辭，墨者兼愛，五紀六位將有別乎？且子正爲名，我正爲利。名利之實，不順於理，不監於道。成云：「監，明也，見也。名利二途，既乖至理，豈明見於玄道！」吾日與子訟於无約，成云：「訟，謂論説也。」曰：宣云：「以下無約之言。」『小人殉財，君子殉名。其所以變其情，易其性，則異矣；乃至於棄其所爲成云：「捨己。」而殉其所不爲，成云：「逐物。」則一也。』故曰：无爲小人，反殉而天；反己而求汝自然之道。无爲君子，從天之理。若枉若直，相而天極，無問枉直，視汝自然以爲極。面觀四方，與時消息。成云：「觀照四方，隨四時而消息。」若是若非，執而圓機，成云：「圓機，猶環中也。執環中之道以應是非。」獨成而意，與道徘徊。成云：「徘徊，猶轉變。意用於獨化之心以成其意，故能冥其虚通之理，轉變無窮者也。」无轉而行，无成而義，將失而所爲。王念孫云：「轉讀爲專。山木篇『一龍一蛇，與時俱化，而無肯專爲』，即此所謂『無專而行』也。承上文言當隨時順道，而不可專行仁義；若專而行，成而義，則將失其所爲矣。秋水篇『無一而行，與道參差』，一亦專也。無專而行，猶言『無一而行』也。」无赴而富，无殉而成，將棄而天。成云：「無奔赴於富貴，無殉逐於成功，背於天然之性也。」比干剖心，子胥抉眼，忠之禍也；直躬證父，尾生溺死，信之患也；鮑子立乾，申子不自理，廉之害也；釋文作「勝子自理」，云：「本又作『申子自理』。」或云：謂申屠狄抱甕之河也。一本作『申子不自理』，謂申生也。」案：申生不得云「廉之害」，作「申子自理」者是。孔子不見母，匡子不見父，義之失也。釋文：「孔子事，李云：『未聞。』司馬云：『匡子，名章，齊人，諫其父，爲父所逐，終身不見父。』案：此事見孟子。」盧云：「疑父、母二字當互易。」案：盧說又非「義之失」。此上世之所傳，下世之所語，以爲士者正其言，必其行，故服其殃，離其患也。」

无足問於知和曰：「人卒未有不興名就利者。彼富則人歸之，歸則下之，下則貴之。夫見下貴者，所以長生、安體、樂意之道也。今子獨无意焉，知不足邪？意知而力不能行邪？故推正不忘邪？」意同抑。古抑、意字通。言抑或知而不能行，故推求正道，念念不忘，而外富貴邪？知和曰：「今夫此人以爲與己同時而生、同鄉而處者，以爲夫絶俗過世之士焉，是專无主正，所以覽古今之時，是非之分也，此人，即上「興名就利」之人。彼以爲與己同時同鄉，而有絶俗過世之士，是其專於無爲，主於正道，足以覽古今之時，是非之分也，胡不效之？與俗化世。去至重，棄至尊，以爲其所爲也，此其所以論長生、安體、樂意之道，不亦遠乎！乃混同於俗，化合於世，其去絶俗過世之士遠矣。去至重之生，棄至尊之道，以爲其所謂富貴者，此其所以論長生之道，不亦遠於事情乎！慘怛之疾，恬愉之安，不監於體；疾而悲，安而樂，體之真適與否，不見於此也。怵惕之恐，欣懽之喜，不監於心。恐而懼，喜而快，心之真適與否，不見於此也。知爲爲而不知所以爲，是以貴爲天子，富有天下，而不免於患也。」成云：「爲爲者，有爲也；所以爲者，無爲也。知爲之有爲，不知其出於無爲，故雖富貴，而不免憂患。」无足曰：「夫富之於人，无所不利，窮美究埶，釋文：「音勢。本亦作勢。」至人之所不得逮，賢人之所不能及，賢，過也。俠人之勇力而不爲威强，俠同挾。秉人之知謀以爲明察，因人之德以爲賢良，非享國而嚴若君父。且夫聲色、滋味、權勢之於人，心不待學而樂之，體不待象而安之。夫欲惡避就，固不待師，此人之性也。天下雖非我，孰能辭之！」言天下與我同欲。知和曰：「知者之爲，故動以百姓，不違其度，知者之爲天下，必以百姓而動，百姓亦不違背其法度。是以足而不争，无以爲故不求。知足，故不争；無爲，故無外求。不足故求之，争四處而不自以爲貪；成云：「四處，猶四方也。」有餘故辭之，棄天下而不自以爲廉。此聖、凡之分。廉貪之實，非以迫外也，反監之度。廉貪之實，非外有所迫也，反視其度量何若而已知之矣。勢爲天子而不以貴驕人，富有天下而不以財戲人。計其患，慮其反，詩衛風：「思其反。」以爲害於性，故辭而不受也，非以要名譽也。堯、舜爲帝而雍，黎民時雍。非仁天下也，不以美害生也；竭美利以奉一己，是自害其生也。善卷、許由得帝而不受，非虛辭讓也，不以事害己。此皆就其利，辭其害，而天下稱賢焉，則可以有之，彼非以興名譽也。」可以有此賢名而居之，非彼之欲興賢名也。无足曰：「必持其名，苦體絶甘，約養以持生，則亦久病長阨而不死者也。」言必欲謹持其名，苦身體，絶甘美，約奉養以持生，則與久病長阨而不死者同，究何益乎？　知和曰：「平爲福，有餘爲害者，物莫不然，而財其甚者也。今富人耳營鐘鼓筦籥之聲，口嗛於芻豢醪醴之味，説文：「嗛，口有所快也。」以感其意，遺忘其業，可謂亂矣；侅溺於馮氣，若負重行而上也，可謂苦矣；釋文：「徐音礙，五代反。又户該反。飲食至咽爲侅。」王念孫云：「左昭五年傳注：『馮，盛也。』馮氣，猶盛氣。」案：貪欲既多，侅塞沈溺於盛氣，如負重上行，其苦甚矣。　貪財而取慰，貪權而取竭，郭慶藩云：「淮南繆稱訓高注：『慰，病也。』與竭對文，皆疾也。」靜居則溺，體澤則馮，平居則酣溺，體澤則馮怒。　可謂疾矣；爲欲富就利，故滿若堵耳而不知避，且馮而不舍，可謂辱矣；財積而无用，服膺而不舍，滿心戚醮，成云：「戚醮，猶煩惱也。」求益而不止，可謂憂矣；内則疑劫請之賊，外則畏寇盜之害，内周樓疏，李云：「重樓内帀，疏窗外通，謂設備守具。」外不敢獨行，可謂畏矣。　此六者，天下之至害也，皆遺忘而不知察，及其患至，求盡性竭財，嗜財若天性。財即性也，故曰盡性竭財。　單以反一日之无故而不可得也。郭嵩燾云：「單、亶古字通。亶訓但，單亦訓但。」　故觀之名則不見，求之利則不得，繚意體而争此，不亦惑乎！」繚，曲也。言曲意屈體而争之。

說劍第三十

昔趙文王喜劍，釋文：「司馬云：『惠文王也，名何，武靈王子，後莊子三百五十年。』洞紀云：「周赧王十七年，趙惠文王之元年。」』一云：案長曆推惠文王與莊子相值，恐彪之言誤。」劍士夾門而客三千餘人，日夜相擊於前，死傷者歲百餘人，好之不厭。如是三年，國衰，諸侯謀之。太子悝患之，俞云：「惠文王後爲孝成王丹，則此太子蓋不立。」募左右曰：「孰能說王之意止劍士者，賜之千金。」左右曰：「莊子當能。」太子乃使人以千金奉莊子。莊子弗受，與使者俱往見太子曰：「太子何以教周，賜周千金？」太子曰：「聞夫子明聖，謹奉千金以幣從者。夫子弗受，悝尚何敢言！」莊子曰：「聞太子所欲用周者，欲絕王之喜好也。使臣上說大王而逆王意，下不當太子，則身刑而死，周尚安所事金乎！使臣上說大王，下當太子，趙國何求而不得也？」太子曰：「然。吾王所見，唯劍士也。」莊子曰：「諾。周善爲劍。」太子曰：「然吾王所見劍士，皆蓬頭、突鬢、垂冠，釋文：「將欲鬬，故冠低傾也。」曼胡之纓，司馬云：「謂麤纓無文理也。」短後之衣，釋文：「爲便於事也。」瞋目而語難，釋文：「難，如字，艱難也。勇士憤怒積於心胸，言不流利也。」王乃説之。今夫子必儒服而見王，事必大逆。」莊子曰：「請治劍服。」治劍服三日，乃見太子。太子乃與見王，王脱白刃待之。莊子入殿門不趨，見王不拜。王曰：「子欲何以教寡人，使太子先？」成云：「使太子先言於我。」曰：「臣聞大王喜劍，故以劍見王。」王曰：「子之劍何能禁制？」曰：「臣之劍，十步一人，千里不留行。」俞云：「十步之内，輒殺一人，則歷千里之遠，所殺多矣，而劍鋒不缺，所當無撓，極言劍之利也。行以劍言，非以人言。」王大悦之，曰：「天下無敵矣。」莊子曰：「夫爲劍者，示之以虛，開之以利，後之以發，先之以至。願得試之。」成云：「忘己虛心，開通利物，感而後應，幾照物先，莊子之用劍也。」王曰：「夫子休就舍，待命令設戲請夫子。」王乃校劍士七日，死傷者六十餘人，得五六人，使奉劍於殿下，乃召莊子。王曰：「今日試使士敦劍。」郭嵩燾云：「魯頌『敦商之旅』，箋：『敦，治也。』」莊子曰：「望之久矣。」王曰：「夫子所御杖，長短何如？」成云：「御，用也。」案：杖，持也。曰：「臣之所奉皆可。然臣有三劍，唯王所用，請先言而後試。」王曰：「願聞三劍。」曰：「有天子劍，有諸侯劍，有庶人劍。」王曰：「天子之劍何如？」曰：「天子之劍，以燕谿、石城爲鋒，齊、岱爲鍔，釋文：「燕谿，地名，在燕國。司馬云：『鍔，劍刃。』一云：劍棱也。」成云：「石城，塞外山。此地居北，以爲劍鋒。齊國、岱岳在東，爲劍刃也。」晉、魏爲脊，周、宋爲鐔，成云：「鐔，環也。晉、魏近乎趙地，故以爲脊。周、宋近南，故以爲環也。」韓、魏爲夾，司馬云：「夾，把也。一本作鋏，同。一云：鐔，從棱向背；鋏，從棱向刃也。」包以四夷，裹以四時，成云：「懷四夷以道德，順四時以生化。」繞以渤海，帶以常山，遠統北海，近帶北岳。二句應在「包以四夷」上。制以五行，論以刑德，刑，罰；德，賞也。皆以劍言。古人有劍論。開以陰陽，持以春夏，行以秋冬。春夏〔一〕長養，則持而不御；秋冬肅殺，故行用之。此劍直之无前，直，當也。舉之无上，案之无下，運之无旁，上決浮雲，下絶地紀。此劍一用，匡諸侯，天下服矣。此天子之劍也。」文王芒然自失，曰：「諸侯之劍何如？」曰：「諸侯之劍，以知勇士爲鋒，以清廉士爲鍔，以賢良士爲脊，以忠聖士爲鐔，以豪桀士爲夾。此劍直之亦无前，舉之亦无上，案之亦无下，運之亦无旁，上法圓天以順三光，下法方地以順四時，中和民意以安四鄉。成云：「四鄉，猶四方。」此劍一用，如雷霆之震也，四封之内，無不賓服而聽從君命者矣。此諸侯之劍也。」王曰：「庶人之劍何如？」曰：「庶人之劍，蓬頭、突鬢、垂冠，曼胡之纓，短後之衣，瞋目而語難，相擊於前，上斬頸領，下決肝肺。此庶人之劍，无異於鬬雞，一旦命已絶矣，无所用於國事。今大王有天子之位，而好庶人之

〔一〕「夏」原作「秋」，據正文文義改。

劍，臣竊爲大王薄之。」王乃牽而上殿，宰人上食，王三環之。成云：「繞食三周，不能安坐。」莊子曰：「大王安坐定氣，劍事已畢奏矣。」於是文王不出宫三月，劍士皆服斃其處也。司馬云：「忿不見禮，皆自殺也。」

雜篇

漁父第三十一

孔子遊乎緇帷之林，司馬云：「黑林名也。」休坐乎杏壇之上。司馬云：「澤中高處也。」弟子讀書，孔子絃歌鼓琴，奏曲未半。有漁父者下船而來，須眉交白，被髮揄袂，行原以上，距陸而止，左手據膝，右手持頤以聽。曲終而招子貢、子路，二人俱對。客指孔子曰：「彼何爲者也？」子路對曰：「魯之君子也。」客問其族。子路對曰：「族孔氏。」客曰：「孔氏者何治也？」治何術業？子路未應，子貢對曰：「孔氏者，性服忠信，身行仁義，飾禮樂，選人倫，鑒而擇之。上以忠於世主，下以化於齊民，李云：「齊，等也。」許慎云：「齊等之民。」將以利天下。此孔氏之所治也。」又問曰：「有土之君與？」子貢曰：「非也。」「侯王之佐與？」子貢曰：「非也。」客乃笑而還行，言曰：「仁則仁矣，恐不免其身，苦心勞形以危其真。嗚乎遠哉！其分於道也！」成云：「分離於玄道。」釋文：「又作介。司馬云：『離也。』」子貢還報孔子。孔子推琴而起曰：「其聖人與！」乃下求之，至於澤畔，方將杖拏而引其船，司馬云：「拏，橈也，音餘。」顧見孔子，還鄉而立。釋文：「鄉，或作嚮。」孔子反走，再拜而進。客曰：「子將何求？」孔子曰：「曩者先生有緒言而去，俞云：「緒，餘也。未畢而去，故曰緒言。」丘不肖，未知所謂，竊待於下風，幸聞咳唾之音，以卒相丘也！」成云：「助我不逮。」客曰：「嘻！甚矣子之好學也！」孔子再拜而起曰：「丘少而修學，以至於今，六十九歲矣，无所得聞至教，敢不虛心！」客曰：「同類相從，同聲相應，固天之理也。吾請釋吾之所有而經子之所以。司馬云：「經，理也。」下同。子之所以者，人事也。天子、諸侯、大夫、庶人，此四者自正，各守其位。治之美也，四者離位而亂莫大焉。官治其職，人憂其事，乃无所陵。成云：「陵，亂也。」故田荒室露，衣食不足，徵賦不屬，妻妾不和，長少无序，庶人之憂也；能不勝任，官事不治，行不清白，羣下荒怠，功美不有，無功於國，無譽於民。爵禄不持，不能保持其爵禄。大夫之憂也；廷无忠臣，國家昏亂，工技不巧，貢職不美，春秋後倫，釋文：「朝覲不及等比也。」不順天子，諸侯之憂也；陰陽不和，寒暑不時，以傷庶物，諸侯暴亂，擅相攘伐，以殘民人，禮樂不節，財用窮匱，人倫不飭，百姓淫亂，天子有司之憂也。今子既上无君侯有司之勢，而下无大臣職事之官，而擅飭禮樂，選人倫，以化齊民，不泰多事乎？且人有八疵，事有四患，不可不察也。非其事而事之，謂之摠；成云：「摠，濫也。」莫之顧而進之，謂之佞；成云：「人不采顧，强進忠言。」希意道言，謂之諂；成云：「希望意氣，導達其言。」不擇是非而言，謂之諛；成云：

「苟且順物，不簡是非。」好言人之惡，謂之讒；析交離親，謂之賊；稱譽詐僞以敗惡人，謂之慝；詐僞則稱譽之，惡其人則毁敗之，是爲奸慝。姚云：「張本惡作德，謂『顛倒是非以敗人之德』，意更警。」不擇善否，兩容頰適，偷拔其所欲，謂之險。釋文：「兩容頰適者，善惡皆容，顔貌調適也。頰，或作顔。」宣云：「偷拔，謂潛引人心中之欲。」此八疵者，外以亂人，內以傷身，君子不友，明君不臣。所謂四患者，好經大事，變更易常，以挂功名，謂之叨；變易常節，以倖功名，是叨濫也。專知擅事，侵人自用，謂之貪；專知，自謂予知也。見過不更，聞諫愈甚，謂之很；人同於己則可，不同於己，雖善不善，謂之矜。此四患也。能去八疵，无行四患，而始可教已。」孔子愀然而歎，再拜而起曰：「丘再逐於魯，削迹於衞，伐樹於宋，圍於陳、蔡。丘不知所失，而離此四謗者何也？」客悽然變容曰：「甚矣子之難悟也！人有畏影惡迹而去之走者，舉足愈數而迹愈多，走愈疾而影不離身，自以爲尚遲，疾走不休，絶力而死。不知處陰以休影，處静以息迹，愚亦甚矣！子審仁義之間，察同異之際，觀動静之變，適受與之度，理好惡之情，和喜怒之節，而幾於不免矣。子審度於接物者如〔二〕此，而猶幾於不免。謹修而身，慎守其真，還

〔二〕「如」原誤「知」，據萬有文庫本改。

以物與人，則无所累矣。外物不與人争，自無患累也。今不修之身而求之人，不亦外乎！」孔子愀然曰：「請問何謂真？」客曰：「真者，精誠之至也。不精不誠，不能動人。故强哭者雖悲不哀，强怒者雖嚴不威，强親者雖笑不和。真悲无聲而哀，真怒未發而威，真親未笑而和。真在内者，神動於外，是所以貴真也。其用於人理也，理，倫也。事親則慈孝，事君則忠貞，飲酒則歡樂，處喪則悲哀。忠貞以功爲主，飲酒以樂爲主，處喪以哀爲主，事親以適爲主，功成之美，无一其迹矣。成功可見者甚多，故不一其事迹。事親以適，不論所以矣；以，用也。啜菽飲水，亦可盡歡，故不問所以。飲酒以樂，不選其具矣；不在具殽。處喪以哀，无問其禮矣。臨喪盡哀，於是觀禮。禮者，世俗之所爲也；真者，所以受於天也，自然不可易也。故聖人法天貴真，不拘於俗。愚者反此，不能法天而恤於人，惟人事是憂。不知貴真，禄禄而受變於俗，故不足。釋文：「禄，司馬本作録。」案：禄禄，猶録録也。漢書蕭曹贊作「録録」，顔注：「猶鹿鹿，言在凡庶之中。」惜哉！子之早湛於人僞，湛與沈同。而晚聞大道也！」孔子又再拜而起曰：「今者丘得遇也，若天幸然。先生不羞而比之服役，若僕從然。而身教之。敢問舍所在，請因受業而卒學大道。」客曰：「吾聞之：可與往者與之，至於妙道；成云：「從迷適悟爲往。妙道，真本也。」不可與往者，不知其道，慎勿與之，身乃无咎。子勉之！吾去子矣，吾去子矣。」乃刺船而去，延緣葦間。顔淵還車，子路授綏，孔子不顧，待水波定，釋文：「船行故水波，去遠則波定。」不聞拏音，而後敢乘。子路旁車而問曰：旁同傍。「由得爲役久矣，未嘗見夫子遇人如此其威也。宣云：「威，敬畏。」萬乘之主，千乘之君，見夫子未嘗不分庭伉禮，夫子猶有倨敖之容。今漁者杖拏逆立，而夫子曲要磬折，言拜而應，成云：「受言必拜而應。」得无太甚乎？門人皆怪夫子矣，漁人何以得此乎？」孔子伏軾而歎曰：「甚矣由之難化也！湛於禮義有間矣，宣云：「言已久。」而樸鄙之心至今未去。進！吾語汝。夫遇長不敬，失禮也；見賢不尊，不仁也。彼非至人，不能下人，成云：「若非至德之人，則不能使人謙下。」下人不精，不得其真，上文云：「真者，精誠之至也。」故長傷身。惜哉！不仁之於人也，禍莫大焉，而由獨擅之。擅者，專有之。且道者，萬物之所出也，庶物失之者死，得之者生；爲事逆之則敗，順之則成。故道之所在，聖人尊之。今漁父之道，可謂有矣，吾敢不敬乎！」

雜篇　列禦寇第三十二

列禦寇之齊，中道而反，遇伯昏瞀人。見列子黃帝篇。伯昏瞀人曰：「奚方而反？」李云：「方，道也。」曰：「吾驚焉。」曰：「惡乎驚？」曰：「吾嘗食於十餐，司馬云：「餐讀曰漿。十家並賣漿也。」案：黃帝篇作「漿」。而五餐先饋。」釋文：「饋，遺也。謂十家中五家先見遺。」案張湛注：「人皆敬下之也。」伯昏瞀人曰：「若是，則汝何爲驚已？」曰：「夫內誠不解，郭云：「外自矜飾。」案：語氣不了。張注引下有「內不釋然也」五字。形諜成光，郭云：「舉動便辟而成光儀也。」釋文：「諜，徒協反。郭云：『便辟也。』說文云：『閒也。』」以外鎮人心，張注：「外以矜嚴服物，內實不足。」使人輕乎貴老，釋文：「謂重禦寇過於老人。」而𩐋其所患。釋文：「𩐋，子兮反，亂也。」蘇輿云：「下所謂任事效功，卽所患也。言將以己所患者攪亂之也。莊子中其字多如此用。下云『盍胡嘗視其良』，亦儒緩自謂。」宣云：「𩐋有釀意。一說𩐋與齎同，猶致也。並通。」夫餐特爲食羹之貨，多餘之贏，黃帝篇「多」上有「無」字，張注：「一本無無字。」案：無者與莊本同；有「無」字，理較圓。其爲利也薄，其爲權也輕，而猶若是，而況於萬乘之主乎！身勞於國而知盡於事，黃帝篇無「乎」字。二語屬齊君說。

彼將任我以事而效我以功，成云：「驗我以功績。」吾是以驚。」言往見齊君，彼將任事而課功，責望甚重，將有患亂，故以賣漿之事推之，驚而走也。伯昏瞀人曰：「善哉觀乎！善其能觀察人情。汝處已，人將保汝矣。」司馬云：「保，附也。」案：言汝且處乎家，人將附汝矣。无幾何而往，則戶外之屨滿矣。成云：「既及升堂，請益者多。」伯昏瞀人北面而立，敦杖蹙之乎頤，司馬云：「敦，豎也。」成云：「以杖柱頤，聽其言說。」立有間，不言而出。成云：「忘言而歸。」賓者以告列子，釋文：「賓，本亦作儐，謂通客之人。」列子提屨，跣而走，暨乎門，曰：「先生既來，曾不發藥乎？」釋文：「司馬本發作廢。」郭慶藩云：「發、廢，古同聲通用。」案：黄帝篇作「廢」，張注：「廢，置也。曾無善言以當藥石也。」曰：「已矣！吾固告汝曰『人將保汝』，果保汝矣。非汝能使人保汝，而汝不能使人无保汝也，而焉用之感豫出異也！黄帝篇「之」下多「感也」二字，「異」下無「也」字，張注云：「汝用何術能感物如此乎！」案：本文「而焉用之」，其義自明。黄帝篇當釋作「汝焉用此感也」！張説非。感豫出異者，先物施惠，豫出以感人，是自異也。必且有感，搖而本才，又无謂也。黄帝篇「必且」作「且必」，「感」下有「也」字，「才」作「身」。案：本才，卽本質也，與孟子「非才之罪也」義同。釋文「一本才作性」，意亦同也。言必有惠以感人，則此心逐物，搖汝本質，究何謂乎！與汝遊者，又莫汝告也，宣云：「無忠告。」彼所小言，盡人毒也。張注：「小言細巧，易以感人，故爲人毒害也。」莫覺莫

悟，何相孰也！郭嵩燾云：「漢書賈誼傳『日夜念此至孰也』，顏注：『孰，審也。』言既無覺悟，又何人相審詳乎！」**巧者勞而知者憂，无能者无所求，飽食而敖遊，汎若不繫之舟，虚而敖遊者也。」**成云：「物必以智巧困弊。惟聖人汎然無係，譬彼虚舟，任運逍遥。」案：「巧者」以下，莊子所增。

鄭人緩也呻吟裘氏之地。司馬云：「緩，人名也。」釋文：「裘氏，地名。」郭云：「呻吟，吟詠之謂。」**祇三年而緩爲儒，**郭云：「祇，適也。」**潤河九里，澤及三族，**宣云：「喻學問既成，必及人。」**使其弟墨。**緩使弟學墨。弟名見下。**儒、墨相與辯，其父助翟。**成云：「儒憲章文、武，祖述堯、舜，甚固吝，好多言。墨遵禹道，勤儉好施。儒、墨途别，各執是非，父黨小兒，遂助翟也。」**十年而緩自殺。其父夢之，曰：「使而子爲墨者，予也。闔胡嘗視其良，既爲秋柏之實矣！」**闔同盍，何不也。胡，亦何也。「闔胡」連文，如古書「尚猶」「惟獨」之例，自有複語耳。嘗，試也。釋文：「良，或作埌，音浪，冢也。」案：緩見夢其父，言弟之爲墨，是我之力，何不試視我冢上，所種秋柏已結實矣！冤魂告語，深致其怨。**夫造物者之報人也，不報其人而報其人之天。**郭云：「自此以下，莊子詞也。」成云：「造物者，無物也，能造化萬物，故謂之造物。物之智能，稟乎造化，非由從師而學也。故假於學習，輔道自然，報其天性，不報人功也。翟有墨性，不從緩得，緩言我教，不亦繆乎！」**彼故使彼。**有墨性，故使墨。**夫人以己爲有以異於**

人，以賤其親，夫人，猶言此人。成云：「言緩自恃己有學植之功，異於常人，故輕賤其親而汝於父也。」齊人之井，飲者相捽也。故曰：「今之世皆緩也。」齊人穿鑿得井，行李汲而飲之，井主護水，至捽飲者之頭，不知泉之天然也。喻緩不知翟天然之墨而忿之。（此注兼采陸、成。）自是，有德者以不知也，而況有道者乎！釋文：「知音智。」案：以、已字同。德之爲言得也。言知得之爲德，而自是其德，已爲不智，況於有道之人，而可不因任其天乎！古者謂之遁天之刑。上文云「巧者勞而知者憂」，是爲天所刑也。德充符篇云：「天刑之，安可解！」不以有道自命，則可逃遁天之刑矣。語又見養生主篇。

聖人安其所安，不安其所不安；成云：「安，任也。任羣生之性，不引物從己，性之無者，不强安之，此所以爲聖人也。」衆人安其所不安，不安其所安。捨己以徇物，安其所不安也，不安其素分，不安其所安也。

莊子曰：「知道易，勿言難。成云：「運知則易，忘言則難。」知而不言，所以之天也；之，往也。成云：「詣於自然之境。」知而言之，所以之人也。古之人，天而不人。」成云：「復古真人，知道之士，天然淳素，無復人情。」

朱泙漫學屠龍於支離益，司馬云：「朱泙漫、支離益，皆人姓名。」單千金之家，單同殫，盡也。三年技成，而无所用其巧。宣云：「無龍可屠也。」是以君子不貴絕藝，而貴中庸之道。」

聖人以必不必，故无兵；郭云：「理雖必然，猶不必之，斯至順矣，兵其安有！」衆人以不必必之，故多兵〔一〕。宣云：「以理之不必然者，而各必其所偏見，則乖争生矣。」順於兵，故行有求。宣云：「徇於兵争，故動則求濟所欲。」兵，恃之則亡。雖有兵，不可恃。

小夫之知，釋文：「音智。下爲知同。」不離苞苴竿牘，宣云：「裹曰苞，藉曰苴。詩鄭箋：『以果實相遺者，必苞苴之。』」司馬云：「竿牘，謂竹簡爲書，以相問遺。」敝精神乎蹇淺，而欲兼濟道物，太一形虚。若是者，迷惑於宇宙，形累不知太初。勞於蹇難淺薄之事，而欲導羣物以成兼濟之功，虚形器以合太一之理，若是者，已爲宇宙之羣形物累所迷惑，安能知太初妙理邪！彼至人者，歸精神乎无始，而甘冥乎无何有之鄉。郭云：「無始，妙本也。無何有之鄉，道境也。」俞云：「釋文：『冥，本亦作瞑。又音眠。』是也。瞑、眠古今字。文選養生論『達旦不瞑』，李注：『瞑，古眠字。』是也。甘瞑，即甘眠。徐无鬼篇：『孫叔敖甘寢秉羽。』甘眠與甘寢義同。淮南俶真訓『甘瞑於溷澖之域』，即本此文。」水流乎无形，發泄乎太清。宣云：「出於虚，歸於虚。」案：以喻至人之自然流行也。悲哉乎！汝爲知在毫毛，而不知大寧！汝，

〔一〕「兵」原誤「矣」，據集釋本改。

謂上「小夫」。大寧，無爲泰定之宇。言人見小而遺大也。

宋人有曹商者，爲宋王使秦。其往也，得車數乘；王説之，秦王。益車百乘。反於宋，見莊子曰：「夫處窮閭阨巷，阨同隘。困窘織屨，槁項黄馘者，司馬云：「槁項，項槁立也。黄馘，面黄熟也。」商之所短也；一悟萬乘之主，而從車百乘者，商之所長也。」莊子曰：「秦王有病召醫，破癰潰痤者得車一乘，舐痔者得車五乘，所治愈下，得車愈多。子豈治其痔邪？何得車之多也？子行矣！」

魯哀公問於顔闔曰：「吾以仲尼爲貞幹，國其有瘳乎？」宣云：「貞同楨。」曰：「殆哉圾乎！郭云：「圾，危也。」仲尼方且飾羽而畫，宣云：「羽有自然之文采，飾而畫之，則務人巧。」從事華辭，以支爲旨，以支辭爲正旨。忍性以視民而不知不信，受乎心，宰乎神，夫何足以上民！視，示同。梏其聰明，是不知也；習於矯僞，是不信也。忍飾性以示民，而此不知不信之道，使民受之於其心，主之於其神，此豈足以上民乎！彼宜女與？予頤與？誤而可矣。彼，謂仲尼。女，謂哀公。頤，養也。言彼或宜於公與，抑彼待我而養與？有此誤舉，猶之可矣。今使民離實學僞，非所以視民也。爲後世慮，不若休之，勿用爲是。難治也。」難於圖治。

施於人而不忘，非天布也。施於人則欲勿忘，有心見德，非上天布施之大道。商賈不齒，雖以事齒之，神者勿齒。世之賤商賈者，以其有市易之情也，故抑之不與士民齒，雖或因事齒之，而其心之神理，仍有不齒之見。今以德相布，與商賈何異！「神者」二字，與下文「神者徵之」義同。莊子多用此等句法。

爲外刑者，金與木也；郭云：「金，謂刀鋸斧鉞；木，謂捶楚桎梏。」爲内刑者，動與過也。郭云：「静而當，則内無刑。」宵人之離外刑者，金木訊之；宵、小古字通用。離同罹，下同。訊，問也。離内刑者，陰陽食之。成云：「若不止分，則内結寒暑，陰陽殘食之也。」夫免乎外内之刑者，唯真人能之。成云：「心若死灰，内不滑靈府，形同槁木，外不挂桎梏，唯真人哉！」

孔子曰：「凡人心險於山川，難於知天。天猶有春秋冬夏旦暮之期，人者厚貌深情。故有貌愿而益，釋文：「愿，謹愨也。」俞云：「益當作溢。溢之言驕溢也。荀子不苟篇『以驕溢人』是也。愿與溢，義正相反。」有長若不肖，成云：「心實長者，形如不肖。」有順懁而達，柔順懁急而内通事理。有堅而縵，外堅强而内緩弱。有緩而釬。釋文：「釬，胡旦反，又音干，急也。」案：外舒遲而内悍急。故其就義若渴者，其去義若熱。宣云：「進鋭而退速。」故君子遠使之而觀其忠，遠則多欺。近使之而觀其敬，近則多狎。煩使之而觀其能，宣云：「煩則難理。」卒然問焉而觀其知，宣云：「猝則難辨。」急與之期而觀其信，宣云：「急則易爽。」委之以財而觀其仁，告之以危而觀其節，宣云：「財易起貪，危易改節。」醉之以

酒而觀其側，釋文：「側，不正也。或作則。」俞云：「上文皆舉美德言之，此獨觀其不正，則不倫矣。其云『或作則』，當從之。國語周語〔一〕：『威儀有則。』周書官人篇『醉之酒，以觀其恭』，語意相近。大戴禮文王官人篇作『醉之酒，以觀其不失也』。不失，卽謂不失法則也。」郭嵩燾云：「『飲酒孔嘉，維其令儀』，所謂則也。」**雜之以處而觀其色。**男女參居而觀其色之邪正。**九徵至，不肖人得矣。**以九事徵驗，雖至不肖之人，亦得其情矣。

正考父一命而傴，再命而僂，三命而俯，循牆而走，孰敢不軌！成云：「正考父，孔子十代祖，宋大夫也。士一命，大夫再命，卿三命。傴僂、循牆，並敬容極恭，卑退若此，誰敢將不軌之事而侮之也！」**如而夫者，**郭云：「而夫，謂凡夫也。」**一命而呂鉅，**郭嵩燾云：「方言：『呂，長也。』說文：『鉅，大剛也。』亦通作巨，大也。呂鉅，謂自高大，蓋矜張之意。」**再命而於車上儛，三命而名諸父，孰協唐、許！**釋文：「協，同也。唐，唐堯；許，許由。皆崇讓者也。言誰比同於唐、許也！」

賊莫大乎德有心而心有睫，宣云：「德而有心，已非自然，心中又有多竅，如有睫然，賊何如之！」**及其有睫也而內視，**及其有睫，則方寸之內，審視多端。**內視而敗矣。**多紛擾之害。

〔一〕「語」原誤「書」，據國語周語中改。

凶德有五，中德爲首。謂耳、目、口、鼻、心，而心爲首。何謂中德？中德也者，有以自好也而吡其所不爲者也。郭云：「吡，訾也。」成云：「心所好者，自以爲是；所不爲者，皆而非之。以心中自是爲得，故曰中德。」

窮有八極，達有三必，形有六府。美、髯、長、大、壯、麗、勇、敢，八者俱過人也，因以是窮。宣云：「自恃故也。」緣循、成云：「循，順也。緣物順他，不能自立也。」偃佒、釋文：「偃佒，守分歸一也。」郭嵩燾云：「尋釋文意，偃佒卽偃仰，猶言俛仰從人也。」困畏郭云：「困畏，怯弱也。」不若人，三者俱通達。不若人，與上「俱過人」對文。三者皆自處於不若人，然必通達。知慧外通，逐外者，其神勞，下文所云「其功外」也。勇動多怨，壯往者仇隙衆。仁義多責。言仁義者責望厚。達生之情者傀，達於知者肖；郭云：「傀然，大恬解之貌也。」王念孫云：「郭以傀爲大，是也。肖當訓小。方言：『肖，小也。』廣韻同。肖與傀正相反，言任天則大，任智則小也。」達大命者隨，大命，謂天命之精微，達之則委隨於自然而已。達小命者遭。小命，謂人各有命，達之則安於所遭，亦無怨懟。

人有見宋王者，錫車十乘，以其十乘驕稺莊子。李云：「自驕而稺莊子也。」郭慶藩云：「稺亦驕也。管子軍令篇『工以雕文刻鏤相稺』，尹知章注：『稺，驕也。』」莊子曰：「河上有家貧恃緯蕭而食者，郭慶藩云：「北堂書鈔簾部、御覽七百並引司馬云：『蕭，蒿也。織緝蒿爲薄簾也。』」其子没於淵，得千金之珠。其父謂其子曰：『取石來鍛之！釋文：「謂椎破之。」夫千金之珠，必在九重之淵而驪龍頷下，子能得珠者，必遭其睡也。使驪龍而寤，子尚奚微之有哉！』宣云：「言殘食無餘也。」今宋國之深，非直九重之淵也；宋王之猛，非直驪龍也。子能得車者，必遭其睡也。使宋王而寤，子爲韲粉夫！」

或聘於莊子，莊子應其使曰：「子見夫犧牛乎？成云：「犧，養也。君王預前三月養牛祭宗廟曰犧。」衣以文繡，食以芻叔，釋文：「叔，大豆也。」及其牽而入於太廟，雖欲爲孤犢，其可得乎！」

莊子將死，弟子欲厚葬之。莊子曰：「吾以天地爲棺槨，以日月爲連璧，星辰爲珠璣，萬物爲齎送。吾葬具豈不備邪？何以加此！」弟子曰：「吾恐烏鳶之食夫子也。」莊子曰：「在上爲烏鳶食，在下爲螻蟻食，奪彼與此，何其偏也！」

以不平平，其平也不平；以偏見平天下，其平仍是不平。以不徵徵，其徵也不徵。郭云：「徵，應也。」成云：「聖人無心，有感則應，此真應也，若有心應物，不能應也。」明者唯爲之使，成云：「自炫其明以應務，爲物驅使，何能役人！」神者徵之。宣云：「任神理者，則無往而不應。」夫明之不勝神也久矣，而愚者恃其所見專用己智。入於人，宣云：「溺於人事。」其功外也，其功力皆徇外矣。不亦悲乎！

雜篇　天下第三十三

天下之治方術者多矣，成云：「方，道也。」**皆以其有爲不可加矣。**宣云：「其有，謂所學。」**古之所謂道術者，果惡乎在？曰：「无乎不在。」曰：「神何由降？明何由出？」**既無不在，則神聖明王何由降出，獨與衆異？宣云：「又設問也。」**「聖有所生，王有所成，皆原於一。」**下文所云「内聖外王之道」。宣云：「又答。」**不離於宗，謂之天人。**不離，若孔子言顏氏之不違宗主也。謂自然。**不離於精，謂之神人。**成云：「淳粹不雜，謂之神妙。」**不離於真，謂之至人。**成云：「凝然不假，謂之至極。」**以天爲宗，以德爲本，以道爲門，兆於變化，**變化不測，隨物見端。**謂之聖人。**成云：「以上四人，止是一耳，隨其功用，故有四名。」**以仁爲恩，以義爲理，以禮爲行，以樂爲和，薰然慈仁，謂之君子。**宣云：「君子是道之緒餘。」**以法爲分，以名爲表，**宣云：「以法度爲分別，以名號爲表率。」**以參爲驗，**釋文：「參，本又作操。」宣云：「以所操文書爲徵驗。」**以稽爲決，**宣云：「以稽考所操而決事。」**其數一二三四是也。**宣云：「分明不爽如是。」**百官以此相齒，**宣云：「此又一等人。相齒，謂以此爲序也。官職是名法之迹。」**以事爲常，**事，謂日用。**以衣食爲主，蕃息畜藏，老弱孤寡爲意，**

皆有以養，蓄息，謂物産；畜藏，謂貨財。兼養及無告之人。民之理也。宣云：「又一等人。」古之人其備乎！配神明，醇天地，育萬物，和天下，澤及百姓，明於本數，係於末度，郭云：「本數明，故末不離。」六通四辟，釋文：「本又作闢。」小大精粗，其運无乎不在。其明而在數度者，舊法世傳之史尚多有之。宣云：「言史所由傳。」其在於詩、書、禮、樂者，鄒、魯之士、搢紳先生多能明之。士，儒者。搢紳先生，服官者。成云：「搢，笏也，亦插也。紳，大帶。」宣云：「六經所由傳。」詩以道志，書以道事，禮以道行，樂以道和，易以道陰陽，春秋以道名分。釋文：「道音導。」其數散於天下而設於中國者，設，施也。百家之學時或稱而道之。宣云：「百家所由傳。」天下大亂，賢聖不明，成云：「韜光晦迹。」道德不一，成云：「法教多端。」天下多得一察焉以自好。一察，猶言一隙之明。譬如耳目鼻口，皆有所明，不能相通。猶百家衆技也，皆有所長，時有所用。雖然，不該不徧，一曲之士也。判天地之美，析萬物之理，郭云：「各用其一曲，故析判。」察古人之全，寡能備於天地之美，稱神明之容。釋文：「稱，尺證反。」成云：「觀察古昔全德之人，猶鮮能備兩儀之亭毒，稱神明之容貌，況一曲者乎！」是故内聖外王之道，闇而不明，鬱而不發，天下之人各爲其所欲焉以自爲方。道術。悲夫！百家往而不反，必不合矣。後世之學者，不幸不見天地之純，古人之大體，道術將爲天下裂。

不侈於後世，不靡於萬物，不暉於數度，宣云：「不示奢侈，不事靡費，不務光華。」以繩墨自矯，成云：「矯，厲也。用仁義爲繩墨，以厲其志行。」而備世之急，郭云：「勤而儉則財有餘，故急有備。」古之道術有在於是者。墨翟、禽滑釐聞其風而説之。釋文：「墨翟，宋大夫，尚儉素。禽滑釐，翟弟子，不順五帝、三王之樂，嫌其奢。」爲之大過，已之大循。循，順也。其爲之大過，特己之大順而已，不堪教世也。作爲非樂，命之曰節用，生不歌，死无服。成云：「非樂、節用，墨子書二篇名。生不歌，故非樂；死無服，故節用。謂無衣衾棺槨等資葬之服。」墨子汎愛兼利而非鬭，釋文：「化同己儉爲汎愛兼利。」郭云：「令百姓皆勤儉各有餘，故以鬭爲非。」其道不怒，成云：「克己，故不怨怒於物。」又好學而博，不異，郭云：「既自以爲是，則欲令萬物皆同乎己。」不與先王同，不以先王爲然。毁古之禮樂。郭云：「嫌其侈靡。」黄帝有咸池，堯有大章，舜有大韶，禹有大夏，湯有大濩，文王有辟雍之樂，武王、周公作武。古之喪禮，貴賤有儀，上下有等，天子棺槨七重，諸侯五重，大夫三重，士再重。今墨子獨生不歌，死不服，桐棺三寸而无槨，以爲法式。以此教人，恐不愛人；以此自行，固不愛己。宣云：「既拂人之性，亦自處於薄。」未敗墨子道，今墨之道尚未敗也。雖然，歌而非歌，哭而非哭，樂而非樂，是果類乎？是果與人情類乎？其生也勤，其死也薄，其道大觳，郭嵩燾云：「釋詁：『觳，盡也。』管子地員篇：『又次曰五觳。』觳者，薄也。」

使人憂，使人悲，其行難爲也，恐其不可以爲聖人之道，反天下之心，天下不堪。墨子雖能獨任，自爲之。奈天下何！離於天下，其去王也遠矣。宣云：「非王者之道。」墨子稱道曰：稱其道之所由。「昔者禹之湮洪水，決江河而通四夷九州也，名山三百，俞云：「山當作川，字之誤也。此文專以川言，不當言支川而不及名川。呂覽始覽篇、淮南地形訓並曰『名川六百』。」支川三千，小者无數。禹親自操橐耜而九雜天下之川，釋文：「橐，舊古考反。崔、郭音託，則應作橐。司馬云：『盛土器也。』耜音似，三蒼云：『耒頭鐵也。』崔云：『梩也。』司馬云：『盛水器也。』九，本亦作鳩，聚也。」郭嵩燾云：「雜匯諸川之水，使同歸於大川，故曰九雜。」腓无胈，脛无毛，沐甚雨，櫛疾風，置萬國。奠定萬國。禹，大聖也，而形勞天下也如此。」使後世之墨者多以裘褐爲衣，以跂蹻爲服，成云：「後世墨者，翟之弟子。裘褐，粗衣。木曰跂，草曰蹻。」日夜不休，以自苦爲極，曰：「不能如此，非禹之道也，不足謂墨。」墨戒其徒如此。相里勤之弟子五侯之徒，南方之墨者成云：「姓相里，名勤，南方之墨師。五侯，並學墨人。」韓非顯學篇：「有相里氏之墨，有相夫氏之墨，有鄉陵氏之墨。」苦獲、已齒、鄧陵子之屬，俱誦墨經，李云：「苦獲、已齒，二人姓字也。」案：鄧陵疑卽鄉陵，形近致譌。而倍譎不同，相謂別墨，倍譎，倍異詭譎也。自謂墨之別派。以堅白、同異之辯相訾，宣云：「非彼說。」以觭偶不仵之辭相應，宣云：「是一說。」觭同奇。釋文：「仵，同也。」案：奇偶本不同，强以相應，則無不可同。**以巨子爲聖人，**宣云：「巨子，墨之高弟。」釋文：「若儒家之碩儒。」**皆願爲之尸，**成云：「以爲師主。」**冀得爲其後世，**宣云：「思繼其統。」**至今不決。**宣云：「其教不絕。」**墨翟、禽滑釐之意則是，其行則非也。**成云：「意在救世，所以是也；爲之太過，所以非也。」**將使後世之墨者必自苦以腓无胈、脛无毛，相進而已矣。**相進，猶相競。**亂之上也，治之下也。**宣云：「亂天下之罪多，教天下之功少。」**雖然，墨子真天下之好也，**真天下能好人者也。俞云：「卽孟子『墨子兼愛』意。」**將求之不得也，**將求救天下之術而不得邪！古「邪」「也」字通用。俞云：「卽『心誠求之』意。」**雖枯槁不舍也。**雖枯槁其身，不忍舍去也。俞云：「卽孟子『摩頂放踵爲之』意。」**才士也夫！**可謂竭才之士也夫！

不累於俗，不爲物累。**不飾於物，**不自矯飾。**不苟於人，**無所苟且。**不忮於衆，**無所忌害。**願天下之安寧以活民命，**以天下生民爲重。**人我之養畢足而止，**不必求有餘也。**以此白心，**宣云：「暴白其志之無他。」**古之道術有在於是者。宋鈃、尹文聞其風而悅之。**成云：「宋、尹，並齊宣王時人，同遊稷下。（案：二見漢書藝文志名家。）宋著書一篇，尹著書二篇，咸師於黔而爲之名也。性與教合，故聞風悅愛。」**作爲華山之冠以自表，**郭云：「華山上下均平。」**接萬物以別宥爲始。**釋文：「始，首也。崔云：『別善惡，宥不及。』」**語心之容，命之曰心之行，**成云：「命，名也。發語吐詞，每令心容萬物，卽名此容受而爲心行。」案：言我心如此，推心而行亦如此。以聏合驩，釋文：「聏，崔音而，郭音餌。司馬云：『色厚貌。』崔、郭、王云：『和也。』聏和萬物，物合則歡矣。」以調海内，强以其道調之。請欲置之以爲主。請欲時君皆置此心以爲主。見侮不辱，不自謂辱。救民之鬭，禁攻寢兵，救世之戰。寢，息也。以此周行天下，上説下教，雖天下不取，不取其説。强聒而不舍者也。故曰：「上下見厭而强見也。」上，時君；下，謀臣。雖然，其爲人太多，其自爲太少，曰：其言若此。「請欲固置五升之飯足矣，先生恐不得飽，弟子雖飢，不忘天下。」成云：「宋、尹稱黔首爲先生，自謂爲弟子，先物後己故也。」案：宋、尹見爲置餐者，言請欲先生惟置五升之飯足矣。日夜不休，曰：「我必得活哉！」圖傲乎救世之士哉！宣云：「又言『我必得以自活哉』！圖活民命，傲救世之士耳。」曰：「君子不爲苛察，不以身假物。」以爲无益於天下者，明之不如已也。又言『君子不宜苛察，故侮厭弗顧，不假外物以爲身』，故飢飽弗計，人皆自炫其明。然計較太多，雖有益於世而莫之爲，故宋、尹以爲彼之無益於天下者，明之不如已也。以禁攻寢兵爲外，宣云：「外以此救世。」以情欲寡淺爲内，宣云：「内以此克己。」其小大精粗，其行適至是而止。其行止於是，則其道術之大小精粗亦不過如是。

公而不當，崔本作「黨」，云：「至公無黨也。」盧云：「作『不黨』是。」易而无私，成云：「平易。」決然无主，宣云：「決去係累，而無偏主。」趣物而不兩，宣云：「隨物而趨，不生兩意。」不顧於慮，不謀於知，無旁顧，無巧謀。於物无擇，與之俱往，古之道術有在於是者。彭蒙、田駢、慎到聞其風而説之。成云：「並齊之隱士，俱遊稷下，各著書數篇。」俞云：「據下文，彭蒙當是田駢之師。意林引尹文子有彭蒙曰：『雉兔在野，衆皆逐之，分未定也；雞豕滿市，莫有志者，分定故也。』」齊萬物以爲首，宣云：「以此爲第一事。」曰：「天能覆之而不能載之，地能載之而不能覆之，大道能包之而不能辯之。」知萬物皆有所可，有所不可，故曰：「選則不徧，必有未應選。教則不至，必有未受教。道則无遺者矣。」唯道兼包之，所謂齊也。是故慎到，俞云：「史記孟荀列傳：『慎到，趙人，著十二論。』漢書藝文志法家有『慎子四十二篇』。名到，先申、韓，申、韓稱之。』」棄知去己，成云：「息慮棄知，忘身去己。」而緣不得已，泠汰於物以爲道理，釋文：「泠汰，猶沙汰也。泠音零。」案：言到雖棄知去己，而因必不得已，始沙汰人物一番，守此以爲道理。曰：「知不知，將薄知而後鄰傷之者也。」其言曰：「凡知人之道，當如不知，將薄有所知，而已近於傷之者也。」此到之棄知。成云：「鄰，近也。」謑髁无任而笑天下之尚賢也，釋文：「謑髁，訛倪不正貌。」案：其用人雖謑髁不正，無可任使，而以天下尚賢爲笑。縱脱无行而非天下之大聖，其在己縱恣脱略，無行可稱，而以天下大聖爲非，卑之無高論也。椎拍輐斷，與物宛轉，郭云：「猶有椎拍，故未泯合。」釋文：「輐，圓也。」案：郭釋椎拍，謂如椎之拍。凡物稍未合，以椎重拍之，無不合矣。是椎拍之義，言强不合者使合也。

輐斷，謂雖斷而甚圓，不見決裂之迹，皆與物宛轉之意也。此到之去己。舍是與非，苟可以免，宣云：「不執是非，庶無累也。」不師知慮，不知前後，釋文：「上知音智。」案：不師人之智慮，不問事之前後。魏然而已矣。大公平易，故能巍然。推而後行，曳而後往，若飄風之還，宣云：「迴還無方。」若羽之旋，宣云：「羽自空而下，旋轉不定。」若磨石之隧，磨文石作隧道，喻其光滑。全而无非，故能自全而不見非責。動静无過，未嘗有罪。静無過，動亦無過，罪何由至！是何故？假設疑問，言何故能如此？夫无知之物，无建己之患，无用知之累，動静不離於理，是以終身无譽。无知之物，木石是也。言譬彼無知之物，不建己以爲標準，故不來指目之患；不用智以相推測，故不受嫉忌之累。移之則動，置之則静，恆不離於物理，明白易見，是以終其身無譽之者，無譽則亦無咎矣。故曰：「至於若无知之物而已，到之言推極於此。无用賢聖，夫塊不失道。」何用賢聖爲哉！彼土塊亦不失爲道也。豪桀相與笑之曰：「慎到之道，非生人之行而至死人之理，適得怪焉。」其能事之豪桀，則相與笑之曰：「慎子之道，非是生人之行，而至於有死人之理，適足得世之怪詫焉而已。」田駢亦然，其言相同，舉到以包駢。學於彭蒙，得不教焉。不教之教，觀其所行，學焉而心自得也。舉蒙之弟與師，而蒙可知。彭蒙之師曰：「古之道人，至於莫之是、莫之非而已矣。與慎到言「至於若無知之物」無異。其風窢然，惡可而言？」向、郭云：「窢，逆風聲。」言古道人之風教，窢然迅過，惡可言傳？常反人，不見觀，常反人之意議，不見爲人所觀美。下文云：「以反人爲實。」而不免於魭斷。卽不得已而用斷決，亦惟與物宛轉，不免於慎到之輐斷。輐、魭音義同也。其所謂道非道，而所言之韙不免於非。郭云：「韙，是也。」案：謂彭師之言，是中有非，於道則未見也。彭蒙、田駢、慎到不知道。故此三人者，直謂之不知道。雖然，概乎皆嘗有聞者也。然論其梗概，皆嘗有舊聞。如「棄知去己」，必非無所師承，乃其緒論去之彌遠耳。

以本爲精，以物爲粗，成云：「本，無也。物，有也。用無爲妙道爲精，用有爲事物爲粗。」以有積爲不足，郭云：「寄之天下，皆有餘也。」澹然獨與神明居，宣云：「此虛玄無爲之教。」古之道術有在於是者。關尹、老聃聞其風而悅之。釋文：「關尹，關令尹喜也。或云：尹喜，字公度。老聃，卽老子也，爲喜著書十九篇。」成云：「周平王時函谷關令，故謂之關尹。」俞云：「漢志道家有『關尹子九篇』，注云：『名喜，爲關吏。』或以尹喜爲姓名，失之。又漢志無老子十九篇之書。呂覽不二篇『關尹貴清』，高注：『關尹，關正也，名喜，能相風角，知將有神人而老子到，喜說之，請著上至經五千言。』上至經之名，他書未見也。」建之以常无有，主之以太一，成云：「建立言教，以凝常無物爲宗；悟其指歸，以虛通太一爲主。」以濡弱謙下爲表，以空虛不毁萬物爲實。成云：「表，外也。以柔弱謙和爲權智外行，以空惠圓明爲實智内德。」關尹曰：「在己无居，形物自著。宣云：「己無私主，隨物同著。」其動若水，其靜若鏡，其應若響。

宣云：「皆無心故。」芴乎若亡，寂乎若清，同焉者和，得焉者失。宣云：「同物則和，自得則失。」未嘗先人而常隨人。」成云：「和而不唱。」老聃曰：「知其雄，守其雌，宣云：「能而處於不能。」爲天下谿；宣云：「處下待輸，有而不積。」知其白，守其辱，潔而不爲自潔。爲天下谷。」宣云：「居虛受感，應而不藏。」人皆取先，己獨取後，曰：「受天下之垢。」人皆取實，己獨取虛，无藏也故有餘，巋然而有餘。郭云：「獨立自足之謂。」宣云：「疊一語，甚言之。」其行身也，徐而不費，宣云：「不先故徐。不先則少事，少事故不費。」无爲也而笑巧。無爲似拙，而可以笑彼巧者。人皆求福，己獨曲全，曰：「苟免於咎。」人求福不已，己獨委曲以保安全，曰「苟免咎禍而已」。以深爲根，以約爲紀，成云：「以深玄爲德之本根，以儉約爲行之綱紀。」曰：「堅則毀矣，鋭則拙矣。」常寬容於物，不削於人，成云：「知足守分，故不侵削於人。」可謂至極。姚本「可謂」作「雖未」，云：「從李氏本改。」關尹、老聃乎！古之博大真人哉！

芴漠无形，變化无常，死與生與！天地並與！齊物論篇云：「天地與我並生。」神明往與！芒乎何之？忽乎何適？神明往而不知所適。萬物畢羅，宣云：「無不包也。」莫足以歸，無可爲我歸宿者。古之道術有在於是者。莊周聞其風而悅之。以謬悠之說，釋文：「謂若忘於情實者也。」荒唐之言，荒，大也。唐，空也。无端崖之辭，無端可尋，無崖可見。**時恣縱而不儻，**恣縱，謂縱談恣論。不儻，成云「不偏黨」，非也。釋文作「而儻」，無「不」字，近之。謂忽然而至也。**不以觭見之也。**成云：「觭，不偶也。」宣云：「言不以一端自見。」**以天下爲沈濁，不可與莊語；**莊語，猶正論。**以卮言爲曼衍，以重言爲真，以寓言爲廣。**因世人不可與莊語，故以此三言爲説。已見寓言篇。曼衍，因其事理而推衍之，所謂「卮言日出，因以曼衍」也。重言，述尊老之言，使人聽之而以爲真，故曰「所以已言」也。寓言，以廣人之意，所謂「藉外論之」也。**獨與天地精神往來，**以精神與天地往來，寄於至高之境。姚云：「莊以關尹、老聃不過如篇首所云『不離於真』之至人，猶未至極。若莊生之獨與天地精神往來，則所謂『不離於宗，謂之天人』者。」**而不敖倪於萬物，**未嘗鄙棄萬物，存驕亢之見。敖倪，與傲睨字同。**不譴是非，以與世俗處。**不責人之是非，以與世俗混處。成云：「譴，責也。」**其書雖瓌瑋而連犿无傷也，**釋文：「瓌瑋，奇特也。犿，本亦作抃，同，芳袁反，又敷晚反。李云：『宛轉貌。』一云相從貌。謂與物相從不違，故無傷也。」**其辭雖參差而諔詭可觀。**成云：「參差者，或虚或實，不一其言也。諔詭，言滑稽也。」**彼其充實不可以已，**夫其詞理充實，不能自已。**上與造物者遊，而下與外死生、无終始者爲友。其於本也，宏大而辟，**同闢。**深閎而肆；**宣云：「放縱也。」**其於宗也，可謂稠適而上遂矣。**釋文：「稠音調，本亦作調。」案：遂，竟也，達也。言其於所宗主也，可謂調通而上達者矣。蘇輿云：「此卽篇首所謂『不離於宗』者。」

雖然，其應於化而解於物也，其理不竭，其來不蜕，芒乎昧乎，未之盡者。然其因應於變化而冥解於物情也，其用不竭，其來不遺，芒昧如不可見，未有能盡其妙者。

惠施多方，方，術也。**其書五車，**言其多。**其道舛駁，**郭慶藩云：「司馬本舛作踳。文選魏都賦注引司馬云：『踳讀曰舛。駁，色雜不同也。』又引司馬此注，一作『舛馳』。法言敘曰：『諸子各以其知舛馳。』淮南俶真訓：『二者代謝舛馳。』氾論訓：『見聞舛馳於外。』説山訓『分流舛馳』，玉篇引作『僢馳』，義亦同也。」**其言也不中。**中，竹仲反。**歷物之意，曰：**其歷指事物之意，有曰。**「至大无外，謂之大一；至小无内，謂之小一。**杜撰小一，以配大一。**无厚不可積也，其大千里。**司馬云：「苟其可積，何但千里乎！」**天與地卑，山與澤平。**天地一致，山澤均平。**日方中方睨，物方生方死。**成云：「睨，側視也。居西者呼爲中，處東者呼爲側，則無中、側也。猶生死也：生者以死爲死，死者以生爲死。日既中、側不殊，物亦死生無異也。」**大同而與小同異，此之謂小同異；**謂之大同而與小同有異，是同異雜也，然止謂之小同異。**萬物畢同畢異，此之謂大同異。**如寒暑晝夜，是萬物畢同畢異也，方謂之大同異。**南方无窮而有窮，**宣云：「謂之南，已有分際，舉一以反三也。」**今日適越而昔來。**宣云：「知有越時，心已先到。」案：此語又見齊物論篇，彼「來」作「至」。**連環可解也。**成云：「環之相貫，貫於空虚，不貫於環。是以兩環貫空，不相涉入，各自通轉，故可解也。」**我知天下之中央，燕之北，越之**

南是也。此擬議地球中懸，陸路可達，故燕北即是越南，與鄒衍瀛海之談又别。**氾愛萬物，天地一體也。**」宣云：「天地非大，我非小。」**惠施以此爲大觀於天下而曉辯者，天下之辯者相與樂之。**惠自以爲於天下之理，獨觀其大，以此曉示辯人，辯人亦樂之也。**卵有毛，**宣云：「卵無毛，則鳥何自有也？」**雞三足，**司馬云：「雞兩足，所以行而非動也，故行由足發，動由神御。今雞雖兩足，須神而行，故曰三足也。」**郢有天下，**宣云：「稱王自大。」**犬可以爲羊，**宣云：「犬羊之名，皆人所命，若先名犬爲羊，則爲羊矣。」**馬有卵，**成云：「胎、卵溼化，人情分别，以道觀者，未始不同。鳥卵既有毛，獸胎何妨名卵！」**丁子有尾，**成云：「楚人呼蝦蟆爲丁子。蝦蟆無尾，人所共知。以道觀之，無體非無，非無尚得稱無，何妨非有可名尾也！」案：蝦蟆初生，無足有尾，聞雷後，足出而尾没矣。**火不熱，**宣云：「人皆火食，是不熱。」**山出口，**宣云：「空谷傳聲。」**輪不蹍地，**輪轉不停，蹍地則何以轉？**目不見，**宣云：「見則何以不自照？」**指不至，至不絶，**有所指則有所遺，故曰指不至。下「至」字疑「耳」之誤。數語皆就人身言，耳雖有絶響之時，然天下古今，究無不傳之事物，是不絶也。「至」字緣上而誤，遂不可通矣。**龜長於蛇，**成云：「夫長短相形，無長非短。謂蛇長龜短，乃物之滯情，今欲遣此迷惑，故云龜長於蛇。」俞云：「即『莫大於秋豪之末而泰山爲小』意。」**矩不方，**宣云：「天下自有方，非以矩。」**規不可以爲圓，**宣云：「天下自有圓，非以規。」**鑿不圍枘，**成云：「鑿，孔也。枘者，内孔中之木。」宣云：「枘自入之耳，鑿未嘗圍之。」**飛鳥之景未嘗動也，**鳥飛多以晝，故云影未嘗動。司馬引墨子云：「影不徙也。」**鏃矢之疾而有**〔一〕**不行不止之時，**鏃矢行止，人爲之也。專以鏃矢言，是有不行不止之時矣。**狗非犬，**成云：「狗、犬同實異名。名實合，則彼所謂狗，此所謂犬也；名實離，則彼所謂狗，異於犬也。墨子曰：『狗，犬也，然狗非犬也。』」**黃馬、驪牛三，**宣云：「二色與體爲三。」**白狗黑，**宣云：「白黑，人所名，烏知白之不當爲黑乎？」**孤駒未嘗有母，**李云：「駒生有母，言孤則無母，孤稱立，則母名去也，故孤駒未嘗有母。」**一尺之捶，日取其半，萬世不竭。**司馬云：「捶，杖也。若其可析，則常有兩，若其不可析，其一常存，故曰萬世不竭。」**辯者以此與惠施相應，終身无窮。桓團、公孫龍辯者之徒，**成云：「桓、公孫並趙人，辯士，客遊平原君之門。而公孫龍著守白論，見行於世。」**飾人之心，易人之意，**成云：「彫飾人心，改易人意。」**能勝人之口，不能服人之心，辯者之囿也。**宣云：「辯者迷於其中而不能出。」**惠施日以其知，**同智。**與人之辯，**及其同遊之人所辯論。**特與天下之辯者爲怪，**成云：「特，獨也，字亦有作將者。」案：爲怪，謂騁其譎異。**此其柢也。**俞云：「柢與氐通。史記秦始皇紀『大氐盡畔秦吏』，正義：『氐，猶略也。』此其柢也，猶云此其略也。」**然惠施之口談，自以爲最賢，**自以爲解理最賢於衆。**曰：「天地其**

〔一〕「有」原誤「若」，據集釋本改。

壯乎！」司馬云：「惠唯以天地爲壯於己也。」施存雄而无術。司馬云：「施意在勝人，而無道理之術。」南方有倚人焉，曰黄繚，釋文：「倚，本或作畸，同。李云：『異也。』」成云：「姓黄，名繚，不偶於俗。」問天地所以不墜不陷，風雨雷霆之故。惠施不辭而應，不慮而對，成云：「不辭謝而應機，不思慮而對答。」偏爲萬物説；成云：「偏爲陳説萬物根由。」説而不休，多而无已，猶以爲寡，益之以怪。成云：「加奇怪以騁其能。」以反人爲實，而欲以勝人爲名，是以與衆不適也。成云：「不能和適。」弱於德，陳於物，内弱外强。其塗隩矣。隩，曲而隱也。非大道。由天地之道觀惠施之能，其猶一蚉一寅之勞者也，其於物也何庸！成云：「庸，用也。」夫充一尚可，宣云：「内聖外王，皆原於一，充之而可，何須逐物邪！」曰愈貴，道幾矣！曰，詞也。言愈自貴重，不須多言，於道亦庶幾矣。惠施不能以此自寧，散於萬物而不厭，成云：「散亂精神。」卒以善辯爲名。惜乎！惠施之才，駘蕩而不得，釋文：「駘，李音殆，放也。」宣云：「不得，無所得。」逐萬物而不反，是窮響以聲，形與影競走也。聞響大而高聲，不知聲宏而響愈振；見影來而疾走，不知形捷而影競隨之也。悲夫！

莊子集解内篇補正

目録

莊子集解内篇補正

逍遥遊第一 言逍遥乎物外，任天而遊無窮也。

補釋文：「逍音銷。遥亦作搖。遊亦作游。逍遥游者，篇名，義取閒放不拘，怡適自得。」武按：本書讓王篇善卷曰：「逍遥於天地之間，而心意自得。」足明此義。蓋遊之逍遥，喻心意之逍遥自得也。天運篇云：「以遊逍遥之虚。」逍遥，無爲也。是欲心意之逍遥自得，重在無爲也。而郭象云：「夫大小雖殊，而放於自得之場，則物任其性，事稱其能，各當其分，逍遥一也。豈容勝負於其間哉！」郭氏此説，自樹一義則可，若以之釋本篇，則失其旨矣。本篇之旨在凝神，而神之能凝，在心意之逍遥，欲心意之逍遥，則在無爲。人之不能逍遥者，有爲也。其所爲者，名也，功也，己也。此外則有有用之材也。故篇中揭其綱曰，聖人無名，神人無功，至人無己，大樗無用。夫至於無名、無功、無己、無用，斯無爲矣，斯逍遥矣。故篇中要之曰「其神凝」，結之曰「彷徨乎無爲其側，逍遥乎寢卧其下」。本篇之大旨，如斯而已矣。莊子恐人之不明也，特借遊之説以明之。遊有大小，特設鵬鷽之喻以明之。蜩鷽自以爲遊之至而逍遥矣，然偪促數仞之高，搶攘榆蓬之間，以視鵬之一舉九萬里，其遊固至小而有限也。鵬之遊較大矣，然必積九萬里之厚風，而後乃今掊之以圖南，則其遊猶有所待也。夫遊有限與有待，烏在其能逍遥也？且鵬所適者南冥也，非能遊於無窮也，非能遊於無何有之鄉也，猶之於有限也，又烏在其能逍遥也？此喻之以物也。更證之以人，由效一官以至徵一國之流，其自視其德，亦猶鵬鷽自視其遊之至也。然日斤斤於效、比、合、徵，心之爲累亦甚矣，未若宋榮子不隨世之非譽而勸阻也。然尚有内外榮辱之見存，未若列子之乘風，灑落世務，超脱塵垢也。然必待風而後行，猶之鵬翼必待風而後舉，未若乘天地之正，御六氣之辨，以遊無窮而無所待也。而其所以能至此者，其功夫則在無名、無功、無己。能至於無己，則在己之一心，斯真逍遥矣。然桂以可食致伐，漆以可用致割，虎豹之文來射，猨狖之捷來格；人則以材之有用，恒召世之繫累。是能逍遥於心者，未必能逍遥於境也。又必無所可用焉，然後心、境兩適，無所遊而不逍遥矣。無所遊而不逍遥，然後能專精抱一，而神凝矣。斯旨也，文更舉證以明之。許由之辭天子，無名也。藐姑射神人，物莫之傷，無己而神凝也。四子使堯見之而喪其天下，無功也。而終之以大樗之無用。斯之爲文，由小以至大，由淺以及深，喻之以物，襯之以人，旁敲側擊，反托正喻，無非説明無爲之道而已。郭氏乃謂大小雖殊，逍遥一也，按諸文旨，豈其然乎！

北冥有魚，釋文：「本一作溟，北海也。」　**正**釋文：「北冥，本一作溟，覓經反，北海也。嵇康云：『取其溟溟無涯也。』梁簡文帝云：『窅冥無極，故謂之冥。』東方朔十洲記云：『水黑色，謂之冥海。』」近人朱桂曜云：「王氏誤解釋文，以冥爲北海，大非。如其説，是北冥爲北北海矣。且下文『南冥』又何解乎？冥卽海也。」武按：王氏之誤，在删去釋文爲首「北冥」二字，故「北海也」三字遂專訓冥矣。然朱氏謂冥卽海，亦大非。下文「窮髪之北有冥海者」，如朱氏説，是冥海爲海海矣。考説文：「冥，幽也。從日、六，冖聲。日數十，十六日而月始虧。」冖亦夜也。簡文窅冥之訓得之。十洲記云：「水黑色，謂之冥海。」以水言海，以黑言冥，非謂冥卽海也，冥僅表色而已。今就「北冥」二字言，北表方，冥表色，卽北方幽黑。其義止此。釋文之釋爲北海者，以本文自釋爲天池也。故北冥、南冥，謂爲南北天池之名則是，謂冥卽海則非也。**其名爲鯤。**釋魚：「鯤，魚子。」方以智云：「鯤本小魚，莊子用爲大魚之名。」**正**鯤，釋文：「徐音昆，李侯温反，大魚名也。」朱桂曜云：「鯤自有大魚之義，非莊子假借用之。關尹子一字篇：『能運大鯤大鯨。』孔子家語『鯤魚，其大盈車』，卽以鯤爲大魚。文選宋玉對楚王問『故鳥有鳳而魚有鯤』，亦以鯤爲大魚。」**鯤之大，不知其幾千里也。化而爲鳥，其名爲鵬。****補**鵬，釋文：「徐音朋。説文云朋及鵬，皆古文鳳字也。『朋，鳥象形。鳳飛，羣鳥從以萬數，故以鵬爲朋黨字。』」**鵬之背，不知其幾千里也；怒而飛，其翼若垂天之雲。是鳥也，海運則將徙於南冥。**玉篇：「運，行也。」案：行於海上，故曰「海運」。下云「水擊」，是也。**正**林希逸云：「海運者，海動也。今海瀕俚歌，猶有『六月海動』之語。海動必有大風，其水湧沸，自海底而起，聲聞數里。」武按：藝文類聚八，引莊子佚文云：「海水三歲一周，流波相薄，故地動。」此爲海運確證。**南冥者，天池也。**成玄英云：

「大海洪川，原夫造化，非人所作，故曰天池。」按：言物之大者，任天而遊。　**正**按語謂「物之大者，任天而游」，意是指鵬之遊能逍遥也，則與文意適相反。文寫鵬之將徙天池也，甚難而有待。待海運，待飆風，而後水擊三千，而後摶上九萬，翼莫夭閼，息須六月。如此種種，乃極寫鵬遊之不逍遥，以反襯神人之逍遥，所謂背面敷粉法也。故按語非是。　**齊諧者，志怪者也。**司馬彪云：「齊諧，人姓名。」簡文云：「書名。」　**補**諧，正韻音骸。釋文：「齊諧，户皆反。」又云：「怪，異也。」周禮：「外史掌四方之志。」鄭注：「志，記也。」武按：言齊諧者，記載怪異之事者也。以作書名爲允。俞樾云：「按下文『諧之言曰』，若是書名，不得但稱諧。」然文心雕龍有諧隱篇，是諧卽隱也。劉向新序，言齊宣王發隱書而驗之。齊諧，卽隱書之類，亦卽齊之諧書也。書名諧，何得不可但稱諧乎？　**諧之言曰：「鵬之徙於南冥也，水擊三千里，**崔譔云：「將飛舉翼，擊水踉蹌。」**摶扶摇而上者九萬里，**崔云：「附翼徘徊而上。」爾雅：「扶摇謂之飆。」郭注：「暴風從下上。」

補摶，釋文：「徒端反。」郭慶藩曰：「文選江文通雜體詩注引司馬云：『摶，圜也。扶摇，上行風也，圜飛而上行若扶摇也。』説文：『摶，以手圜之也。』」武按：扶摇，卽下文羊角風。此風之勢，扶疏摇曳，曲行而上，如羊角也。鵬亦隨風勢圜轉而上飛，所謂摶也。章炳麟謂字當從「搏」，崔説得之。不知搏者拍也，摶亦有拍義，於義較完，不須從「搏」也。　**去以六月息者也。」**成云：「六月，半歲，至天池而息。」引齊諧一證。　**補**「六月」字，伏下「大年」「小年」句。　**野馬也，**司馬云：「野馬，春月澤中游氣也。」成云：「青春之時，陽氣發動，遥望藪澤，猶如奔馬，故謂之野馬。」　**正**自此句至「則已矣」，就齊諧所言之九萬里，説明其高之形狀。野馬者，乃高九萬里内游動雲氣之形也。吕覽云：「至亂之世，其雲狀有若犬若馬。」又云：「其狀若衆馬以鬬，其名曰滑馬。」前漢書天文志云：「石氏『見槍雲如馬』。」以此證知野馬爲言雲氣，猶之吕氏所云之「滑馬」也。下文「絶雲氣」，即指此，故郭訓爲遊氣。崔云「天地間氣如野馬馳」，爲得其旨。司馬與成僅就澤氣言，與上之「九萬里」，下之「天之蒼蒼」，不相應矣。**塵埃也，**成云：「揚土曰塵。塵之細者曰埃。」**補**釋文：「埃音哀。」**生物之以息相吹也。**成云：「天地之間，生物氣息，更相吹動。」按：漢書揚雄傳注：「息，出入氣也。」言物之微者，亦任天而遊，入此義。見物無大小，皆任天而動。「鵬」下不言，於此點出。**正**按語非也。郭慶藩云：「既言鵬之飛與息各適其性，又申言野馬塵埃皆生物之以息相吹，蓋喻鵬之純任自然，亦猶野馬、塵埃之累動而升，無成心也。郭氏謂『鵬之所馮以飛者』，疑誤。」武按：此説與王氏按語相類。本文正寫鵬南徙時之情狀，尚未涉及物各適性一層，如忽插入此義，則上下文意不貫。莊子文不如是駁雜也。且以「生物」句總承「野馬」二句，亦欠分曉。至郭象謂「此皆鵬之所馮以飛者」，説原不誤。蓋莊子欲寫鵬摶上九萬里之高，須寫天之高。然天之高不易寫也，特寫輕虚而居上層者，狀如野馬之雲氣也；其下，則浮空之塵埃也；又下，則生物相吹之息也。有此三層，則天之高見矣。鵬升乎三者之上，而馮之以飛，則九萬里之高見矣。此三者，即所以成風者也。先提於此，以爲下文風之伏筆。而人自下仰望，所見蒼蒼然者，即此三者之色也。三者原無色，厚則有色，如水原無色，深則有色，色亦蒼蒼然也。色爲三者之色，而非天之正色也，故下接以「天之蒼蒼，其正色耶」之疑問辭也。如此解，則上下文意一串矣。**天之蒼蒼，其正色邪！其遠而無所至極邪！其視下也亦若是，則已矣。**其，謂鵬。是，謂人視天。鳥在九萬里上，率數約略如此，故曰「則已矣」，非謂遂止也。借人視天喻鵬視下，極言摶上之高。**且夫水之積也不厚，**補自此至「將圖南」，説明必須九萬里高之理由。其中以水喻風，以芥與杯喻鵬，喻中之喻也。**則其負大舟也無力。覆杯水於坳堂之上，**支遁云：「謂堂有坳垤形也。」補坳，廣韻：「於交反，地不平也。」集韻：「窊下也。」**則芥爲之舟，**李頤云：「芥，小草。」**置杯焉則膠，**崔云：「著地。」**水淺而舟大也。風之積也不厚，則其負大翼也無力。故九萬里則風斯在下矣，而後乃今培風；**王念孫曰：「培，馮也。周禮馮相氏注：『馮，乘也。』鵬在風上，故言馮。培、馮音近義通。漢書周緤傳，緤封蒯城侯，顔注：『呂忱蒯音陪，楚漢春秋作馮城侯。』是培、馮音近之證。」正王念孫之説太迂曲。武意「培」當爲「掊」之誤，字形相差甚微，易誤也。人間世「自掊擊於世俗」，則掊者擊也。文意謂背負青天，已居於風之上，而後乃今以翼擊風而飛，猶前之水擊三千里，亦以居水之上，以翼擊水而飛也。且「掊」字與上「摶」字相應，摶亦有擊義，特爲圜勢耳。如此，則文意前後相顧。**背負青天而莫之夭閼者，**司馬云：「夭，折也。閼，止也。言無有折止使不行者。」補釋文云：「一讀以背字屬上句。」武按：此「背」字，承上「鵬之背不知其幾千里也」之「背」字來，其爲鵬之背而非風之背明矣，故當屬此句。**而後乃今**

將圖南。謀向南行。借水喻風，唯力厚，故能負而行，明物非以息相吹不能遊也。**補**玩兩「而後」字，足見鵬飛之不易而有待，必待至九萬里之高，而後乃培風；必待無夭閼，而後將圖南。以此可知物之大、飛之高且遠如鵬者，其遊實未能逍遥，反襯神人之逍遥；所搏者扶摇，反襯乘天地之正；所適者南冥，反襯遊四海之外；有待，反襯無待。無一不與後文針鋒相對，無一不爲後文設喻蓄勢。注中「明物」二句宜删。**蜩與學鳩笑之曰：**釋文：「學，本又作鷽。本或作鸒，音預。司馬云：『學鳩，小鳩。』」俞樾云：「文選江淹詩『鸒斯高下飛』，李注引莊子此文説之。又引司馬云：『鸒鳩，小鳥。』是司馬注作鸒，不作鷽。」**補**釋文：「蜩音條，司馬云：蟬。」武按：此段言蜩鳩之飛雖無所待，然數仞而止，其遊有限，以喻物之小者亦不能逍遥也。**「我決起而飛，**李云：「決，疾貌。」**補**「決起而飛」，無待也，反映鵬之有待。**槍榆枋，**支云：「槍，突也。」李云：「猶集也。」榆枋，二木名。枋音方，李云：「檀木。」**補**釋文：「槍，七良反。榆，徐音踰。」武按：榆枋數仞耳，反映鵬之九萬里。**時則不至而控於地而已矣，**王念孫云：「則猶或也。」司馬云：「控，投也。」**正**成玄英云：「突榆檀而栖集，時困不到前林，投地息而更起。」俞樾云：「其決起而飛槍榆枋也，有時能至，有時不能至。至則集於榆枋，不至則投於地。」武按：鳥類無論如何小，斷無不能飛集於樹之理。俞説殊昧物理，成則謂「困不到前林」，本文無此義，亦屬意增，皆由誤解「至」字爲至於栖集之所也。實則審上下文義，時者，時辰也。韓詩外傳九言雉云：「常噣粱粟，不且時而飽。」且，未定之辭，姑且也，將也。言不將至一時或不定至一時而即飽也，與此「時」

字義同。時則不至者，言槍集榆枋，一個時辰且不至，即投於地，反映鵬之必以六月息也。兩相對照，文意極爲完密。蓋大年、小年與大知、小知，爲本篇兩要素，一時與六月，即大年、小年之類也。**奚以之九萬里而南爲？」**借蜩鳩之笑，爲惠施寫照。**正**注傅會。惠施非本篇主人，主人乃無己之姑射神人也。篇末二段，莊子特借己與惠施論辯之言，明無所可用之旨，非寫惠施也。注乃謂爲之寫照，殊屬誤解。下倣此。俞樾云：「而字下，當有圖字。上文『而後乃今將圖南』，此即承上文而言也。文選注引此，正作『奚以之九萬里而圖南爲』。」武按：俞說非也。蓋上句乃將然之謀，記者之所記也；此句則已然之跡，故二蟲得據而笑之。如加「圖」字，則亦爲將然之謀，二蟲又何從知而據之以爲笑乎？文選注必涉上句而誤也。九萬里者，高也，非言其遠。**適莽蒼者三飡而反，**釋文：「蒼，七蕩反，或如字。崔云：『草野之色。』」三飡，猶言竟日。**補**釋文：「莽，莫浪反。飡，七丹反。」**腹猶果然；****補**果，說文：「木實也。」張晏曰：「有核曰果。」按果狀多圓凸。腹飽則隆起，猶如果之狀然。**適百里者，宿舂糧；**隔宿擣米儲食。**適千里者，三月聚糧。**

補郭注：「所適彌遠，則聚糧彌多。」武按：上引三事係插喻，以喻榆枋之槍，不至一時，南冥之去，息以六月，以伏下「大年」「小年」句。**之二蟲**謂蜩、鳩。**補**之，是也。**又何知！**借人爲二蟲設喻。**正**注非。此係借二蟲爲下「知效一官」等人及宋、列設喻，蓋同一不能逍遥也。文謂蜩、鳩二蟲以一時笑鵬之六月，以數仞笑鵬之九萬里，此由己小不知彼大，故下言「小知不及大知」

也。**小知不及大知**，釋文：「音智，本亦作智。下大知同。」**正**知，承上「又何知」之知字，應如字讀，音智非。玉篇：「知，識也，覺也。」謂心與境遇而覺識也。智之度，較知爲深。禮記「禮用知（音智）者之謀」句，疏云：「智，謂謀計，曉達前事。」荀子正名云：「知有所合謂之智。」白虎通情性節云：「獨見前聞，不惑於事，見微知著也。」合上三説言之，謂就其所知者，加以思索謀計，而能曉達前事，見微知著，於事機有合者，方謂之智。夫莊子之道，一則曰「離形去知」，再則曰「同乎无知，其德不離」，觀此，則知尚應去，何況勞精敝神之智乎？下文「朝菌不知晦朔」二句，卽釋小知也。齊物論云「小知閒閒」，亦同此義。又云「閑閑」，及「知止其所不知，至矣」，與王倪之四不知，則釋大知也。以此知音智之不當也。**小年不及大年**。上語明顯，設喻騈列，以掩其迹。**正**此與上「小知」句，同爲本篇主要字句，束上啓下。注乃謂爲設喻掩迹，非也。**奚以知其然也？朝菌不知晦朔**，列子湯問篇：「朽壤之上，有菌芝者，生於朝，死於晦。」晦謂夜。釋文：「朔，旦也。」**補**奚，何也。然，如此也。釋文：「朝菌，徐其隕反。司馬云：『大芝也。天陰生糞上，見日則死，一名日及，故不知月之終始也。』」**惠蛄不知春秋，此小年也**。釋文：「惠，本作蟪。司馬云：『惠蛄，寒蟬也，一名蝭蟧，春生夏死，夏生秋死。』」**補**釋文：「蛄音姑。廣雅云：『蟪蛄，蛁蟧也。』按卽楚辭所云『寒螿』者也。蝭音提。蟧音勞。蛁音彫。螿音將。」武按：不知晦朔與春秋，不僅小年，亦小知也，意係雙承。**楚之南有冥靈者，以五百歲爲春，五百歲爲秋；上**

古有大椿者，以八千歲爲春，八千歲爲秋。「楚之南」下，全引列子湯問篇。「楚」，彼作「荆」。　補釋文：「冥，本或作榠，同。李頤云：『冥靈，木名也。江南生。以葉生爲春，葉落爲秋。』椿，丑倫反。」武按：陳碧虚闕誤此下有「此大年也」，言見成玄英本。於法應有，以與上「小年」句爲對文也。**而彭祖乃今以久特聞，**李云：「彭祖，名鏗，堯臣，封彭城，歷虞、夏至商，年七百歲，故以久壽見聞。」　補成玄英云：「彭祖養性，能調鼎，進雉羹於堯。」又云：「特，獨也。」釋文：「世本云：『姓籛〔一〕，名鏗。』籛音翦。」**衆人匹之，不亦悲乎！**此段從「小年」句演出。

補成云：「世人比匹彭祖，深可悲傷。」武按：菌、蛄與冥、椿，衆人與彭祖，皆小年不及大年。自「朝菌」至此，證實「小知大知，小年大年」二句。「不亦悲乎」句，特就衆人之情説，非莊子重視彭祖之壽而爲衆人悲也。觀刻意篇所言可知。其言曰：「此道引之士，養形之人，彭祖〔二〕壽考者之所好也。」繼曰：「不道引而壽，无不忘也，无不有也，澹然无極，而衆美從之。此天地之道，聖人之德也。」蓋本篇之旨，在无爲而凝神。如彭祖之道引，非无爲也；養形，非凝神也；特以久聞，非澹然无極也。與莊子之道異，非莊子所取也。讀者於此等處如不認清，則於本書必多隔膜。**湯之問棘也是已。**湯問篇「殷湯問於夏革」，張湛注：「湯大夫。」棘、革古同聲通用。　補郭慶藩云：

〔一〕「籛」原作「錢」，據釋文改。
〔二〕「彭祖」原誤「彭變」，據刻意篇原文訂正。

「論語『棘子成』，漢書古今人表作『革子成』。詩『匪棘其欲』，禮坊記作『匪革其猶』。漢書『煮棗侯革朱』，史記索隱革音棘，皆其證。」武按：此段辭意，與前文複。所以引之者，以前語近怪，且出齊諧，恐人疑其不典，故引湯、棘問答以實之。且前後詳略各異，足以互明。如前言北冥，謂爲北方窅冥之天或窅冥之地皆可，此則以「窮髮」「天池」句明之。前言鯤之大，此則言其廣與修。前言鵬背幾千里，當指其修也，此則以泰山形其高與大。扶搖不知其狀也，此則以羊角形之。野馬等不知其實也，此則以「雲氣」二字釋之。騰躍而上，明槍之勢也；數仞而下，明槍之高也。「飛之至也」句，則所以笑之意較前益明矣。非此，則前語未了，前意未申，且不足徵，故複而非複也，夫豈漫爾引之乎！

窮髮之北，有冥海者，天池也。有魚焉，其廣數千里，未有知其修者，其名爲鯤。有鳥焉，其名爲鵬，背若泰山，翼若垂天之雲，湯問篇：「終髮北之北，有溟海者，天池也。有魚焉，其廣數千里，其長稱焉，其名爲鯤。有鳥焉，其名爲鵬，翼若垂天之雲，其體稱焉。」按：列子不言鯤化爲鵬。又此下至「而彼且奚適也」，皆列子所無，而其文若〔一〕相屬爲義。漆園引古，在有意無意之間，所謂「洸洋自恣以適己」者，此類是也。**補**釋文：「李云：『髮，猶毛也。』司馬云：『北極之下，無毛之地也。』按：毛，草也。」成玄英云：「修，長也。」**摶扶搖羊角而上者九萬里，**司馬云：「風曲上行若羊角。」**補**淮南原道訓高注：「扶，攀也。搖，動也。扶搖，

〔一〕「若」原作「皆」，據王氏莊子集解原刻本（以下簡稱王氏原刻）改。

直如羊角轉曲縈行而上也。」**絶雲氣，**　補史記天官書注，索隱曰：「絶，度也。」荀子勸學篇注：「絶，過也。」謂鵬度過雲氣，至背負青天，然後搏風而飛也。雲氣，卽上文野馬等氣也。此句與下文「乘雲氣」不同，説見下。**負青天，然後圖南，且適南冥也。**引湯問再證。**斥鴳笑之曰：**司馬云：「斥，小澤。鴳，雀也。斥，本作尺。」古字通。夏侯湛抵疑：「尺鷃不能陵桑榆。」文選七啓注：「鷃雀飛不過一尺，言其劣弱也。」按：雀飛何止一尺？下文明言「數仞」矣。**「彼且奚適也？**彼，鵬。**我騰躍而上，不過數仞而下，翺翔蓬蒿之間，此亦飛之至也。而彼且奚適也？」**又借斥鴳之笑，爲惠施寫照。　**補正**成云：「八尺曰仞。翺翔，猶嬉戲也。」釋文：「躍，曲若反。翺，五刀反。蒿，好刀反。」蓬，唐韻：「薄紅切。」集韻：「蒿，好平聲。」説文：「菣（去刃切）也。」禮月令注：「蒿亦蓬蕭之屬。」爾雅釋草：「蘩之醜，秋爲蒿。」陸佃疏：「蒿，草之高者。」武按：斥鴳之笑，以小笑大；榮子之笑，以大笑小。前後映射，在有意無意之間。**此小大之辯也。**點明。　**補正**辯同辨，集韻：「皮莧切。」説文：「判也。」廣韻：「別也。」武按：此句爲通篇關鍵。鵬之與蜩、鷽，宋、列之與藐姑射，皆小大之辨也，而莊子所明者在大。蓋道之大者，至人、神人、聖人也。藐姑射，則至人、神人之實證也。故「藐姑射」一段爲本篇之主文，藐姑射神人則爲本篇之主人。生物之鵬，無生物之冥靈大椿，人之彭祖、宋、列之屬，皆藐姑射之陪襯也；蜩、鷽也，菌、蟪也，藐姑射之反襯也。後段惠、莊之辯論，則「大」字之餘波，且借以明無用之旨者也。如此讀本篇，則前後脈絡氣勢。皆成一串。郭象於此句，乃謂「或翺翔天池，或畢志榆枋，各稱體而足」。繹其所言，是無分乎大小也，夫豈本篇之旨乎？

故夫知效一官，行比一鄉，李云：「比，合也。」**補**知音智。效，户教反。行，下孟反。比，毗至反。**德合一君而徵一國者，**郭慶藩云：「而讀爲能。能、而，古字通用。官、鄉、君、國相對，知、行、德、能亦相對。」司馬云：「徵，信也。」**正**此段與「宋榮子」「列子」二段，均爲至人無己、神人無功、聖人無名之反襯。此段隱示世人之數數於功與名。若就世情言之，知能效官，行能比鄉，德能合君徵國，自高於常人一等，然就道言之，未免於世之功名數數然也。如是，則足以累心而損道，尚何逍遥之有乎？以視榮子之不數數然者，則非所及矣。注中郭說，未免穿鑿。官，職位也，與鄉、國對，君則國之君也。而，應如字讀。「德」字統君與國言，中以「而」字連屬成句。就狹義言，德合于一君；就廣義言，德見信于一國也。且本篇所重，在道與德，而不在能。又知效一官，卽含能義，無庸讀而爲能，添此蛇足也。**其自視也亦若此矣。**此，謂斥鴳。方說到人，暗指惠施一輩人。**正**「暗指」句，傅會，說見上。宣云：「如斥鴳之自以爲至。」此段由知而行而德，由官而鄉而君而國，亦小大之辨也。**而宋榮子猶然笑之。**司馬、李云：「榮子，宋國人。」崔云：「賢者。」謂猶以爲笑。**補**韓非子顯學篇：「宋榮子之議，設不鬥争，取不隨仇，不羞囹圄，見侮不辱。」王先慎曰：「宋榮，卽宋鈃。」天下篇：「宋鈃、尹文聞其風而悅之。」釋文：「鈃音形。郭音堅。」武按：又卽孟子之宋牼。牼將說罷秦、楚之兵，與榮子設不鬥争同，故知卽一人也。其所以笑之者，以彼輩效官比鄉，合君徵國，於世數數然也。**且舉世譽之而不加勸，舉世非之而不加沮，**郭象云：「審自得也。」補成云：「舉，皆也。勸，勵勉也。沮，怨喪也。」釋文：「沮，慈呂反，敗也。」武按：齊語「且有後命」注：「且，猶復也。」此文「且」字，言榮子不僅不效上舉諸人汲汲於世之功名，且復世譽之不勸，世非之不沮，實高於上舉諸人一等。此亦小大之辨也。**定乎內外之分，**郭云：「內我而外物。」**辨乎榮辱之境，**郭云：「榮己而辱人。」**正**心，內也。譽與非，外也。內心有主，而不爲外所動，卽所謂「定乎內外之分」也。不以譽爲榮而加勸，不以非爲辱而加沮，卽所謂「辨乎榮辱之境」也。郭注非是。**斯已矣。**成云：「榮子智德，止盡於斯。」**正**注非。言榮子僅定內外，辨榮辱，如斯而止矣。意注射下句。**彼其於世，未數數然也。**言不數數見如此者也。**正**注欠分曉。釋文：「數數，音朔，下同。司馬云：『猶汲汲也。』」武按：言榮子於世未嘗汲汲也。世之所重者，惟功與名。榮子之於世未數數然者，卽不汲汲以求世之功與名也。然如列子，則並功與名之心而無之，又高榮子一等矣。此亦小大之辨也。淮南俶真訓：「是故舉世而譽之不加勸，舉世而非之不加沮，定於死生之境，而通於榮辱之理。（中略）視天下之間，猶飛羽浮芥也。孰肯分分然以物爲事也？」足證本義。分分，猶數數也。**雖然，猶有未樹也。**司馬云：「樹，立也。至德未立。」按：言宋榮子不足慕。**正**按語宜删。榮子不以世之譽與非而勸沮，較之比鄉、合君、徵國者，能自樹立矣。然定內外，辨榮辱，是尚有物我榮辱之見存，猶未能脱然無累，卓然自樹也。且定内外之分，未能無己也；辨榮辱之境，未能無功與名也。未能無己、無功與名，心亦何能逍遥乎？夫列子御風而行，成云：「列禦寇，鄭人，與鄭繻〔一〕公同時。」按：列子黄帝篇：「列子師老商氏，友伯高子，盡二子之道，乘風而歸。」下又云：「隨風東西，猶木葉幹殼，竟不知風乘我邪，我乘風乎？」補田子方篇：「列禦寇爲〔二〕伯昏无人射。」德充符篇：「子産師伯昏无人。」應帝王篇「列子歸，以告壺子」，列子黄帝篇作「壺邱子」。司馬云：「名林，鄭人，列子師。」吕覽下賢篇：「子産往見壺丘子林。」以此知列子與子産同時。而劉向云「列子與鄭繆公同時」，成氏之説當本此。讓王篇言鄭子陽遺列子粟，并見吕覽、列子、淮南等書。考左傳魯襄二年，言子罕當國，子駟（即子陽）爲政。時鄭爲成公之十四年，去繆公之卒，已三十四年矣。如劉向所説，則其時列子之年在四十上下。今假定爲年四十，越五年，爲鄭簡公元年，鄭侵蔡，獲蔡司馬。鄭人皆喜，惟子産不順，云云。子國怒之曰：「爾何知？童子言焉，將爲戮矣。」以此知子陽遺粟時，子産尚在童年也。簡公十二年，子産始爲卿。二十三年，子皮授子産政。定公八年，子産卒，去子駟爲政時已四十九年，此時列子年且九十矣。是年爲魯昭公二十年，孔子年約五十一。天運篇言孔子行年五十有一，南之沛見老聃。是此時老子尚未出函谷關也。達生篇、吕覽審己

〔一〕「繻」，原作「繆」，據王氏原刻及成疏改。
〔二〕「爲」原誤「與」，據田子方篇改。

篇，均言列子問道於關尹，此事必在關尹函谷問道之後。蓋列子未及老子之門，間接問之於關尹也。此時列子之年且踰百歲矣。其卒於何時，書闕有間，無從稽考。然彼能乘風者，自不可以恒人之壽例之也。**泠然善也，**郭云〔一〕：「泠然，輕妙之貌。」補釋文：「泠音零。」武按：此喻列子超然世外，無功無名，故能泠然善也。然其遊猶有所待，亦僅泠然善而已，尚未能逍遥也。**旬有五日而後反。彼於致福者，未數數然也。**成云：「致，得也。得風仙之福。」按：言得此福者，亦不數數見也。正按語非。郭注：「苟有待焉，則雖御風而行，不能以一時而周也。」又云：「自然御風行耳，非數數然求之也。」成疏：「旬，十日也。」武按：此喻列子尚不能如至人之無己。蓋福者，一己免乎行，御風泠然而善之福也。列子猶待風而行，是未能捨己之福，即未能無己也，特不汲汲求此福而已。「風」爲篇中着意之字。蓋效、比、合、徵，及榮子等輩，塵累濁重，不能乘風也。鵬能乘風矣，然必待扶摇之飆風，而後能絶雲負天；必待九萬里之厚風，而後將圖南。夫飆則非風之正，厚則非泠然之輕妙也。列子能乘輕妙之風矣，然不能無所待也，不能乘天地之正，御六氣之辯也。觀此，知已上各文，無一不從反面爲下文蓄勢。**此雖免乎行，猶有所待者也。**雖免步行，猶必待風。**若夫乘天地之正，而御六氣之辯，**司馬云：「六氣，陰、陽、風、雨、晦、明。」郭慶藩云：「辯讀爲變，與正對文。辯、變，古字通。」補郭説是也。管子戒第二十六：「是

〔一〕「云」，原作「注」，據王氏原刻改。

故聖人齊滋味而時動静，御正六氣之變。」可證古辯、變通。此二句言乘天地陰陽之正，御陰陽六種之變氣也。正者，未變者也。順之而遊，故曰乘。及變而爲六氣，則因勢而動，隨感而應，如御馬之有控、磬、縱、送然，故曰御。此二句在本篇最爲精要。下「藐姑射」一節，卽設喻證明此義者也。素問陰陽應象大論云：「陰陽者，天地之道也。」天元紀大論云：「陰陽之氣，各有多少，故曰三陰三陽也。」至真要大論云：「帝曰：『善！願聞陰陽之三也何謂？』岐伯曰：『氣有多少異用也。』」王冰注：「太陰爲正陰，太陽爲正陽；次少者爲少陰，次少者爲少陽；又次爲陽明，又次爲厥陰。」據此，則所謂乘天地之正者，乘天地之正陰正陽，卽乘太陰太陽也。或問：此僅曰「乘天地之正」，何以知「正」字指陰陽言也？答曰：天地，卽表陰陽也。陰陽應象大論云：「積陽爲天，積陰爲地。」吕覽有始篇注：「天，陽也。地，陰也。」文選東都賦注引范子云：「天者陽也，地者陰也。」蓋陰陽者，天地之道；天地者，陰陽之象。潛移默運者，陰陽也；形象著明者，天地也。一而二，二而一者也。故此卽以「天地」二字代陰陽。本書如此活用之例不一。如秋水篇云「牛馬四足是謂天」，以天表自然之義也。天地篇云「無爲爲之之謂天」，以天表無爲之義也。應帝王篇云「示之以天壤」，亦活用者也。故此「乘天地之正」，卽乘陰陽之正也。然不直曰「乘陰陽之正」，而必曰「乘天地之正」者何也？答曰：以陰陽有多少也。如陽明、厥陰之類，陰陽少而未盛，不得謂之正也。必陽升於天，陰降於地，然後至於極盛之位，方可謂之正陰正陽，方可以「天地」之字表之。今姑以陽論。易曰「時乘六龍以御天」，謂按時節，次第乘六種之龍以上升。自乾之初九，以至九五，陽方盛而至於天。故九五之爻曰「飛龍在天」，即在天之陽也。此陽，方可謂之正，方可表以天。九五以下，如少陽、陽明等，其陽未盛，未至於天，則不可以天表之也。地之表陰，可以類推。易所謂「御天」，即此之「乘天」也。故不曰「乘陰陽之正」，而曰「乘天地之正」也。天元紀大論又云：「寒、暑、燥、溼、風、火，天之陰陽也。三陰三陽上奉之。」至真要大論又云：「岐伯曰：『厥陰司天，其化以風。少陰司天，其化以熱。太陰司天，其化以溼。少陽司天，其化以火。陽明司天，其化以燥。太陽司天，其化以寒。』」是此所謂「六氣」者，即寒、暑、燥、溼、風、火也。所謂「御六氣之辯」者，即御此三陰三陽所化寒、暑、燥、溼、風、火之氣也。陰陽無質，化氣則有質，故此謂「乘天地之正」，而不謂「乘天地之正氣」，以正陰正陽尚未變化爲氣也。至司馬以陰、陽、風、雨、晦、明訓六氣，係據左傳昭公元年秦醫和之説。素問在和前，和説當本諸素問，皆醫學家之言也。在易則於三陰三陽升降變化之際，分之爲六位，演之以六爻。六爻之在乾陽卦内者，就其高下之位，象之以六龍。故易曰：「六位時成，時乘六龍以御天。」疏言：「乾之爲德，以依時乘駕六爻之陽氣，以拱御於天體。六龍，即六位之龍也。以所居上下言之，謂之六位也。陽氣升降，謂之六龍也。」疏語最爲明晰。下「御飛龍」，即乾卦六龍内第五位之龍，實即升居五位之陽氣也。故此二句之義，本之於易。又本之於老子之言。田子方篇，老子曰：「至陰肅肅，至陽赫赫。肅肅出乎天，赫赫發乎地，兩者交通成和，而物生焉。」所謂「乘天地之正」，即乘此肅肅之至陰，赫赫之至陽也。交通成和者，謂陰陽由交通變化成和氣也。易乾卦亦曰：「乾道變化，各正性命，保合太和。」其義正同。而陰陽之在天地與在人身，一也。惟天地之陰陽交通出於自然，人身之陰陽，欲其交通，則必有道以御之，然後能合以成和，凝以成神。是故變由於交通，交通在於御，故曰「御六氣之辯」也。夫莊子此書，所以明道也。其所謂道，非仁義之謂，乃陰陽之謂也。上已舉素問「陰陽者，天地之道」之語矣。易繫辭曰：「一陰一陽之謂道。」管子正篇曰：「陰陽同度曰道。」本書則陽篇曰：「陰陽者，氣之大者也，道者爲之公。」言道爲陰陽之公名也。由此知莊子所修之道，即修陰陽及其所化之六氣，以合和凝神之道也。曰乘曰御，即喻修之之工夫也。此理觀慎子所言而益明。慎子之言曰：「五日爲候，三候爲氣，六氣爲時，四時爲年，而天地備矣。天地相去八萬四千里，沖和之氣在其中，四萬二千里已上爲陽位，四萬二千里已下爲陰位。冬至之候，陽發於地，一氣上升七千里。至六氣，則上升四萬二千里，而陽至陽位，故其氣温，爲春分之節也。六氣，而陽極陽位，故熱而爲夏至之節也。夏至之候，陰出於天，一氣下降七千里。至六氣，則下降四萬二千里，而陰至陰位，故其氣涼，爲秋分之節也。六氣，而陰極陰位，故其氣寒，而爲冬至之節也。天地之所以能長能久者，以其陽中有陰，下降極而生陽，陰中有陽，上升極而生陰。二者交通，合爲太和，相因而爲氤，相昷而爲氲。以此施生化之功，此變化之所以兆也。」其所謂冬至陽發於地，夏至陰出於天，乃本老子「肅肅出天、赫赫發地」之説也。所謂升降之候，陰陽之位，實易「六位時成」二句最明顯之注脚。惟天地相去，不知其極。慎子謂「相去八萬四千里」，人或以爲非是。不知慎子乃言陰陽在天地間循環升降之距離，猶之地文學家言包地球之空氣，厚止二百里，非謂天去地止有此數也。漢鍾離權復本慎子之説，著靈寶畢法一書，取法天地陰陽升降之位與時之理，以攝養一身之陰陽。後世修煉家遂有「運周天」、「駕河車」之説，且區之爲六候，分之爲三百六十爻。其説近則本之於鍾離，遠則源於易、老及此二句，與養生主篇「緣督以爲經」句，非盡妄誕無稽也。故此二句係寓言修道家養氣凝神之理，讀者當與養生主篇「緣督以爲經」、人間世篇「無聽之以耳」、「惟道集虚」、「徇耳目内通」、應帝王篇「機發於踵」各句下補、正之語，匯通觀之，方可明其大凡。惟此理精妙，此事幽玄，天地間自有此一種道術，特不足爲淺人道耳。**以遊无窮者，彼且惡乎待哉！**無所待而遊於無窮，方是逍遥遊一篇綱要。補釋文：「惡音烏。」**故曰：至人无己，神人无功，聖人无名。**釋文：「己音紀。」成云：「至言其體，神言其用，聖言其名，其實一也。」正郭慶藩曰：「文選任彦昇到大司馬記室牋注引司馬云：『神人無功，言修自然，不立功也。聖人無名，不立名也。』釋文闕。」武按：齊物論篇云：「王倪曰：『至人神矣。』」是至人、神人一也。故下藐姑射神人，亦至人也。惟聖人則有間。則陽篇云：「客大人也，聖人不足以當之。」秋水篇云：「大人无己。」此言「至人无己」，則至人卽大人也，聖人不足以當之矣。列子力命篇云：「横私天下之身，横私天下之物，其唯聖人乎！公天下之身，公天下之物，其唯至人乎！」公天下之身，卽無己也，此明言聖人不及至人矣。外物篇云：「聖人之所以駴天下，神人未嘗過而問焉。賢人之所以駴世，聖人未嘗過而問焉。」此明言聖人不及神人矣。成氏乃謂「其實一也」，尚欠詳審。自「若夫乘天地之正」至此，爲本篇之主，下則逐一舉事證明之。此三句，爲本段之主；「至人无己」句，則又三句中之主也。

堯讓天下於許由，司馬云：「潁川陽城人。」　補此段引許由不願居天子之名，證明聖人無名。**曰：「日月出矣，而爝火不息，**字林：「爝，炬火也。」　補釋文：「爝，本亦作燋，音爵。郭祖繳反。」又曰：「小火也。」淮南人間訓：「夫爝火在縹煙之中也，一指所能息也。」武按：一指能息，其爲小火明矣。　**其於光也，不亦難乎！　時雨降矣，而猶浸灌，其於澤也，不亦勞乎！　夫子立而天下治，而我猶尸之，**成云：「尸，主也。」　補釋文：「浸，子鴆反。灌，古亂反。」正韻：「浸，漬也。」博雅：「灌，溉也。　澤音宅，潤澤也。」淮南原道訓：「上天則爲雨露，下地則爲潤澤。」天地篇：「堯之師曰許由。」故堯謂由爲夫子。　言若夫子立爲天子，天下必致太平。　**吾自視缺然，請致天下。」許由曰：「子治天下，天下既已治也。　而我猶代子，吾將爲名乎？　名者，實之賓也。　吾將爲賓乎？**　正俞樾云：「本作『吾將爲實乎』，與上『吾將爲名乎』相對成文。『吾將爲名乎，名者，實之賓也』，其意已足。『吾將爲實乎』，當連下文讀之。　實與賓形似，涉上句『實之賓也』而誤。　若如今本，則爲賓卽是爲名，兩文複矣。」武按：俞說非也。　名既爲實之賓，是實重而名輕也。　吾將爲賓乎，言吾將捨其實之重而爲名之輕乎？　用「乎」之疑問詞者，乃反言以見意，謂不就輕而爲賓也。　此句係校量名、實二者，而以「賓」字表名之輕，故「賓」字與「名」字不複，非涉上句而誤也。　**鷦鷯巢於深林，不過一枝；**李云：「鷦鷯，小鳥。」郭璞云：「桃雀。」　補釋文：「鷦，子遥反。鷯音遼。」成云：「鷦鷯，巧婦鳥也，一名工雀，一名女匠，亦名桃蟲，好深處而巧爲巢也。」**偃鼠飲河，不過滿腹。**李頤云：「偃鼠，鼷鼠也。」李楨云：「偃，或作鼴，俗作鼹。」本草陶注：「一名鼢鼠，常穿耕地中行，討掘即得。」説文「鼢」下云：「地行鼠，伯勞所化也。」李説誤。**歸休乎君！予无所用天下爲。庖人雖不治庖，尸祝不越樽俎而代之矣。」**釋文：「傳鬼神言曰祝。」　補釋文：「庖，鮑交反，掌廚人也。祝，之六反。樽，子存反，本亦作尊。俎，側吕反。」武按：淮南泰族訓：「調五味者，庖也。陳簠簋，列樽俎，設籩豆者，祝也。齊明盛服，淵默不言，而神之所依者，尸也。宰祝雖不能，尸不越樽俎而代之。」可謂此處的解。

肩吾問於連叔成云：「並古之懷道者。」**曰：「吾聞言於接輿，**釋文：「皇甫謐云：『接輿躬耕，楚王遣使以黄金百鎰、車二駟聘之，不應。』」　補成云：「接輿，姓陸，名通，楚人，與孔子同時，而佯狂不仕。」武按：此段引藐姑射神人，證明至人無己。**大而无當，**釋文：「丁浪反。」按：當，底也。　正淮南本經訓：「留於口，則其言當。」齊俗訓：「晉平公出言而不當。」注：「當，合也。」此謂接輿之言誇大，而於情理無所合也，故下言「不近人情」焉。**往而不返。吾驚怖其言，猶河、漢而无極也；**成云：「猶上天河漢，迢遞清高，尋其源流，略無窮極。」　補釋文：「怖，普布反，廣雅云：『懼也。』」　正成説非。「河、漢」句，係往而不返之譬況語，謂其言往而不返，無所歸宿，猶如河、漢之水，滔滔長流，無所止極，非謂上天河漢之清高也。**大有逕庭，**宣穎云：「逕，門外路；庭，堂外地。大有，謂相遠之甚。」**不近人情焉。」**補上句爲此句之譬況語，謂門外之逕，與門内之庭，所處限隔，不相接近也。而此句則申説「大而无當」句之義。焉，釋文：「猶然也。」王引之云：「狀事之詞，與然同義。」**連叔曰：「其言謂何哉？」曰：「藐姑射之山，**釋文：「藐音邈，簡文云：『遠也。』姑射，山名，在北海中。」補釋文：「射，徐音夜。又食亦反。」正簡文僅取姑射爲山名，非也。下文「往見四子藐姑射之山」，而山海經海内北經有列姑射山，列子黄帝篇「姑射山」，一本作「列姑射」，可證山名當爲藐姑射也。又其云「在北海中」，不知何據。山海經東山經有姑射山，所在非北海；在海内北經之山爲列姑射，而非姑射。黄帝篇内之姑射山，僅云在海中，不言北也。但此係借山名以寓意，無庸求實其所在。蓋説文解「射」字云：「弓弩發於身而中於遠也。」藐姑射者，謂深遠之旨，姑以下文所言影射之也。深遠之旨何？下「其神凝」之神也。「神凝」二字，爲本篇主旨，且爲全書主旨，以其爲神人之德，修道之果也。觀本段均注射凝神立論，故「神」字實爲本段所射之鵠也。**有神人居焉，肌膚若冰雪，**補釋文：「肌，居其反。」武按：刻意篇云：「純素之道，惟神是守。守而勿失，與神爲一。」又云：「能體純素，謂之真人。」肌膚若冰雪，喻其體純素也。純素，則與神爲一，一則凝矣。真人，即神人也。真言其體，神言其用也。又天地篇云：「機心存於胸中，則純白不備，純白不備，則神生不定。」若冰雪，喻純白備也。純白備，則神生定，定則凝矣。故「冰雪」句實爲下「神凝」二字寫照。如曰不然，此寫神人，非寫美女，何用敍其肌膚之白乎？**淖約若處子。**李云：「淖約，好貌。」釋文：「處子，在室女。」　**正**釋文：「淖，郭昌略反。」武按：淖約，李云「好貌」，非也。荀子宥坐篇：「淖約微達。」楊倞注：「淖當爲綽。約，弱也。綽約，柔弱也。」説苑作「綽約微達」，訓柔弱是也。在宥篇：「淖約柔乎剛強。」老子曰：「柔弱勝剛強。」又曰：「弱者道之用。」文子道原篇亦曰：「柔弱者道之用。」卽淖約所喻之意也。上句冰雪言其體，此句淖約言其用。道之用，卽神也。處子，黄帝篇作「處女」。孫子曰：「靜如處女。」老、莊之道貴靜，故以處女喻之。且老子曰「守雌」，曰「牝常以靜勝牡」，皆處女所喻之意也。**不食五穀，**　**補**成云：「五穀者，黍、稷、麻、菽、麥也。」**吸風飲露。**

補春秋元命包云：「陰陽怒而爲風。」愼子云：「陽在外者不得入，則周旋六合而爲風。」故上言風爲陰陽之變氣也。吸，説文：「内息也。」因風爲陰陽之變氣，故吸於内以調之。蔡邕月令云：「露者，陰之液也。」愼子云：「陽感之，則液而爲露。」謂陰受感而爲露也。吸風合言陰陽，飲露則單言陰，總之喻神人之呼吸陰陽於内也。淮南俶真訓云：「是故聖人呼吸陰陽之氣，而羣生莫不顒顒然仰其德以和順。」所謂呼吸陰陽，卽此句所喻之意；所謂其德，卽下之「神凝」也；所謂羣生和順，卽下「物不疵癘」也。**乘雲氣，御飛龍，而遊乎四海之外。**「乘雲氣」三句，又見齊物論篇，「御飛龍」作「騎日月」。　**補**鵬穿越雲氣，馮風而飛，不能乘雲氣也，故曰絶。列子御風而行，亦不能乘雲氣也。能乘雲氣者，厥爲神人。此中大有分別。且或乘雲氣，或御飛龍，非若列子之必待風也。乘雲氣，承上「乘天地之正」説；御飛龍，承「御六氣之辯」説。元命包云：「陰陽聚爲雲。」愼子云：「陰與陽得，助其蜚騰，則飄颻而爲雲。」説文：「龍，能幽能明，能細能巨，能短能長，春分而登天，秋分而潛淵。」賈誼云：「龍變無常，能幽能章。」傅元龍贊云：「誕應陽精，屈伸從時，變化無形。」據此以言，龍，陽精也，變化不測者也，故易乾卦取之，以象陽氣之升降變化焉。「乘雲」句，合言陰陽，「御龍」句則單言陽，總之，喻神人攝調陰陽於外也。惟易乾卦言陽氣在六位中之變化，故設六龍以喻之。此不言六龍，而言飛龍者，以飛龍應五爻而當五位。其上上九，則陽過亢；其下九四，則陽未盛。準之慎子之説，過亢者，陽極陽位也；未盛者，甫出陰位，方至陽位也。後之修煉家，以言火候之老嫩，皆在所不取也。惟九五之飛龍，純陽正盛，無過不及，非老非嫩，控御此氣，所以爲神人也。**其神凝**，三字吃緊。非遊物外者，不能凝於神。**補**説文：「凝，俗冰字。」顏氏匡謬正俗：「冰轉音凝。」説文：「凝，冰堅也。」黄氏韻會：「冰，古凝字。仌，古冰字。後人以冰代仌字，故以凝代仌字。」武按：大戴禮曾子天圓篇云：「陽之精氣曰神。」易曰：「陰陽不測之謂神。」故神凝由吸風飲露、乘雲氣、御飛龍而來。蓋此數句，上已釋明其爲修道者調攝陰陽之喻也。而其着手處，則在用志不分。達生篇述佝僂丈人之言曰：「吾處身也，若厥株拘；吾執臂也，若槁木之枝。」孔子稱之曰：「用志不分，乃凝於神。」故凝神之要點在用志不分。人間世篇，仲尼語顏回曰「一若志」，老子曰「守靜篤」，曰「抱一」，同此義也。蓋志不分則靜，靜則定，定則一，一則凝矣。内神凝，而外則若厥株拘與槁木之枝，與南郭子綦形如槁木同。而子綦自謂「喪我」，喪我者，無己也。故用志不分然後能無己，無己然後能神凝。此「神凝」二字，卽示藐姑射神人爲無己之至人也。**使物不疵癘而年穀熟。**司馬云：「疵，毁也。」癘音癩，惡病。列子黄帝篇：

「姑射山，在海中。山上有神人焉，吸風飲露，不食五穀，心如淵泉，形如處女。不施不惠，而物自足，不聚不歛，而己无愆。陰陽常調，日月常明，四時常若，風雨常均，字育常時，年穀常豐。而土无札傷，人无夭惡，物无疵癘。」漆園本此爲説。補釋文：「疵，在斯反，病也。癘音厲，本或作厲。」武按：此與在宥篇「愼守汝身，物將自壯」之義同。自「藐姑射」至此，寓意精深，兹再就本書舉證以明之。刻意篇云：「純粹而不雜，静一而不變，惔而无爲，動而以天行，此養神之道〔一〕也。」肌膚若冰雪，非純粹不雜乎？静一不變，惔而無爲，處子之性行類之。乘雲御龍，及乘天地之正，御六氣之辯，卽動而以天行也。神凝者，卽由養神之至也。刻意篇又云：「静而與陰同德，動而與陽同波。」處子，陰也，静也；飛龍，陽也，動也。此二語之寓意，尤爲明顯。彼篇又云：「精神四達並流，无所不極：上際於天，下蟠於地，化育萬物，不可爲象。」夫乘雲御龍，遊四海之外，非四達並流，際天蟠地乎？使物不疵癘而年穀熟，卽化育萬物，不可爲象也。天運篇云：「龍合而成體，散而成章，乘乎雲氣而養乎陰陽。」體者，乾陽之體，卽神凝而成體也。散卽變也。散而成章者，易説卦曰：「故易六位而成章。」注總言六畫；又細分之，則陰陽之位，間雜而成文章也。故體者，陰陽之正也；散者，六氣之變也。斯體也，静則謂之和，動則謂之神。文子上仁篇云：「陰陽交接，乃能成和。」交接者，所以凝也。故凝神者，凝此陰陽之和也，卽所謂養乎陰陽也。以本段爲本篇主

〔一〕「道」原作「至」，據刻意篇改。

文，且爲莊子道要，故特詳爲拈出之。**吾是以狂而不信也。**」狂，李九況反。按：音讀如誑。言以爲誑。　正釋文：「狂，求匡反，李云：『癡也。』」武按：廣韻：「巨王切，病也。」心不能審得失之地，則謂之狂。應璩詩云：「積念發狂癡。」李訓癡，是也。淮南精神訓：「大怖生狂。」又原道訓：「薄氣發瘖，驚怖爲狂。」故「狂」字應從李訓，方與上「吾驚怖其言」句相關合，讀誑非也。至肩吾之意，以爲使物不疵癘而年穀熟，必以天下爲事而後能，今藐姑神人，不過一己之神凝耳，並未以天下爲事，何能致如斯之效？其狂而不信者在此。連叔一則曰「孰弊弊焉以天下爲事」，再則曰「孰肯以物爲事」，卽針對此點而答也。**連叔曰：「然。瞽者无以與乎文章之觀，聾者无以與乎鐘鼓之聲。豈惟形骸有聾盲哉？夫知亦有之。**補釋文：「瞽音古，盲者無目，如鼓皮也。與音豫。觀，古亂反。」文子符言篇：「豈獨形骸有闇、聾哉？心亦有之。塞也，莫知所通。」此闇、聾之類也。淮南泰族訓亦有此語。**是其言也，猶時女也。**司馬云：「猶處女也。」按：時，是也。云是其言也，猶是若處女者也。此人也、此德也云云，極擬議之詞。正女同汝，指肩吾。承上「聾盲」來，言不惟形骸有聾盲，知亦有之，汝聞接輿之言，狂而不信，卽是知之聾盲也。「是其言也」句，指「然，瞽者」至「知亦有之」一段之言也。如此解，文句方能承接一氣。若如司馬說，「瞽者」一段便成贅肬。且上以處子況神人，陸注「在室女」，郭注：「不以外傷內。」若此處單稱女，出室女亦屬之，則外傷矣，何可以況神人乎？**之人也，之德也，將磅礴萬物以爲一。世蘄乎亂，孰弊弊焉以天下爲事！**李云：「磅礴，猶旁礴。」李楨云：「亦作旁魄，廣被意也。

言其德行廣被萬物，以爲一世求治，豈肯有勞天下之迹？老子曰：『我無爲而民自化。』亂，治也。」簡文云：「弊弊，經營貌。」案〔一〕：蘄同期。　**補**釋文：「旁，薄剛反，字又作磅。礴，蒲博反。司馬云：『磅礴，猶混同也。』蘄，求也。弊弊，徐扶計反。」**正**注引李楨云：「以爲一世求治。」是以「一世」連讀，又訓亂爲治，均非。奚侗云：「釋文出『世蘄』二字，文選吳都賦注引至『一』字，可見古無有『一世』連讀者。」武按：玩郭注成疏，亦不以「一世」連讀。須知「萬物以爲一」，係本書要語，各篇屢見，而原於老子「萬物得一以生」之言。本書如德充符篇云：「物視其所一。」又云：「自其同者視之，萬物皆一也。」天地篇云：「萬物一府。」秋水篇云：「萬物一齊。」在宥篇云：「萬物云云，各復其根。」云云，衆多貌，不一也；復根，則一矣。義均相同。故此處應從「一」字絶句。「亂」字訓治，雖出爾雅、説文，然於此文不合。左宣十二年傳：「人反物爲亂。」又宣十五年傳：「民反德爲亂。」其義適與「之德也，磅礴萬物以爲一」相反。蓋此處以神人、世人對舉，一正一反也。神人以無爲之德，和萬物爲一，故曰「孰弊弊焉以天下爲事」；世人以有爲爲治，卽弊弊以天下爲事。如是，則不能磅礴萬物爲一，不一，則亂矣，故曰「世蘄乎亂」也。此義原於老子「爲者敗之」一語。而本書繕性篇略云：「古之人，在混芒之中，與一世而得澹漠焉。當是時也，陰陽和静，鬼神不擾，萬物不傷，羣生不夭。人雖有知，无所用之。此之謂至一。」此段足證之人、之德磅礴萬物爲一之

〔一〕「案」字，據王氏原刻補。

義。「混芒」與「一世得澹漠」二語，與司馬訓磅礴爲混同之義合。彼篇又略云：「逮德下衰，燧人、伏羲始爲天下，是故順而不一。唐、虞爲天下，興治化之流，澆淳散朴，附之以文，益之以博，然後民始惑亂。」其所謂燧、羲、唐、虞，此文以一「世」字概之。「興治化」以下各語，卽弊弊以天下爲事也。其所以如此者，意在蘄乎治，而民竟惑亂，非卽此文所謂「世蘄乎亂」乎？此文簡奥，非滙通全書觀之，不易明也。**之人也，物莫之傷，大浸稽天而不溺，**司馬云：「稽，至也。」**補**釋文：「稽音雞，徐、李音啓。」**大旱、金石流、土山焦而不熱。是其塵垢粃糠，**説文「粃」作「秕」。釋文：「粃糠，猶繁碎。」按：言於繁碎之事物，直以塵垢視之。**補**釋文：「垢，古口反。粃，徐甫姊反。陶，徒刀反。鑄，之樹反。」成云：「散爲塵，膩爲垢。穀不熟爲粃，穀皮爲糠。鎔金曰鑄，範土曰陶。」武按：「大浸稽天」以下各句，卽申説「物莫之傷」也。**將猶陶鑄堯、舜者也，孰肯以物爲事！**又引不以天下爲事之神人，以明其自全之道。**正**釋文謂「粃糠猶繁碎」，於義無取。此謂「引神人以明自全之道」，亦非。讓王篇：「道之真以治身，其緒餘以爲國家，其土苴以治天下。」司馬云：「土苴，如糞草也。」卽塵垢之説也。又天道篇：「君之所讀者，古之糟魄已夫！」司馬云：「魄，本又作粕。」卽粃糠之説也。合而言之，塵垢粃糠。道之粗跡也。神人以其粗跡，將猶陶鑄成爲堯、舜之治，卽「土苴以治天下」之説也。前「孰弊弊」句，不以天下之事爲事也。世自化之，無所事事也。此「孰肯」句，不以天下之物爲事也。不以物爲事，則如知北遊篇所云「聖人處物不傷物，物亦不傷也」。係就事與物分説。**宋人資章甫適諸越，**李云：「資，貨也。章甫，殷冠也。以冠爲貨。」司馬云：「諸，於也。」　補此段證明神人無功。**越人短**〔一〕**髮文身，無所用之。**爲無所用天下設喻。**堯治天下之民，平海内之政，往見四子藐姑射之山，**司馬、李云：「四子，王倪、齧缺、被衣、許由。」李楨云：「四子本無其人，徵名以實之，則鑿矣。」正天地篇：「堯之師曰許由，許由之師曰齧缺，齧缺之師曰王倪，王倪之師曰被衣。」然則堯與四子，非全無瓜葛，徵天地篇所舉之名以實之，顯有根據，且許由已見上文，不得爲鑿也。治天下，平四海，示堯之有功也，爲神人無功之反映。**汾水之陽，窅然喪其天下焉。**」汾水之陽，堯都。宣云：「窅然，深遠貌。」　正釋文：「汾，徐扶云反。汾水出太原。窅，徐烏了反。李云：『窅然，猶悵然。』」武按：宣注「深遠貌」，於本文不合，應從李説。自「宋人」以下至此，郭注：「堯之無用天下爲，亦猶越人之無所用章甫耳。然遺天下者，固天下之所宗。天下雖宗堯，而堯未嘗有天下也，故窅然喪之，而嘗遊心於絶冥之境。」成疏與李楨注，其意均同。三氏之注，於文義適得其反。其誤在於宗堯，不知本文所宗者爲至人、神人。四子者，神人也，而以塵垢粃糠視堯；堯治天下者也，四子卽以塵垢粃糠視治天下。故上言「無所用天下爲」，又言「孰弊弊焉以天下爲事」也。此段以宋人喻堯，以章甫喻天下，而「越人」句則喻四子無所用天下。故宋人至越，悵然喪其章甫；堯見四子，悵然喪其天下，亦可曰喪其治天下之功也。蓋堯乃弊弊以天下爲事者，文言其平海内之

〔一〕「短」字，集釋本作「斷」。

政，是有治天下之功者也。而四子神人也，神人無功，堯見四子，爲其所化，故亦窅然喪其治天下之功焉。如此解，章甫之喻，方見密合，而證明上「神人無功」句亦見緊切。

惠子謂莊子曰：司馬云：「姓惠，名施，爲梁相。」**補**此段與下段，借與惠子論辯，以明無用然後逍遥之旨。此則借瓠於無用中有一可用，不免有慮而爲樽之患，以喻人有一能之可用，即難免招世繫累，不能逍遥也。**「魏王貽我大瓠之種，**瓠，瓜也，即今葫蘆瓜。**補**釋文：「魏王，司馬云：『梁惠王也。』」武按：魏自河東遷大梁，故謂之魏，或謂之梁也。貽音怡，遺也。瓠音護。**我樹之成而實五石，以盛水漿，其堅不能自舉也。**成云：「樹，植。實，子也。虛脆不堅，故不能自勝舉。」**剖之以爲瓢，****補**反映下文樗之「不夭斤斧，物無害者」。**則瓠落无所容。**簡文云：「瓠落，猶廓落也。」成云：「平淺不容多物。」**補**釋文：「剖，普口反。」**非不呺然大也，**釋文：「呺，本亦作号。李云：『虛大貌。』」俞樾云：「呺，俗字，當作枵，虛也。」**補**釋文：「呺，徐許憍反。」**正**俞說非。廣韻：「呺然，大貌。」本句「呺然」，爲「大也」之形容詞，「大也」則無異「呺然」之注也。四字一意，如改「呺」作「枵」，並應改本句爲「非不枵然虛也」，於法方合。但本文未嘗言虛，而所重者在大。首即標言「大瓠」，繼言「實五石」，大也，因之瓢亦大。然平淺無所容，正以其不虛也，其不須以「枵然」形容之明矣。**吾爲其无用而掊之。」****補**「无用」二字，爲本段及下段主旨，且爲全篇主旨，與無名、無功、無己並重，特借惠子之口提出之。**莊子曰：「夫子固拙**

於用大矣。宋人有善爲不龜手之藥者，向秀云：「龜，拘坼也。」徐音舉倫反。此以「龜」爲「皸」之叚借。玄應音義「皸」下引通俗文：「手足坼裂曰皸，經文或作『龜坼』。」下引此文爲證。

正釋文：「龜手，愧悲反。司馬云：『文坼如龜文。』」武按：注中「玄應音義」「音」字上，當補「衆經」二字，否則，下「經文」二字無着。且注太糾纏，不如從司馬説，較爲明爽。蓋言手凍文坼如龜背之文，故謂之爲「龜手」，猶之爾雅釋詁之「鮐背」，疏「老人皮膚消瘠，背若鮐魚」也。又釋名：「九十曰鮐背，背有鮐文也。」背有鮐文爲鮐背，手有龜文爲龜手，同一義也。李楨借讀爲皸，俞樾謂宜讀如拘，拘與區同音，區與丘同音，龜在丘音。如此迂迴牽傅，義仍未明也。世世以洴澼絖爲事。成云：「洴，浮。澼，漂。絖，絮也。」李云：「漂絮水上。」盧文弨云：「洴澼，擊絮之聲。」

補正釋文：「洴，徐扶經反。澼，普歷反。絖音曠。小爾雅云：『絮細者謂之絖。』」朱桂曜曰：「文選任彦昇爲蕭揚州薦士表注：『絖，古纊字。』」武按：洴澼如爲擊絮聲，則與下「絖」字不能相連成句，盧説非也。宜從成説。客聞之，請買其方百金。李云：「金方寸重一斤爲一金。百金，百斤也。」聚族而謀曰：『我世世爲洴澼絖，不過數金；今一朝而鬻技百金，請與之。』

補釋文：「鬻音育，司馬云：『賣也。』」客得之，以説吳王。越有難，吳王使之將，冬，與越人水戰，大敗越人，裂地而封之。能不龜手一也，或以封，或不免於洴澼絖，則所用之異也。今子有五石之瓠，何不慮以爲大樽而浮於江湖，司馬彪云：「慮，猶結綴也。」樽如酒器，縛之於身，浮於江湖，可以自渡。」按：所謂腰舟。**正**説文：「慮，謀思也。」爾雅釋言：「作、造，爲也。」武按：何不慮以爲大樽，言何不謀慮之以作大樽也？句有「爲」字，不必訓慮爲結綴，因結綴之意，「爲」字可以賅之。至司馬結綴之訓，不知何據。考徐鍇説文解字通論云：「思有所圖曰慮。慮猶縷也。」説文「絡」字下云：「生革可以爲縷束也。」故此句亦可訓爲何不縷束以爲大樽也。鶡冠子學問第十五：「中河失船，一壺千金。」注：「壺，瓠也。佩之可以濟涉，南人謂之腰舟。」此司馬注之所本也。**而憂其瓠落无所容？則夫子猶有蓬之心也夫！」**向云：「蓬者，短不暢，曲士之謂。」按：言惠施以有用爲無用，不得用之道也。**補**釋文：「郭云：『蓬生非直達者。』」武按：荀子勸學篇：「蓬生麻中，不扶自直。」然則非生麻中，必不直而曲矣。此向、郭注之所本也。

惠子曰：「吾有大樹，人謂之樗。其大本擁腫而不中繩墨，其小枝卷曲而不中規矩，立之塗，匠者不顧。**補**武按：此段言樗以無用，故無物害，無困苦，以喻人必無用，方免世患而獲逍遥也。繼無名、無功、無己而言無用者，以心雖無名、無功、無己，苟材有可用，必致如大瓠以有一可用，卽被慮而爲樽。故無名、無功、無己，又必無用，然後盡無爲之量，極逍遥之致。如是，則不僅遊逍遥，寢卧亦逍遥也。釋文：「樗，勑魚反。」成云：「栲、漆之類，嗅之甚臭，惡木也。」腫，章勇反。李云：「擁腫，猶盤癭。」中，丁仲反。卷，本又作「拳」，同音權。**今子之言，大而無用，衆所同去也。」**猶言棄而不取。**莊子曰：「子獨不見狸狌乎？**成云：「狌，野貓。」　補釋文：「狸，力之反。　狌，郭音生，司馬云：『狖也。　狖，由救反。』」卑身而伏，以候敖者；司馬云：「遨翔之物，鷄鼠之屬。」　補説文：「敖，出遊也。」漢書景十三王傳：「請閉諸姬舍門，無令出敖。」師古曰：「敖，遊戲也。」東西跳梁，成云：「跳梁，猶走擲。」　補釋文：「跳音條。」不辟高下；辟音避。中於機辟，辟，所以陷物。鹽鐵論刑法篇「辟陷設而當其蹊」，與此同義。亦作「臂」。楚詞哀時命篇：「外迫脅於機臂兮。」機臂，即機辟也。玉篇王注，以爲弩身。死於網罟。今夫斄牛，司馬云：「旄牛。」　補釋文：「罟，徐音古。斄，徐、李音來，又音離。」其大若垂天之雲。成云：「山中遠望，如天際之雲。」此能爲大矣，補斄牛能負重耕田，即其所爲之大也。而不能執鼠。今子有大樹，患其无用，何不樹之於无何有之鄉，廣莫之野，簡文云：「莫，大也。」彷徨乎无爲其側，釋文：「彷徨，猶翱翔。」　補釋文：「彷，薄剛反。徨音皇。廣雅云：『彷徨，徙倚也。』」武按：「無爲」二字，總結無名、無功、無己、無用。逍遥乎寢卧其下？郭慶藩云：「逍遥，依説文，當作『消摇』。」又引王瞀夜云：「逍遥者，調暢悦豫之意。」　補此句見無爲者寢卧亦逍遥，不僅遊也，以進一步作結。不夭斤斧，物无害者，无所可用，言無處可用之。人間世篇：「是不材之木也，无所可用。」又云：「予求无所可用久矣。」又山木篇：「无所可用。」文義並與此同。安所困苦哉！」又言狸狌之不得其死，斄牛之大而無用，不如樗樹之善全，以曉惠施。蓋惠施用世，莊子逃世，惠以莊言爲無用，不知莊之遊於無窮，所謂「大知」「小知」

之異也。　**正**注言「犛牛之大而無用，不如樗樹之善全」，非也。此段莊子因惠子謂其言大而無用，乃引狸狌能捕鼠，可謂小而有用矣，然不得其死；犛牛執鼠不如狸狌，非犛牛徒大而無用也，乃不得其用也。秋水篇云：「騏驥驊騮，一日而馳千里，捕鼠不如狸狌，言殊技也。」犛牛亦然。今患犛牛不能執鼠，何不使之負重致遠，以譬患大樹無用，何不樹之於無何有之鄉，廣莫之野，以成其無用之大用乎？此針對惠子「大而無用」之言以駁之也。如注言「犛牛大而無用」，不反證合惠子之言乎？有失莊子答辯之旨矣。所謂「安所困苦」者，如大瓠可用爲樽，致被結綴以浮江湖，此卽大瓠之困苦也，樗則無此矣。

齊物論第二

天下之物之言，皆可齊一視之，不必致辯，守道而已。蘇輿云：「天下之至紛，莫如物論。是非太明，足以累心。故視天下之言，如天籟之旋怒旋已，如鷇音之自然，而一無與於我。然後忘彼是，渾成毁，平尊隷，均物我，外形骸，遺生死，求其真宰，照以本明，游心於無窮。皆莊子最微之思理。」**補**玉篇：「凡生天地之間，皆謂物也。」荀子正名篇：「故萬物雖衆，有時而欲偏舉之，故謂之物。物也者，大共名也。」本書達生篇：「凡有貌、象、聲、色者，皆物也。」釋文：「論，力頓反。」周禮春官大司樂賈疏：「直言曰論。」錢大昕十駕齋養新録：「王伯厚云：『莊子齊物論，非欲齊物也，蓋謂物論之難齊也。邵子詩：「齊物到頭争。」恐誤。』」按左思魏都賦「萬物可齊於一朝」，劉淵林注「莊子有齊物之論」，劉琨答盧諶書「遠慕老莊之齊物」，文心雕龍論説篇「莊周齊物，以論爲名」，是六朝人已誤以「齊物」二字連讀。**正**齊物論，謂齊一論物之言也。注中「天籟之旋怒旋已」句，誤。蓋篇中之旋怒旋已，係言地籟，非言天籟。由於各注均以「大塊噫氣」節言地籟者爲天籟，故誤者非僅蘇輿一人也。至莊子之撰本文，所以明道也。何以篇題爲齊物論，而不爲齊道論？蓋道無形無名，絶於言議。故知北遊篇云：「道不可言，言而非也。」又云：「所以論道，而非道也。」是則可論者唯物耳。故則陽篇云：「言之所盡，知之所至，極物而已。」然號物之數曰萬，至不齊也，逐不齊之物而論之，論亦何能齊哉？日馳不齊之論，如徐无鬼篇所謂「馳其形性，潛之萬物」，徒勞精敝神，傷生損性，此修道者之大患也。故莊子於逍遥遊篇之後，繼以斯篇。良以心之能逍遥者，無己也，無己則不齊齊矣。物本不齊，心則可齊，故人間世篇仲尼以「齋」語顔回。齋者，齊也。又曰：「一若志。」卽齊其心也。夫心何以不齊？由感於不齊之物，而有審辨彼此、是非、美惡之知，因而生好惡之情，隨發而爲不齊之論矣。故欲論之齊，則在冥情去知。情冥知去，則心如死灰矣，蝶我胥忘矣。此之謂「喪我」，喪我則齊之極致也。故本篇先言心，卽帶言情，然後繼以不齊之大知、小知，大言、小言，中則舉彼此、是非、成虧，齊與不齊之知與言，反覆申説之，末則逐節引證以事實，而本篇之義無餘藴矣。

南郭子綦隱机而坐，司馬云：「居南郭，因爲號。」釋文：「隱，馮也。李本机作几。」按：事又見徐无鬼篇，「郭」作「伯」，「机」作「几」。**補**釋文：「隱，於靳反。机音紀。」**仰天而嘘，荅焉似喪其耦。**向云：「嘘，息也。」釋文：「荅，解體貌，本又作嗒。耦，本亦作偶。」俞云：「偶當讀爲寓，寄也。卽下文所謂『吾喪我』也。」按：徐无鬼篇「嘘」下無此句。**補**釋文：「嘘音虚。吐氣爲嘘。荅，都納反。耦，五口反，匹也，對也。」武按：耦與列子仲尼篇「顧視列子形神不相偶」之偶同。**正**「荅然」句，當玩一「似」字。言人見其荅然解體之狀，似喪其匹偶者然，卽下文「形如槁木」也。「吾喪我」，則子綦自明之辭，人固無從知之，因喪我存於内，而喪耦則形於外。俞氏混而一之，殊欠分曉。故「耦」字當從釋文訓匹。下文「彼是莫得其偶，謂之道樞」，謂無彼是對偶則好惡之情不生，是非之辯不起，故喪耦而物論自齊，卽佛書之「無人相」也。此句與「彼是莫得其偶」句互相發明，義頗重要。若徐无鬼篇，重在槁骸死灰，故無須此句也。俞説非。顏成子游立侍乎前，李云：「子綦弟子，姓顏名偃，謚成，字子游。」按：徐无鬼篇作「顏成子入見」。正廣韻十四清「成」字下注云：「漢複姓，十五氏。莊子有務成子、廣成子、顏成子游、伯成子高。」然則顏成蓋複姓也。曰：「何居乎？徐无鬼篇作「夫子物之尤也」。補釋文：「居，如字，又音姬。司馬云：『猶故也。』」形固可使如槁木，而心固可使如死灰乎？文子道原篇引老子曰：「形若槁木，心若死灰。」徐无鬼篇與此二句同，「木」作「骸」。知北遊篇：「形若槁骸，心若死灰。」庚桑楚篇亦有二句，「槁骸」作「槁木之枝」。達生篇亦云：「吾執臂也，若槁木之枝。」是此「槁木」卽槁木之枝。槁骸，亦槁枝也。以下異。補釋文：「槁，古老反。」武按：「心」字爲全篇總幹。篇中所説之情、知、言，皆根於心，特於此處先爲提出。正注謂「槁木卽槁木之枝」，於文義尚欠精審。此處以「槁木」形容形之枯槁，其意已足，不須加「之枝」二字也。達生篇有此二字者，以槁木喻身，以枝喻臂也。庚桑楚篇有此二字者，其文曰「動不知所爲，行不知所之，身若槁木之枝」，以槁木不易爲風所動，而枝則可動，故以槁木喻心之不動，而其身之動，一出於不知，如槁木之枝，因風而動，無容心也。此則隱机枯坐，動靜各別，故不須以易動之枝爲喻，未可漫引相證也。今之隱机者，非昔之隱机者也。」子綦曰：「偃，不亦善乎而問之也！而同爾。正而，如字，連上下文爲一句。上已呼偃之名，下不必再用「爾」字。**今者吾喪我，** 補答稱「喪我」，非僅喪耦也，係進一層說。卽下之化蝶不知周也，又卽佛書之「無我相」也。無人無我，彼是雙忘，尚何物論之不齊哉？**汝知之乎？汝聞人籟而未聞地籟，汝聞地籟而未聞天籟夫！」** 郭云：「籟，簫也。」 補釋文：「籟，力帶反。夫音扶。」武按：風吹地面之竅成聲，地籟也。人吹比竹成聲，人籟也。心動而爲情，情宣於口而爲言，天籟也。總提於此，以啓下文，而以天籟爲主，地籟、人籟則比喻也，陪襯也。凡莊子爲文，每於其正意之前或後，設喻以襯托之，闡明之，如此處是也。又如罔兩問景、莊子夢蝶之喻，「彼出於是」、「自彼則不見」各句之義，逍遥遊篇鯤、鵬、宋、列之反喻至人，皆此例也。若於設喻處作正文讀之，則不得其要領矣。**子游曰：「敢問其方。」** 成云：「方，術也。」 正易恆卦注：「方猶道也。」謂問三籟之道理也。**子綦曰：「夫大塊噫氣，** 俞云：「塊，凷或體，大地。」成云：「噫而出氣。」 補釋文：「塊，古怪反。噫，乙戒反。」武按：大塊既爲大地，風則爲其所噫之氣，而所吹以成聲者，又爲地面之木竅，故謂其聲爲地籟也。**其名爲風。是唯无作，作則萬竅怒呺。而獨不聞之翏翏乎？** 之，猶其。下同。釋文：「翏翏，長風聲。李本作飂。」 補釋文：「呺，胡刀反。翏翏，良救反，又六收反。」**山林之畏隹，** 卽嵔崔，猶崔巍。正注專就山勢言，則「林」爲贅字矣。奚侗遷就此義，云「林當爲陵」，擅改原文，尤涉武斷。惟郭云「大風之所扇動也」，成云「畏隹，扇動之貌」，爲得其旨。蓋此處係寫風勢，非寫山勢，故重在「林」

字。畏佳者，林木被風扇動之狀也。下句「大木」，即從此「林」字生出。至郭、成扇動之訓，雖不知其所本，然亦略可推得其義。考工記注：「故書畏作威。」書皋陶謨「天明畏」，釋文：「馬本作威。」書呂刑「德威惟畏」，墨子尚賢下作「德威惟威」。是畏古與威通用。文選甘泉賦注「威蕤」云：「猶葳蕤也。」又景福殿賦：「流羽毛之威蕤。」尋威蕤之義，披垂流動貌。蕤與隹爲疊韻，隹正齒，蕤半齒，音亦相近，故畏佳與威蕤。義亦相近，郭、成所以訓爲扇動也。**大木百圍之竅穴，似鼻，似口，似耳，似枅，似圈，似臼，似洼者，似污者；**字林云：「枅，柱上方木。」成云：「圈，獸之闌圈。」宣云：「洼，深池。污，窊也。三象身，三象物，二象地，皆狀木之竅形。」**補**此承説「萬竅」。釋文：「枅音雞，又音肩。簡文云：『欂櫨也。』圈，起權反。臼，其九反。洼，烏攜反，李於花反。污音烏。」武按：禮記玉藻：「母没而杯圈存焉。」洪頤煊云：「枅通作鈃。」説文曰：「鈃，似鐘而頸長。」謂瓶罍之屬，故與杯圈爲例。説文：「洼，深池也。」國語周語注：「大曰潢，小曰污。」説文：「潢，積水池。」據此，則洼與潢同，污則較小。禮運「汙尊而抔飲」，以汙擬尊，其小可知。玉篇从于者古文，从亏者今文。**激者，謞者，叱者，吸者，叫者，譹者，宎者，咬者，**宣云：「激如水激聲，謞如箭去聲；叱出而聲粗，吸入而聲細；叫高而聲揚，譹下而聲濁；宎深而聲留，咬鳴而聲清。皆狀竅聲。」釋文：「謞音孝。司馬云：『譹，哭聲。』」按：「交交黃鳥」，三家詩作「咬咬」。

補此承説「怒呺」。釋文：「激，經歷反。謞，司馬云：『若讙謞聲。』叱，徐音七，司馬云：『若叱咄聲。』叫，古弔反。譹音豪。宎，徐於堯反，又音杳。」**前者唱于而隨者唱喁。**李云：「于、喁，聲之相和。」成云：「皆風吹樹動，前後相隨之聲。」 補釋文：「喁，五恭反，又徐音愚。」武按：呂氏淫辭篇：「今舉大木，前呼輿謣，後亦應之。」此蓋引舉木呼應之聲，以喻風聲也。**泠風則小和，飄風則大和，**李云：「泠，小風也。爾雅：「回風爲飄。」和，胡卧反。 補上之唱隨，乃前後之聲相和也。此承説和聲之大小，因風而別。 釋文：「泠音零。」**厲風濟則衆竅爲虚。**向云：「厲，烈也。濟，止也。」風止，則萬竅寂然。 補萬竅怒呺者，厲風也。大和者，飄風也。小和者，泠風也。分三種寫之。 **而獨不見之調調、之刁刁乎？」**郭云：「調調、刁刁，皆動摇貌。」 補上寫聞，此寫見，皆以「獨不」之同一句法出之。又所重者在風聲，以喻人之言語，故聞詳而見略。 **子游曰：「地籟則衆竅是已，人籟則比竹是已。**以竹相比而吹之。 補釋文：「比，毗志反。」武按：「大塊」至「刁刁乎」一段，皆言地籟，特借子游口中提出「地籟則衆竅是已」一句點明之，且作一收束。上文未言人籟，嫌於疏漏，復借子游之口，提出「比竹」一句以補之。此行文精密處。各家注此，均與天籟相混，其於本文之義，似未詳審。 **敢問天籟。」子綦曰：「夫吹萬不同，而使其自已也，咸其自取，怒者其誰耶！** 宣云：「待風鳴者地籟，而風之使竅自鳴者，卽天籟也。引子綦言畢。」 正宣注非。子游至此方問天籟，是前所言者爲地籟，而非天籟也。子綦因子游之問，再將地籟之義補足，此以後方言天籟。「其」字，指木説。自，從也。謂吹之者，僅泠、飄、厲之風也，而有萬種不同之聲者，使木從已之竅形不同所致也。「咸其自取」二句，倒句也。言怒呺者誰使之乎？無他，皆其所自取也。怒呺之聲，有激者、謞者各聲之不同，由其自身之竅有似鼻、似口各形之不同也。此自取之義也。本段以風喻下文之心與真君，以竅之鳴喻情之萌與言之發。故自「大塊」至此，皆下文之喻，非正文也。子綦之言，直至後文「此之謂葆光」方畢。「葆光」與「大知閑閑」之間，則子綦闡發天籟之義也。於其中特標「夫言非吹」一句，蓋明吹爲地籟與人籟，而「大知閑閑」以下所言者，乃天籟也。下文之「天鈞」「天府」「天倪」，皆由「天籟」二字所推演者也。郭象乃於「怒者其誰」句下注云「此重明天籟也」，宣則云「引子綦之言畢」，皆於此文尚欠分曉。或曰：子綦之言，至「怒者其誰」句止，各注所同，子獨謂止於「葆光」，何所據而決之乎？曰：余決之於其義啣接未斷也，決之於其全文體段之整齊一致也。蓋全文分六大段，皆問答體。第一大段，以「喪我」發端，下至「葆光」，子綦、子游問答之辭也。二大段，堯、舜問答之辭也。三大段，齧缺、王倪問答之辭也。四大段，瞿鵲、長梧問答之辭也。五大段，罔兩與景問答之辭也。末段，則以自喻夢蝶不知周也結，亦喪我也，以與篇首之「喪我」相照應。且文選孫子荆征西官屬送於陟陽候作詩注云「莊子曰『南郭子綦曰，天下莫大於秋毫之末，而太山爲小』」云云，是李善亦以「大知閑閑」以下爲子綦之辭也。

大知閑閑，小知閒閒；釋文：「知音智。下同。」成云：「閑閑，寬裕也。」俞云：「廣雅釋詁：『閒，覗也。』閒閒，謂好覗察人。」此智、識之異。**正**知，如字，音智非。説見逍遥遊「小知不及大知」句正語。詩魏風：「桑者閑閑兮。」傳：「閑閑然，男女無別往來之貌。」武按：傳中「無別」

二字，釋閑閑之義，以其承桑者言，故加「男女」「往來」字。此承大知言，謂大知無所分別，卽不事小察也，以與小知之閒閒反照。下文「知止其所不知」，卽證明此義者也。閒，廣韻「廁也」，前漢韋玄成傳註「隔也」。「廁」「隔」二字，均有分別義。再兼覗義言之，謂小知好分別視察，非若大知之兼照無別也。俞專就好覗察人說，未免太拘。又逍遥遊篇「朝菌不知晦朔」，因其僅知朝而不知朔，亦閒閒義也。**大言炎炎，小言詹詹。**炎炎，有氣燄。成云：「詹詹，詞費也。」此議、論之異。

補釋文：「炎炎，于廉、于凡二反。李頤云：『同是非也。』詹詹，音占。李頤云：『小辯之貌。』」武按：以李訓爲是。又按「知」字「言」字，本文之骨幹也。下文反覆宣演，或分說，或合說，總不離此二字，故特於此處點出。然知主於心，言爲心之聲，心之所發，合於自然者，道也。外於心而相對者，物也。情者，心之用也。（朱子語。）是非者，心之所司也，卽成乎心者也。表達心之是非者，言也。是故道也，情也，物也，是非也，本文之線索也，而「心」字則本文之總綱也，特於「日以心鬬」句點出。扼此數字讀本文，則若網在綱，有條不紊，各段貫通，竟體靈活矣。各家注，非失之遊辭無當，便涉於破碎支離，鮮能就全文加以疏通貫穿者。**其寐也魂交，其覺也形開，**此寐、覺之異。**與接爲搆，**成云：「搆，合也。」

補列子穆王篇：「覺有八徵，夢有六候。奚謂八徵？一曰故，二曰爲，三曰得，四曰喪，五曰哀，六曰樂，七曰生，八曰死。此八徵者，形所接也。奚謂六候？一曰正夢，二曰蘁夢，三曰思夢，四曰寤夢，五曰喜夢，六曰懼夢。此六者，神之所交也。」淮南子說山訓篇注：「魂，人陽神。」故神交，卽魂交也。魂交，則演爲六夢。其所謂形接者，卽此處「形開，與接爲搆」也。開而後接，此係分層言之，然一本列子爲說。所謂「爲搆」者，卽日爲八徵搆結而不能解也。**日以心鬭。**宣云：「心計相角。」**補**此句爲本段綱領，至下「吾獨且奈何哉」止，皆闡發此句之義。意謂形既開而與八徵接搆，因以亂心，而日事角鬭矣。「形開，與接爲搆」，反映形如槁木，此句反映心如死灰。**縵者，窖者，密者。**簡文云：「縵，寬。」司馬云：「窖，深也。」宣云：「密，謹也。」成云：「略而言之，有此三別。」此交、接之異。**補**釋文：「縵，末旦反。窖，古孝反。」武按：縵，解見下。史記貨殖傳：「任氏獨窖倉粟。」徐廣曰：「窖音校，穿地以藏也。」**正**此非言交、接之異，乃言心鬭之情態有此三者之不同也。總提於此，下乃就此三者分承說明之。**小恐惴惴，大恐縵縵。**李云：「惴惴，小心貌。」宣云：「縵縵，迷漫失精。」此恐、悸之異。**補**釋文：「惴惴，之瑞反。」鶡冠子天則第四：「踰年累歲，用不縵縵。」陸佃注：「縵縵，漫滅之貌，猶言精神散漫也。」**正**此二句，承上「縵者」說，非言恐、悸之異也。心鬭之情態一。**其發若機栝，其司是非之謂也；**釋文：「機，弩牙。栝，箭栝。」成云：「司，主也。」按：發言卽有是非，榮辱之主也。**補**釋文：「栝，古活反。」晉語：「言以昭信，奉之如機，歷時而發之。」可資參證。**正**此承上「窖者」說。窖者深藏，此則言窖者之發出若機栝也。心鬭之情態二。**其留如詛盟，其守勝之謂也；**留不發，若詛盟然，守己以勝人。此語、默之異。**補**釋文：「詛，側據反。（成云：「祝也。」）盟音明。」（成云：「誓也。」）武按：周禮詛祝鄭注：「大事曰盟，小事曰詛。」**正**此承上「密者」說，非言語、默之異也。心鬭之情態三。**其殺若秋冬，以言其日消也；**宣云：「琢削，使天真日喪。」**補**儀禮士冠禮：「德之殺也。」注：「殺，猶衰也。」此處卽下文「與物相刃相靡，其行盡如馳」之意。**其溺之所爲之，不可使復之也；**溺，沈溺。宣云：「『爲之』之『之』，猶往。言一往不可復返。」**正**之，語助詞。此句言不可使復其初也。如作「往」字解，則爲不可使復往，於義不合。此二句，承上二句來，謂其日消者由其沈溺之所致，不可使復其未消之初也。繕性篇「無以反其性情而復其初」，其義正同。并合上二句，總承上文，言心因溺於日鬭，而日趨消殺也。**其厭也如緘，以言其老洫也；**宣云：「厭然閉藏。緘，祕固。洫，深也。老而愈深。」**補**釋文：「洫，郭已質反。」**正**則陽篇：「與世偕行而不替，所行之備而不洫。」釋文：「王云：『敗壞也。』」按：老洫，卽老敗也，與下「近死」句方貫。**近死之心，莫使復陽也。**宣云：「陰鷙無復生意。」**補**寓言篇：「而生陽也。」武按：莫使復陽，卽莫使復生也。**正**注中「陰鷙」二字宜删。此二句，承上二句來，總承心因日鬭，由消殺進一步而爲老敗，以近於死，而不可復活也。與上「殺若秋冬」四句相對，同一句法。上爲不可使復初，此爲莫之使復生，係推進一層說。**喜怒哀樂，慮歎變慹，**宣云：「慮多思，歎多悲，變多反覆，慹多怖，音執。」**補**釋文：「樂音洛。慹，之涉反，司馬云：『不動貌。』」**正**注非。自「縵者」至「莫使復陽也」，皆寫心鬭之狀；心之用爲情，卽寫情之狀也。故「近死之心」句，復點「心」字，照應上「心」字，作一小收束。「情」字，至下「有情而無形」句方出。荀子正名篇：「性之喜怒哀樂謂之情。」文子下德篇：「人之情，思慮聰明喜怒也。」據此，則本文「喜怒哀樂慮歎」，合上文「恐」字，均心所發之情也。慹者，心不動也。田子方篇「慹然似非人」，言老聃不動心之貌也。此句之意，言若思慮慨歎，則情動於中，而變其不動之心矣。**姚佚啓態；**成云：「姚則輕浮躁動，佚則奢華縱放，啓則情欲開張，態則嬌淫妖冶。」按：姚同佻。動止交接，性情容貌，皆天所賦。以上言人。**補**釋文：「佚音逸。態，敕代反。」**正**姚，賈子新書容經篇「姚不惛」，注「姚，寬遠之意」；説文「史篇以爲姚，易也」，春秋傳「楚師輕姚」。佚，説文「忽也」，又同逸，安佚也。方言：「佚，蕩緩也。」啓，説文「教也」，玉篇「開發也」。態，廣韻「意態」，史記老子傳正義「恣態之容色」。諸字之義大抵如此。成疏於「佚」字加奢華，「啓」加情欲，「態」加嬌淫妖冶，就字論，無此義，就文論，無此意，任意增加字義，以傅會其説，且將此句與上句各字平説，亦屬牽强。王按云「以上言人」，均非。此句之義，言心鬭之情，輕浮蕩逸則開發於外而爲態，即姚佚之情見於外而爲態也。上句情變於内，此句情啓於外也。**樂出虚，**無聲而有聲。宣云：「本虚器，樂由此作。」**蒸成菌。**無形而有形，皆氣〔一〕所使。以上言物。**正**注謂「以上言物」，郭於此注云「此蓋事變之異也」，均非。蓋此二句係插喻，言以上所舉心鬭各種之情態，如樂之出於虚而無形，故下言「可行已信，而不見其形」也；如氣之蒸成菌而無根，故下言「莫知其所萌」也。上下文意，

〔一〕「氣」原誤「衆」，據王氏原刻改。

各相承注。**日夜相代乎前，而莫知其所萌。**日與夜代，於何萌生？上句又見德充符篇。**正**言上所舉心鬬所發之各情，日夜相更代，莫知其所生。**已乎已乎！旦暮得此，其所由以生乎！**既無可推求，不如其已乎。然俯仰旦暮間，自悟真理。此者，生之根也。**正**「已乎」之已，成云「止也」。此注本之，非也。應作自身解，卽下文之「我」也。與上「而使其自己也」句相呼應，上句乃此句之喻也。此句意謂上所述之各情雖莫知其所萌，然我乎我乎，旦暮得此，其所由以生乎？此者，指上文所發之情也。蓋我之生必有情，特情之發當理與不當理耳。注謂「此者，生之根」，非也。**非彼無我，**宣云：「彼，卽上之此也。」**補**彼，卽指情。謂非情則無我。此重明上句「我乎我乎，旦暮得此，其所由以生乎」之意。**非我无所取。**成云：「若非自然，誰能生我？若無有我，誰稟自然乎？」**正**文中並未涉及自然，成説未免節外生枝。文謂情者，我之情也，然則情之所發，非我自取而誰取之乎？此句與上「咸其自取」句相應，上句爲此句之喻，亦卽此句之伏筆也。**是亦近矣，**成云：「我卽自然，自然卽我，其理非遠。」**正**成説非。言情之所發，既由我之自取，則情之於我，可謂近矣。**而不知其所爲使。**宣云：「究竟使然者誰耶？」按：與上「怒者其誰耶」相應。**正**情與我既近，則情之發，我應知其所爲使，而竟不之知也。**必有真宰，而特不得其眹。**崔云：「特，辭也。」李云：「眹，兆也。」按：云若有真爲主宰者使然，而其眹迹不可得見。**可行己信，而不見其形，**可運動者，己信能之，而不見運動我之形。**正**可行使我之心發動各情，已可徵信，而不見主宰者之形。句中「行」字，跟上「使」字來。**有情而无形。**與我有相維繫之情，而形不可見。**正**情，即上文自「縵者」至「啓態」各情，特於此處點出「情」字，以總括上文。注謂爲「維繫之情」，非也。且「情」字不僅總括上文，並啓下「是非」各節。劉勰新論去情篇云：「情者，是非之主。」蓋有情則有好惡，有好惡則有是非。而是非之發則有言，言各是其所是而非其所非，故儒、墨是非之辯起，而真道隱矣。莊子則我喪物化，且无彼此，何有是非？既无是非，尚何物論之不齊哉！**百骸、**成云：「百骨節。」**九竅、**眼、耳、口、鼻七竅，與下二漏而九。**六臟，**李楨云：「難經三十九難：『五藏，心、肝、脾、肺、腎也。』亦有六藏者，腎有兩藏也。左腎，右命門也。命門者，謂精神之所舍也。其氣與腎通，故言藏有六也。」**賅而存焉，**成云：「賅，備。」**吾誰與爲親？**成云：「豈有親疏？」**汝皆説之乎？其有私焉？**將皆親而愛悦之乎？或有私於身中之一物乎？**如是者**〔一〕**皆有。爲臣妾乎，其臣妾不足以相治也！其遞相爲君臣乎，其有真君存焉。**言皆悦不可，有私不可。既如是矣，或皆有之，而賤爲役使之臣妾乎，然無主不足以相治也。其或遞代爲君臣乎，然有真君在焉，即上「真宰」也。此語點醒。**補**真君者，心之神也。「如是者皆有」斷句，與上句爲一氣。言其有私於身中之一物乎，然身中之物賅而

〔一〕「者」字，王氏原刻及集釋本均無。

存也，勢不能獨有私，如有私，則皆有矣。又言身中之物皆爲臣妾乎，然彼此比肩，不足以相治也，其勢不能無君，故必有真君存焉。因上所言之真宰，不得其眹，不見其形，果有乎，無乎？此處反覆推勘，明其應有也。**如求得其情與不得，無益損乎其真。一受其成形，不亡以待盡。與物相刃相靡，其行盡如馳，而莫之能止，不亦悲乎！**成云：「刃，逆。靡，順也。」真君所在，求得不加益，不得不加損。惟人自受形以來，守之不死，坐待氣盡，徒與外物相攖，視歲月之行盡如馳，而莫之能止，不可悲乎！按：「一受其成形，不亡以待盡」，又見田子方篇，「亡」作「化」。**正**注非。情卽上文「有情而無形」之情，心鬭所生之情也。真者，真君也。求者，非求真君所在，乃求遂其情也。言如求得遂其情，於真君無益；不得，於真君無損。是以下瞿鵲言聖人不喜求也。一受其成形，不自牿亡其真，以待天年之盡，卽下文「所以窮年也」之意，與養生主之「盡年」，及德充符篇所云「常因自然而不益生」之義亦同。靡，荀子性惡篇「靡使然也」，楊注：「磨切。」與物相刃相靡，言其心與物相戕害、相磨切也。此句應上「心鬭」，及「其殺若秋冬」句；「其行盡如馳而莫之能止」，應上「日消」與「不可使復」句。下之終身役役，苶然疲役，卽行盡而非待盡也。**終身役役而不見其成功，苶然疲役。而不知其所歸，可不哀邪！**所有皆幻妄，故無成功，疲於所役，而不知如何歸宿。盧文弨云：「苶，當作茶。」司馬作「薾」。簡文云：「疲，困貌。」**補**終身役役，應上「其溺之所爲」句。苶然疲役，應上「老洫」句。苶，釋文「乃結反」。**人謂之不死，奚益！其形化，其心與之然，可不謂大哀乎？**宣云：「縱生何用？及形化，而心亦與之俱化，靈氣蕩然矣。」　**補**此應上「莫使復陽也」。**人之生也，固若是芒乎？其我獨芒，而人亦有不芒者乎？**　成云：「芒，闇昧也。」　**補**此應上「日夜相代乎前，而莫知其所萌」以下數句。言不知其萌，不知所使，不得其眹，是芒昧不明也。**夫隨其成心而師之，誰獨且無師乎？奚必知代而心自取者有之？愚者與有焉。**心之所志，隨而成之。以心爲師，人人皆有，奚必知相代之理，而心能自得師者有之？卽愚者莫不有焉。　**補**成心，言已發動而成爲情意之心也，卽心已爲情所膠着也。「師」字，應作動詞解，與人間世「猶師心者也」之師同。釋文：「與音豫。」「奚必知代而心自取」句，承上「日夜相代乎前」、「非我无所取」說。言何必知喜怒哀樂恐慮之情日夜相代乎前，而我之心自取者有之？愚者雖情知少，亦與有焉。**未成乎心而有是非，是今日適越而昔至也。**未成凝一之心，妄起意見，以爲若者是道，若者非道，猶未行而自夸已至。此「是非」，與下「是非」無涉。天下篇「今日適越而昔來」，惠施與辯者之言也，此引爲喻。　**正**注非。未成乎心者，言一切情感尚未生於心也。朱晦庵云：「心之所感有邪正，故言之所形有是非。」未成乎心，卽心尚無所感也。言者心之聲，心無所感，則情不動，情不動，則無是非之言。如謂有是非，是如今日適越而昨日至，喻必無是理也。「是非」二字，爲篇中筋節，特於此點出，以爲後文伏脈。後文儒、墨是非之辯，由成榮華之情於心所致，卽各師其成心也。**是以**

无有爲有。无有爲有，雖有神禹，且不能知，吾獨且奈何哉！ 無有爲有，雖神禹之智〔一〕，不能解悟。自夸自欺，吾末如之何矣。此段反復喚醒世人。　正注中「自夸自欺」以下，宜删。

夫言非吹也， 應上「吹」。　補至此繳清「吹」字。吹，地籟、人籟也。夫言非吹者，謂非如地竅之聲由風吹，比竹之聲由人吹，而由言者自然而有言，故曰天籟也。本篇「大知閑閑」以上言地籟、人籟，以下則言天籟，特於此處提清。自此至「是之謂兩行」，反覆申説大言炎炎，小言詹詹之義。**言者有言，其所言者特未定也。**　補此句總冒以下各節。言之未定，分兩層説：一言之有無未定，二言之是非未定。**果有言邪？其未嘗有言耶？其以爲異於鷇音，亦有辯乎，其無辯乎？** 人言非風吹比，人甫有言；未定足據也。果據以爲言耶？抑以爲無此言耶？抑以爲與初生鳥音果有别乎，無别乎？其言之輕重尚不定。　補此謂言之有無未定，以下則謂言之是非未定。郭云：「以爲有言耶，然未足以有所定。以爲無言邪，則據己已有言。」釋文：「鷇，苦豆反，李音彀。」爾雅釋鳥：「生哺，鷇；生噣，雛。」郭璞注：「鷇，鳥子，須母食之。」列子湯問篇：「負其材力，視來丹猶雛、鷇也。」張湛注：「鷇音寇。生而須哺曰鷇，自食曰雛。」武按：鷇音居於無言有言之間，以爲無言耶，則固有音也；以爲有言耶，則鷇不能言也，僅有音而已。有音無言，辯無自生矣。**道惡乎隱而有真僞？言惡乎隱而有是非？** 隱，蔽也。道何以蔽而

〔一〕此二句王氏原刻作「無而爲有，雖禹之智」。

至於有真有僞？言何以蔽而至於有是有非？補此處點出「道」字。**道惡乎往而不存？言惡乎存而不可？**宣云：「觸處皆道，本不須言。一言一道，亦不須辯。」補釋文：「惡音烏。」成云：「惡乎，謂於何也。」正注非。此二句，較上二句進一層説。上言道隱蔽不明，即下「古之人，其知有所至矣」段所謂「道之所以虧也」。夫謂虧，則尚有未虧者存。故道雖隱於僞，尚有真者存；言雖隱於非，尚有是者存。此言往而不存，並真者亦不存矣，非僅虧也；存而不可，並是者亦不可矣。故曰進一層説也。**道隱於小成，**小成，謂各執所成以爲道，不知道之大也。宣云：「偏見之人，乃至道隱。」成引老子云：「大道廢，有仁義。」補下文云：「道之所以虧，愛之所以成。」此謂道隱於愛之小成也。**言隱於榮華。**成云：「榮華，浮辯之詞，華美之言也。只爲滯於華辯，所以蔽隱至言。老子云：『信言不美，美言不信。』」補此二句，解答上之疑問也。列禦寇篇顏闔言孔子云「方且飾羽而畫，從事華辭，以支爲旨」，即此榮華之謂。下文惠子以堅白之昧終，即務榮華不實之辯，致言隱昧不明也。**故有儒、墨之是非，以是其所非，而非其所是。**成云：「昔有鄭人名緩，學於求氏之地，三年藝成，而化爲儒。儒者祖述堯、舜，憲章文、武，行仁義之道，辯尊卑之位，故謂之儒。緩弟名翟，緩化其弟，遂成於墨。墨者，禹道也。尚賢崇禮，儉以兼愛，摩頂放踵，以救蒼生，此謂之墨也。緩、翟二人，親則兄弟，各執一教，更相是非。緩恨其弟，感激而死。然彼我是非，其來久矣。争競之甚，起自二賢，故指此二賢爲亂羣之帥。是知道喪言隱，方督是非。」按：儒、墨事，見列禦寇篇。補「其」字，指對方説。是彼之所非，非彼之所是，猶儒家是墨家所非，如重喪之類；非墨家所是，如兼愛之類。推之墨家亦然。**欲是其所非而非其所是，則莫若以明。**郭嵩燾云：「彼是有對待之形，而是非兩立，則所持之是非，非是非也，彼是之見存也。」按：莫若以明者，言莫若即以本然之明照之。**正**謂欲是其所非而非其所是，由於爲小成與榮華之見所隱蔽，而不明彼此之情，是非之理也。莫若以天然之明照之，則隱者顯矣。下文「照之以天」，及「爲是不用而寓諸庸，此之謂以明」，即釋此義。**物无非彼，物无非是。**有對立，皆有彼此。**自彼則不見，自知則知之。**觀人則昧，返觀即明。**補**既「物无非彼」，則此中亦有彼，即自彼也，人每於自身之彼則不見也。如蝶，彼也，今我夢爲蝶，即自彼也，覺則見己而不見蝶，故曰「自彼則不見」也。「自知則知之」者，如夢爲蝶時，不知人之知也，覺則不知蝶之知也。人每以覺時之知爲自知，而不知夢時之知亦爲自身之彼之知，故下曰「彼出於是」，非有二也。然人恆於自彼之知則不知，而自知則知之。究之夢之與覺，孰爲真境，自知與自彼之知，孰爲真知，非大聖不能定也。下「夢飲酒者」段，與「夢蝶」段，即證明此義者也。**故曰：彼出於是，是亦因彼。彼是，方生之説也。**有此而後有彼，因彼而亦有此，乃彼此初生之説也。**正**「方」字，注中訓初。成云：「方，方將也。」呂氏春秋安死篇：「其所非，方其所是也。其所是，方其所非也。」高注：「方，比。」按：均於文義未合。説文：「方，併船也。象兩舟省總頭形。」儀禮鄉射禮：「不方足。」注：「方猶併也。」彼是方生，即彼是併生。下文「方生方死，方死方生」，即併生併死，併死併生也。就時間言，卽同時之意。如人死爲鬼，當人之死，同時卽爲鬼之生，此卽方死方生爲併死併生之説也。可與不可，因對待比較而成。有不可者存，然後方見其可，故當可之時，不可者已併存矣。此就一己言也。當我可之時，人之好尚各異，同時必有以爲不可者，此卽方可方不可爲併可併不可之説也。**雖然，方生方死，方死方生；**然其説隨生隨滅，隨滅隨生，浮遊無定。郭以此言生死之變，非是。**正**此非言其説之隨生隨滅，乃承上物之彼是方生，而推論方死，以明彼是之生死無定也。下二句，由心之可不可，然後因之形於言之是非。物與言對舉分説，不可混視。郭説亦未盡非也。**方可方不可，方不可方可；**言可，卽有以爲不可者；言不可，卽有以爲可者。可不可，卽是非也。**因是因非，因非因是。**有因而是者，卽有因而非者；有因而非者，卽有因而是者。既有彼此，則是非之生無窮。**補**此承上二句説，可則因而是之，不可則因而非之。可不可動於心，是或非則形於言。**是以聖人不由，**宣云：「不由是非之途。」**而照之於天，**成云：「天，自然也。」按：照，明也。但明之於自然之天，無所用其是非。**補**此句爲後堯、舜問答一節張本。**亦因是也。**是，此也。因此是非無窮，故不由之。蘇輿云：「猶言職是故也。」**正**注非。言聖人不由是非之途，而照之於自然之天，亦惟因之而已。卽下文「是不是，然不然」也，與後「朝三」段「亦因是也」對照。養生主篇云：「依乎天理，因其固然。」管子心術篇云：「無爲之道因也。因也者，無益無損也。以其形，因爲之名，此因之術也。」又云：「因也者，舍己而以物爲法者也。感而後應，非所設也；緣理而動，非所取也。故道貴因。」二者均足爲本處參證。**是亦彼**

也，彼亦是也。是，此也。郭云：「此亦爲彼所彼，彼亦自以爲此。」補承上「物无非彼」二句說。既物无非彼，故是亦彼也；物无非是，故彼亦是也。**彼亦一是非，此亦一是非。**成云：「此既自是，彼亦自是；此既非彼，彼亦非此。故各有一是，各有一非也。」補由上之說，是無彼此也。然就世情觀之，彼亦一是非，此亦一是非，互相對立，顯分彼此。**果且有彼是乎哉？果且无彼是乎哉？**分則有彼此，合則無彼此。補以道言之，無彼此；以世情言之，有彼此。果有乎，無乎，特未可定也。夫有彼此，然後有言語，既彼此之有無未可定，則言之有無亦未可定，更無論是非矣。較上「其所言者特未定也，果有言耶，其未嘗有言耶」，更進一層說。**彼是莫得其偶，謂之道樞。**成云：「偶，對。樞，要也。體夫彼此俱空，是非兩幻，凝神獨見，而無對於天下者，可得會其玄極，得道樞要。」補淮南子原道訓：「經營四隅，還反於樞。」高誘注云：「樞，本也。」武按：上言「是亦彼也，彼亦是也」，則彼亦可謂之是，是亦可謂之彼。彼是兩渾，則彼是并不對立而爲偶。不對立爲偶，則無是非之辯，此卽道之樞要也，亦可謂之道之本也。又按上文南郭子綦答然似喪其耦，卽彼是莫得其偶也。偶與耦同。**樞始得其環中，以應无窮。**郭嵩燾云：「是非兩化，而道存焉，故曰道樞。握道樞以游乎環中，中，空也。是非反復，相尋無窮，若循環然。游乎空中，不爲是非所役，而後可以應無窮。」唐釋湛然止觀輔行傳宏決引莊子古注云：「以圓環內空體無際，故曰環中。」按則陽篇亦云：「冉相氏得其環中以隨成。」正淮南子原道訓云：「得道之柄，立於中央。」又云：「執道要之柄，而游於無窮之地。」可與此互相發明。樞猶之柄也。譬之規然，以一端居中，卽樞也，他端旋之則成圓，如是，可以圓轉無窮。以喻大道無我，尚何有彼？既無彼我，更何有是非？執無彼我之道，猶之執樞然，置之環之中心，可以圓轉無窮矣。無窮，指世情之是非之無窮也。此處重在執樞圓轉以應無窮，卽盗跖篇所謂「若是若非，執而圓機」，非重環之中空也。郭説失之。**是亦一无窮，非亦一无窮也。**郭云：「天下莫不自是而莫不相非，故一是一非，兩行無窮。」**補**世情之是非，兩相倚伏，而循環相生。有是之者，則必有非之者；有今日以爲是，而他日以爲非者；今日以爲非，而他日以爲是者。故是之無窮，非之亦無窮也。此申釋上句「無窮」二字之義。**故曰「莫若以明」。**惟本明之照，可以應無窮。此言有彼此而是非生，非以明不能見道。**正**以道言之，是無定是，非無定非。照之以自然之明，而不執我見，則是非之辯息矣。此句繳應上節「莫若以明」句。

以指喻指之非指，不若以非指喻指之非指也；以馬喻馬之非馬，不若以非馬喻馬之非馬也。天地，一指也；萬物，一馬也。爲下文「物謂之而然」立一影子。近取諸身，則指是；遠取諸物，則馬是。今曰指非指，馬非馬，人必不信，以指與馬喻之，不能明也。以非指非馬者喻之，則指之非指，馬之非馬，可以悟矣。故天地雖大，特一指耳；萬物雖紛，特一馬耳。

正此設喻證明「物无非彼」二句，及「是亦彼也」至「果且无彼是乎哉」數句之義。蓋物本無彼此，彼此由人分，猶之物本無名，名由人立，可立之以此名，亦可立之以彼名，卽下文所謂「物謂之而然」也。如馬名未立之時，以名牛者名馬，則馬爲牛矣。今馬牛之名已立，鬣者人共知其爲馬，而牛則人共知其爲非馬也。若復以此馬證彼馬之非馬，必爲人所嗤，且亦無以伸其說，因其同爲是（習久成是），而不能有非存於其間也。如以非馬證彼馬之非馬，名既非真，是非今復對立，不能遽執是非之誰屬也。故言以馬喻，不若以非馬喻。天地雖大，萬物雖衆，皆可作如是觀也已。**可乎可，不可乎不可。**郭云：「可乎己者，卽謂之可；不可於己者，卽謂之不可。」**補**天地萬物之名，皆可乎可，不可乎不可，非其真也。如鬣者可名爲馬，以人之可之也，非真鬣者必名馬而後可也。不可名之爲牛，以人之不可之也，非真名牛之不可也。又淮南泰族訓云：「周公誅管叔、蔡叔，以平國弭亂，可謂忠臣也，而未可謂弟弟也。湯放桀，武王伐紂，以爲天下去殘除賊，可謂惠君，而未可謂忠臣矣。樂羊攻中山，未能下，中山烹其子，而食之以示威，可謂良將，而未可謂慈父也。故可乎可，而不可乎不可；不可乎不可，而可乎可。」亦可參證。**道行之而成，**宣云：「道，路也。」按：行之而成，孟子所云「用之而成路」也。爲下句取譬，與理道無涉。**正**「行道」二字，與天地篇「行於萬物者道也」之義同。篇中「道」字，多與「心」「物」「言」諸字並舉，猶之知與言、是與非、心與情亦往往并舉也。此「道」字與「物」字并舉，承上啓下。按語謂「與理道無涉」，未能將全文會通觀之也。**物謂之而然。**凡物稱之而名立，非先固有此名也。故指、馬，可曰非指、馬；非指、馬者，亦可曰指、馬。**補**此句重要，以下「然不然」之說，均根於此。**惡乎然？然於然。惡乎不然？不然於不然。**何以謂之然？有然者，卽從而皆然之。何以謂之不然？有不然者，即從而皆不然之。隨人爲是非也。**正**物何以然？其然也，由於人謂之然，非物之真然也。何以不然？其不然也，亦由人謂之不然，非物之真不然也。**物固有所然，物固有所可。无物不然，无物不可。**論物之初，固有然有可，如指爲指，馬爲馬是也。論物之後起，則不正之名多矣，若變易名稱，無不然，無不可，如指非指，馬非馬，何不可聽人謂之？「惡乎然」以下，又見寓言篇。此是非可否并舉，以寓言篇證之，「不然於不然」下，似應更有「惡乎可？可於可；惡乎不可？不可於不可」四句，而今本奪之。**補**文子自然篇云：「故至寒傷物，無寒不可；至暑傷物，無暑不可。故可與不可皆可，是以大道無所不可，可在於其理。見可不趨，見不可不去。可與不可，相爲左右，相爲表裏。」**正**寓言篇「惡乎可」四句，居「惡乎然」四句之下，而與之爲對偶。此莊文齊整處。此篇則删去「惡乎可，惡乎不可」二句，而將「可乎可，不可乎不可」置於本段之首，以承説「萬物，一馬也」之理，並遥接上文「方可方不可」句，與寓言篇用意不同，故於「惡乎然」四句之下不重出，避複也。此莊文之奇變處。由此可以窺見莊叟執筆時，亦煞費經營也。王氏謂「今本奪之」，豈其然乎？**故爲是舉莛與楹，厲與西施，恢恑憰怪，道通爲一。**釋文：「爲，于僞反。」成云：「爲是故略舉數事。」俞云：「説文：『莛，莖也。』漢書東方朔傳：『以莛撞鐘。』司馬云：『楹，屋柱也。厲，病癩。』莛、楹，以大小言；厲、西施，以美醜言。」成云、恢，寬大之名。恑，奇變之稱。憰，矯詐之名。怪，妖異之稱。」按：自知道者觀之，皆可通而爲一，不必異視。**補**釋文：「莛，徐音庭。厲，如字，惡也，李音賴。西施，越王句踐所獻吳王美女也。恢，徐苦回反，簡文本作弔（音的）。恑，九委反，李云：『戾也。』憰音決，乖也。」武按：德充符篇云：「自其異者視之，肝膽楚、越也。自其同者視之，萬物皆一也。」若莛與楹，大小雖異，然同爲物；厲與西施，美惡雖異，然同爲人；恢恑憰怪，其情雖異，然同於性。自其同者視之，皆一也，故曰「道通爲一」。**其分也，成也；**分一物以成數物。**其成也，毁也。**成云：「於此爲成，於彼爲毁。如散毛成氈，伐木爲舍等也。」**凡物无成與毁，復通爲一。**如此成卽毁，毁卽成，故無論成毁，復可通而爲一，不必異視。**補**庚桑楚篇：「道通，其分也；其成也，毁也。所惡乎分者，其分也以備；所以惡乎備者，其有以備。」可作此處參證。**唯達者知通爲一，爲是不用而寓諸庸。**唯達道者能一視之，爲是不用己見，而寓諸尋常之理。**補**成云：「寓，寄也。」庸，爾雅釋詁：「常也。」晉語：「無功庸者，不敢居高位。」注：「國功曰功，民功曰庸。」史記周勃傳：「才能不過凡庸。」玉篇：「凡，非一也。」廣韻：「常也，皆也。」是常也，民功也，凡也，皆也，均「庸」字之義。蓋用之義狹，庸之義廣。爲是不用而寓諸庸者，謂不自用，而寄諸人人之皆用也。**庸也者，用也；**宣云：「無用之用。」**正**寄諸人人之皆用，亦卽我之用也。**用也者，通也；**無用而有用者，以能觀其通。**正**如斯之用，則人人之用同而不二，是通爲一也。此句「通」字，承上「知通爲一」來。**通也者，得也。**觀其通，則自得。**正**知北遊篇：「聖人故貴一。」老子曰「昔之得一者，天得一以清，地得一以寧，神得一以靈」云云。老、莊之道貴一，故屢言「守一」「抱一」，皆得一之旨也。此句謂「通爲一」也者，得一也。**適得而幾已。**適然自得，則幾於道矣。補幾，爾雅釋詁「近也」。正淮南原道訓：「道者一立而萬物生。所謂無形者，一之謂也。」管子心術篇：「天之道，虛其無形。」據此，則一者，所以表道也。此句謂適得一而近於道已。**因是已。**因，任也。任天之謂也。正因任於廣而已。**已而不知其然，謂之道。**宣云：「已者，既通爲一，不知其然，未嘗有心也。謂之道，所謂『適得而幾』也。」按：此言非齊是非不能得道，以下又反言以明。補已而不知其然，言已如此，而不知其如此也。**勞神明爲一，而不知其同也，謂之朝三。**若勞神明以求一，而不知其本同也，是囿於目前之一隅，與「朝三」之說何異乎？補此節從反面證明上文。上文謂「道通爲一」，非勞神明爲一也。勞神明爲一，則非因矣。**何謂朝三？狙公賦芧，曰：「朝三而暮四。」衆狙皆怒。曰：「然則朝四而暮三。」衆狙皆悅。名實未虧，而喜怒爲用，亦因是也。**列子黃帝篇：「宋有狙公者〔一〕，愛狙，養之成羣，能解狙之意，狙亦得公之心。損其家口，充狙之欲。俄而匱焉，將限其食，恐衆狙之不馴於己也，先誑之曰：『與若芧，朝三而暮四，足乎？』衆狙皆起而怒。俄而曰：『朝四而暮三，足乎？』衆狙皆伏而喜。物之以能鄙相籠，皆猶此也。聖人以智籠羣愚，亦猶狙公之〔二〕以智籠衆狙也。名實不虧，使其喜怒哉！」張湛注：「好養

〔一〕「者」字，據王氏原刻及列子補。
〔二〕「之」字，據王氏原刻及列子補。

猿猴者，因謂之狙公。芧音序，栗也。」按：漆園引之，言名實兩無虧損，而喜怒爲其所用，順其天性而已，亦因任之義也。**正**釋文：「狙，七徐反。朝三暮四，司馬云：『朝三升，暮四升。』」成云：「賦，付與也。芧，橡子也，似栗而小也。」武按：「名實未虧，而喜怒爲用，亦因是也」三句，乃就狙公言之也。謂狙公之名實未虧，而順狙之喜怒以爲用，而不自用，亦因任狙之天性也，卽以狙之用爲用也。引此事，以證上文「爲是不用而寓諸庸」之義，非泛設也。**是以聖人和之以是非，而休乎天鈞，是之謂兩行。**釋文：「鈞，本又作均。」成云：「均平之理。」按：言聖人和通是非，共休息於自然均平之地，物與我各得其所，是兩行也。按寓言篇亦云：「始卒若環，莫得其倫，是謂天均。天均者，天倪也。」此作「鈞」，用通借字。**正**和之以是非，卽上文「道通爲一」，又卽下文「是不是，然不然」也。漢書鄒陽傳：「獨化於陶鈞之上。」張晏云：「陶家名模下圓轉者爲鈞。」故寓言篇云：「始卒若環。」凡陶鈞有樞。上文「道樞」，天鈞之樞也。休乎天鈞，卽承上文「樞始得其環中」句。此之謂兩行，承上文「以應无窮，是亦一无窮，非亦一无窮也」三句。聖人和通是非，視之如一，然於世情之是非，則任其兩行無窮，惟執道樞以應之而已。**古之人，其知有所至矣。**成云：「至，造極之名。」**補**自此至「此之謂以明」，申說大知閑閑，小知閒閒之義。「未始有」數句，說大知；昭文三子之知，小知也。**惡乎至？有以爲未始有物者，至矣盡矣，不可以加矣。**郭云：「此忘天地，遺萬物，外不察乎宇宙，內不覺其一身，故能曠然無累，與物俱往，而無所不應。」**其次以爲有物矣，**以上又見庚桑楚篇。**而未始有封也。**封，界域也。其次見爲有物，尚無彼此。**其次以爲有封焉，而未始有是非也。**雖見有彼此，尚無是非。**是非之彰也，道之所以虧也。**見是非，則道之渾然者傷矣。**道之所以虧，愛之所以成。**私愛以是非而成。**補**虧道成愛，故愛成爲小成。申釋上「道隱於小成」句。**果且有成與虧乎哉？果且無成與虧乎哉？**成云：「果，決定也。道無增減，物有虧成。是以物愛既成，謂道爲損，而道實無虧也。故假設論端，以明其義。」**有成與虧，故昭氏之鼓琴也；****補**鼓琴，昭氏所愛也。下稱其知之盛，則其愛可謂小成矣。舉此，以證上「道隱於小成」句。**無成與虧，故昭氏之不鼓琴也。**宣云：「故，古也。」成云：「姓昭，名文，古善琴者。鼓商則喪角，揮宮則失徵，未若置而不鼓，五音自全。亦猶存情所以乖道，忘智所以合真者也。」**補**成云「姓昭，名文」，不詳所出。考列子湯問篇：「瓠巴鼓琴，而鳥舞魚躍。鄭師文聞之，棄家，從師襄游。」呂氏春秋君守篇：「鄭太師文，終日鼓瑟而興。」名同矣，而不知是否姓昭。惟文子自然篇云：「故無絃，雖師文不能成其曲。」繼之云：「至于神和游于心手之間，放意寫神，論變而形于絃者，父不能以教子，子亦不能受之于父，此不傳之道也。」與此處「其子又以文之綸終，終身無成」之意同。據此以推，昭文蓋卽鄭之太師文也。**昭文之鼓琴也，師曠之枝策也，**成云：「枝，柱也。策，打鼓枝，亦言擊節枝。曠妙解音律，晉平公樂師。」按：枝策者，拄其策而不擊。**補**晉語「平公說新聲」句解云：「師曠，晉主樂太師子野。」淮南原道訓：「師曠之聽，合八風之調。」**正**昭文善鼓，師曠善聽，惠子善談，文係分說，然以昭文、惠子爲王，而師曠乃昭文之陪襯也。故下文「堅白」句繳清惠子，「以文之綸」句繳清昭文，師曠則不之及，非疏也。人有賓主，故文有詳略也。注謂「拄其策而不擊」，非也，乃師曠拄其策以聽音也。曠蓋聰耳而妙知音者。**惠子之據梧也**，司馬云：「梧，琴也。」成云：「檢典籍，無惠子善琴之文。據梧者，止是以梧几而據之談說。」德充符篇莊子謂惠子云：「今子外乎子之神，勞乎子之精，倚樹而吟，據槁梧而瞑。」**正**據德充符篇所言，梧義自見。蓋梧亦樹也，吟既倚樹，瞑自可據梧。惟吟則徙倚不定，故概言曰樹；瞑則據而不移，故梧可指名。其必以梧者，以其槁也。槁則風難動搖，據之方可以瞑。如此解，非不可通，正不必憑空添「琴」「几」字附會之也。**三子之知幾乎！皆其盛者也，故載之末年。**崔云：「書之於今也。」按：言昭善鼓琴，曠知音律，惠談名理，三子之智，其庶幾乎！皆其最盛美者，故記載之，傳於後世。**正**「三子之知幾乎盛」句，對照上文「古之人，其知有所至矣」，知幾乎盛不及知之盛，知之盛不及知之至，此大知、小知之分也。末年者，三子之晚年也。注謂爲「後世」，非也。又謂載爲「記載」，亦與文義不合。荀子榮辱篇：「皆使人載其事，而各得其宜。」注：「載，行也。」復見書皋陶謨「載采采」注。又事也，見書舜典「有能奮庸熙帝之載」注。載之末年者，言三子於其所知，行之於晚年，猶言從事至於終身也。與下文「其子又以文之綸終」，其意相同。所以如此者，由其好之也。如此解，上下句意方貫。**唯其好之，以異於彼，其好之也，欲以明之彼。**宣云：「惟自以爲異於人，且欲曉人。」成云：「彼，衆人也。」按：「唯其好之」四語，專承善辯者說。**正**此處重在「好」字，好卽愛也。上證「愛之所以成」句，下啓「成」字。注拋荒「好」字，失其旨矣。好之異於彼，乃偏私之好，非衆所共好也；即自用其好，而不寓諸庸衆之好也。欲以明之彼，及下「非所明而明之」，即自用其明，而不寓諸庸衆之明也。此從反面證明下文「爲是不用而寓諸庸，是之謂以明」數語之義。至此處「彼」字，統指上三子。此四語，並下「非所明而明之」共五語，總冒下「故以堅白之昧終」至「終身無成」三語。就惠子論，「彼」字指衆人，謂惠子之好之也，欲以明之衆人，非衆人所明而强欲明之，故以堅白之昧終。就昭文論，「彼」字指其子，謂昭文之好之也，欲以明之其子，非其子所明而强欲明之，故終身無成。蓋鼓琴者，須明琴理之妙，而後能善也。惟師曠係善聽音者，聰由天授，固不能明之於人，且其所聽者與昭文爲一類，故文不復敍及之也。注乃謂「四語專承善辯者」，則下「而其子」二語全無承接，不太突兀乎？於理於法，胥失之矣。**非所明而明之，故以堅白之昧終。**非人所必明，而强欲共明之，如「堅石」「白馬」之辯，欲衆共明，而終於昧，故曰「以堅白之昧終」。「堅白」，又見德充符、天下、天地、秋水四篇。成云：「公孫龍，趙人。當六國時，弟子孔穿之徒，堅執此論，横行天下，服衆人之口，不服衆人之心。」**補**荀子修身篇注云：「此言公孫龍、惠施之曲説異理，不可爲法也。堅白，謂離堅白也。公孫龍堅白論曰：『堅、白、石三，可乎？曰：不可。二可乎？曰：可。』謂目視石，但見白，不知其堅，則謂之白石。手觸石，則知其堅，而不知其白，則謂之堅石。是堅白終不可合爲一也。」**正**列子仲尼篇：「子輿曰：『吾笑龍之詒孔穿。』」注：「孔穿，孔子之孫。世記云：『爲龍弟子。』」成疏當本此。然孔叢子載公孫龍與孔穿辯論臧三耳於平原君所，明日，平原君謂公孫龍曰：「其人（指穿）理勝於辭，公辭勝於理。辭勝於理，終必受詘。」據此，則穿何至爲龍弟子？世記所云，似不足徵。且本文言惠子，并未涉及公孫龍。而德充符篇「子以堅白鳴」句，明爲莊子謂惠子之語，似不必徵引公孫龍與孔穿。**而其子又以文之綸終，終身無成。**郭云：「昭文之子，又乃終文之緒。」成云：「昭文之子，倚其父業，卒其年命，竟無所成。」按：終文之緒，猶禮中庸云「纘太王、王季、文王之緒」也。所謂無成者，不過成其一技，而去道遠，仍是無成。**正**注非。釋文：「綸音倫，崔云：『琴瑟絃也。』」武按：崔説是也。此承昭文鼓琴來，故言綸，猶之言絲竹絃索也。以文之綸終，言以文之琴絃終其身，與上「載之末年」之意同。終身無成，謂其技不及其父之有成也。**若是而可謂成乎，雖我亦成也。**成云：「我，衆人也。若三子異於衆人，遂自以爲成，而衆人異於三子，亦可謂之成也。」**正**注非。惠子欲明「堅白」之説於人，而人終昧，是惠子之所好者無成也。昭文欲子之成其技，而其子終身無成，是昭文之所好者無成也。若是之無成而可謂之成，則我之毫不能琴、不能辯者，亦何不可謂之爲成乎？**若是而不可謂成乎，物與我無成也。**若是而不可謂成乎？則天下之無成者多矣。當知以我逐物，皆是無成也。**是故滑疑之耀，聖人之所圖也。爲是不用而寓諸庸，此之謂以明。**司馬云：「滑疑，亂也。」按：雖亂道，而足以眩耀世人，故曰「滑疑之耀」。聖人必謀去之，爲其有害大道也。爲是不用己智，而寓諸尋常之理，此之謂以本然之明照之。以上言求道則不容有物，得物之一端以爲道，不可謂成。　**正**注非。滑，説文「利也」。周禮天官食醫：「調以滑甘。」疏：「滑者，通利往來，所以調和五味。」疑，廣韻「不定也」。禮坊記：「夫禮者，所以章疑别微。」疏：「疑，謂是非不決。」是則「滑」字有通利調和之義，與篇中「和之以是非」，「道通爲一」之意合。「疑」字有不定不決之義，卽篇中「果且有彼是乎哉，果且無彼是乎哉」之意，亦卽因是而不自是也。耀，説文「照也」。晉語：「光明之耀。」是耀爲光之照燿者。老子「光矣而不燿」，謂有光而韜蔽之，不照耀也，與此「滑疑之耀」同義。所謂滑疑之耀者，似耀非耀，疑而不定之光，因滑以和之也。故兼有老子「和其光，同其塵」之意。下文「葆光」，亦此類也。本書中有「天光」，有「人光」。庚桑楚篇：「宇泰定者發乎天光。」此不眩燿之光也，莊子之所取也。列禦寇之「形諜成光」，此眩燿之人光也，莊子之所去也。滑疑之耀，因爲莊子所取，故曰「聖人之所圖也」。王氏乃謂聖人必謀去之，夫豈莊子之旨哉？　此處「用」「庸」二字，皆由「以明」之「以」字生出，且卽詮釋「以」字者也。蓋以者用也，以明，用明也。第用有獨用、共用之分，前已釋用之義狹，庸之義廣，卽用爲獨用，而庸爲共用也。如惠施輩獨用己明，而不用衆人之明，且欲衆人明己之所明，故道隱而人終昧也。必也不用己明，而寄之於衆人之明，所謂「爲是不用而寓諸庸，是之謂以明」者乃如此，非惠施輩之以明也。又寓諸衆人之明，卽因衆人之明以爲明。上文「聖人不由而照之於天，亦因是也」，又庚桑楚篇「惟庸有光」，義皆相通。

今且有言於此，不知〔一〕**其與是類乎？其與是不類乎？類與不類，相與爲類，則與彼无以異矣。**如人皆執彼此之見，今且有言於此，不知其與我類乎？與我不類乎？若務求勝彼，而引不類者爲類，則與彼之不類有異乎？宣云：「是，我也。」正是，此也。與此類者，非卽此也。類與不類，同爲非此，故曰「相與爲類」。既非此，則爲彼矣，故曰「與彼无以異」。譬之儒家以己所言爲合道，墨所言爲非道，不知大道不稱。又老子曰：「道可道，非常道。」无始曰：「道不可言，言而非也。」據此，則儒家以言言道，非道也，與墨之非道同，卽與墨無異矣。無異，尚何是非之辯乎？自此至「葆光」，復承「大言」「小言」説。前半發揮上文「言者有言，其所言者特未定也，果有言耶，其未嘗有言耶」數句之義，末則帶説「知」字。**雖然，請嘗言之。**成云：「嘗，試也。」**有始也者，有未始有始也者，**成云：「未始，猶未曾也。」按：事端未露。**有未始有**〔二〕**夫未始有始也者。**并無事端，僅具事理。**有有也者，有无也者，**言之有無。**有未始有无也者，**言未曾出。**有未始有**〔三〕**夫未始有无也者。**並出言之心亦未曾萌。**俄而有无矣，而未**

〔一〕「不知」二字，據王氏原刻及集釋本補。
〔二〕「有」字據集釋本補。
〔三〕「有」字據集釋本補。

知有〔一〕无之果孰有孰无也。忽而有有言者，有無言者，然有者或情已竭，無者或意未盡。是有者爲無，無者爲有，故曰「未知有無之果孰有孰無也」。補此二句，主文也，虛籠下文。下以謂之有無證明之。**今我則已有謂矣，**既顯有言矣。補呂氏春秋精諭篇：「知謂，則不以言矣。言者，謂之屬也。」列子說符篇：「孔子曰：『何爲不可？唯知言之謂者乎？』」注：「謂者，所以發言之旨趣。」「夫知言之謂者，不以言言也。」此處承上「俄而有无矣」句來。上本兼有無言，下但就有之義加以證明，有義明，而無義亦明矣。其所謂者，卽下「天下莫大於秋毫」六句。**而未知吾所謂之果有謂乎，其果无謂乎？**未知吾所言之果爲有言乎，其果爲無言乎？合於道爲言，不合則有言與無言等。**天下莫大於秋毫之末，而太山爲小；莫壽於殤子，而彭祖爲夭。天地與我並生，而萬物與我爲一。**釋文：「殤子，短命者也。或云：年十九以下爲殤。司馬云：『兔毫在秋而成。』」成云：「秋時，獸生毫毛，其末至微，故謂秋毫之末也。人生在於襁褓而亡，謂之殤子。物之生也，形氣不同，有小有大，有夭有壽。若以性分言之，無不自足。故以性足爲大，天下莫大於毫末，莫小於太山。太山爲小，則天下無大；毫末爲大，則天下無小。小大既爾，夭壽亦然。是以兩儀雖大，各足之性乃均；萬物雖多，自得之義唯一。」按：此漆園所謂齊彭、

〔一〕「有」字據王氏原刻及集釋本補。

殤也。但如前人所説，則誠虛誕妄作矣。其意蓋謂太山、毫末皆區中之一物，既有相千萬於太山之大者，則太山不過與毫末等，故曰「莫大於毫末，而太山爲小」。彭祖、殤子，皆區中之一人，彭祖七八百年而亡，則彭祖不過與殤子等，故曰「莫壽於殤子，而彭祖爲夭」。我能與天地無極，則天地與我並生；我不必與萬物相競，則萬物與我爲一也。漆園道術精妙，喚醒世迷，欲其直指最初，各葆真性。俗子徒就文章求之，止益其妄耳。**正**成云：「故以性足爲大，天下莫大於毫末，莫小於太山。」其意以毫末之性足，故大；太山之性不足，故小也。若問其何所據而便指毫末之性足，太山之性不足，恐成氏必無理由置答也。王氏按語，迄祇説得一「齊」字。無如此數句中，並無「齊」字之義。卽就文字淺詁之，固明言毫末大，太山小，殤子壽，彭祖夭，亦未嘗言齊也。蓋毫大、山小、殤壽、彭夭之説，猶之天下篇「天與地卑，山與澤平」，此惠施弱德逐物，外神勞精之談。莊子一譏之曰「其道舛駁」，再譏之曰「其言不中」，「特與天下之辯者爲怪」，與「今日適越而昔至」之言同一不合事理。可證此數句並非莊子自明其道，特借此不合事理之言，以明如斯之謂，與無謂等。卽證上文「果有謂乎，果無謂乎」二句也，亦卽證「果孰有孰無」之句也，又卽證「言者有言，其所言者特未定也，果有言耶，其未嘗有言耶」數句也。蓋「言者有言」數句，虛提冒下，至此，乃實證而暢發之也。並回映儒、墨是非之辯，其爲不合事理之言，與此略同。莊子之文，真有銅山西崩，洛鐘東應之妙。郭注、成疏，與王氏按語，均未見及於此，徒就齊大、小、彭、殤，騁厥玄言，無當文義。蓋由誤解篇題之「齊」字，遂在處以齊義附會之。不知篇題所謂齊者，乃齊物論之是非也，至於大、小，何嘗齊之？固明言「小知不及大知」矣。壽、夭亦何嘗齊之？固明言「小年不及大年」矣。此皆不就文章求之之過也。莊子之意，於其文章發之；欲明莊子之意，自當於其文章求之。文章明，意義斯明矣。王氏乃謂「徒求文章，止益其妄」，然則何事而爲之集解乎？亦矛盾之論也已。

既已爲一矣，且得有言乎？何所容其言？**既已謂之一矣，且得无言乎？**謂之一，即是言。**一與言爲二，二與一爲三。****自此以往，巧曆不能得，而況其凡乎！**成云：「夫以言言一，而一非言也。一既一矣，言又言焉，有一有言，二名斯起。復將後時之二名，對前時之妙一，有一有二，不謂之三乎？從三以往，雖有善巧算曆之人，亦不能紀得其數，而況凡夫之類乎！」**正**言者因有所對而後發，所以通彼此之情也。既已爲一，則是無偶以爲對，即上文所謂「彼是莫得其偶」也，尚何容有言？既已有謂一之言，即是對一而言，一即言者之偶也，偶則二也，尚何得爲一？不得爲一，而謂之爲一，與毫大、彭夭，同爲不合事理之言，有謂與無謂等也。**故自无適有，以至於三，而況自有適有乎！**成云：「自，從也。適，往也。至理無言，言則名起。從無言以之有言，纔言則至於三。況從有言適有言，枝流分派，其可窮乎！」**補**物而曰萬，非一也。我與物對，亦非一也。宇内明明有我有物，以我比類於物，是以有適有也。自無適有以至於三，況自有適有，而可強之爲一乎？**无適焉，因是已。**若其無適，惟有因任而已。此舉物之大小、人之壽夭並齊之，得因任之妙。**正**因者，因其大而大之，因其小而小之，所謂因物付物，無容心於其間也。若於毫末、太山之本不齊者而欲齊之，我與萬物本不一者而欲一之，是勞神明爲一也。勞神明爲一，是適人之適與適物之適也。惟不適人與物之適，而惟自適其適，如養生主篇所謂「依乎天理」，「因其固然」而已，如是，尚何有矯誣之謂，致物論之不齊哉？ **夫道未始有封，**成云：「道無不在，有何封域？」**言未始有常，**郭云：「彼此言之，故是非無定。」 補遥應上文「言者有言，其所言者特未定也」句。**爲是而有畛也。**爲言無常，而後有畛域。 補釋文：「畛，徐之忍反，郭、李音真，謂封域畛陌也。」**請言其畛：有左，有右，**或祖左，或祖右。**有倫，有義，**郭云：「物物有理，事事有宜。」釋文：「崔本作『有論有議』。」俞云：「崔本是。下文云『存而不論』，『論而不議』。又曰：『故分也者，有不分也；辯也者，有不辯也。』彼所謂分、辯，即此『有分有辯』。然則彼所謂論、議，即此『有論有議』矣。」按：上言「有畛」，倫義非畛也。當從俞說。**有分，有辯，**分者異視，辯者剖別。**有競，有爭，**競者對競，爭者羣爭。**此之謂八德。**德之言得也。各據所得，而後有言。此八類也。**六合之外，聖人存而不論；**成云：「六合，天地四方。妙理希夷，超六合之外，所以存而不論。」**六合之内，聖人論而不議。**成云：「六合之内，謂蒼生所稟之性分。聖人隨其機感，陳而應之。既曰憑虚，亦無可詳議。」 補「論」字見前。議，唐韻「宜寄切，音義」，廣雅「謀也」，廣韻「評也」。**春秋經世，先王之志，聖人議而不辯。**成云：「春秋者，時代。先王，三皇、五帝。志，記也。祖述軒、頊，憲章堯、舜，記録時代，以爲典謨。聖人議論，利益當時，終不取是辯非，滯於陳迹。」按：「春秋經世」，謂有年時，以經緯世事，非孔子所作春秋也。　**正**成訓春秋爲時代，王氏從之，謂「有年時以經緯世事」。然則何謂聖人議而不辯乎？武意春秋卽春秋經也。言春秋爲經世之書，先王之志所寄，故後之聖人，僅評議之而已，無所辯難，語意較爲明順。且左傳昭三十二年，稱春秋爲「善志」，杜注：「記事之善者也。」則先王之志，亦可訓爲先王之所記也。莊子屢舉孔子之語，豈於其所作之經，而不一及之乎？卽謂春秋經在莊子時或未大行於世，非莊子所及見，然晉語「羊舌肸習於春秋」，韋解：「春秋紀人事之善惡，而目以天時，謂之春秋，周史之法也。時孔子未作春秋。」又左傳魯昭公二年韓宣子適魯，見易象與魯春秋，曰：「周禮盡在魯矣。吾乃今知周公之德與周之所以王也。」其時孔子年方十有一歲。是在孔子之前，魯固已有春秋矣。觀宣子「周所以王」之語，與莊子所言「先王之志」合。然則訓春秋爲時代，其不當明矣。　**故分也者，有不分也；辯也者，有不辯也。**以不分爲分，不辯爲辯。

正分於此而不能賅於彼，仍有不得分者在，故曰「有不分也」。辯於此而不能見於彼，仍有不及辯者在，故曰「有不辯也」。庚桑楚篇云：「辯者，辯其所不能辯也。」可以相證。若聖人則不爾，懷之而已矣。　**曰：何也？聖人懷之，**存之於心。　**補**懷爲尚書「懷山襄陵」之懷，注：「懷，包也。」言聖人包涵之，卽下「大辯不言」也。　**衆人辯之以相示也。**相夸示。　**補**上文言「隱於榮華」，蓋夸示以爲榮華也。　**故曰：辯也者，有不見也。**不見道之大，而後辯起。　**正**不見己之非，不見人之是。　**夫大道不稱，**宣云：「無可名。」　**正**卽下「不道」之道，「不」下「道」字，言也。稱，謂也，又言也。故不稱，卽不道。　**大辯不言，**使其自悟，不以言屈。　**補**知北遊篇：「論則不至，辯不若默。」**大仁不仁**，成云：「亭毒羣品，汎愛無心，譬彼青春，非爲仁也。」**補**大仁莫如天地，然老子曰「天地不仁」，以其生養萬物，任運自然，非有意爲仁也。大宗師篇云：「利澤施於萬物，不爲愛人。」意均相同。**大廉不嗛**，釋文：「徐音謙。」成云：「知萬境虛幻，無一可貪，物我俱空，何所遜讓？」**補**漢書尹翁歸傳：「温良嗛退。」師古注：「嗛，古以爲謙字。」韓詩外傳：「嗛乎其廉。」蓋廉者每多謙退，而「嗛乎」則廉之形容詞也。盜跖篇：「棄天下而不自以爲廉。」棄天下，大廉也，不自以爲廉，即不嗛也。**大勇不忮**。宣云：「無客氣害人之心。」**正**小勇亦未必有害人之心，以此釋忮，義尚未適。成云：「忮，逆也。虛己逗機，終無迕逆。」蓋勇則好鬭，即與人迕，大勇不爾也。**道昭而不道**，以道炫物，必非真道。**補**大道不稱，故不昭，昭則非道。**言辯而不及**，宣云：「不勝辯。」**補**即上「辯者有不辯也」，又即論則不至。**仁常而不成**，郭云：「有常愛，必不周。」**補**奚侗云：「成，江南古藏本作周。郭注『常愛，必不周』，是郭本亦作周。」**廉清而不信**，宣云：「外示皦然，則中不可知。」**勇忮而不成**。成云：「舍慈而勇，忮逆物情，衆共疾之，必無成遂。」**五者园而幾向方矣**。釋文：「园，崔音圓〔一〕，司馬云：『圓也。』」成云：「幾，近也。」宣云：「五者本渾然圓通，今滯於迹，而近向方，不可行也。」**補**易繫辭：「蓍之法，圓而神；卦之

〔一〕「圓」，釋文作「刓」。

德，方以智。」夫不稱、不言、不仁、不嗛、不忮，渾融無迹，可通爲一，园也。园卽環也。游於環中，則道樞也。昭也，辯也，常也，清也，忮也，滯於有迹，斯向方矣。據易之義，由圓向方，卽由道向智也，故下卽帶說「知」。**故知止其所不知，至矣。**成云：「智不逮，不强知。知止其分，學之造極也。」補承上「方」字來，並證明上文「大知閑閑」之義及「古之人，其知有所至矣」一段，復總攝以下不知各義。**孰知不言之辯，不道之道？**不道，卽上「不稱」。**若有能知，此之謂天府。**宣云：「渾然之中，無所不藏。」**注焉而不滿，酌焉而不竭，而不知其所由來，**郭云：「至理之來，自然無迹。」**此之謂葆光。**成云：「葆，蔽也。韜蔽而其光彌朗。言藉言以顯者非道，反復以明之。」補釋文：「葆光，音保。崔云：『若有若無，謂之葆光。』」淮南本經訓：「不言之辯，不道之道，若或通焉，謂之天府。取焉而不損，酌焉而不竭，莫知其所由出，謂之瑶光。」高注：「瑶光，謂北斗杓第七星也。」文子下德篇同，惟「瑶光」作「搖光」。武按：「葆光」二字，與上文「注」「酌」之義不屬，以從淮南、文子作「搖光」爲是。搖光星，屬北斗。詩大雅：「酌以大斗。」斗蓋挹酒之勺也，居北七星象之，故以爲名。詩小雅：「惟北有斗，不可以挹酒漿。」此本文「注焉不滿，酌焉不竭」之所本也。惟字宜從「搖」。禮記曲禮：「招搖在上。」鄭注：「招搖星，在北斗杓端，主指者。」釋文：「北斗第七星。」春秋運斗樞云：「北斗七星，第七搖光。」孔疏：「此搖光，卽招搖也。」史記天官書：「北斗七星。」索隱云：「第七搖光。」前漢司馬相如大人賦：「部署衆人於搖光。」是各書均作「搖」，不作「瑶」也。且搖光者，搖動不定之光也，與上文「滑疑之耀」相印合，此亦可見前後脈絡之聯貫也。

故昔者堯問於舜曰：「我欲伐宗、膾、胥敖，崔云：「宗一，膾二，胥敖三國。」按人間世篇「堯攻叢枝、胥敖，國爲虛厲。」是未從舜言矣。 **正**釋文：「膾，徐古外反。胥，息徐反，華胥國。敖，徐五高反。」武按：宗膾，人間世作「叢枝」。 奚侗云：「叢、宗音近。枝疑快字之誤，快、膾音近。」奚說是也。必「宗膾」二字連爲一國名，故誤則均誤。 釋文於「胥」下注「華胥國」，是以敖爲一國名，其餘二國，則爲宗膾與胥。崔說非也。此節證上文「照之以天」句之義。 **南面而不釋然。**成云：「釋然，怡悅貌也。」按：釋同懌。語又見庚桑楚篇。 **正**釋，說文「解也」，廣韻「捨也」。言常置伐三國之事於心，而不能捨釋也。 **其故何也？」舜曰：「夫三子者，**成云：「三國君。」**猶存乎蓬艾之間。** 存，猶在也。成云：「蓬艾，賤草。」 **若不釋然，何哉？ 昔者十日並出，**淮南子：「堯時十日並出，使羿射落其九。」故援以爲喻。 **補**堯時十日並出，見淮南子本經訓。 **萬物皆照，而況德之進乎日者乎！」**成云：「進，過也。欲奪蓬艾之願，而伐使之從我，於至道豈宏哉！」堯、舜一證。 **齧缺問乎王倪曰：** 釋文：「倪，徐五嵇反，李音義。高士傳云：『王倪，堯時賢人也。』天地篇云：『齧缺之師。』」 **補**釋文：「齧，五結反。」按：此節引王倪之言，證明「大知閑閑」，並申說上文「古之人，其知有所至矣」一段及「知止其所不知，至矣」之義。 **「子知物之所同是乎？」曰：「吾惡乎知之！」「子知子之所不知邪？」**成云：「子既不知物之同是，頗自知己之不知乎？」曰：「吾惡乎知之！」「**然則物无知邪？**」汝既無知，然則物皆無知邪？**曰：「吾惡乎知之！**成云：「豈獨不知我，亦乃不知物。物我都忘，故無所措其知也。」

補鰌處濕，猨猴處木，麋鹿食薦，蝍且則甘帶，鴟鴉則耆鼠，以此知物之不同是也。猵狙之與猨，鰌之與魚，異類也，麋之與鹿，類而非類也，然以爲雌，與之交，與之游，以此知物之又非不同是也。謂物無知耶，猵知以猨爲雌，麋知與鹿交，鰌知與魚游。謂物有知耶，則不知毛嬙、麗姬之美也。然則是之同否，知之有無，特未定也，故曰「吾惡乎知之。」**正**此即「知止其所不知」也。後「嘗試言之」以下，即闡明四「惡乎知」之意，原有郭注，以其空泛，特删。應帝王篇「齧缺問於王倪，四問而四不知」，即此三問，合下「子不知利害」二語，是四問也。**雖然，嘗試言之。庸詎知吾所謂知之非不知邪？庸詎知吾所謂不知之非知邪？**李云：「庸，用也。詎，何也。」按：小知仍未爲知，則不知未必非。**正**詎，説文「猶豈也」。武按：注中按語，非是。蓋知有時間性，此時以爲是者，他時或以爲非；有地域性，此地以爲是者，他地或以爲非。故大宗師篇云：「夫知有所待而後當，其所待者，特未定也。」又曰：「庸詎知吾所謂天之非人乎？所謂人之非天乎？」足證此義。**且吾嘗試問乎女：民溼寢則腰疾偏死，**司馬云：「偏枯。」**補**女音汝。**鰌然乎哉？**按：言物則不然。成云：「泥鰌。」**補**釋文：「鰌，徐音秋。」**木處則惴慄恂懼，**釋文：「恂，徐音峻，恐貌。班固作眴。」**補**釋文：「惴，之瑞反。慄音栗。恂，郭音旬。」**猨猴然乎哉？**

三者孰知正處？民、鰌、猿，孰知所處爲正？民食芻豢，芻，野蔬。豢，家畜。孟子：「芻豢之悦我口。」補釋文：「芻，初俱反。小爾雅云：『秆謂之芻。』秆，古但反。豢，徐音患。」今小爾雅廣物八云：「稿謂之稈，稈謂之芻，生曰生芻。」説文：「稈，禾莖也。」廣雅：「秆稿謂之稈。」麋鹿食薦，説文：「薦，獸之所食。」補釋文：「麋音眉。薦，牋練反，司馬云：『美草也。』」後漢書馬融傳：「其土毛則攡毛〔一〕薦草。」李賢注：「一曰：草稠曰薦。」韓非子内儲説上：「若如臣者，猶獸鹿也，唯薦草而就。」管子觀十三：「薦草多衍，則六畜易繁也。」注：「薦，茂草也。」蝍且甘帶，釋文：「蝍且，字或作蛆。廣雅云：『蜈公也。』崔云：『帶，蛇也。』」補釋文：「蝍音即。蛆，子徐反。爾雅云：『蒺藜，蝍蛆。』郭璞注云：『似蝗，大腹，長角，能食蛇腦。』」玉篇：「蝩蔾，蝍蛆，能食蛇，亦名吴公。」鴟鴉耆鼠，鴟、鴉二鳥。耆，釋文「字或作嗜」。補釋文：「鴟，尺夷反。鴉，本亦作鵶，於加反。崔云：『烏也。』」秋水篇：「於是鴟得腐鼠，鵷鶵過之，仰而視之曰嚇！」四者孰知正味？民、獸、蟲、鳥，孰知所食之味爲正？猨，猵狙以爲雌，釋文：「猵，徐敷面反，郭、李音偏。司馬云：『猵狙，一名獦牂，似猨而狗頭，憙與雌猨交。』」補釋文：「狙，七餘反。」麋與鹿交，鰌與魚游。毛嬙、麗姬，人之所美也，魚見之深入，鳥見之高飛，麋鹿見之決驟。

〔一〕「攡毛」，後漢書馬融傳作「摧牧」。

崔云：「決驟，疾走不顧。」四者孰知天下之正色哉？自我觀之，仁義之端，是非之塗，樊然殽亂，吾惡能知其辯！」釋文：「樊音煩。」說文：「殽，雜錯也。」成云：「行仁履義，損益不同，或於我爲利，於彼爲害，或於彼爲是，於我爲非，何能知其分別！」齧缺曰：「子不知利害，補民溼寢，則腰疾偏死，害也；於鰌則利。木處則惴慄恂懼，害也；於猨猴則利。故此句渾括上文言之。則至人固不知利害乎？」王倪曰：「至人神矣。成云：「至者，妙極之體；神者，不測之用。」補此節證上文「古之人，其知有所至矣」一段。大澤焚而不能熱，河海〔一〕沍而不能寒，向云：「沍，凍也。」補釋文：「沍，户故反。」疾雷破山、風振海而不能驚。補奚侗云：「風上脱飄字。據成疏『飄風』云云，是成本有飄字。江南李氏本亦有飄字。」武按：自「大澤」至此，言若無有大澤、河海、雷風也者，證上文「未始有物」。若然者，乘雲氣，郭云：「寄物而行，非爲動也。」正郭說與句意相違。謂至人神矣，故能乘雲氣，以神行，不藉乎物也。騎日月，郭云：「有晝夜而無死生。」正言超乎日月之上，證上文「未始有始」。而遊乎四海之外。三句與逍遥遊篇同，「騎日月」作「御飛龍」。補逍遥遊篇作「御飛龍」者，爲下「神凝」句寫照，此則爲「死生無變於己」句寫照。所謂生者，不過在人世經歷月日，生活於此時間中而已；所

〔一〕「海」，王氏原刻及集釋本均作「漢」。

謂死者，其生活日月終盡也。死生無變於己者，超然乎日月之上而不爲所拘，故曰「騎日月」也。

死生無變於己，郭云：「與變爲體，故死生若一。」補遊四海之外，與死生無變，證「未始有封」。

而況利害之端乎！」齧缺、王倪二證。

瞿鵲子問於長梧子曰：「吾聞諸夫子，長梧子，李云：「居長梧下，因以爲名。」崔云：「名丘。」俞云：「瞿鵲，必七十子之後人。夫子，謂孔子。下文『丘也何足以知之』，即孔子名。因瞿鵲述孔子之言而折之。崔説非也。下文『丘也與汝皆夢也，予謂汝夢亦夢也』，予者，長梧子自謂。既云『丘與汝皆夢』，又云『予亦夢』，則安得即以丘爲長梧子之名乎？」補則陽篇有「長梧封人」，釋文云：「長梧，地名。」長梧子，猶之南郭子綦以所居爲號也。李説恐係望文生義。長梧開口便云「丘何足以知之」，以下，其自稱則曰予，足知以丘稱孔子。俞説是也。自此至「而以是相蘊」爲一節，引瞿鵲、長梧問答之言，證明大言炎炎之義，並從反面申證「古之至人，其知有所至矣」一段。**聖人不從事於務，**郭云：「務自來而理自應，非從而事之也。」補説文：「務，趣也。」徐曰：「言趣赴此事也。」釋詁：「務，彊也。」注：「事務以力勉彊。」此言聖人於事，不勉彊趣赴也。下四「不」字句，即申説此義。**不就利，不違害，**成云：「違，避也。」**不喜求，不緣道，**郭云：「獨至。」補求得其情與不得，無益損乎其真，故不喜求也。無適焉，因是已，故不緣道也。**无謂有謂，**謂，言也。或問而不答，即是答也。補知北遊篇「聖人行不言之教」，又田子方篇「目擊而道存」，均「无謂有謂」也。**有謂无謂，**有言而欲無言。　補上文「大辯不言」，又知北遊篇：「狂屈曰：『唉！予知之，將語若，中欲言而忘其欲言。』」均「有謂無謂」也。**而遊乎塵垢之外。夫子以爲孟浪之言，**向云：「孟浪，音漫瀾，無所趨舍之謂。」宣云：「無畔岸貌。」李云：「猶較略也。」成云：「猶率略也。」按：率略卽較略，謂言其大略。　正孟浪，崔云：「不精要之貌。」武按：不精要與妙道，反正相對。長梧子以此言爲最精要，故曰「黃帝之所聽熒也」。其於孔子，以爲不精要，則曰「丘也何足以知之」。注中各解，與上下句意不切。**而我以爲妙道之行也。吾子以爲奚若？」長梧子曰：「是黃帝之所聽熒也，**「黃」，元作「皇」，釋文：「本又作黃。」盧文弨云：「黃、皇通用。今本作黃。」成云：「聽熒，疑惑不明之貌。」**而丘也何足以知之！且汝亦大早計，**釋文：「大音泰。」成云：「方聞此言，便謂妙道，無異下云云〔一〕也。」　正方聞其言，卽以爲行，且以爲妙道之行，是太早計也。**見卵而求時夜，**崔云：「時夜，司夜，謂雞。」　正朱桂曜云：「淮南說山訓：『見彈而求鴞炙，見卵而求辰夜。』高注：『雞知將旦，鶴知夜半，見其卵，因望其夜鳴，故曰求辰夜也。』辰夜與時夜同。詩東方未明：『不能辰夜。』傳：『辰，時也。』」武按：朱說是也。「時夜」作「司夜」非。**見彈而求鴞炙。**司馬云：「鴞，小鳩，可炙。毛詩草木疏云：『大如班鳩，

〔一〕下「云」字，據王氏原刻補。

緑色，其肉甚美。』」成云：「即鵬鳥，賈誼所賦。」按：二句又見人間世篇。**予嘗爲女妄言之，**

補有謂無謂也。**女亦以妄聽之。奚**成云：「何如？」**正**奚，疑問詞，何也，不含「如」字義。如屬上句，「奚」下應加「如」字或「若」字，上文「吾子以爲奚若」句可證也。單「奚」字不成語，且上句亦無須附此疑詞。成説非也。應屬下句，直貫至「以隸相尊」。其意言奚爲旁日月，挾宇宙，爲合置滑，以隸相尊？此皆衆人役役之所爲，聖人則不如此，惟愚芚而已。各注家於「旁日月」至「相尊」各句，不知文係指數衆人役役之心理與行爲，誤以爲列舉聖人之美德，故不能冠之以「奚」，「奚」字無可着落，只得勉附上句，遂致「奚」字以下文義扞格不通矣。**旁日月，**釋文：「旁，薄葬反，司馬云：『依也。』」郭云：「以死生爲晝夜之喻。」**正**注非。上文至人「騎日月」，是超乎日月之上，而非旁也。在宥篇言大人云：「以遊無端，出入無旁，與日無始。」彼「大人」，即此篇之「聖人」也。則聖人之不旁日月明矣，故上冠之以「奚」也。旁日月，則縈情生死，依戀歲月，此衆人之役役也。此證「有始」。**挾宇宙，**尸子云：「天地四方曰宇，古往今來曰宙。」説文：「舟輿所極覆曰宙。」成云：「挾，懷藏也。」郭云：「以萬物爲一體之譬。」**正**注非。列禦寇篇言小夫之知云：「迷惑於宇宙，形累不知太初。彼至人者，歸精神乎無始，而甘冥乎無何有之鄉。」懷挾宇宙，則不能無迷惑矣。宙，古今也，則非無始矣。又大宗師篇云：「無古今，而後能入於不死不生。」無則不挾也。宇，四方，則非無何有之鄉，冥亦不挾也。且宇，空間也，宙，時間也，挾則不能時空雙遣。彼之「至人」，此之「聖人」也。彼之「小夫」，此之「衆人」也，故挾宇宙，亦衆人之役役也。此證「有封」。**爲其脗合，**脗，司馬云「合也」。向音脣，云：「若兩脣之相合也。」成云：「無分別貌。」**補**此證「有是」。言有心以爲脗合於己者，卽上文所謂「勞神明爲一」也。又卽爲是，而非因是也。**置其滑涽，**成云：「置，任也。滑，亂也。向本作汩。涽，闇也。」**正**此證「有非」。置，徐鍇曰「與罷同意」。置之，則去之也。滑，卽上文「滑疑之耀」之滑。滑涽，向云「未定之貌」。武按：此句言去其未定而不合於己者。夫道無爲也，通於一也。聖人因是也，故不爲其脗合，亦不置其滑涽。一爲一置，是有是非，不能任其兩行也，勞神明爲一也。此亦衆人之役役也。**以隸相尊？**成云：「隸，賤稱，皁僕之類。」按：此貴賤一視。**正**按語非。此謂衆人以隸之賤相與自尊也。蓋尊以賤而方顯。隸何以賤？衆人賤之也。衆人何以賤隸？欲形己之尊也。此亦有封也。若聖人則不爾。秋水篇言大人云：「不賤門隸。」又云：「以道觀之，何貴何賤？」卽此聖人之愚芚也。以上五者，皆衆人之役役也。**衆人役役，補**上文云「與物相刃相靡，其行盡如馳，而莫之能止」，結之云：「終身役役，而不見其成功。」此言旁、挾、爲、置與相尊，卽與物刃靡而行盡如馳也。上文渾言役役之由，此則分述役役之事，前後相應。莊文結構，往往如此。**聖人愚芚，**芚，徐徒奔反。司馬云：「渾沌不分察。」成云：「忘知廢照，芚然若愚。」**補**天地篇：「若愚若昏，是謂玄德。」此愚芚之說也。**參萬歲而一成純。**參糅萬歲，千殊萬異，渾然汩然，不以介懷，抱一而成精純也。**補**刻意篇云：「純粹而不雜，靜一而不變。」卽此一與純之義也。不雜不變，故能騎日月，死生無變於己，即參萬歲之義也。**萬物盡然，而以是相蘊。**釋文：「蘊，積也。」按：言於萬物無所不然，但以一是相蘊積。**補**萬物盡然，即上文「无物不然」也。莛與楹，厲與西施，恢恑憰怪，道通爲一，自無脗、涽、隸、我之分，故曰「萬物盡然」也。以是相蘊，與上「因是也」同義。蓋「因」字有仍襲連接之義，與蘊積之義近。此變「因」爲「蘊」者，承上「參萬歲」而言之也。即謂雖參萬歲，而以一是相因襲累積也。**予惡乎知説生之非惑邪！**説音悦。**補**此段證上文「庸詎知吾所謂知之非不知邪，庸詎知吾所謂不知之非知邪」，並遥證「果且有彼是乎哉，果且無彼是乎哉」之義。**予惡乎知惡死之非弱喪而不知歸者邪！**喪，失也。弱齡失其故居，安於他土。**麗之姬，艾封人之子也。**成云：「艾封人，艾地守封疆者。」**晉國之始得之，涕泣沾襟；及其至於王所，**崔云：「六國諸侯僭稱王，因謂晉獻公爲王也。」**與王同筐牀，**釋文：「筐，本亦作匡，崔云：『方也。』」**正**下句言飲食之美，此句言寢處之安。筐訓方，不當此義。淮南主術訓：「匡牀蒻席，非不寧也。」注：「匡，安也。」**食芻豢，而後悔其泣也。**又借喻。**予惡乎知夫死者不悔其始之蘄生乎！**郭云：「蘄，求也。」**夢飲酒者，旦而哭泣；夢哭泣者，旦而田獵。方其夢也，不知其夢也。夢之中又占其夢焉，****補**此證上文「自彼則不見」之義。**覺而後知其夢也。**覺夢之異。**且有大覺而後知此其大夢也，**死爲大覺，則生是大夢。**正**注非。大覺，謂如下文之「大聖」，非謂死也。上文「死生無變於己」，謂視死生如一，而無所輕重也。漆園之旨，生則養生以盡年，死則委懷而任命。若如注説，是重視乎死，而有差別心，非視之如一也。**而愚者自以爲覺，竊竊然知之。**自謂知之。補司馬云：「竊竊，猶察察也。」此證上文「自知則知之」之義。**君乎，牧乎，固哉！**其孰真爲君上之貴乎，孰真爲牧圉之賤乎，可謂固陋哉！**丘也，與女皆夢也；予謂女夢，亦夢也。是其言也，其名爲弔詭。**釋文：「弔音的，至也。詭，異也。」蘇輿云：「言衆人聞此言，以爲弔詭，遇大聖則知其解矣。」補釋文：「詭，九委反。」此應上「爲女妄言之」。正説文：「弔，問終也。」曲禮：「知生者弔。」鄭注：「説者有弔辭。」即問終之辭，亦即弔死之辭也。莊子之道，視生死如夢，故謂夢之辭，亦可謂之弔。「是其言也」句，指「丘也」以下四句，即弔夢之辭也。丘、女皆夢，予謂女夢亦夢，可謂詭異非真，故弔夢謂之弔詭也。**萬世之後，而一遇大聖知其解者，是旦暮遇之也。**解人難得，萬世一遇，猶旦暮然。**既使我與若辯矣，若勝我，我不若勝，若果是也，我果非也邪？我勝若，若不吾勝，我果是也，而果非也邪？**若、而，皆汝也。補此節仍就「言」字之義發揮，而結之以是不是，然不然。物論之能齊者在此。**其或是也，其或非也邪？**有是有非。**其俱是也，其俱非也邪？我與若不能相知也，則人固受其黮闇。吾誰使正之？**使我各執偏見，不能相知，則旁人亦因之不明，是受其黮闇也。我欲正之，將誰使乎？黮闇，不明之貌。補黮，廣韻「徒感切」。武按：「既使我與若辯矣」至此，重申上文「果且有彼是乎哉，果且无彼是乎哉」之義。**使同乎若者**

正之，既與若同矣，惡能正之？使同乎我者正之，既同乎我矣，惡能正之？使異乎我與若者正之，既異乎我與若矣，惡能正之！使同乎我與若者正之，既同乎我與若矣，惡能正之？然則我與若與人俱不能相知也，而待彼也邪！同彼，我不信；同我，彼不服。别立是非，彼我皆疑，隨人是非，更無定論，不能相知，更何待邪？極言辯之無益。**正**注非。其誤在不明「彼」字之義，以爲指「若」字言，正語見下。**化聲之相待，若其不相待。**郭嵩燾云：「言隨物而變，謂之化聲。若，與也。是與不是，然與不然，在人者也。待人之爲是爲然，而是之然之，與其無待於人而自是自然，一皆無與於其心，如下文所云也。」**正**郭說非。其訓若爲與，亦非。上句「彼」字，指上文夢中之我也。若，如也。謂當辯論是非之局者，我與若也，局外則人也。我與若與人，既俱不知是非之真而正之，此外更無可相正者，其待正於夢中之彼乎？蓋我與若，皆有夢中之我，乃覺時之彼也，卽上文「自彼則不見」之「自彼」也，猶之莊子夢中之蝶也。莊子夢身化爲蝶，謂之物化，則其夢中之言，可謂之聲化，卽此化聲之義也。待夢中之化聲以正是非，更屬虛幻，故其相待，如其不相待也。乃極言是非無定，無可相正，故聖人和之，任其兩行也。**和之以天倪，因之以曼衍，所以窮年也。**成云：「天，自然也。倪，分也。曼衍，猶變化。因，任也。窮，盡也。和以自然之分，任其無極之化，盡天年之性命。」按：此二十五字，在後「亦無辯」下，今從宣本移正。又寓言篇亦云：「巵言日出，和以天倪，因以曼衍，所以窮年。」**補**釋文：「倪，徐音詣，李云『分也』。崔云『際也』。曼，徐音萬，郭武半反。衍，徐以戰反。司馬云：『曼衍，無極也。』」武按：此二十五字，宣本係從吕惠卿所移。**正**韓愈南海廟碑：「乾端坤倪。」是倪與端同義。寓言篇：「始卒若環，莫得其倫。」其義與淮南主術訓之「運轉無端」同，言天鈞運轉若環，莫得其始卒之端也。故寓言篇繼之曰：「是謂天均。天均者，天倪也。」與此處之「天倪」同。言世情恆分是非，以道言之，一出以和，而無是非之端，猶天均之運轉無端，故曰「和之以天倪」也。回應上文「樞始得其環中」，及「聖人和之以是非，而休乎天鈞」各句。曼衍，成云「變化」，司馬云「無極」，實兼二義，謂變化於無極也。漢書鼂錯傳云：「土山丘陵，曼衍相屬。」注：「曼衍，猶聯延也。」無極與聯延，方與下句「窮年」義相應，並回應上文「以應无窮」句。**何謂和之以天倪？是不是，然不然。是若果是也，則是之異乎不是也亦无辯；然若果然也，則然之異乎不然也亦无辯。**成云：「是非然否，出自妄情，以理推求，舉體虛幻，所是則不是，所然則不然。何以知其然邪？是若定是，是則異非；然若定然，然則異否。而今此謂之是，彼謂之非；彼之所然，此以爲否。故知是非然否，理在不殊，彼我更對，妄爲分別，故無辯也矣。」**忘年忘義，**成云：「年者生之所稟，既同於生死，所以忘年。義者裁於是非，既一於是非，所以忘義。」**補**忘年，即上文「參萬歲而一成純」也；忘義，即「萬物盡然，而以是相蘊」也。**振於无竟，故寓諸无竟。」**成云：「振，暢。竟，窮。寓，寄也。」按：理暢於無窮，斯意寄於無窮，不須辯言也。瞿鵲、長梧三證。

正振，廣韻「動也」。禮記曲禮：「入竟而問禁。」疏：「竟，彊首也。」武按：言是非轉動於無窮之竟，聖人和之之心，亦寄寓於無窮之竟。忘年，以時間言；忘義，以名理言；振竟，以環境言。意分三層，義方賅備。

罔兩問景曰：郭云：「罔兩，景外之微陰也。」釋文：「景，本或作影，俗。」補此段證明上文「非彼无我，非我无所取，是亦近矣，而不知其所爲使，必有真宰，而特不得其眹」一段之義，以景與形喻彼我。**「曩子行，今子止，曩子坐，今子起，何其无特操與？」**成云：「獨立志操。」補成云：「曩，昔也。特，獨也。」**景曰：「吾有待而然者邪！吾所待又有待而然者邪！**影不能自立，須待形；形不能自主，又待真宰。補證「必有真宰」句。**吾待蛇蚹、蜩翼邪！**言吾之待如之。釋文：「蚹音附。」司馬云：『蛇腹下齟齬，可以行者也。』」成云：「若使待翼而飛，待足而走，禽獸甚多，何獨蛇蚹可譬？蚹，蛇蛻皮。翼，蜩甲也。蛇蛻舊皮，蜩新出甲，不知所以，莫辯所然，獨化而生，蓋無待也。是知形影之義，與蚹甲無異也。」按：言吾之所待，其蛇蚹邪，蜩翼邪？謂二物有一定之形，此尚不甚相合也。以上與寓言篇同，而繁簡互異。正釋文：「蜩，徐音條。」唐韻：「蚹，蛇腹下橫鱗可行者。」武按：成説非也。言吾之行止坐起，有待而然，而所待者，似蛇之行待於蚹，蜩之飛待於翼也，與寓言篇文略同而義異。彼言甲言蛻，其下接「似之而非也」句。此言蚹與翼，蓋景與形附，猶蚹附於蛇，翼附於蜩，若蛻與甲，則脱離蛇蜩而不附，故曰「似之而非也」。**惡識所以然？惡識所以不然？」**成云：「待與不待，然與不然，天機自張，莫知其宰。」罔兩、景四證。補證「而特不得其眹，而不知其所爲使」。

昔者莊周夢爲胡蝶，栩栩然胡蝶也，成云：「栩栩，忻暢貌。」補釋文：「胡蝶，蛺蝶也。栩，徐況羽反，喜貌。崔本作翾。」武按：此節遥證上文「物无非彼，物无非是，自彼則不見，自知則知之，故曰彼出於是，是亦因彼」數句，及「其寐也魂交，其覺也形開」二句；近證「且有大覺，而後知此其大夢也」，並反證「其形化，其心與之然」之義。**自喻適志與！**李云：「喻，快也。」自快適其志。與音餘。正李説非。玉篇：「喻，曉也。」言適志惟自己知曉也。證上文「自知則知之」。**不知周也。**補證上文「自彼則不見」也。蓋就覺時言，蝶者周之彼也；就夢時言，周者蝶之彼也，卽所謂「自彼」也。**俄然覺，則蘧蘧然周也。**成云：「蘧蘧，驚動之貌。」正釋文：「覺，古孝反。蘧蘧，徐音渠，李云：『有形貌。』」武按：上文云：「其覺也形開。」蘧蘧，卽狀形開也。李説得之，成説非。**不知周之夢爲胡蝶與，胡蝶之夢爲周與？周與胡蝶，則必有分矣。**周、蝶必有分，而其入夢方覺，不知周、蝶之分也，謂周爲蝶可，謂蝶爲周亦可。此則一而化矣。現身説法，五證。**此之謂物化。**齊物極境。補栩栩然者蝶也，蘧蘧然者周也；魂交則蝶也，形接則周也。故曰：「則必有分矣。」然蝶爲周所夢化，則周亦蝶也，蝶亦周也，分而不分也，卽上文所謂「彼出於是，是亦因彼」，「是亦彼也，彼亦是也」。究之周夢蝶與，蝶夢周與？孰夢孰覺？孰彼孰是？故上文云：「且有大覺，而後知此其大夢也。」又云：「萬世之後，而一遇大聖知其解者，是旦暮遇之也。」「物化」，爲本書要語，後篇屢見。德充符篇云：「命物之化，而守其宗也。」宗也者，卽天下篇「以天爲宗」之天也。天道篇云：「其生也天行，其死也物化。」綜二者之意言之，謂其死也，命物之化，特守其生前之天，而不隨之以俱化也。知北遊篇云：「古之人，外化而內不化。」又云：「與物化者，一不化者也。」則陽篇亦有斯語。今以形名言之，蝶與周，彼與是，生與死，死與夢，不一也。然上文云：「道通爲一。」是形名雖不一，由道言之則一，故曰「與物化者，一不化也」。大宗師篇云：「若人之形者，萬化而未始有極也。」是則物化者，外化也，形化也。上文云「其形化，其心與之然」，言衆人之死而物化也，其心亦與之俱化。有道者不爾，非謂其不死也，形死而心不死，卽形化而心不化也，亦卽物化而一不化也。德充符篇云：「以其心，得其常心。」又云：「一知之所知，而心未嘗死者乎？」故道通於一者，一知之所知也。一不化者，內不化也，常心不化也。是以人能抱一而守其天，雖其死也物化，而其常心則不化也。上文云：「惟達者知通爲一。」是達者之視死與夢，一也。故莊子於夢，亦曰「物化」也。又按周夢蝶而不自知，卽喪我也，與子綦喪我相照應。喪我，自無彼此，何有是非？如是，則物論自齊矣。注言「齊物極境」，非是。

養生主第三

補釋文：「養生以此爲主也。」武按：篇中不以有涯之生逐無涯之知，與緣督以爲經二意，即養生之主也。無論爲善爲惡，皆須用知，用知。則官知不能止，不止。則足以攖心而亂神，亂則神不欲行，於是不能緣督以爲經矣。緣者，神緣之也。故「官知止而神欲行」一句，實總上二意而爲養生之主也。篇首自「吾生也有涯」至「可以盡年」，分爲四段，作全篇總冒，以後逐段舉事證明之，即分注於各段之後。

吾生也有涯，而知也无涯生有窮盡，知無畔岸。　**補**釋文：「涯，亦作崖，魚佳反。」玉篇：「涯，水際也。」武按：涯，邊際也。**以有涯隨无涯，殆已；**向云：「殆，疲困。」**已而爲知者，殆而已矣。**已，止也。事過思留，其殆更甚。言以物爲事，無益於性命。**正**注非。已，過事語辭，如齊物論篇「今我則已有謂矣」之已。言業已危殆，而仍以爲知者，則更殆矣。以上爲第一段。**爲善无近名，補**第二段。**爲惡无近刑。**王夫之云：「聲色之類，不可名爲善者，即惡也。」二語淺説。**補**列子説符篇楊朱曰：「行善不以爲名而名從之，名不與利期而利歸之，利不與争期而争及之，故君子必慎爲善。」此即「爲善无近名」之解也。夫爲善而其終必至於争，則爲善即惡也。争之極，必罹官刑矣。又庚桑楚篇：「爲不善乎顯明之中者，人得而誅之；爲不善乎幽閒之中者，鬼得而誅之。」夫爲不善，即爲惡也。誅即刑也。然所謂惡者，非僅傷人之謂也，傷己之生，損己之性，卽惡也。刑非僅官刑之謂也，傷生損性，卽刑也。如喜怒哀樂發而不中節，卽足以傷生損性，卽惡，卽刑也。下文老聃死，人哭其所不當哭，遁天倍情，是爲遁天之刑，卽其例也。又如汲汲於富貴，戚戚於貧賤，遑遑於功名，皆足以傷生損性，卽惡，卽刑也。叔山无趾謂仲尼天刑之，亦其例也。彼爲仁義者，世以爲善目之矣，然自莊子之道言之，亦爲惡而近刑也。故其言曰：「彼仁義者，何其多憂？」曰：「枝於仁者，擢德塞性以收名聲。」曰：「説仁邪，是亂於德也。説義邪，是悖於理也。」曰：「攘棄仁義，而天下始玄同矣。」曰：「上不敢爲仁義之操。」又曰：「伯夷死名於首陽之下。」並謂彼其所殉仁義也。夫伯夷爲仁義，至以殉名死，則何異於爲惡而被刑哉？故曰「爲善无近名，爲惡无近刑」也。然據楊子之言，爲善必有名，今曰「无近名」，卽无爲善也。據庚桑楚篇之言，爲惡必有刑，今曰「无近刑」，卽無爲惡也。蓋莊子之道，重在無爲而去知，故曰：「孰肯以物爲事？」曰：「君子不得已而臨莅天下，莫若無爲。無爲也，而後安其性命之情。」曰：「從容无爲，而萬物炊累焉。」此重無爲也。曰：「同乎无知，其德不離。」曰：「罪在於好知。」曰：「絶聖棄知，大盜乃止。」曰：「離形去知，同於大通。」此重去知也。蓋名與刑，由於善惡，善惡生於有爲，有爲出於有知，去知則無爲矣。無爲，何有善惡，更何有名與刑哉？然則事物至前，何以應之？曰因之而已，順之而已，卽下句之「緣」也，又卽下文之「依乎天理」也，「因其固然」也。此爲第三段。**緣督以爲經**，李頤云：「緣，順。督，中。經，常也。」李楨云：「人身惟脊居中，督脈並脊而上，故訓中。」王夫之云：「身後之中脈曰督。緣督者，以清微纖妙之氣，循虚而行，自順以適得其中。」深説。　補此爲第四段。下「庖丁解牛」一段，卽證此句之義者也。釋禪波羅蜜法門明通觀篇云：「諦觀三性，卽豁然明淨，三昧智慧，與捨俱發。心不依善，亦不依惡，正住其處。」其所謂捨者，捨世知也，與不以生隨知同義。其全義可爲總括以上之的解。**可以保身，可以全生，**全其有生之理。**可以養親，**以受於親者歸之於親，養之至也。正此承上文來，言既能保身全生，則不先父母中道夭殞，而可盡父母之年以爲養也。**可以盡年。**天所與之年，任其自盡，勿夭折之，則有盡者無盡。從正意説入，一篇綱要，下設五喻以明之。正大宗師篇「以其知之所知，以養其知之所不知，終其天年，而不中道夭者，是知之盛者也」，以解此段最愜。又德充符篇：「常因自然，而不益生。」齊物論篇：「不亡以待盡。」一則不益之以盡年，一則不亡之以盡年，兩面夾寫，於盡年之義，更無餘藴。而齊物論之「窮年」，其義亦同也。「可以保身」至此，爲上四段作一收束，以下分別舉事，證明上四段之義。注謂此爲綱要，下設喻以明此，非也。

庖丁爲文惠君解牛，釋文：「丁其名。」崔、司馬云：『文惠君，梁惠王。』」成云：「解，宰割。」　補淮南子齊俗訓：「屠牛坦一朝解九牛，而刀可以鬄毛；庖丁用刀十九年，而刃如新剖硎。何則？游乎衆虚之間也。」許注：「坦，齊大屠。庖丁，齊屠伯。」吕氏春秋精通篇：「宋之庖丁，好解牛，所見無非死牛者，三年而不見生牛。用刀十九年，刃若新鄺研，順其理，誠乎牛也。」武按：據此，則庖丁宋人也。正文惠君，司馬訓爲梁惠王，不知何據。豈因其同一「惠」字，遂據而訓之歟？若然，未免武斷矣。本書於一國之君，或稱侯，或稱王，惟則陽篇直稱魏瑩，然著其國號，使人一望而知爲梁惠王也。從無去國名，著謚號，稱之曰「君」如此者，惟於宋元公稱宋元君，亦未去其國名也。元君之曾祖爲文公，而解牛之庖丁，呂氏曰宋人，下文公文軒，司馬亦曰宋人，或莊子爲文時，因其同國，遂聯類及之。然則文惠君，其卽宋文公乎？究多「惠」字，終嫌勉强。考戰國時，人臣受有封地者稱君，如信安君、信陵君、靖郭君、孟嘗君是也。文惠君當屬此類。又其時諸侯多僭稱王，每以公封其臣，如人間世篇之葉公子高是也。時宋已稱王，本書於宋王凡數見。下文公文軒，吾意公必爵名，文其姓，軒其名。如葉公子高可易稱公子高或公沈諸梁也。以「公文軒見右師」一句之書法論之，上段先書爵，次書姓名；下段亦先書官，未書姓名者，姓名或不能詳，或不必詳也。據此以推，則文惠君者，卽公文軒，惠則其謚也。著公者，明前稱君之等也。兩著其姓者，明前後一人也。此爲文前後相注，隱顯互見之法，莊文之所以爲妙也。**手之所觸，**補「觸」，明刻世德堂本、宋刻趙本作「解」。**肩之所倚，足之所履，膝之所踦，**蘇輿云：「說文：『踦，一足也。』膝舉則足單，故曰踦。」踦，徐居彼反。補釋文：「倚，徐於綺反。」集韻：「丘奇切，音欹。」**砉然嚮然，奏刀騞然，**司馬云：「砉，皮骨相離聲。」崔云：「砉音畫。騞音近獲，大於砉也。」成云：「砉然嚮應，進奏鸞刀，騞然大解。」補嚮與響同。達生篇：「猶應嚮景。」釋文：「嚮，許丈反，本亦作響。」列子仲尼篇：「其應若響。」此謂由觸、倚、履、踦之動，而發音砉然。此騞然之音，與動相應，若響之應聲然。騞，釋文「又音麥」。武按：騞與下文「謋」字，雙聲疊韻，故義近。謋，速也。玉篇：「騞，行不止。」亦有速意。列子湯問篇來丹言其寶劍云：「其觸物也，騞然而過，隨過隨合，覺疾而不血刃焉。」玩彼文意，騞然係狀其刃過之速，張湛注爲「破聲」，與文意不合。蓋惟其刃過之速，所以爲寶劍也；惟其奏刀之速，所以見其技之善也。成云「騞然大解」，未違此義。崔説非也。**莫不中音。**釋文：「中，丁仲反。下同。」補此謂砉然嚮然，中于音也。**合於桑林之舞，**司馬云：「桑林，湯樂名。」崔云：「宋舞樂名。」釋文：「左傳『舞師題以旌夏』是也。」補朱桂曜云：「桑林，蓋湯禱旱於桑林之樂名。左傳襄公十年：『宋公享晉侯於楚丘，請以桑林。』杜注：『桑林，殷天子之樂名。』淮南修務訓：『湯苦旱，以身禱於桑林之際。』高注：『桑山之林，能興雲雨，故禱之。』」武按：修務訓又云：「湯旱，以身禱於桑山之林。」故高注云然。此謂觸、倚、履、踦合於舞也。**乃中經首之會。**向、司馬云：「經首，咸池樂章也。」卽堯樂。宣云：「會，節也。」補朱桂曜云：「路史後紀：『陶唐氏製咸池之樂，而爲經首之詩，以享上帝，命之曰大咸。』是經首，乃咸池樂章名也。急就篇云：『五音總會歌謳聲。』顔師古注：『會，謂金石竹絲匏土革木總合之也。』又楚辭九歌：『五音兮繁會。』」武按：此承上「莫不中音」句而指實之，謂莫不中音者，所中何音？乃中經首之會也。如此解，句中「乃」字方順。**文惠君曰：「譆！**李云：「歎聲。」補釋文：「譆，徐音熙。」**善哉！技蓋至此乎？」庖丁釋刀對曰：「臣之所好者道也，進乎技矣。**成云：「進，過也。」**始臣之解牛之時，所見無非牛者。三年之後，未嘗見全牛也。**成云：「操刀既久，頓見理間，纔覩有牛，已知空郤。亦猶服道日久，智照漸明，所見塵境，無非虛幻。」　**補**所見無非牛者，郭云「未能見其理間」。未嘗見全牛，郭云「但見其理間也」。武按：理間者，腠理間郤也。足證四大假合，吾身亦屬虛妄。**方今之時，臣以神遇**向云：「暗與理會。」**而不以目視，官知止而神欲行。**成云：「官，主司也。」按：「官」承上，專以目言。目方覩其迹，神已析其形。　**補**成云：「既以神遇，不用目覩，故眼等主司悉皆停廢，從心所遇，順理而行。」武按：官知止，即不以生隨知也。必官知止，而後神乃欲行。神之所行者何道？則緣督以爲經也。故此句與下「依夫天理」、「因其固然」二句，爲本篇要語，亦即養生要義也。**依乎天理，**成云：「依天然之腠理。」　**補**郭云：「不横截也。」武按：依天理，即緣督之意。依，順也。督，背脊中間之脈理也。刻意篇云：「去知與故，循天之理。」義與此通。**批大郤，**字林：「批，擊也。」成云：「大郤，交際之處。」郭音郤。　**補**批，史記孫臏傳：「批亢擣虛。」注：「相排批也。」釋文：「郤，徐去逆反，崔、李云：『間也。』」字亦作「隙」。知北遊篇：「若白駒之過郤。」釋文：「本亦作隙。」郭云：「有際之處，因而批之令離。」**導大窾，**郭慶藩云：「窾當爲款。漢書司馬遷傳注：『款，空也。』謂骨節空處。」　**補**釋文：「道音導。窾，徐苦管反，崔、郭、司馬云：『空也。』」**因其固然。技經肯綮之未嘗，**俞云：「技蓋枝之誤。枝，枝脈；經，經脈。枝經，猶言經絡。素問王注引靈樞經云：『經脈爲裏，支而横者爲絡。』支，通作枝。經絡相連處，必有礙於游刃，庖丁因其固然，故無礙。」釋文：「肯，着骨肉。司馬云：『綮，猶結處也。』音啓。」言枝經肯綮，皆刃所未到。

嘗，試也。　**正**俞説非也。此句言奏刀之技，未嘗經過肯綮之處，因肯綮爲著骨肉，及骨肉聚結處，經必損刀也。其置「未嘗」於句末者，倒句法也。此類句法，經史中多有之。若如俞説，先須改「技」爲「支」。支、經爲二脈，然此二脈，包絡牛身，牛身恃之以束固者也。其質柔，刀經之卽斷，如不之經，則絡束如故，牛身從何得解？此事理之不可通者也。且「技」字爲本段脈絡，劈頭由文惠君口中點出，庖丁以「進乎技矣」應之。此句「技」字，卽跟「進乎」句「技」字來，卽説明技之所以進也。上下本承注一氣，俞氏改之爲「支」，蓋未審及於此也。　**而況大軱乎！**　軱音孤，崔云：「槃結骨。」**良庖歲更刀，割也；**　**族庖月更刀，折也。**　崔云：「族，衆也。」俞云：「謂折骨，非刀折。左傳曰：『無折骨。』」**今臣之刀十九年矣，所解數千牛矣，而刀刃若新發於硎。**釋文：「磨石。」　**補**釋文：「硎音刑。」**彼節者有間，**節，骨節。　**而刀刃者無厚，以無厚入有間，恢恢乎其於游刃必有餘地矣，是以十九年而刀刃若新發於硎。**　**雖然，每至於族，**郭云：「交錯聚結爲族。」**吾見其難爲，怵然爲戒，視爲止，**郭云：「不屬目他物。」**行爲遲，**郭云：「徐其手。」**動刀甚微，謋然已解，**謋與磔同，解脱貌。　**補**釋文：「謋，化百反。」類篇云：「速也。」武按：謋然者，狀解脱之速也。觀句意，微動刀卽已解，非速何？成訓爲骨肉離之聲，非也。**如土委地。提刀而立，爲之四顧，爲之躊躇滿志，**郭云：「逸足容豫自得之謂。」按：田子方篇亦云：「方將躊躇，方將四顧。」　**補**如土委地，郭云：「理解而無刀跡，若聚土也。」

釋文：「躊，直留反。躇，直於反。」**善刀而藏之。」**釋文：「善，猶拭。」**正**宣云：「整好其刀。」**文惠君曰：「善哉！吾聞庖丁之言，得養生焉。」**牛雖多，不以傷刀，物雖雜，不以累心，皆得養生道也。一喻。**正**庖丁解牛，以神遇而官知止，卽不以有涯之生，隨無涯之知也。依天理，因固然，游刃於有間，卽不爲善與惡，而惟緣督以爲經也。是以牛解數千，年經十九，而刀刃若新，卽保身、全生、盡年之義，而深合於養生之道者也。然全段要義，則在證明「緣督以爲經」一句。至前之「善哉」，善其技也；此之「善哉」，善其技之進於道也。

公文軒見右師而驚曰：司馬云：「公文姓，軒名，宋人。」簡文云：「右師，官名。」**「是何人也？惡乎介也？**介，一足。**天與，其人與？」**司馬云：「爲天命與，抑人事也？」**曰：「天也，非人也。天之生是使獨也，**司馬云：「獨，一足。」按：此與德充符篇三兀者不同。介者天生，兀者人患。**人之貌有與也。**郭云：「兩足并行。」**正**成云：「與，共也。」宣云：「匹偶。」與郭注皆非。周禮春官太卜注：「與，謂予人物也。」德充符篇：「道與之貌，天與之形。」此句言人之貌有賦與之者，卽天與之，非人爲也。**以是知其天也，非人也。**形殘而神全也。知天則處順。二喻。**補**介者，天之所與，卽無異天與之以刑也。刑爲天與，非由爲惡，惟當依乎天理，因其固然而已。夫不爲惡，且有如右師之受天刑者，更何可爲惡，以自近刑乎？此段喻爲惡無近刑。

澤雉十步一啄，百步一飲，不蘄畜乎樊中。蘄同期。猶言不期而遇。李云：「樊，藩也，所以籠鳥〔一〕。」**正**釋文：「蘄音祈，求也。樊音煩。」宣云：「雖飲食之艱如此，不求樊中之養。」韓詩外傳九：「君不見大澤中雉乎？五步一啄，終日乃飽，羽毛澤悅，光照於日月，奮翼爭鳴，聲響於陵澤者何？彼樂其志也。援置之囷倉中，常噣粱粟，不且時而飽，然獨羽毛憔悴，志氣益下，低頭不鳴。夫食豈不善哉？彼不得其志也。」武按：五步一噣，終日乃飽，言食飲之艱也。本文「十步一啄，百步一飲」，則更艱矣。至羽毛澤悅，聲響於陵澤，卽本文所言之神王也。二者對照，意更明顯。**神雖王，不善也。**釋文：「王，于況反。」不善，謂不自得。鳥在澤則適，在樊則拘；人束縛於榮華，必失所養。三喻。**正**注非。此段言雉不求畜乎樊中者，以一入樊籠，便受囚拘，如韓傳所謂「羽毛憔悴」、「低頭不鳴」，何若飲啄澤中，放曠於自得之場？食飲雖艱，而身則適，身適而神自王也。然神雖王矣，在雉固依乎天理，因其固然而已，心固不自知其善也。以喻人有心爲善，則必得名，何異雉之求畜乎樊中？蓋名。乃人之樊籠也。此段喻「爲善无近名」。

老聃死，司馬云：「老子。」按：老子不知其年，此借爲說。**補**釋文：「聃，吐藍反。」成云：「姓李，名耳，字伯陽，外字老聃。降生陳國苦縣。當周平王時，去周，西度流沙，適之罽賓。而內外諸經，竟無其迹。而此獨言死者，蓋莊子寓言耳。」又云：「老君降生、行教、昇天，備載諸

〔一〕「鳥」，釋文作「雉」。

經，不具言也。」史記索隱曰：「許慎云：『聃，耳漫也。』故名耳，字聃。」正義曰：「聃，耳漫無輪也。」**秦失弔之，**釋文：「失音逸。」**三號而出。弟子曰：「非夫子之友邪？」** 補世人弔友喪，必哭。今弟子見失僅號而不哭，疑其非友，故問。**曰：「然。」** 補宣云：「是吾友。」**「然則弔焉若此，可乎？」** 補弟子謂若此號而不哭，於弔友喪之禮可乎？ **曰：「然。** 補宣云：「可也。」**始也，吾以爲其人也，**謂真人不死。 正注非。文如海本「其人」作「至人」，亦非。成玄英本作「其人」，與此本同，是也。惟成謂其人指老君弟子言，則非。宋刻趙本、明世德堂本，均作「其人」，其，指老子言；人，世俗之人也。謂始也，吾以爲老子乃世俗之人也，如爲世俗之人，吾當以世俗弔喪之禮哭之。**而今非也。** 補而今非世俗之人也，其死，亦非死也，乃是帝之縣解也，吾何爲以世俗之禮哭焉？ 此與大宗師篇孟子反、子琴張於子桑户死，相和而歌曰「而已返其真，我猶爲人猗」之意同。故此句。直貫注下文「適來」一段。**向吾入而弔焉，有老者哭之，如哭其子；少者哭之，如哭其母。彼其所以會之，必有不蘄言而言，不蘄哭而哭者。**所謂「不言而信，不比而周」也。會，交際。言，稱譽。言老子誠能動物，我之不哭，自有説也。 正注非。彼，指哭者。言彼老少所以相會聚言哭於此，必有不求言哭而言哭者。言者，稱也。即老者稱之如子，少者稱之如母而哭之也。田子方篇云：「其諫我也似子，其道我也似父。」此正相同。老聃非老者之子，非少者之母，於天倫人情，不蘄乎如斯言哭，而竟言哭，是乃言哭之不當者，故下曰「遯天倍情」。秦失因弟子疑其弔而不哭，乃先舉哭之遯天倍情者反證之。**是遯天倍情，忘其所受，**釋文：「遯，又作遁。」是，謂老聃。情，乃惠子所謂情，見德充符篇。受者，受其成形。**正**注非。是，指上老少之哭言。非母子，而哭之如母子，是逃遁乎天然之倫，倍加於常人之情，而忘乎其所受也。蓋母子之情，所受於天，今非母子，而哭如母子，故曰「忘其所受」。倍情，猶過情也。**古者謂之遁天之刑。**語又見列禦寇篇。德充符以孔子爲天刑之，則知「遁天刑」是贊語。舊解並誤。**正**注非。倍加常情，過於哀哭，足以傷生損性，無異受刑，故曰「遁天之刑」。遁天者，逃遁自然之天性也。則陽篇「遁其天，離其性，滅其情」，於此「遁天」義同。可知非贊語，即德充符篇亦非贊語。王解均誤。**適來，夫子時也；適去，夫子順也。安時而處順，哀樂不能入也，古者謂是帝之縣解。」**釋文：「縣音玄。」成云：「帝，天也。」按大宗師篇云：「得者時也，失者順也。安時而處順，哀樂不能入也，此古之所謂縣解也。」與此文大同。來去得失，皆謂生死。德充符郭注亦云：「生爲我時，死爲我順；時爲我聚，順爲我散也。」天生人而情賦焉，縣也。冥情任運，是天之縣解也。」**補**吴都賦注：「有繫謂之縣，無謂之解。」武按：安時處順，哀樂不能入，是帝之縣解，非同夫世俗人之死也。此秦失所以號而不哭。此段再喻爲惡無近刑。蓋遁天倍情，過於哀哭，爲惡也；足以傷生損性，近刑也。

指窮於爲薪，以指析木爲薪，薪有窮時。**火傳也，不知其盡也。**形雖往，而神常存，養生之究竟。薪有窮，火無盡。五喻。　**正**注非。歷來修詞家，均以薪傳爲師弟傳受之喻，謬誤相承，由來已久。不知此段以薪喻生，以火喻知，以薪傳火喻以生隨知。蓋薪有盡，而火無窮，以薪濟火，不知其薪之盡也。以喻生有涯而知無涯，以生隨知，不知其生之盡也。蓋儆人不當以生隨知也，卽證明首段「吾生也有涯」四句。

人間世第四

人間世，謂當世也。事暴君，處汙世，出與人接，無争其名，而晦其德，此善全之道。末引接輿歌云：「來世不可待也，往世不可追也。」此漆園所以寄慨，而以人間世名其篇也。　**正**注謂人間世爲當世，未盡其義。蓋人間以横言，世以豎言。人間世者，謂人與人之間相接之時世也。世有三，即接輿所歌往世、來世、方今之世也。而人與人間之相接，不外乎於内則心，於外則形與行。本篇凡六節。第一節，孔、顔問答，致齊虚心以應世也。第二節，孔、葉問答，安命養心以應世也。第三節，顔、蘧問答，正身和心以應世也。第四節，匠石師弟問答，而足之以南伯之言，明物之寄形於無用，以免世害也。第五節，支離疏支離其形，明人之寄形於無用，以免世害，且蒙世益也。第六節，接輿卻曲其行，以避世也。如此數面寫來，人間世之義，無餘藴矣。然皆莊子之寓言，藉以明其道要而已。而其道要，則在於事心。故一至三節，事心之正文也；四節之寄形於無用，能虚其心也；五六之支離其形，卻曲其行，免累其心也。如作孔、蘧諸人事實觀，則傎矣。

顔回見仲尼請行。曰：「奚之？」曰：「將之衞。」曰：「奚爲焉？」曰：「回聞衞君，釋文：「司馬云：『衞莊公蒯聵。』按左傳，莊公以魯哀十五年冬入國，時顔回已死。此是出公輒也。」姚鼐云：「衞君，託詞，以指時王糜爛其民者。」　**補**成疏：「姓顔，名回，字子淵，魯人也。

孔子三千門人之中，總四科，入室弟子也。仲尼者，姓孔，名丘，字仲尼，亦魯人，殷湯之後，生衰周之世，有聖德。」奚，何也。之，適也。**其年壯，其行獨，**宣云：「自用。」**補**釋文：「行，下孟反。獨，向云：『與人異也。』」武按：「年壯」句，爲下「夫以陽爲充」句伏根。**輕用其國，**役民無時。**補**輕率用其國之權力。**而不見其過，**郭云：「莫敢諫。」**補**不自覺其輕用之過。**輕用民死，**視用兵易。**死者以國量乎澤，若蕉，**國中民死之多，若以比量澤地，如以火烈而焚之之慘也。郭嵩燾云：「蕉與焦通。左成九年傳『蕉萃』，班固賓戲作『焦瘁』。廣雅：『蕉，黑也。』」**正**量，比也，度也。則陽篇云：「比於大澤，百材皆度。」荀子富國篇云：「然後葷菜百疏以澤量。」注：「猶谷量牛馬。」澤，風俗通：「水草交厝，名之爲澤。」蕉，釋文：「似遥反。向云：『蕉，草芥也。』」呂氏春秋審應覽不屈篇：「蕉火大鉅。」注：「蕉，薪樵也。」列子周穆王篇：「覆之以蕉。」注：「與樵同。」此句言以國内死者之數，比量於澤，若澤中草薪之多焉，猶言死人如麻也。此乃找足上「輕用民死」義。注訓蕉爲焚焦，非是。章太炎云：「國不可量乎澤，當借爲鹹，以鹹則可量乎澤也。」説似是而非，且蹈擅改原文之失。此爲清代訓詁家之通蔽，非武所敢苟同也。須知此爲倒句法，如將「以國」二字置「死者」二字之上，則爲以國之死者量，非以國量也。足知改「鹹」之不必矣。**民其無如矣。**無所歸往。**正**非。秋水篇：「予无如矣。今子之使萬足獨奈何？」言予使一足，尚無如之何，今子使萬足，獨奈之何哉？此句與「予无如矣」同一句法，謂民無如衛君之暴何也。又戴震云：「魯論『吾末如之何』，卽『奈之何』。鄭康成讀如爲那。」武按：玉篇：「那，何也。」廣韻：「那、奈通。」則民無如矣卽民無奈。回嘗聞之夫子曰：『治國去之，宣云：「無所事。」亂國就之，宣云：「欲相救。」醫門多疾。』入喻。願以所聞思其則，崔、李云：「則，法也。」補願以所聞於夫子者，思其醫國之法。應上「將之衞」句。庶幾其國有瘳乎！」李云：「瘳，愈也。」補釋文：「瘳，丑由反。」言庶幾其國如疾之愈，而不再輕用乎！仲尼曰：「譆！若殆往而刑耳！成云：「若，汝也。往恐被戮。」正釋文：「譆音熙，又於其反。」成云：「怪笑〔一〕聲也。」武按：殆，將也。夫道不欲雜，雜則多，多則擾，擾則憂，憂而不救。成云：「道在純粹，雜則事緒繁多，事多則心擾亂，擾則憂患起。藥病既乖，彼此俱困，己尚不能立，焉能救物？」補「雜」「多」「擾」三字，反伏下文「定」「一」「虛」三字，而「一」「虛」二字，爲全節主腦，餘字則綫索也。蓋道不雜則一而不多，不多則不擾，不擾則定，定則虛，虛則所以集道也。故定者一之效，虛者定之效；雜多爲一之反，擾爲定之反也。古之至人，先存諸己，而後存諸人。成云：「存，立也。」正存，當爲「成性存存」之存。爾雅釋詁：「存，在也，察也。」楚辭遠遊篇云：「壹氣孔神兮，於中夜存。虛以待之兮，無爲之先。」於此「存」字之義最合。此「存」字，隱攝下「心齊」義。下文云：

〔一〕「笑」字，據集釋引成疏補。

「夫且不止，是謂坐馳。」蓋能存諸己則不馳矣。然則謂心齊之工夫在一「存」字，亦無不可。老子之「緜緜若存」，亦此義也。成乃以立訓之，失其旨矣。**所存於己者未定，** 補未定則擾矣。**何暇至於暴人之所行！** 至，猶逮及也。暴人，謂衞君。**且若亦知夫德之所蕩，而知之所爲出乎哉？德蕩乎名，知出乎**〔一〕**争。** 成云：「德所以流蕩喪真者，矜名故也。智所以横出逾分者，争善故也。」正外物篇：「德溢乎名，名溢乎暴。」是蕩卽溢也。謂德洋溢於外，則德之名立焉，非謂喪真矜名也。凡相争，則必用知，故知卽爲争之凶器，不待横出逾分也。成疏似覺過量。**名也者，相軋也；知也者，争之器也。二者凶器，非所以盡行也。** 成云：「軋，傷也。」按：言皆凶禍之器，非所以盡乎行世之道。蘇輿云：「瘳國，美名也；醫疾，多智也。持是心以往，争軋萌矣，故曰『凶器』。」此淺言之，下復深言。雖無用智、争名之心，而持仁義繩墨之言以諷人主，尚不可游亂世而免於菑，況懷凶器以往乎！**且德厚信矼，未達人氣；名聞不争，未達人心。** 簡文云：「矼，慤實貌。」按：雖慤厚不用智，而未孚夫人之意氣；雖不争名，而未通乎人之心志，人必疑之。正氣，卽下文「聽之以氣」之氣。下文「入則鳴，不入則止」，卽能達人氣、達人心者也。否則，己之德雖厚，人之信雖實，且不争善名令聞，然未通達人之氣與人之心，而强

〔一〕「乎」原作「者」，據王氏原刻及集釋本改。

言自衒，殆難免菑矣。此以信矼而強言，後以不信而厚言，兩層輕重，自是不同。**而强以仁義繩墨之言術暴人之前者，是以人惡有其美也，**釋文：「強，其兩反。」術同述。郭嵩燾云：「祭義：『而術省之。』鄭注：『術當作述。』」按：人若如此，則是自有其美，人必惡之。**正**術，焦竑云：「江南古藏本作衒。」武按：孔子集語所引亦然。當作「衒」。前漢東方朔傳：「四方士多上書言得失，自衒鬻。」師古注：「衒，行賣也。」又韻會：「自矜也。」惡，俞樾云：「釋文惡音烏路反，非也。美惡相對爲文，當讀如本字。」俞説是也。言仁義，美德也，今強以此言衒鬻於暴人之前，是以人惡而無此美德，己則有之也。「其」字，指仁義繩墨言。有其美，卽自衒也。**命之曰菑人。菑人者，人必反菑之，若殆爲人菑夫！**成云：「命，名也。」釋文：「菑音災。」**補**菑人，頂「以人惡」來。以人爲惡，是菑害人也。若，汝也。「若殆爲人菑」句，應「若殆往而刑耳」。**且苟爲悦賢而惡不肖，惡用而求有以異？**下而，汝也。且衞君苟好善惡惡，則朝多正人，何用汝之求有以自異乎？**若唯无詔，王公必將乘人而鬭其捷。**成云：「詔，言也。王公，衞君。」言汝唯無言，衞君必將乘汝之隙，而以捷辯相鬭。**補**釋文：「无詔，絶句。詔，告也。」**而目將熒之，而色將平之，口將營之，容將形之，心且成之。是以火救火，以水救水，名之曰益多，順始无窮。**郭慶藩云：「熒，䁝之借字。説文：『䁝，惑也。从目，熒省聲。』」成云：「形，見也。」言汝目將爲所眩，汝色將自降，口將自救，容將益恭，心且舍己之是，以成彼之非。彼惡既多，汝又從而益之。始既如此，後且順之無盡。補成云：「既懼菑害，故委順面從，擎、跽、曲拳，形迹斯見也。」**若殆以不信厚言**，宣云：「未信而深諫。」按：此「若」字，訓如。正前信矼強言，尚不免菑，況不信厚言乎！較前進一步説。「若」字當訓汝。此字領冒下句，而爲二句主格也。**必死於暴人之前矣。**補再應「若殆往而刑耳」。**且昔者桀殺關龍逢，紂殺王子比干，是皆修其身以下傴拊人之民，**李云：「傴拊，謂憐愛之。」宣云：「人，謂君。」補成云：「姓關，字龍逢，夏桀之賢臣，盡誠而遭斬首。比干，殷紂之庶叔，忠諫而被割心。」釋文：「傴，紆甫反。拊音撫。」**以下拂其上者也，故其君因其修以擠之。是好名者也。**因其好修名之心而陷之。一證。補拂，釋文「符弗反，崔云『違也』」。擠，釋文「子禮反，簡文云：『排也。』一云陷也。好，呼報反」。**昔者堯攻叢枝、胥敖，禹攻有扈，**三國名。補釋文：「叢，才公反。有扈音户，司馬云：『國名，在始平郡。』」按：即今京兆鄠縣也。奚侗云：「叢枝，齊物論作『宗膾』。叢、宗音近。枝疑快字之誤，快、膾音近。」**國爲虚厲，**宣云：「地爲丘墟，人爲厲鬼。」正釋文：「虚，如字，又音墟。李云：『居宅無人曰虚。』」武按：周禮地官：「山虞掌山林之禁令，物爲之厲。」鄭注：「每物有蕃界也。」又春官：「墓大夫帥其屬而巡墓厲。」注：「厲，塋限遮列處。」句謂國爲丘虚塋厲也。「國」字，總攝「虚厲」二字，宣乃以「國」攝「虚」，添一「人」字以攝「厲」，似與句意不合。**身爲刑戮，其用兵不止，其求實無已。**求實，貪利。三國如此，故堯、禹攻滅之。補影射衞君

「輕用其國」數句。**是皆求名、實者也，**再證。蘇輿云：「龍、比修德，而桀、紂以爲好名，因而擠之。桀、紂惡直臣之有其美，而自恥爲辟王，是亦好名也。叢枝、胥敖、有扈，用兵不止，以求實也，堯、禹因而攻滅之，亦未始非求實也。故曰：『是皆求名、實者也。』」**補**此句雙承上二段，卽以「名」字承龍、比，「實」字承三國，且作一小收束。**而獨不聞之乎？名、實者，聖人之所不能勝也，而況若乎！**夫子又舉所聞告之。言人主據高位之名，有威權之實，雖以聖人爲之臣，亦不能不爲所屈，況汝乎！**正**聖人，指龍、比、堯、禹言。龍、比不勝桀、紂之好名，致以身殉；堯、禹不能勝三國之求實，致以兵攻。不勝者，不能以德化而勝之也。此節引例以暢發「若殆往而刑」，與「必死於暴人之前」句。**雖然，若必有以也，嘗以語我來！」**以者，挾持之具。嘗，試也。**顏回曰：「端而虛，**端肅而謙虛。**補**此「虛」字，緊貼「端」字，就容貌說，謂容貌端正而謙虛也，與後文「虛」字屬於氣與心者有別。若如郭注「正其形，虛其心」，則後文「虛者心齊」之言便成贅疣。此句蓋回聆仲尼強言自衒，以下拂上之言，特欲以端虛自醫也。**勉而一，**黽勉而純一。

補此回聆仲尼雜多擾，及存己未定之言，特欲黽勉自存，求定於一，以免雜多擾之患也。此「一」字，係就以專一不雜之法，向人君進諫而言，與下「一若志」之一有別。蓋回此時，尚未領會仲尼「道不欲雜」之旨，誤以爲進諫之法不欲雜，故以一自勉。及仲尼破其執而不化，卽謂其執一也，回則張三法以應之，其不明仲尼之旨可知矣。**則可乎？」曰：「惡！惡可？**上惡，驚歎詞。下惡可，不可也。**夫以陽爲充孔揚，**衛君陽剛之氣充滿於內，甚揚於外。**補**成云：「充，滿也。孔，甚也。」武按：論語孔子曰：「及其壯也，血氣方剛。」朱注：「血陰而氣陽。」淮南氾論訓：「積陽則飛。」卽陽充積向外飛揚也。本句跟上「其年壯」來，因衛君年壯，故陽氣方剛，積滿於內，甚揚於外也。**采色不定，**容外見者無常。**常人之所不違，**平人莫之敢違。**補**常人見衛君氣勢張揚，喜怒之色不定，故畏而不敢違忤。**因案人之所感，以求容與其心。**成云：「案，抑也。容與，猶快樂。人以箴規感動，乃因而挫抑之，以求放縱其心意。」**補**應上「因其修以擠之」。**名之曰日漸之德不成，而況大德乎！**雖日日漸漬之以德，不能有成，而況進於大德乎！**補**況驟然以仁義之大德強與之言乎！**將執而不化，**宣云：「自以爲是。」**外合而內不訾，**宣云：「外卽相合，而內無自訟之心。」姚鼐云：「訾，量也。聞君子之言，外若不違，而內不度量其義。」**正**此與上句，宣注屬衛君說，姚同。武按：上明言衛君采色不定，按人之所感，以求快適其意，何能外合人之所言？且案者，卽上文所謂擠也。方且案而罪之，豈僅內不自訟與不度量其義乎？宣、姚之說，均有未愜。應屬顏回說。訾，當從崔云，毀也。仲尼對破回勉一之言，謂如執一不化，必至外合而內不敢訾。夫外合而內不訾，非內外勉而一者乎？且外合，卽容且形之；內不訾，卽心且成之也。況下文回明答「我內直而外曲」，外曲者，反應外合也；內直者，反應內不訾也。前後對勘，綫路極爲分明。**其庸詎可乎！」****補**此爲對回之否定指示詞，益足證上語爲對回說。

如屬衛君，則此語爲無謂矣。「然則我內直而外曲，成而上比。「然則」下，顔子又言也。內直者，與天爲徒。與天爲徒者，知天子之與己皆天之所子，而獨以己言蘄乎而人善之，蘄乎而人不善之邪？成云：「內心誠直，共自然之理而爲徒類。」宣云：「天子，人君。」郭云：「人無貴賤，得生一也。故善與不善，付之公當，一無所求於人也。」補內直者，坦率任真，應訾則訾也。如童子率其天真而言，毫無蘄求之心，其善之與否，聽諸人而已。若然者，人謂之童子，是之謂與天爲徒。依乎天理，純一無私，若嬰兒也。外曲者，與人之爲徒也。擎、跽、曲拳，宣云：「擎，執笏。跽，長跪。曲拳，鞠躬。」補釋文：「擎，徐其驚反。跽，徐其里反，説文云：『長跪也。』拳音權。」人臣之禮也，補隨人跽、拳，盡人臣之禮而已，非外合也。人皆爲之，吾敢不爲邪？爲人之所爲者，人亦无疵焉，是之謂與人爲徒。成而上比者，與古爲徒。成云：「忠諫之事，乃成於今；君臣之義，上比於古。」正成人臣之直節，以讁過之言進，乃上比於古人，而與之爲類也。其言雖教，讁之實也。所陳之言，雖是古教，卽有諷責之實也。補釋文：「讁，直革反。」成云：「責也。」武按：「讁」字，反應上「不訾」。古之有也，非吾有也。若然者〔一〕，雖直而不病，郭云：「寄直於古，無以病我。」補「而不病」，明世德堂本、崇

〔一〕「者」字，據王氏原刻及集釋本補。

德書院本均作「不爲病」，當從之。**是之謂與古爲徒。若是，則可乎？」** **補**回見仲尼破其執一，乃張三條以救之。**仲尼曰：「惡！惡可！大多政**釋文：「大音泰。」郭云：「當理無二，而張三條以政之，所謂大多政也。」按：政、正同。**法而不諜，**俞云：「四字爲句。列禦寇篇：『形諜成光。』釋文：『諜，便僻也。』此『諜』義同。言有法度，而不便僻。」**正**此句當連上「大多政」爲一句，言其大多正之之法而不諜也。「諜」字，俞引「形諜成光」句下釋文，訓便僻，不僅核之此處上下文義無當，卽與「形諜成光」之義亦不合。武於彼句下，已加駁正，茲不贅。又釋文引崔云：「間諜。」武按：仲尼聖人，決無教弟子以間諜之法刺探人主意向之理，且與心虛之義亦未協。考前漢王莽傳云：「政令煩多，當奉行者，輒質問，乃以從事。前後相乘，憒眊不渫。」注：「渫，徹也，通也。」「諜」「渫」二字，形近易誤。且諜，達協切，渫亦有達協切，音同則義通，故諜有通達義。彼以政令煩多而不渫，此以政法大多而不諜，意義正同。本篇要旨，在一「虛」字。虛以待物，則肆應無滯，達人氣，達人心，入則鳴，不入則止，胥此意也。回政法雖多，然拘之以三，仍不能圓通無礙，故曰「大多政法而不諜」，謂其執而不能通達也。下句「固」字，亦卽執而不通之謂。諜作如此解，則上下文義一貫矣。**雖固，亦无罪。**雖未宏大，可免罪咎。**正**注非。前之「勉而一」，「執而不化」，固固矣；今法限以三，亦固也。雖固，其所言者，皆古人之所有，有類旁諷，不致直觸其怒，較前之強言自衒，與不信厚言者異矣，故不致招罪。**雖然，止是耳矣，** **補**耳，緩讀之則爲而已，而已急讀之則爲耳，故耳矣，卽而已矣。此句言止於無罪而已。**夫胡可以及化！**不足化人〔一〕。**猶師心者也。」**成云：「師其有心。」補師其成心，謂拘於三法而不諜也。**顔回曰：「吾无以進矣，敢問其方。」仲尼曰：「齊，吾將語若！**釋文：「齊，本亦作齋。」補釋文：「齊，側皆反，下同。」武按：知北遊篇老聃曰：「汝齊戒，疏瀹而心，澡雪而精神，掊擊而知。」此數句，足以發明此處「齊」字之義。**有而爲之，其易邪？**郭云：「有其心而爲之，誠未易也。」正焦竑云：「張君房本『有』下有心字。」武按：觀郭注亦應有。此句承上「師心」來。惟郭謂「誠未易也」，則與句意相違。徐鍇云：「人爲爲僞。」句意謂有心而爲之，則非順乎自然之天，而純出於人爲。人爲卽僞也。故曰「其易邪」，言易僞也。下文「易以僞」句，卽承此而明說之。**易之者，皞天不宜。」**成云：「爾雅：『夏曰皓天。』言其氣皓汗也。」按：與虛白自然之理不合。蘇輿云：「易之者，仍師心也。失其初心，是謂違天。」於義亦通。補釋文：「皞，徐胡老反。向云：『皞天，自然也。』」武按：「皞」，一作「皓」，明也，白也。天地篇：「无爲爲之之謂天。」淮南原道訓云：「所謂天者，純粹樸素，質直皓白，未始有與雜糅也。」以此釋皞天之義最切。蓋本書所謂天者，無爲也。無爲者，不雜以人爲也，卽非有心而爲之也。有心而爲之者，人爲也。人爲者，易以

〔一〕「人」原作「也」，據王氏原刻改。

僞，非純粹皓白之天所宜矣。回張三法，純出有心而爲之，非任其自然無爲之天而虛而待物也，故仲尼復申儆之也。**顏回曰：「回之家貧，唯不飲酒、不茹葷者數月矣。如此，則可以爲齊乎？」**成云：「葷，辛菜。」補釋文：「茹，徐音汝，食也。葷，徐許云反。」**曰：「是祭祀之齊，非心齊也。」回曰：「敢問心齊？」仲尼曰：「一若志，**宣云：「不雜也。」補莊子之道，其功夫〔一〕即在此，亦本篇主要語，即老子之「抱一」也。老子云：「致虛極，守靜篤。」欲致虛之極，在守靜之篤，欲守靜篤，則在抱一，即「一若志」之謂也。故一志爲道家下手功夫，虛則其功效也。**无聽之以耳而聽之以心，**成云：「耳根虛寂，凝神心符。」補文子上德篇：「夫道者，内視而自反。」注：「反聽内視。」武按：聽之以心者，即反聽也。與楞嚴經「初於聞中入流亡所」之義通。**无聽之以心而聽之以氣。**成云：「心有知覺，猶起攀緣；氣無情慮，虛柔任物。故去彼知覺，取此虛柔，遣之又遣，漸階玄妙。」**聽止於耳，**宣云：「止於形骸。」俞云：「當作『耳止於聽』，傳寫誤倒也。此申説無聽之以耳之義，言耳之爲用，止於聽而已，故無聽之以耳也。」正俞説非。如俞説作「耳止於聽」，謂申説無聽之以耳之義，須知二句義同，徒滋重復，何申説之於有？且耳何能聽？能聽者耳根也。聲浪觸耳，耳亦不能止，能止者心也。上既言「无聽之以心」，即心寂然

〔一〕「夫」原誤「大」，據文義改。

不動。聲浪之來，及耳而止，寂然之心不與之相應而爲聽，故曰「聽止於耳」，與楞嚴經「聞所聞盡」之義相通。本文並未誤倒。**心止於符。**俞云：「此中說無聽之以心之義。言心之用，止於符而已，故無聽之以心也。符之言合，與物合也，與物合，則非虛而待物之謂矣。」**正**俞說非。本書徐无鬼篇：「以心復心。」符、復義通。蓋人皆有心，或蔽而不明，或放而未收，遂有人心、道心之別，而不相符矣。如能一其志，使心不坐馳，物來順應，無差別心，無攀緣心，無受、想、行、識之心數，二六時間，如如不動，則道心復而人心與之符矣。故曰「以心復心」也，故曰「心止於符」也。若以釋家言之，其入三摩提，證真如之境者乎？此就本書以證也。再以列子證之。仲尼篇：「亢倉子曰：『我體合於心，心合於氣。』」符者，合也。心止於符，卽心止於合氣也。又本書則陽篇：「陰陽者，氣之大者也，道者爲之公。」本句所謂氣，卽陰陽之氣也；本篇所謂道，卽陰陽之公名也。列子曰：「天地之道，非陰則陽。」易曰：「一陰一陽之謂道。」莊子名陰陽之氣爲道，卽本於此。是故心符於氣，卽符於道，卽所謂道心也。前後兩證，義自相通。此篇莊子寓諸仲尼之言，發揮修道次第，義最幽玄，語極精要，道笈丹經，汗牛充棟，悉不能出此範圍。審其修道次第，率由耳、眼兩根而入，與釋家相同，惟釋家入道方便，其途較多。然諸佛弟子，在祇桓精舍會上，應佛之問，陳述入道方便時，佛獨取觀音「由聞中入」，實以耳根圓通，遠較諸根爲勝也。本篇先述耳根，眼根次之，其意與釋家亦無不同。其所謂「无聽之以耳而聽之以心」者，卽觀音聞所聞盡也；「无聽之以心而聽之以氣」，卽覺所覺空也，覺屬心故也。氣充虛空，無乎不偏，圓之義也。心符於氣，卽空覺極圓也。至列子所記亢倉子之言，尤有進焉。其言曰：「心合於氣，氣合於神，神合於無。」卽空所空滅，生滅既滅，寂滅現前也。又曰：「於介然之有，唯然之音，雖遠在八荒之外，近在眉睫之內，來干我者，我必知之。」此與觀音之「耳根圓通」何異？天地間祇此一理，孰謂釋道殊途乎？**氣也者，虛而待物者也。**俞云：「此申説氣。」宣云：「氣無端，卽虛也。」補卽陰陽之氣。**唯道集虛。虛者，心齊也。」**成云：「唯此真道，集在虛心。故虛者，心齊妙道也。」補「虛」字，爲全篇主腦。應帝王篇云：「无爲名尸，无爲謀府，无爲事任，无爲知主。體盡无窮，而遊无朕，盡其所受於天，而无見得，亦虛而已。」於「虛」字之義，可謂發揮盡致。又管子内業篇云：「心静氣理，道乃可止。」又云：「彼道之情，惡音與聲。修心静者，道乃可得。」文子十守篇：「虛無者，道之所居。」皆可作「唯道集虛」之參證。然道究何以必集於虛？其猶排橐乎？排橐内之氣，橐外之氣輒來補其空，如水之就下然。虛者空也。道爲陰陽之氣，故集之也。春秋繁露如天之爲篇〔一〕云：「天地之間，有陰陽之氣。常漸人者，若水常漸魚也。」人既處陰陽氣之中，故心若虛，則是氣入而集之矣。所謂虛者心齊也者，謂心何以虛？齊致之也。齊者其功，虛者其效也。説文：「齊，戒絜也。」禮記祭統云：「齊者不樂。」言不散其志也。不散志，卽一志也。是則上文「一若志」，卽示回以齊之下手處也。祭統又云：「定之之謂齊。」上文「存於己者未定」，卽規回之未能齊也。達生

〔一〕「如天之爲」原作「天地陰陽」，據春秋繁露改。

篇：「必齊以靜心：齊三日而不敢懷慶賞爵禄，齊五日不敢懷非譽巧拙，齊七日輒然忘吾有四枝形體也。」夫至忘四枝形體，則心可謂虛矣，亦卽未始有回之義也。**顔回曰：「回之未始得使，**未得使心齊之教。**正**注非，説詳下句。**實自回也；**自見有回。**正**奚侗曰：「自，係有字之誤。下文『未始有回也』，正與此文反應。」武按：此與上句，言回之未用其心也，實有一形體具備之回也。秋水篇：「因其大而大之，因其小而小之。」此卽因其有而有之，任其天也。形質實有，不能故謂之無。如實有而以爲無，非惟有心，且爲妄心矣，何能致齊而虛其心？又何異釋家所斥墮於斷滅之外道乎？德充符篇云：「有人之形，無人之情。」實自回也者，有人之形也；下文「未始有回也」者，無人之情也。尤爲此處確證。此處就未用心時言齊也。**得使之也，未始有回也。**既得教令，遂忘物我。**正**「之」字，指心言。謂得使用其心時，未始有回之見存也。見不存，卽任其天也。任天，卽下文「爲天使」也。此與大宗師篇「回坐忘」節可互相發明。夫功至坐忘，若準諸釋家，約等於斷煩惱、所知二障，而變人、法二空也。此就用心時言齊也。**可謂虛乎？」夫子曰：「盡矣。**成云：「心齊之妙盡矣。」**正**「可謂虛乎」句，雙承上二意。謂未使心時，惟有人之形，既使心時，却無人之情，如此者，可謂虛乎？二意夾詮，故夫子以盡虛之義許之也。**吾語若！若能入遊其樊而无感其名，**汝入衞，能遊其藩内，而無以虛名相感動。**入則鳴，不入則止。**入吾言則言，不入則姑止。**无門无毒，**宣云：「不開一隙，不發一藥。」郭云：「使物自若，無門者也，付天下之自安，無毒者也。」李楨云：「門、毒對文，毒與門不同類。説文：『毒，厚也。言害人之草，往往而生。』義亦不合。毒蓋壔之借字。説文壔下云：『保也，亦曰高土也，讀若毒。』與郭注『自安』義合。張行孚説文發疑云：『壔者，累土爲臺以傳信，卽呂覽所謂「爲高保禱於王路，寘鼓其上，遠近相聞」是也。』禱是壔之譌。壔者，保衛之所，故借其義爲保衛。周易『以此毒天下，而民從之』，老子『亭之毒之』，與此『無門無毒』，三毒字，皆是此義。廣雅『毒，安也』，亦卽此訓。楨按：壔爲毒本字，正與門同類，所以門、毒對文。讀都皓切，音之轉也。」按：宣説望文生義，不如李訓最合。門者，可以沿爲行路；毒者，可以望爲標的。「无門无毒」，使人無可窺尋指目之意。**正**知北遊篇：「其來無迹，其往无崖，无門无房，四達之皇皇也。」此「毒」字，疑爲「房」字之誤。此句爲下句「一宅」作根，並爲後文「虛室」二字寫照。下句不得已而一宅之者，以其「无門无房」也。外无門，内无房，非虛室乎？以喻宅心於皇皇四達，内外無蔽障之所，斯可謂之虛矣。宣固望文生義，然李讀毒爲壔，壔者，保衛之所，所以望遠通信者，非可常居，於下「一宅」與「虛室」義不相應，亦徒滋葛籐而已。至云「使人無可窺尋指目」，則是僞也。若李林甫城府深阻者則如此，尤乖本文之義矣。

一宅而寓於不得已，則幾矣。成云：「宅，居處也。處心至一之道，不得已而應之，非預謀也，則庶幾矣。」**補**一宅者，宅居於一而不二也，爲上「一若志」之喻。莊子之道，重在於不得已，故「不得已」句全書數見，如下文「託不得已以養中」，庚桑楚篇「動以不得已之謂德」，刻意篇「不得已而後起」。蓋卽虛而待物之旨，必待感而後應，迫而後動也。下「葉公子高」

節，卽暢發此義，特提於此，以作彼節伏筆。**絶迹易，无行地難。**宣云：「人之處世，不行易，行而不著迹難。」正人行地而欲不留足迹，可以人爲掃除之使絶，故曰易，以喻爲人使，易以僞。又人無翼以飛，不能不行地，此天使之也。今欲無行地，非人爲所能，故曰難，以喻爲天使，難以僞。**爲人使，易以僞；爲天使，難以僞。**成云：「人情驅使，淺而易欺；天然馭用，爲而難矯。」**補**荀子性惡篇楊倞注：「僞，爲也。凡非天性而人作爲之者，皆謂之僞。故僞字人傍爲，亦會意字也。」本書刻意篇：「静而與陰同德，動而與陽同波。不爲福先，不爲禍始。感而後應，迫而後動，不得已而後起。去知與故，循天之理。」又曰：「動而以天行。」卽爲天使也。言循天理以行使，而不雜以知故之人爲也。反之者，爲人使也。爲人使者，卽使其知故，而流於人爲之僞也。「爲天使」句，與上「寓於不得已」句相呼應。**聞以有翼飛者矣，未聞以无翼飛者也；聞以有知知者矣，未聞以无知知者也。**釋文：「上音智，下如字。」宣云：「以神運，以寂照。」**正**上知如字，音智非。無知不能知，猶之無翼不能飛，天使之也。無知欲知，無翼欲飛，皆難施以人爲，故上言「爲天使，難以僞」也。自「絶迹易」至此，皆推闡「入則鳴，不入則止」二句之義。蓋天者自然之謂，入則鳴者，順其自然之機也。如其不入，尚不知止而仍鳴，猶之無翼欲飛，無知欲知，皆違乎自然，而難於爲力矣。**瞻彼闋者，虚室生白，**司馬云：「闋，空也。室，喻心。心能空虚，則純白獨生也。」成云：「彼，前境也。觀察萬有，悉皆空寂，故能虚其心室，乃照真源。」**補**瞻，説文：「臨視也。」成云：「觀照也。」闋，釋文「徐苦穴反」，集韻「音缺」。武按：此莊子於入道之門，上文示人由耳根，此處示人由眼根也。至天地篇所云：「視乎冥冥，聽乎无聲。冥冥之中，獨見曉焉；天聲之中，獨聞和焉。」則雙示眼、耳兩根，並説明其功效也。視乎冥冥，卽瞻彼闋也；冥冥見曉，卽虛室生白也，蓋説文訓曉爲明也。又前漢書元后傳注：「曉，猶白也。」夫老、莊之道，多由眼根入。如道德經首章，卽揭示觀妙觀徼，而繼之以觀復，終之以長生久視，從可知其入道之方矣。至虛室生白，並非甚難，如根性明利者，齊潔靜持，瞑目觀息，閲月經年，卽見光透睫簾，白境現前矣。此境尚淺，因僅白生虛室，未能圓照十方也。準諸釋家，於四禪中，約等有覺、有觀之初禪乎？瞻闋，觀也；知白，覺也。靜瞻再進，則如庚桑楚篇之「宇泰定者發乎天光」，道德經之「明白四達」矣。更進則如在宥篇所述廣成子云「吾與日月爭光」，天地篇所云「上神乘光，與形滅亡，此謂照曠」。夫形滅而惟乘光，卽與光爲一也，故謂上神。此與釋迦牟尼每於説法時，放種種寶光相若矣。此義請再以釋家明之。如阿那律陀云：「世尊示我以樂見照明金剛三昧，旋見循元，觀見十方，精真洞然，如觀掌果。」又如周利槃特迦云：「我時觀息，微細窮盡。反息循空，其心豁然，得大無礙。」復如孫陀羅難陀云：「我初諦觀三七日，見鼻中氣出入如烟，身心内明，偏成虛淨，烟相漸銷，鼻息成白，心開漏盡，諸出入息，化爲光明，照十方界。」二家對勘，本文之義曉然矣。

吉祥止

止。成云：「吉祥善福，止在凝静之心，亦能致〔一〕善應也。」俞云：「『止止』連文，於義無取。淮南俶真訓：『虚室生白，吉祥止也。』疑此文下止字亦也字之誤。列子天瑞篇盧重元注云『虚室生白，吉祥止耳』，亦可證『止止』連文之誤。」按：下「止」字，或「之」之誤。**正**惟道集虚，虚則吉祥自然來止，即下文「鬼神來舍」也。刻意篇云：「澹然无極，而衆美從之。」澹然無極，虚也；衆美從之，吉祥止也。刻意篇又云「故无天災，无物累，无人非，无鬼責」，乃釋衆美之義也，亦可移以釋吉祥之義。又知北遊篇云：「正汝形，一汝視，天和將至。」天和者，非吉祥乎？「止止」二字不誤，俞、王説均非。蓋止猶集也。上「止」字，吉祥來集也；下「止」字，心之所集也。心止於符，即心集於虚也，虚則吉祥來集。合而言之，即吉祥止於心之所止也。德充符篇「惟止能止衆止」，謂惟心之止，能止衆止也。若略變其句法，爲「衆止止止」，謂衆止止於心之所止，義亦可通。淮南之作「也」字，因語氣已畢，用「也」字以結之；此作「止」字者，爲下句「止」字伏根。文義各有所當，何可據以改此乎？**夫且不止，是之謂坐馳。**若精神外騖而不安息，是形坐而心馳也。**補**此「止」字，承上句下「止」字來，謂心如不止，是形坐心馳也。可見上句下「止」字如作「也」字，則此「止」字無根矣。**夫徇耳目内通而外於心知，鬼神將來舍，而況人乎！**李云：「徇，使也。」宣云：「耳目在外，而徇之於内；心智在内，而黜之於外。」成云：「虚懷任物，鬼神將冥附而舍止。人倫

〔一〕「致」字，據王氏原刻及成疏補。

歸依，固其宜矣。」 **正**徇，釋文「徐辭倫反。李云『使也』。」武按：此文亦爲本篇要旨，且總結上文「无聽以耳」與「瞻彼闋」二節。蓋無聽以耳而聽以心，即徇耳内通也；瞻闋，即徇目内通也。文子上德篇：「夫道者，内視而自反。」舊注：「反應内視。」足證此義。「外」字，宜似作「内外」之外解，非是。前漢書霍光傳：「盡外我家。」師古注：「外，疏斥之。」外於心知者，謂黜心知而不用也。大戴禮曾子天圓篇：「陽之精氣曰神，陰之精氣曰靈，品物之本也。」説文：「鬼，陰氣。」是靈即鬼也。陰陽之氣曰道，陰陽之精曰神鬼。是則鬼神來舍，與上「惟道集虚」相應。管子心術篇：「虚其心，神將入舍；掃除不潔，神乃留處。」又内業篇：「敬除其舍，精將自來。」本書知北遊篇：「攝汝知，一汝度，神將來舍。」凡此，皆可爲此處參證。且此節之義，與釋家之旨亦相通。如楞嚴經云：「於外六塵，不多流逸，旋元自歸。塵既不緣，根無所偶。反流全一，六用不行，十方國土，皎然清淨。譬如瑠璃，内懸明月，身心快然。」玩「反流」以上各語，即徇耳目内通也。全一者，即一若志也。六用不行者，眼、耳、鼻、舌、身、意不行也。此所謂心知，即彼所謂意也。外於心知，即意不行也。彼言六塵六用，舉其全也；此僅言耳、目、心者，從其重者言之也。内懸明月，則虚室生白之謂矣。措辭雖殊，義則無二。釋道異同之争，亦徒見其淺陋而已。

是萬物之化也，禹、舜之所紐也，伏羲、几蘧之所行終，而況散焉者乎？」此禹、舜應物之綱紐，上古帝王之所行止，而況凡散之人，有不爲所化乎！成云：「几蘧，三皇以前無文字之君。」蘇輿云：「言知此可爲帝王，可以宰世，而況爲支離之散人乎！」於義亦通。 **補**釋文：「紐，徐女酒反。崔云：『系而行之曰紐。』」武按：此「化」字，總結上文二「化」字。伏羲、几蘧之行終，言伏、几之行，終盡於此道也，反結上文「非所以盡行也」句。

葉公子高將使於齊，問於仲尼曰：「王使諸梁也甚重，成云：「委寄甚重。」補釋文：「葉音攝。子高，楚大夫，爲葉縣尹，僭稱公。姓沈，名諸梁，字子高。」**齊之待使者，蓋將甚敬而不急。**宣云：「貌敬而緩於應事。」正不急，言齊侯不視之爲急務也。不視爲急務，則必不重視使者矣。此對照上「重」字說。**匹夫猶未可動，而況諸侯乎！吾甚慄之。**懼也。補釋文：「慄音栗。」武按：未可動，未可以言動也。使者責在傳言，葉懼不能傳達其言，且無以對楚王使之甚重也。**子常語諸梁也，曰：『凡事若小若大，寡不道以懽成。**事無大小，鮮不由道而以懽然成遂者。正郭云：「夫事無大無小，少有不言以成爲懽者耳。」此仲尼之所曾告諸梁者也。」玩郭注，是以「言」釋「道」字，是也。觀後文「丘請復以所聞」云云，仍從「言」字立論。所謂復者，前所告者，資言以成懽，此復以傳言各義相告也。**事若不成，則必有人道之患；**王必降罪。**事若成，則必有陰陽之患。**宣云：「喜懼交戰，陰陽二氣將受傷而疾作。」補淮南原道訓：「人大怒破陰，大喜墜陽。」本書在宥篇：「人大喜邪，毗於陽。大怒邪，毗於陰。陰陽並毗，四時不至，寒暑之和不成，其反傷人之形乎！」武按：懼與怒同屬陰，當事未成，則懼，事成則喜。懼則破陰，喜則墜陽，故有陰陽之患也。墜陽則陰勝，必致寒疾，破陰則陽勝，必致暑疾，即所謂寒暑之和不成也。葉慮事不成而懼，陰破陽勝而致暑疾，所以内熱也。若成若不成而後无患者，唯有德者能之。』成云：「任成敗於前塗，不以憂喜累心者，唯盛德之人。」以上述子言。蘇輿云：「謂事無成敗，而卒可無患者，惟盛德爲能。」按：成説頗似張浚符離之敗，未可爲訓。蘇説是也。吾食也，執粗而不臧，宣云：「甘守粗糲，不求精善。」補釋文：「臧，作郎反，善也。」爨无欲清之人。成云：「清，涼也。然火不多，無熱可避。」補釋文：「爨，七亂反。清，七性反。字宜從冫，從氵者，假借也。」武按：呂氏春秋功名篇：「大熱在上，民清是走。」亦作「清」。列子楊朱篇：「薦以粱肉蘭橘，心痟體煩，内熱生病矣。」據此，則内熱之來，由於肥膿美食。治此美食，用火必多，則爨者必思就清。今爨無欲清之人，食粗薄而無須多火也。食既粗薄，則内熱不由此致矣。今吾朝受命而夕飲冰，我其内熱與！憂灼之故。補内熱既非由於美食，則由甚慄之故也。蓋甚慄破陰而陽勝，必致暑疾。左傳昭公元年秦醫和曰：「陽淫熱疾。」外物篇云：「利害相摩，生火甚多，衆人焚和。」同此義也。吾未至乎事之情，宣云：「未到行事實處。」而既有陰陽之患矣；事若不成，必有人道之患。是兩也，爲人臣者不足以任之，子其有以語我來！」仲尼曰：「天下有大戒二：成云：「戒，法也。」其一，命也；其一，義也。子之愛親，命也，不可解於心；受之於天，自然固結。臣之事君，義也，無適而非君也，無所逃於天地之間。成云：「天下未有無君之國。」是之謂大戒。是以夫事其親者，不擇

地而安之，不論境地何若，惟求安適其親。**孝之至也；夫事其君者，不擇事而安之，**成云：「事無夷險，安之若命。」**忠之盛也；自事其心者，哀樂不易施乎前，**王念孫云：「施讀〔一〕爲移。此猶言不移易。晏子春秋外篇『君臣易施』，荀子儒效篇『哀虛之相易也』，漢書衛綰傳『人之所施易』，義皆同。正言之則爲易施，倒言之則爲施易也。」宣云：「事心如事君父之無所擇，雖哀樂之境不同，而不爲移易於其前。」補釋文：「施，如字。崔以豉反，移也。」武按：注中「哀」當爲「充」，「易」上脱「施」字。攷儒效篇：「若夫充虛之相施易也。」楊倞注：「充，實也。施讀曰移。」此段事親、事君、事心，三者平舉。因葉言爲人臣者不足以任，故以事君之道語之，事親數語，特文之陪襯耳，然尤重在事心。下文皆就事心之義發揮，蓋針對葉之甚慄内熱，由於不能事心故也。**知其不可奈何而安之若命，德之至也。爲人臣子者，固有所不得已，行事之情而忘其身，**情，實也。補此二句爲本節要語。不可奈何，安之若命，卽下文「託不得已以養中」也。安命卽所以養中也，亦卽前節之齊也，均就事心言也。心能安而養之，哀樂自不易施乎前，而心虛矣。如此，則義、蘧之所行終，故曰「德之至也」。上下兩節，義自相通。且不特此也，如德充符篇「知其不可奈何而安之若命，唯有德者能之」，達生篇「達命之情者，不務知之所无奈何」，其義亦相通也。**何暇至於悦生而惡死！**宣云：「尚何陰陽之患？」補安之若命而已。**夫子其**

〔一〕「讀」原作「謂」，據集釋引改。

行可矣！補上節回師心外馳，自來請行，仲尼以「何暇至於暴人之所行」以規之，以其未可行也。此節子高心慄內熱，謂爲人臣者不足以任之，自不欲行也，仲尼以「何暇至於悅生而惡死」以曉之，勉其行也。兩節對照，一反一正，同用兩「何暇」句以相關顧。想莊子着筆時，亦煞費排比結構之功也。**丘請復以所聞：**更以前聞告之。**凡交，**交鄰。**近則必**〔一〕**相靡以信，**宣云：「相親順以信行。」補靡，御覽四〇六引作「磨」。郭云：「近者得接，故以其信驗親相靡服也。」與宣注同以順訓靡，是也。**遠則必忠之以言，**宣云：「相孚契以言語。」**言必或傳之。**宣云：「必託使傳。」**夫傳兩喜兩怒之言，**宣云：「兩國君之喜怒。」**天下之難者也。夫兩喜必多溢美之言，兩怒必多溢惡之言。**郭云：「溢，過也。喜怒之言，常過其當。」**凡溢之類妄，**成云：「類，似也。似使人妄構。」正類，比也。凡過當之言，離於常情，故比類於妄也。**妄則其信之也莫，**成云：「莫，致疑貌。」正奚侗曰：「論語：『無莫也。』邢疏：『莫，薄也。』信之也莫，猶言信之不篤也。」**莫則傳言者殃。**補此其所以爲天下之難者也。應上文「人道之患」。**故法言曰：**引古格言。揚子法言名因此。**『傳其常情，**宣云：「但傳其平實者。」**无傳其溢言，**郭云：「雖聞臨時之過言而勿傳。」**則幾乎全。』**宣云：「庶可自全。」按：引法言畢。**且以巧鬬力者，**

〔一〕「必」字，據王氏原刻及集釋本補。

始乎陽，常卒乎陰，大至則多奇巧；釋文：「大音泰，本亦作泰。」按：鬭力屬陽，求勝則終於陰謀，欲勝之至，則奇譎百出矣。**補**成云：「陽，喜也；陰，怒也。夫較力相戲，非無機巧。初戲之情在喜，終則心生忿怒，好勝之情，潛以相害。」武按：此喻溢惡。**以禮飲酒者，始乎治，常卒乎亂，大至則多奇樂。**禮飲象治，既醉則終於迷亂，昏醉之至，則樂無不極矣。**補**成云：「治，理也。夫賓主獻酬，自有倫理。」云云。武按：此喻溢美。此兩喻，皆下文陪襯，亦卽下文之喻也。**凡事亦然。始乎諒，常卒乎鄙；**宣云：「諒，信。鄙，詐。」俞云：「諒與鄙，文不相對。諒蓋諸之誤。諸讀爲都。釋地『宋有孟諸』，史記夏本紀作『明都』，是其例。『始乎都，常卒乎鄙』，都、鄙正相對。因字通作諸，又誤而爲諒，遂失其指矣。淮南詮言訓『故始於都者，常大於鄙』，卽本莊子，可據以訂正。彼文大字，乃卒字之誤。說見王氏雜志。」**正**俞說非。俞謂「諒與鄙，文不相對」。夫諒，信也；鄙，詐也。一正一反，俞據何文例，謂不相對？尹文子大道篇「能鄙不相遺，賢愚不相棄」，能鄙、賢愚，皆一正一反相對。淮南本經訓「仁鄙不齊」，仁與諒爲同類。鄙可與仁對舉，獨不可與諒相對乎？又禮記樂記：「致樂以治心，則易直子諒之心油然生矣。」此就樂之正面言也。其反面則曰：「不和不樂，而鄙詐之心入之矣。」此則正以諒與鄙相對也。至引淮南以證此文「鄙」應爲「都」，不知淮南就軍亂言，謂軍亂始都城，常大於鄉鄙，以鄙較都地廣人多，亂易擴大也。各有取義，何可引以證此？俞亦自知「大」字未安，則又謂爲誤，而引此「卒」字以正之。易「卒」於彼，彼文不安矣；易「都」於此，此文不安矣。蓋此文係寫傳言者貴信而不可妄，「諒」承上文「信」字，「鄙」承上文「妄」字，脈絡分明。如易「諒」爲「都」，則「鄙」變爲「邊鄙」之鄙，此二句變成贅疣，與上文全無干涉矣。**其作始也簡，其將畢也必巨。夫言者，風波也；**如風之來，如波之起。**補**「其作始」二句，承上啓下。夫言或溢美，或溢惡，如風波不定也。**行者，實喪也。**郭嵩燾云：「實者，有而存之；喪者，縱而舍之。實喪，猶得失也。」**正**郭說非。夫溢美、溢惡如風波之言，其言類妄，妄則非實矣。如使者遵行而傳之，非喪其實乎？**風波易以動，實喪易以危。**得失無定，故曰「易以危」。**正**妄則傳言者殃。**故忿設無由，巧言偏辭。**忿怒之設端，無他由也，常由巧言過實，偏辭失中之故。**補**巧言始乎陽也，忿設卒乎陰也。**獸死不擇音，氣息茀然，於是並生心厲。**獸困而就死，鳴不擇音，而忿氣有餘。於其時，且生於心而爲惡厲，欲噬人也。以獸之心厲，譬下人有不肖之心。**補**釋文：「茀，郭敷末反，李音佛。」武按：此喻陰陽之患。**剋核大至，則必有不肖之心應之，而不知其然也。**剋求精核太過，則人以不肖之心起而相應，不知其然而然。**補**剋核大至，言遇事考慮成敗太過，則患得患失之心應之，卽不肖之心應之也。此屬一己說，針對葉公過於患事之成不成而發，於本文義似較聯貫。又剋核大至，過乎諒也；不肖之心應之，卒乎鄙也。**苟爲不知其然也，孰知其所終！**宣云：「必罹禍。」**故法言曰：『无遷令，**成云：「君命實傳，無得遷改。」**无勸成。』**成云：「弗勞勸奬，強令成就。」再引法言畢。**過度，益也。**若過於本度，則是增益言語。**補**上文「溢美」「溢惡」，乃君因一時喜怒致言之溢也。此之過度，則傳言者過乎君言之限度也。遷令、勸成，卽皆過度也。**遷令、勸成殆事，**事必危殆。補上文「妄則傳言者殃」，及「實喪易以危」，就危及使者之身言之也。此之遷令、勸成，則妨害所使之事矣。**美成在久，惡成不及改，**成而善，不在一時；成而惡，必有不及改者。補此對上葉公「若成若不成」之問而答之也。言事之美成者，非倉猝可致，必須多經時日；如爲惡成，後雖悔改，勢已不及矣。本書徐无鬼篇：「殆之成也不給改，禍之長也兹萃。其反緣功，其果也待久。」「殆之成也」句，卽惡成不及改也。「其果」句，卽美成在久也。可以互證。**可不慎與！且夫乘物以遊心，託不得已以養中，至矣。**宣云：「隨物以遊寄吾心，託於不得已而應，而毫無造端，以養吾心不動之中，此道之極則也。」補乘物以遊心，則心不至剋核矣。託不得已以養中，與上文「寓於不得已」，及「知其不可奈何而安之若命」同義。**何作爲報也！**郭云：「任齊〔一〕所報，何必爲齊作意於其間！」補報者，謂齊對楚報答之言也。子高見齊之甚敬而不急，慮其所報不足以厭楚王之意，則己必得罪，故甚慄之。是卽作意於齊之報也。仲尼針對其病，故以「遊心」「養中」二語勉之。**莫若爲致命。此其難者。**」但致君命，而不以己與，卽此爲難。若人道之患，非患也。正成云：「直致率情，任於天命，甚是簡易，豈有難耶？此其難

〔一〕「齊」原作「其」，據王氏原刻及郭注改。

者，言不難也。」武按：上言「傳兩喜兩怒之言，天下之難者也」，又言「固有所不得已，行事之情而忘其身」，今勉以託不得已以養中，於身且忘，況傳常情，不傳溢言，但直致君之命耶！此豈有難者，收繳上「難」字。

顏闔將傅衛靈公太子，釋文：「顏闔，魯賢人。太子，蒯聵。」**而問於蘧伯玉曰：「有人於此，其德天殺。**天性嗜殺。補釋文：「蘧，其居反。伯玉，名瑗，衛大夫。」**與之爲无方，則危吾國；**宣云：「縱其敗度，必覆邦家。」補方，道也，法也。**與之爲有方，則危吾身。**制以法度，先將害己。**其知適足以知人之過，而不知其所以過。**釋文：「其知，音智。」但知責人，不見己過。補足以知人之過而責之，而不知人之所以有過而原之。**若然者，吾奈之何？」蘧伯玉曰：「善哉問乎！戒之慎之，正汝身也哉！**先求身之無過。補此句重要，統攝下文。下文形，身之外見者也；心，身之內在者也。就不入，和不出，卽正身之謂也。**形莫若就，心莫若和。**宣云：「外示親附之形，內寓和順之意。」正此二句，説明正身之義也。形莫如就，謂身日與親近而順應之。下文「與之爲嬰兒」數句，卽就之説也。宣以順訓和，與下文意不合。蓋心如順之，則入而與之同矣，豈非與之爲无方而危國乎？郭云「和而不同」，義爲近之。然本書山木篇云：「一上一下，以和爲量。」上下以和爲量，卽不上不下而處中也。中庸云「發而皆中節謂之和」，義亦猶此。文子上仁篇「和者陰陽調」，卽陰陽不偏勝而爲和也。淮南氾論訓：「陰陽相接，乃能成和。」謂陰陽相冲和也。廣韻：「和，不堅不柔也。」均有不偏不倚，而歸於中正之義。蓋職傅太子，位居親近，其勢自不能與之疏遠，故曰「形莫若就」也。然既不可與之同而危國，又不可與之迕而危身，二者之間，惟有不上不下，不堅不柔，調喜怒之陰陽，允執厥中而已，故曰「心莫若和」也。知北遊篇：「正汝形，一汝視，天和將至。」此文亦言「正汝身」，正身者，乃所以致和也。「心和」二字，爲本節主腦，亦本篇要旨也。**雖然，之二者有患。**宣云：「猶未盡善。」**正**宣注非。上祇言就與和，何得謂未盡善？此云「有患」者，患在下文入與出也。**就不欲入，和不欲出。**附不欲深，必防其縱；順不欲顯，必範其趨。**正**郭云：「入者遂與同，出者自顯伐也。」武按：就者，不過身與之近；入則同流，必致心亦附之，則損和矣。出者，表而出之也。下文「積伐而美者」，卽出義也，出則非和矣。又上文「强以仁義繩墨之言衒暴人之前者，是以人惡有其美也」，亦可證「出」字之義。達生篇：「无入而藏，无出而陽，柴立其中央。」柴立中央者，處和也，足與此義相發。**形就而入，且爲顛爲滅，爲崩爲蹶。**顛，墜。滅，絶。崩，壞。蹶，仆也。

補其德天殺，勢必傾危，入而與同，亦必同難，故爲顛、滅、崩、蹶也。**心和而出，且爲聲爲名，爲妖爲孽。**郭云：「自顯和之，且有含垢之聲；濟彼之名，彼且惡其勝己，妄生妖孽。」**正**心和而出者，積伐而美也，卽露才揚己也，故爲聲爲名。人君因案人之所感，且因其修以擠之，則爲妖爲孽矣。**彼且爲嬰兒，亦與之爲嬰兒；**喻無知識。**彼且爲无町畦，亦與之爲无町畦；**

無界限。喻小有踰越。補釋文：「町，徒頂反。畦，戶圭反。李云：『町畦，畔埒也。』」**彼且爲无崖，亦與之爲无崖。**不立崖岸。補自「嬰兒」句至此，其義與應帝王篇「虛而委蛇，因以爲弟靡，因以爲波流」同。**達之，入於无疵。**順其意而通之，以入於無疵病。補釋文：「疵，似移反，病也。」句謂因勢而利導之，以入於無疵。此爲日漸之德有成也。上「嬰兒」數句，就之實也，此則和之效也。如入或出，則不能致此矣。**汝不知夫螳蜋乎？怒其臂以當車轍，不知其不勝任也，是其才之美者也。戒之慎之！積伐而美者以犯之，幾矣。**而，汝也。伐，誇功也。美不可恃，積汝之美，伐汝之美，以犯太子，近似螳蜋矣。一喻。正「螳蜋」句，亦見天地篇。又淮南人間訓云：「齊莊王出獵，有一蟲，舉足將搏其輪。問其御曰：『此何蟲也？』對曰：『此所謂螳蜋者也。其爲蟲也，知進而不知卻，不量力而輕敵。』莊公曰：『此爲人而必爲天下勇武矣。』迴車而避之。」韓詩外傳同。成云：「螳蜋，有斧蟲也。」武按：螳蜋怒臂，莊公迴車，其才實勇，故曰「是其才之美者也」。積伐者，屢屢誇稱也。積伐而美者以犯之，與上「强以仁義繩墨之言衒暴人之前者，是以人惡有其美也」同義。謂屢以仁義之美，進言於太子，無異屢誇己有此美，而欲太子效之也。如此以犯太子，必致觸忌，而與螳蜋當車之所爲相近矣，故曰「幾」也。或云：「伐」字，史記功臣侯表：「明其功曰伐。」小爾雅：「伐，美也。」幾，易繫辭：「幾者，動之微，吉之先見者也。」猶云端兆也。而，應如字讀。積伐而美以犯之幾者，謂積累功伐而才美者，即爲犯人主猜怒之端。蓋妬才忌功，暴君通性，良弓走狗之禍，空樑燕泥之誅，於古數見，豈緣誇伐！即上文龍、比之死，因修見擠，亦非由誇也。此足備一説，然究不若前説之當。「螳蜋」至此，爲心和而出作喻。「積伐而美」二句，爲下「匠石」數節之反面張本，「山木」「膏火」一段之正面張本。換言之，以下各節，卽爲此二句之正喻反喻也。**汝不知夫養虎者乎？不敢以生物與之，爲其殺之之怒也；不敢以全物與之，爲其決之之怒也。**成云：「以死物投虎，亦先爲分決，不使用力。」**正**此爲「嬰兒」數句作喻，卽爲「就」字作喻也。**時其飢飽，達其怒心。虎之與人異類而媚養己者，順也；故其殺者，逆也。**虎逆之則殺人，養之則媚人。喻教人不可怒之。再喻。**補**自「養虎」句至此，達之入於無疵也。虎性殺人，逢其怒也。達其怒心，則媚養己者，而無殺人之疵矣。以喻太子，其德天殺，殺由於怒也。達其怒心，則無殺人之疵矣。能達其怒心者，就與和致之也。**夫愛馬者，以筐盛矢，以蜄盛溺。**成云：「蜄，大蛤也。」愛馬之至者。**補**釋文：「盛音成。矢或作屎。蜄，徐市軫反。溺，奴弔反。」郭云：「矢溺至賤，而以寶器盛之，愛馬之至者也。」**適有蚉宜僕緣，**王念孫云：「僕，附也。言蚉宜附緣於馬體也。詩：『景命有僕。』毛傳：『僕，附也。』」**補**釋文：「蚉音文。本或作䖟，同。宜，孟庚反。僕，普木反。」**而拊之不時，**成云：「拊，拍也。不時，掩馬不意。」**正**注非。不時者，時而拊，時而忘拊也。忘拊之時，則馬不耐蚊虻之虐，而缺銜脱奔，必致毁傷途人矣。考成原疏云：「蚊虻羣聚緣馬，卒然拊之，意在除害。不定時節，掩馬不意，忽然驚駭，於是馬缺銜勒，人遭蹄蹋也。」成意如定時拊，則馬不驚。不知蚊虻之來緣也無時，拊之又何能確定時節？拊者，拂去蚊虻而已，着必不重，馬何至驚駭傷人？嘗見牧童猝鞭其馬矣，未見其驚傷如此也。如遇毒蚊羣緣噆螫，而不爲之拊，則真缺銜絶轡，狂奔傷人矣。**則缺銜、毁首、碎胸。**成云：「銜，勒也。」馬驚至此。**意有所至，而愛有所亡，可不慎邪？」**亡，猶失也。欲爲馬除蚊虻，意有偏至，反以愛馬之故，而致亡失，故當慎也。三喻。

正王解本於郭、成。考郭釋「意」字，謂在於拊蚊，成釋「亡」字，謂失其所愛之馬，均非也。文之本義，謂器盛矢溺，愛馬之意有所至矣。然蚊虻僕緣，馬切身之患也，愛馬者，尤當隨時拊之。今不時拊，則其愛有所遺亡矣。此段爲形就而入作喻。謂入與之同，乃求合人主，免犯其怒也。然偶失其意，卽足致患。如愛馬者，可謂至矣，偶一忘拊，卽致毁碎。推之應世，亦復良難，要當慎之而已。「慎」字，總收上二「慎」字。

匠石之齊，至乎曲轅，見櫟社樹。石，匠名。之，往也。司馬云：「曲轅，曲道。」成云：「如轘轅之道也。」社，土神。櫟樹，社木。」**補**藝文類聚八九、御覽九五八引「轅」作「園」。釋文：「崔云：『道名』。」武按：總之地名也。司馬、成氏，未免臆説。釋文：「櫟，力狄反，李云『木名』，一云『梂也』。」社，成云：「土神也。」禮記祭法：「大夫以下，成羣立社，曰置社。」鄭注：「大夫以下，不得特立社，與民族居。百家以上，則共立一社，今時里社是也。」周官大司徒職云：「樹之田主，各以其野之宜木，遂以名其社，與其野。」白虎通云：「社稷所以有樹何？尊而識之，使民望見而敬之，又所以表功也。」按此櫟社，蓋如周官説，以木名也。**其大蔽數千牛，絜之百圍，**文選注引司馬云：「絜，帀也。」李云：「徑尺爲圍，蓋十丈。」　**正**釋文：「蔽牛，必世反。李云：『牛住其旁而不見。』絜，向、徐户結反。」武按：如李説，圍十丈，安能蔽數千牛？「求高名之麗」句下，引崔云「環八尺爲一圍」，方與蔽牛義不戾。**其高臨山十仞而後有枝，其可以爲舟者旁十數。**

俞云：「旁、方古通。方，且也。言可爲舟者且十數。」　**正**釋文：「七尺曰仞。或云：八尺曰仞。」武按：旁，崔云「旁枝」，是也。俞説非。此「旁」字，跟上句「枝」字來。上文蔽千牛，絜百圍，形容正幹之大也。可爲舟者十數，言其旁可刳爲舟之枝以十數，此形容旁枝之大且多也。枝大，益顯幹大矣。此莊子行文之妙，且密而有法也。古者刳木爲舟，旁枝之大者，斷而刳其内，即可成舟，如大幹，則不易如此刳用矣。俞乃不從其易而從其難。觀其原文，徵引多書，以證「旁」之爲「方」，方有數義，又必限之爲且。如此作注，亦太費周折矣。即依俞説，而以修詞之例審之。此段連用三「其」字，爲句中主格，均指幹言。如旁訓且，則「爲舟」句係頂幹説，仍形容幹之大矣，不與上蔽牛之形容相複乎？況方義如儀禮大射禮「左右曰方」注：「方，旁出也。」據此，則照本字讀，固爲旁枝；讀作方，亦旁出之枝也。俞原文尚有云：「在宥篇『出入無旁』，即出入無方。此本書叚旁爲方之證。」此説更非。所謂叚者，本無此字，叚他字以寓此字之義也。在宥篇「出入無旁」之上，即有「行乎无方」之「方」字，更何須叚「旁」？如硬派爲叚，未免冤苦莊子。至出入無旁，應讀爲「依傍」之傍，謂塊然獨立，出入無所依傍也。如訓爲方，於上文「行乎無方」犯複矣。且行可無方，既有出入，出入即其方也，何能云無？總之，無一而可也。**觀者如市，匠伯不顧，遂行不輟。**

遂，竟也。文選注引司馬云：「匠石，字伯。」弟子厭觀之，厭，飽也。走及匠石，曰：「自吾執斧斤以隨夫子，未嘗見材如此其美也。先生不肯視，行不輟，何邪？」補釋文：「輟，丁劣反。」成云：「止也。」斤，正字通「以鐵爲之，曲木爲柄，剞劂之總稱」。曰：「已矣，勿言之矣！散木也，以爲舟則沈，體重。以爲棺槨則速腐，多敗。以爲器則速毁，疏脆。以爲門户則液樠，李楨云：「廣韻：『樠，松心，又木名也。』松心有脂，液樠正取此義。」正釋文：「樠，郭武半反。」武按：李楨原文「正取此義」下，尚有「謂脂出如松心也」句，於義方合。王遺此句，則爲爲門户者，別屬液樠木，而非櫟矣。以爲柱則蠹。蠹蝕。補蠹，釋文「丁故反」。成云：「木内蟲也。」是不材之木也，无所可用，已見逍遥遊諸篇。故能若是之壽。」匠石歸，櫟社見夢曰：「女將惡乎比予哉？若將比予於文木邪？郭云：「凡可用之木爲文木，可成章也。」夫柤、梨、橘、柚、果、蓏之屬，成云：「蓏，瓜瓠之類。」補釋文：「柤，側加反。蓏，徐力果反。」成云：「在樹曰果，柤、梨之類；在地曰蓏，瓜瓠之徒。」集韻：「柤，詐平聲。」廣韻：「同樝，似梨而酸。」柚，集韻「余救切，音右」。説文與「櫾」同，「條也」。書禹貢：「厥包橘柚。」傳：「大曰橘，小曰柚。」爾雅釋木：「柚，條。」注：「似橙而酢。」列子仲尼篇張湛注：「山海經曰：『荆山多橘柚。』柚似橘而大。皮厚味酸。」武按：書傳謂「小曰柚」，誤也。淮南主術訓：「夏取果蓏。」高注：「有核曰果，無核曰蓏。」漢書食貨志：「瓜瓠果蓏。」應劭曰：「木實曰果，草實曰蓏。」

實熟則剥，剥則辱，大枝折，小枝泄。俞云：「泄，當讀爲抴。荀子非相篇：『接人則用抴。』楊注：『抴，牽引也。』小枝抴，謂見牽引也。」正泄，釋文：「徐思列反。崔云：『泄、洩同。』」成云：「大枝損，小枝發泄。」武按：果纍纍者，必大枝也，故人每攀折之以剥果。小枝生氣，輒從大枝折處洩出，而易萎矣。故工於移植果樹者，一遇大枝剪折處，必用泥封，以免洩其生氣，則植之易於成長。此文正合此理。俞乃謂「泄字之義，於此無取」，改讀爲抴。武以爲於古人之書，照本字詁之，即或義未盡協，較之專輒改字改音者爲妥。清之訓詁家，類蹈擅改之病，非武所敢苟同也。**此以其能苦其生者也，故不終其天年而中道夭，自掊擊於世俗者也。**掊擊由其自取。成云：「掊，打。」補「相梨」至此，申説上節才美犯幾之義也。**物莫不若是。且予求无所可用久矣，幾死，**幾伐而死。補成云：「幾，近也。」武按：「无所可用」者，謂無可得而用之也。櫟雖無用，特不可用爲器耳，仍有用爲薪之慮，故久欲求一無所可用之地以自全。幾死者，因人覬覦欲得爲薪也。**乃今得之，**郭云：「數有睥睨己者，唯今匠石明之。」正社樹人民所尊，雖爲有用，猶不翦伐，況無用者乎！乃今得爲社，翦伐可免，故謂「爲予大用」也。**爲予大用。**成云：「方得全身，爲我大用。」**使予也而有用，且得有此大也邪？且也，若與予也皆物也，奈何哉其相物也？而幾死之散人，又惡知散木！」**而，汝。幾，近也。補汝以我無用，而謂之爲散木，則必自以爲有用，而非散人矣。不知有能者苦其生，有用者幾於死，汝幾死之人也，亦何莫非散人乎？散人又何足以知散木？

匠石覺而診其夢。王念孫云：「診讀爲畛。爾雅：『畛，告也。』告其夢於弟子。」**正**王說非。本書非無「畛」字，如齊物論「請言其畛」是也，此如應爲畛者，莊子何以不用，而必用診，以勞後人揣測改讀乎？莊子恐不如是之傎也。王氏原文云：「向秀、司馬彪並云：『診，占夢也。』按下文皆匠石與弟子論櫟社之事，無占夢之事。診當讀爲畛。」云云。武按：王氏之意，診既訓爲占，占則必有端策拂龜之事，此意無乃太固？爾雅釋言：「隱，占也。」疏：「視兆以知吉凶也。必先隱度，故曰：隱，占。」然則匠石亦必以夢與弟子相與隱度之，故下有「密，若無言」之語也。此與占義合，卽與診義合也。又前漢書陳遵傳：「馮几口占書數百封。」然則「診」之云者，匠石對其弟子口占耳。此義尤切，何勞繳繞傅會，擅改爲「畛」乎？

弟子曰：「趣取无用，則爲社何邪？」既急取無用以全身，何必爲社木以自榮？**正**玩注，訓趣爲急，於文意不合。成云「櫟木意趣，取於無用」，是也。文謂社之義在保民，爲社卽須盡保民之用，既旨趣在於無用，則爲社是何意乎？注謂「以自榮」，於文無據。

曰：「密！」猶言祕之。姚鼐云：「密、默字通。田子方篇仲尼曰：『默！女無言！』達生篇：『公密而不應。』」**正**「密」「默」二字，涵義各别。默，緘默不言也；密，隱祕勿洩也。此「密」下接「若無言」，戒其無以以下諸語外洩也。其戒密之意，一以儆於夢責，恐復爲櫟所聞；二以社爲衆所祈福託保之處，洩則恐衆知其無保民之用而來紛議。故此處以「密」字爲當。至仲尼語顔以「默」，其義稍別。謂文王盛德，無容言議，故下卽接以「又何論刺焉」之句，非有宣洩之慮也。故以「默」字爲當。達生篇之「密」，乃魯公恐顏闔料敗之言宣聞於東野，必調緩其馬，或不致敗，卽無以驗顏闔之言，故公密而不應也。以此見二字之未可隨意通用，且見莊子下字之精審也。**若無言！彼亦直寄焉，以爲不知己者詬厲也。**彼亦特寄於社，以聽不知己者詬病之而不辭也。司馬云：「厲，病也。」

補彼亦直寄焉者，謂彼非爲社也，特寄於社而爲社木而已。上「散木也」至「不材之木」數句，卽詬厲之語也。「不知己」三字，跟上「又惡知散木」句來。文謂彼之無用，乃大用也，人反以無用詬之，卽不知己者也。**不爲社者，且幾有翦乎！**如不爲社木，且幾有翦伐之者，謂或析爲薪木。

正爲社與爲社木，其義各别，注於此尚未認清。上直寄焉者，爲社木也。而社之義在保民，遵社之義而盡保民之用，則爲社也。列子周穆王篇：「幾虚語哉！」注：「幾音豈。」此謂卽不爲社義而施保民之用，然既寄爲社木，民豈有翦伐者乎？以社雖無靈，人民必不致翦伐社木也。**且也，彼其所保，與衆異，**保於山野，究與俗衆異，非城狐、社鼠之比。**正**衆，指衆社木。言彼無爲社保民之用，特寄於社，期乎自保，以免翦伐，非若衆社木之義在保民也，故曰「所保與衆異」。**以義譽之，不亦遠乎！**」宣云：「義，常理。」按：彼非託社神以自榮，而以常理稱之，於情事遠也。**正**謂以尋常保民之社義譽之，不亦遠於事實乎！

南伯子綦遊乎商之丘，李云：「卽南郭也。伯，長也。」司馬云：「商之丘，今梁國睢陽縣。」**見大木焉有異，結駟千乘，隱將芘其所藾。**向云：「藾，蔭也。」崔云：「隱，傷於熱也。」成云：「駟馬曰乘。言連結千乘，熱時可庇於其蔭。」**補**

釋文：「乘，繩證反。芘，本亦作庇。藾音賴。」武按：「隱」字，玩注意屬下句，似應屬上句。崔訓傷熱，不知何據，恐係臆説。説文云：「隱，蔽也。」國語齊語「隱五刃」，注「藏也」。後漢書任光傳注「避也」。「其」字指大木，謂如有結駟千乘，避藏於其下，將可受芘於大木之所蔭也。此係借千駟之隱，以譬其蔭之廣，觀「將」字可知，固不必限於傷熱時也。**子綦曰：「此何木也哉？此必有異材夫！」**言必可爲材也。補此「異」字，照應上「異」字。上言其形之異，此因其形異，而揣其材之亦必異也。**仰而視其細枝，則拳曲而不可以爲棟梁；俯而見其大根，則軸解而不可以爲棺槨；**成云：「軸，如車軸之轉，謂轉心木也。」按：解者，文理解散，不密緻。補「見」，明世德堂本作「視」，應從之。蓋見無心，視有意。句冠「俯」字，卽俯身視察之也。**咶其葉，則口爛而爲傷；嗅之，則使人狂酲三日而不已。**李云：「狂如酲也。病酒曰酲。」補釋文：「咶，食紙反。酲音呈。」武按：「咶」與田子方篇「舐筆和墨」之「舐」，釋文同音食紙反，故二字通。又按藝文類聚八八引「口」作「舌」，應從之。因咶葉者舌，應舌爛也。**子綦曰：「此果不材之木也，以至於此其大也。**成云：「不材爲全生之大材，無用乃濟物之妙用，故能不夭斧斤〔二〕，而庇蔭千乘也。」**嗟夫！神人以此不材！」**由木悟人。宣云：「神人亦以不見其材，故

〔二〕「斧斤」，原作「斤斧」，據王氏原刻及莊子原文乙正。

無用於世，而天獨全也。」　補此與上段，皆言不材之木，明無用之旨，於義似複，而有不複者在。匠伯，攻木之工也，其於櫟，遥望卽知，過前不顧；南伯則仰視俯察，舌咶鼻嗅，方知不材。不複者一。後木，枝拳根解，葉爛口而嗅致狂；櫟必無是，故觀者如市，而弟子屬厭。是知不材之度，後深於前。不複者二。櫟非盡無用，而求無所可用，故寄社以自保；後木則不須如是也。不複者三。櫟似材而實非材，其沈腐液蠹之性，存於內而驗於後，非稔知木性者不辨，故用攻木之匠伯；後木拳解形於外，爛狂效於前，一經察試，卽知不材，衡厥無用，無殊槁木，故用形如槁木之南伯。不複者四。以此知莊子所引故事，所用古人，非由率爾，咸寓深意，顧尚云複乎？　**宋有荆氏者，宜楸、柏、桑。**司馬云：「荆氏，地名。」宜此三木。　**其拱把而上者，求狙猴之杙者斬之；**司馬云：「兩手曰拱，一手曰把。」宣云：「杙，繫橛也。」　補成云：「狙猴，獼猴也。」釋文：「狙，七餘反。杙，以職反。」**三圍四圍，求高名之麗者斬之；**崔云：「環八尺爲一圍。」郭慶藩云：「名，大也。」（詳天下「名山三百」下。）成云：「麗，屋棟也。」　補秋水篇：「梁麗可以衝城。」列子湯問篇：「昔韓娥東之齊，匱糧，過雍門，鬻歌假食。既去，餘音繞梁麗，三日不絶。」據此，則麗、梁、棟，一也。**七圍八圍，貴人富商之家求樿傍者斬之。**釋文：「樿，本一作擅。」成云：「棺之全一邊而不兩合者，謂之樿傍。其木極大，當斬取大板。」**故未終其天年，而中道已夭於斧斤**〔一〕**，**

〔一〕「斧斤」，原作「斤斧」，據王氏原刻及集釋本乙正。

此材之患也。故解之以牛之白顙者，與豚之亢鼻者，與人有痔病〔一〕**者，不可以適河。**郭云：「解，巫祝解除也。」成云：「顙，額也。亢，高也。三者不可往靈河而設祭。古者將人沈河以祭，西門豹爲鄴令，方斷之，卽其類是也。」**正**前漢郊祀志：「古天子常以春解祠黃帝，用一梟，破鏡。」師古注：「解祠者，謂祠祭以解罪求福。」又淮南修務訓：「是故禹之爲水，以身解於陽盱之河。」張湛注：「爲治水解禱，以身爲質。解讀『解除』之解。」然則古是有用人求解於河之事，特未必真沈人於河耳。如禹以身解於河，但以爲質，並未沈身。修務訓又云「湯旱，以身禱於桑山之林」，亦不過斷髮剪爪，權充犧牲，亦未以身殉之也。鄴中沈人祭河，偶遇凶巫蠱惑，係一地一時之事，未可引以例常。如鄫子用人於次睢之社，距可謂春秋時凡祭社者必用人乎？又如御覽一〇引莊子佚文云：「宋景公時，大旱三年。卜云：『以人祠，乃雨。』公下堂頓首曰：『吾所以求雨者爲人，今殺人，不可。將自當之。』」如其時人祠已成習，景公何至不從？亦係卜者一時之誣妄而已。**此皆巫祝以知之矣，**以、已同。郭云：「巫祝於此，亦知不材者全也。」**補**楚語下篇：「在男曰覡，在女曰巫。」注：「覡，見鬼者也。」周禮男亦曰巫。**所以爲不祥也，此乃神人之所以爲大祥也。**宣云：「可全生，則祥莫大焉。」

支離疏者，司馬云：「支離，形體不全貌。疏其名。」**補**廣韻五支下云：「漢複姓。莊子有

〔一〕「痔病」，原作「痔瘡」，據王氏原刻及集釋本改。

支離意，善屠龍。」則此支離，乃疏之姓也。然莊多寓言，人名每寓妙旨，故下有「支離其形」之誤，司馬注亦未爲非也。**頤隱於臍，肩高於頂，**司馬云：「言脊曲頭縮也。」淮南曰：「脊管高於頂也。」**會撮指天，**司馬云：「會撮，髻也。古者髻在項中，脊曲頭低，故髻指天。」崔云：「會撮，項椎也。」李楨云：「崔説是。大宗師篇『句贅指天』，李云：『句贅，項椎也，其形如贅。』亦與崔説證合。素問刺熱篇『項上三椎，陷者中也』，王注：『此舉數脊椎大法也。』沈彤釋骨云：『項大椎以下二十一椎，通曰脊，骨曰脊椎。』難經四十五難云：『骨會大杼。』張注：『大杼，穴名，在項後第一椎，兩旁諸骨自此檠架往下支生，故骨會於大杼。』會撮，正從骨會取義，又在大椎之間，故曰『項椎』也。初學記十九引撮作樶。玉篇：『樶，木樶節也。』與脊節正相似。从木作樶，於義爲長。」**正**釋文：「會，徐古活反，向音活。撮，子活反。」武按：朱桂曜云：「向音活，活疑括誤。」朱説是。因集韻等書，括亦古活切也。崔云「會撮，項椎」，不知何據。凡言骨節者，無過素問、靈樞二書，並無骨名會撮者。李楨僅憑難經中一「會」字，卽謂「會撮從此取義」，殊爲武斷。考儀禮士喪禮「鬠用組」，鄭注：「用組，組束髮也。古文鬠皆爲括。」又詩車舝「德音來括」，傳：「括，會也。」可證「鬠」「會」「括」三字通用。詩小雅：「臺笠緇撮。」疏：「小撮持其髮而已。」故會撮卽束會而撮持其髮也。寓言篇：「向也括，今也披髮。」「括」字亦就髮言。且張君房本「括」下有「撮」字，益足證司馬之説是，而崔、李之説非也。**五管在上，**李云：「管，腧也。五藏之腧，並在人背。」李楨云：「頤、肩屬外説，會撮、五管屬内説。」**正**會撮爲髻，亦屬外説。**兩髀爲脇。**司馬云：「脊曲髀豎，故與脇肋相並。」**挫鍼治繲，足以餬口；**司馬云：「挫鍼，縫衣也。繲，浣衣也。」**正**釋文：「挫，徐子臥反，崔云『按也』。繲，佳賣反。餬，徐音胡，李云『食也』。」成云：「餬，飼也。」武按：楚辭招魂：「挫糟凍飲，酎清涼些。」注：「捉去其糟，但取清醇也。」是訓挫爲捉也。集韻：「繲，居隘切，音懈，故衣也。」據此，則挫鍼治繲者，謂捉鍼縫治故衣也，全句衹說一事。若如司馬說，分爲縫、浣二事，必非有常疾之支離所能兼任。即今市廛業縫補與浣濯者，亦尚分工而無兼者，可以推知矣。

鼓筴播精，足以食十人。司馬云：「鼓，簸也。小箕曰筴。簡米曰精。」成云：「播，揚土。」**正**注非。釋文：「筴，初革反。崔云：『鼓筴，揲蓍鑽龜也。鼓筴播精，言賣卜。』」武按：崔說得之。曲禮「龜爲卜，筴爲筮」，儀禮士冠禮「筮人執筴」，楚辭「詹尹乃端筴拂龜」，足證鼓筴即揲蓍也。卜筮之道，有楗筴、揲筴、分筴、扐筴等事，句中「鼓」字，足以該之。管子小匡篇：「握粟而筮者屢中。」握粟，猶之播精也。王應麟曰：「『播精』，文選東方朔畫贊作『播糈』。」考畫贊爲夏侯湛撰，其序云：「支離覆逆之數。」注：「莊子曰：『支離疏鼓策播糈，足以食十人。』糈音所。」又史記日者列傳：「夫卜而有不審，不見奪糈。」集解：「離騷經云：『懷椒糈而要之。』王逸注云：『糈，精米，所以享神。』」索隱：「糈者，卜求神之米也。言卜之不中，不見奪其糈米。」據以上各說，可見古之買卜者，必出糈以享神，卜後，無論中否，糈歸卜者。就享神言，謂之糈；就卜者言，謂之精。猶之享神之牛謂之犧。糈與精，一也。支離賣卜得糈，故足以食十人，如爲人簸揚精米，恐尚不敵治繲之餬口，惡能食十人乎？且試涉足鄉曲，從事箕簸者，所在可見，其人必仰項伸腰，以相揚搧，試問傴僂如支離者能爲之乎？故鼓筴播精爲卜筮，不待煩言而解矣。**上徵武士，則支離攘臂而遊於其間；**郭云：「恃其無用，故不自竄匿。」**上有大役，則支離以有常疾不受功；**宣云：「不任功作。」**上與病者粟，則受三鍾與十束薪。**司馬云：「六斛四斗曰鍾。」**夫支離其形者，猶足以養其身，終其天年，又況支離其德者乎！」**成云：「忘形者猶足免害，況忘德者乎！」

孔子適楚，楚狂接輿遊其門曰：「鳳兮鳳兮，何如德之衰也？成云：「何如，猶如何。」**補**成云：「姓陸，名通，字接輿。」武按：接輿，又見逍遥遊篇「吾聞言於接輿」句下之注。蓋楚之賢人，見人世危殆，託於狂以自隱者也。見孔子周流各國，志在用世，故遊門作歌以諷之。史記孔子世家：「吴伐陳，楚救陳，軍於城父，聞孔子在陳、蔡之間，楚使人聘孔子。」孔子因以至楚，在魯哀公四年。六年，自楚反乎衛。接輿作歌，即其時也。**正**如，往也。德，指當世說，合下「來世」「往世」爲三世。文言來世不可待，往世不可追，當世則德衰，鳳兮鳳兮，欲何往乎？下「趨」字，即應此「往」字也。**來世不可待，往世不可追也。**郭云：「當盡臨時之宜耳。」**天下有道，聖人成焉；**宣云：「成其功。」蘇輿云：「莊引數語，見所遇非時。苟生當有道，固樂用世，不僅自全其生矣。」**天下無道，聖人生焉。**宣云：「全其生。」**補**此段言天下有道，惟望諸來世，見諸往世耳。然來世未至，胡可久待？往世已逝，渺難追尋。今值無道之世，惟有全生而已。必如此解，上「來世」二句方不落空。天地篇云：「天下有道，則與物皆昌；天下無道，則修德就閒。」足明此與上二句之義。**方今之時，僅免刑焉。**補方今天下無道，僅免刑而生也。找足上「生焉」句。**福輕乎羽，莫之知載；禍重乎地，莫之知避。**當避不避。**已乎已乎，臨人以德！**宣云：「亟當止者，示人以德之事。」**殆乎殆乎，畫地而趨！**宣云：「最可危者，拘守自苦之人。」補天下有道，則仕而成其功；天下無道，則隱而全其生。行隨世變，不拘一隅，卽在宥篇所謂「大人行乎无方」者也。孔子則不顧世亂身危，棲遑求用，猶之指畫一定之地，以自限其趨，必致跬步難行，惟有危殆而已。**迷陽迷陽，**謂棘刺也，生於山野，踐之傷足。至今吾楚輿夫遇之，猶呼「迷陽踢」也。迷音讀如麻。正吾亦楚人，未嘗聞「迷陽踢」之名，遍詢輿夫，亦無知者。當是王聞未審，不足據也。其曰「棘刺」者，蓋有所本。詩召南草蟲章：「陟彼南山，言採其薇。」朱注：「薇似蕨而差大，有芒而味苦。山間人食之，謂之迷蕨。胡氏曰：『疑卽莊子所謂迷陽者。』」羅勉道云：「迷陽，蕨也。」羅說蓋本之朱注。其後林雲銘本之，陸樹芝本之，今王氏亦本之。然知薇蕨可食之菜，僅有薇芒，何至傷足，乃易爲「棘刺」？然於迷陽終無關也。章太炎云「陽借爲場，迷場，猶迷塗也」，擅改原文，義仍未允。武按：郭云：「迷陽，猶亡陽也。」成云：「陽，明也。」司馬云：「迷陽，伏陽也。言詐狂。」林疑獨本之云：「迷陽，言晦其明。」陸西星亦然，云：「自昧其明。」諸說於義爲得，惟郭以亡訓迷爲不當耳。考說文：「迷，惑也。」又云：「陽，高明也。」詩豳風：「我朱孔陽。」傳：「陽，明也。」白虎通爵論：「陽，猶明也。」蓋莊子之道，在於離形去知。明者，知之所致也，故不尚明。亦如老子大知若愚，玄德、守黑之義。故其言曰「吐爾聰明」，曰「彼人含其明，則天下不鑠矣」，曰「夫明之不勝神也久矣」，曰「滑欲於俗，以求致其明，謂之蔽蒙之民」，卽不尚明之説也。曰「各復其根而不知，渾渾沌沌，終身不離」，曰「聖人愚芚」，曰「媒媒晦晦，无心而不可與謀」，曰「其合緡緡，若愚若昏」，曰「惑故愚，愚故道，道可載而與之俱也」，卽迷明之説，亦卽迷陽之説也。司馬訓伏陽者，言伏匿其陽而不露也。又曰「詐狂」者，人而迷明，則類狂矣。而莊子實深有取於狂焉，亦猶仲尼欲得狂狷而與之也。在宥篇云：「猖狂不知所往。」庚桑楚篇亦有斯語。山木篇云：「道流而不明居。」繼之曰：「純純常常，乃比於狂。」又云：「猖狂妄行，乃蹈乎大方。」夫純常者，不居於明也；猖狂者，迷其明也。不知所往而妄行，卽卻曲吾行，而非畫地而趨矣。方，道也。蹈乎大道，則不至傷吾足與吾行矣。且也，接輿狂者也，仲尼不狂者也。莊子於此，不假之他人，而特寓諸仲尼之行、與接輿之口者，蓋非仲尼不狂之行不足以啓接輿猖狂之論，且非狂者不知狂義也。莊子蓋有深意焉，豈漫然寓之乎？以上所言，特以司馬所注，無乖本義，因而爲之發揮者也。請再以莊證莊焉。御覽七三八疾病部引莊子佚文云：「陽氣獨上，則爲癲病。」素問著至教論云「三陽并至如風雨，上爲癲疾」，意亦相同。集韻：「癲，狂也。」此言陽氣獨上衝腦，則腦迷而爲癲，卽爲狂也。又素問宣明五氣論云：「邪入於陽則狂。」此説於本句尤切。蓋迷陽者，因邪入之，故陽迷而爲狂也。然則所謂「迷陽」之陽，指身之陽氣言也。蓋莊子之道，重在凝神（見逍遥遊篇），而大戴禮曾子天圓篇云：「陽之精氣曰神。」然則凝神者，卽凝集陽氣也。陽氣既勝，則獨上衝腦，腦迷而爲狂矣。雖爲修道未和所致，然莊子猶有取焉，以其如能和其陽，則猶可以至於道也。是以莊子又有取於和焉，故本書屢以和爲言也。據此，則所謂迷陽者，乃狂之代名詞，楚狂自謂也。言吾狂乎狂乎，然於吾之所行無傷也；吾雖猖狂妄行，然於吾之足無傷也。乃以棘刺傷足釋之，何所取義乎？**无傷吾行！吾行郤曲，**宣云：「郤步委曲，不敢直道。」**无傷吾足！**」補郎猖狂妄行。補喻吾德自足，而無損傷也。郎蹈乎大方。

山木自寇也，膏火自煎也。司馬云：「木爲斧柄，還自伐；膏起火，還自消。」**桂可食，故伐之；漆可用，故割之。**成云：「桂心辛香，故遭斫伐；漆供器用，所以割之。俱爲才能，夭於斤斧。」補文子上德篇老子曰：「鳴鐸以聲自毀，膏燭以明自爍，虎豹之文來射。」又見淮南繆稱訓，義與此同。**人皆知有用之用，而莫知无用之用也。**喻意點清結句〔一〕，與上接輿歌不連。歌有韻，此無韻。

〔一〕「句」，王氏原刻作「局」。

德充符第五

德充於内，自有形外之符驗也。　補本篇重在一「和」字。修和而成，得之於心者曰德，故曰「德者成和之修也」。何以修之？曰：遊心於德之和也。何以能遊心於德之和？則曰：不以好惡内傷其身也。夫和德内充，則符驗外見。王駘、哀駘之德充，致令人忘其形之惡而咸歸之，此卽所謂德不形者物不能離也，亦卽德有所長而形有所忘也。子產、仲尼，則尚未能忘申徒、叔山之形者也。未能忘其形者，由於有好惡之情也。而好惡之情，最足以滑和，故本篇終之以不以好惡内傷其身也。不以好惡内傷其身，卽遊心於德之和也。遊心於德之和者其果，不以好惡内傷其身者其因，亦卽充德之下手處也。

魯有兀者王駘，李云：「刖足曰兀。」　補釋文：「兀，五忽反，又音介。按：篆書兀、介字相似。駘音臺。」**從之遊者，與仲尼相若。**郭云：「弟子多少敵仲尼。」　補成云：「若，如也。」**常季問於仲尼曰：「王駘，兀者也，從之遊者，與夫子中分魯。**釋文：「常季，或云：孔子弟子。」或云：魯賢人。　補德充於内，故衆附於外，卽德之符也。**立不教，坐不議，虛而往，實而歸。**弟子皆有所得。　補淮南俶真訓：「坐而不教，立而不議，虛而往者實而歸，故不言而能飲人以和。」武按：淮南「坐」「立」字互易，於義較順。蓋教時必坐，議可立談也。駘德充於内，默以成化，雖不教議，人自飲和，故曰「實而歸」也。或云：「和」字，全篇要旨，似應據淮南補

「飲人以和」句。不知彼係敍至人之德，故著其所以能化人之故，在於德之和。亦如本書則陽篇王果言聖人「不言而飲人以和，與人並立而使人化」，文意相同。此則常季不知駘能飲人以和，疑其別有用心，如知之，則無此問矣。直至下文仲尼指出駘遊心於德之和，其能聚衆者在此，與淮南文意不同，故無此句，自不當補也。**固有不言之教，无形而心成者邪！**宣云：「默化也。」**補**「心」字爲篇中眼目，於此提出。心成者，謂不見其口教，必用心感之以成其教也。**是何人也？」**

仲尼曰：「夫子，聖人也，丘也，直後而未往耳。直，特也。未及往從。**丘將以爲師，而況不如丘者乎！奚假魯國！**何但假借魯之一邦！**補**假者，假設也。引魯國以從，爲未然之事，故言何但假設引魯國，且將引天下以從之。**丘將引天下而與從之。」****補**此答其「中分魯」一語。**常季曰：「彼兀者也，而王先生，**言居然王先生也。**補**釋文：「王，于況反，李云『勝也』。」武按：山木篇：「而王長其間。」故王，長也。**其與庸亦遠矣。**固當與庸人相遠。**補**成云：「庸，常也。」**若然者，其用心也，獨若之何？」****補**承上「心成」句。駘之聚衆，由於和感，非出有心。常季疑其用心以成之，故復問。**仲尼曰：「死生亦大矣，而不得與之變，**其人與變俱，故死生不變。**正**大宗師篇「真人不知悦生，不知惡死」，卽令形死，心固未嘗死也，故謂「不得與之變」。**雖天地覆墜，亦將不與之遺。**成云：「遺，失也。」言不隨之而遺失。**補**亦就心言。釋文：「墜，本又作隊，直類反。」**審乎无假，而不與物遷，**郭慶藩云：「假是瑕之誤。

淮南精神訓正作『審乎無瑕』。謂審乎己之無可瑕疵，斯任物自遷，而無役於物也。左傳『傅瑕』，鄭世家作『甫假』，禮檀弓『公肩假』，漢書人表作『公肩瑕』。瑕、假形近，易致互誤。」　正「无假」者，真之謂也。烟雲變滅，以其假而不真也。真則永存，不遷不變。佛書釋「真如」云：「不妄不變。」蓋變者假也，無假則不變，故曰「不得與之變」。不得與之遺，不與物遷，皆由能審乎無假也。郭氏乃謂「假爲瑕之誤」。考本書天道篇「審乎无假，而不與利遷，極物之真，能守其本」，亦作「假」不作「瑕」，豈二處均誤耶？考「瑕」字之義，説文云：「瑕，玉小赤也。」謂色不純也。管子法法篇注：「相間曰瑕。」謂色雜也。攷工記玉人曰：「天子用全，公用龙。」注：「全，純色也。龙，謂雜色。」以此知玉以純色爲貴。瑕爲玉之病，以其色雜也。而淮南「無瑕」句下，有「不與物糅，見事之亂」句，糅者雜也，故用「瑕」字，以與「糅」「亂」二字相應。天道篇之「假」，則與下「真」字相對，義各有適，字各有當，可證天道篇之「假」不誤。本文「假」字，則與下「守其宗」之「宗」字對。天下篇云：「以天爲宗。」則宗者天也。列子仲尼篇云：「真者，所以受於天也。」則天亦真也。以此推之，則「假」與「宗」對，卽與「真」對也，可證本文「假」字亦不誤。又在宥篇云：「以觀无妄。」圓覺經云：「認妄爲真，雖真亦妄。」是以妄爲真之反。假亦真之反也，故假、妄義通。以是知以觀无妄，義與審乎无假同，特觀爲諦視，審則觀後熟究也。然則「假」字何不可通，而必漫引淮南正之爲「瑕」乎？且細玩本文與天道篇，益見「假」字之重要。所謂「極物之真」者，審極乎物之真也，卽審乎无假也，本文已自明釋其義矣。如改爲「瑕」，不過自審无瑕，與物何涉乎？本書有所謂「真人」

者，卽能審於无假，極物之真者也。大宗師篇：「有真人，而後有真知。」審乎无假，卽真知也。莊子之道，重在一「真」字。如達生篇「不厭其天，不忽於人，民幾乎以其真」，田子方篇「緣而葆真」，知北遊篇「真其實知」，漁父篇「愼守其真」。真者，精誠之至也。又曰：「真在内者，形動於外。」此二句與本篇之義更切。真在内者，德充於内也；形動於外，故物最之，而與夫子中分魯也。蓋王駘雖無全人之形，而能具真人之德者也。**命物之化，而守其宗也。」**宣云：「主宰物化，執其樞紐。」**正**莊子之道，在離形去知，以守其和。故夫官骸百體者，物也。命物順化以待盡，惟遊心於德之和，不隨物以俱化，此本文之義也。知北遊篇仲尼曰：「古之人，外化而内不化。與物化者，一不化者也。」此所謂「命物之化」者，外化也，與物化也；所謂「守其宗」者，内不化也，一不化也。天下篇云：「以天爲宗。」所謂「守其宗」者，守其天也。大宗師篇云：「其一，與天爲徒。」其一，卽一不化也。與天爲徒，卽守其天也，亦卽守其宗也。又淮南原道訓：「故達於道者，不以人易天，外與物化，而内不失其情。」外與物化者，卽此之命物之化也；内不失其情者，卽能守其宗也。義可互證。**常季曰：「何謂也？」仲尼曰：「自其異者視之，肝膽楚、越也；**本一身，而世俗異視之。**正**肝之與膽，不同狀，不同用，不同名。是肝與膽，如楚、越之截然爲二也。又大宗師篇云：「假於異物，託於同體；忘其肝膽，遺其耳目。」是吾與吾身中之物，亦如楚、越之截然爲二也。此自物之所異者視之也。**自其同者視之，萬物皆一也。**皆天地間一物。**補**物之數雖號曰萬，然非外天地而各處，外陰陽而各生也。靈蠢雖殊，其爲天地間之一物則同也。知北遊篇云：「通天下一氣耳。」大宗師篇云：「遊於天地之一氣。」均此義也。寓言篇云：「萬物皆種也，以不同形相禪。」言形雖不同，種則皆同也。列子黃帝篇子夏曰：「以商所聞夫子之言，和者大同於物。」故仲尼之民胞物與，牟尼謂衆生同具佛性，皆自物之所同者視之也。能作如是視者，忘情於好惡，而遊心於德之和者也。大宗師篇云：「同於大通。」又云：「同則无好也。」該無惡言之也。心無好惡而能和，則視之同矣，同則一矣。在宥篇云「我守其一以處其和」，義亦猶是也。**夫若然者，且不知耳目之所宜，**耳目之宜於聲色，彼若冥然無所知。**正**人每好耳目所宜，而惡所不宜者。如心遊於和而忘情好惡，則無耳目之宜不宜矣。且此句與人間世之「徇耳目內通，而外於心知」之義同。蓋徇耳目內通，而不外緣於物，則心自不知耳目與物之所宜也。能如此者，則不僅視物如一，且忘心於視矣。此句較上進一層說。**而遊心於德之和，**郭云：「放心於道德之間，而曠然無不適也。」**正**注太空洞。武按：賈子道術篇「剛柔得適謂之和」，所詁是矣，然猶有深義焉。所謂和者，天地陰陽二氣相合而無偏勝之謂也。故田子方篇「兩者交通成和」。兩者，陰陽也。淮南氾論訓「陰陽相接，乃能成和」。鶡冠子環流篇云：「陰陽不同氣，然其爲和同也。」猶可曰：此道家言也。易曰：「保合太和。」朱注：「太和，陰陽會合沖和之氣也。」是則儒家之說亦如此矣。是氣也，人物卽秉之以生。故老子曰：「萬物負陰而抱陽，沖氣以爲和。」列子天瑞篇「沖和氣者爲人」，管子內業篇「天出其精，地出其形，合此以爲人，和乃生」，淮南天文訓「陰陽合和而萬物生」，本書知北遊篇「生非汝有也，天地之委和也」，皆爲明證。道家所重在養生，而養生之要，則在養此生生之和。莊子之道，卽在於此。故「遊心於德之和」句，爲莊子之道要，不僅爲本篇之主旨，亦全書之主旨也。夫足以滑此和者，莫過於情。情生於知，啓發此知者，耳目爲之誘也。耳目觸境，而心於以知耳目之所宜不宜焉，因之而好惡之情生，而喜怒之情伏矣。故本篇謂知爲孽，而本書屢以「去知」、「忘情」爲言也。樂記曰：「人生而静，天之性也。感於物而動，性之欲也。物至知知，然後好惡形焉。好惡無節於内，知誘於外，不能反躬，天理滅矣。」所謂天理者，卽性也，卽所秉受之和也。欲者，卽情之發而爲好惡也。好惡爲喜怒之根，喜怒尤足以滑和，養生之大禁也。蓋喜毗於陽，怒毗於陰，皆乖適中之和。故養生之道，在制喜怒，制喜怒在泯好惡，泯好惡在返視而内聽，卽樂記所謂「反躬」也。返視而内聽，則不知耳目之所宜矣。此與人間世篇之「徇耳目内通」同義，下文之「和豫通而不失於兑」，亦卽此義也。老子之「塞其兑」，文子之「閉四關，止五遁」，其義均同。卽釋氏之「空六塵，淨六根，戒貪嗔癡」，亦何莫非此義也？而貪嗔癡之義，「好惡」二字足以盡之；泯好惡之功，儒家「窒欲」二字足以盡之。三家之名雖别，其理則同，其保合太和之道，亦未嘗不同也。且道、釋之所同者，猶有説焉。道之功在致虚，釋之功在悟空。不虚則道不集，過虚則如死木槶，而喪其常心矣，故在於無過與不及，則亦致中和而已矣。釋家之悟空，在不執有以墜於常，不執無以墜於斷，所謂「不落二邊」也，所謂「空不空藏」也，則亦致中和而已矣。天無二道，理無二致，爲道與釋者，同秉此陰陽二氣而生，亦同修此陰陽二氣之和而已，烏在其能異哉！吾之此説，非援釋入道、援道入儒也，特旁徵側引，以曲暢本文之義而已。因修和爲莊子之道要，全書之主旨，不惜辭費，而總釋於此，以爲讀全書者之助焉。**物，視其所一，而不見其所喪，**宣云：「視萬物爲一致，無有得喪。」**正**「物」字，讀應逗。「其」字，指「物」字。言對於萬物，惟視其所一，即上之「視其所同」也。得，人所好也；喪，人所惡也。無好惡則無得喪，而視之如一矣。老子云：「同於失者，失亦樂得之。」文子精誠篇「其得之也，乃失之也；其失之也，乃得之也」，皆足相證。**視喪其足，猶遺土也。」****補**心無惡也。**常季曰：「彼爲己，**言駘但能修己耳。**以其知得其心，**以其真知，得還吾心理。**正**知，指審乎无假。審者，用知以審究之也。心，指不與物遷與守其宗之心。駘之成無心，無心則非用知矣。常季聞仲尼之言，尚未明其旨，總疑駘用知以得心，用心以得其常心也。**以其心得其常心，**又以吾心理，悟得古今常然之心理。**正**常心，常恆不變之心，指上死生不變，天地覆墜不遺之心也。**物何爲最之哉？」**最，聚也。衆人何爲羣聚而從之哉？**補**彼之用知以得心，用心以得常心，特爲己耳，與物無與，物何爲聚之哉？**仲尼曰：「人莫鑑於流水，而鑑於止水，唯止能止衆止。**成云：「鑑，照也。」宣云：「水不求鑑，而人自來鑑。唯自止，故能止衆之求止者。」**補**水止則清澄，人自來止以取鑑。喻駘德充，物自來最，非由用心。**受命於地，唯松柏獨也在，冬夏青青；受命於天，唯舜獨也正，**郭云：「下首唯有松柏，上首唯有聖人，故凡不正者皆來求正。若物皆青全，則無貴於松柏；人各自正，則無羨於大聖而趨之。」成云：「人頭在上，去上則死；木頭在下，去下則死。是以呼人爲上首，呼木爲下首。故上首食傍首，傍首食下首。下首草木，傍首蟲獸。」**補**管子法法篇「故正者，所以止過而逮不及也。過與不及也，皆非正也」，可爲此「正」字的解。焦竑云：「『受命於地』，至『唯舜獨也正』，文句不齊，似有脱略。張君房校本云『受命於地，唯松柏獨也正，在冬夏青青；受命於天，唯堯、舜獨也正，在萬物之首』，補亡七字。因郭注有『下首唯松柏，上首唯聖人』故也。」武按：孔子集語引此文，其下注云：「明本無『在萬物之首』五字，張君房本，此五字有。」集語當是據張本補入，補者是也。**幸能正生，以正衆生。**宣云：「舜能正己之性，而物性自皆受正。」**正**陸西星云：「正，如『各正性命』之正。正生，卽正性也。正性，卽守宗也。守宗，卽保始也。」武按：中庸曰：「天命之謂性。」故天賦之曰命，命者令也，天令之也，人秉之曰性，二而一者也。舜在萬物之首而爲天子，故能正衆生。**夫保始之徵，**保守本始之性命，於何徵驗？**補**始，指道言，亦指和與性言。老子曰：「道常無名。」又曰：「無名，天地之始。」換言之，卽道，天地之始也。又曰：「天下有始，以爲天下母。」又曰：「可以爲天下母。吾不知其名，字之曰道。」又大宗師篇謂「道未有天地，自古以固存」，「生天生地」。夫生天生地，非始之謂乎？與老子「先天地生，字之曰道」之義同。故謂始指道言也。道爲陰陽之公名，和爲陰陽之相合。道之存於人者謂之性，性卽含和理者也。故刻意篇云：「和理出其性。」人之秉此和而生以成性也，謂之始。易曰：「成性存存。」疏云：「性謂禀其始也。」是故以體言，謂之道；以用言，謂之和。以和理具於心而未顯其用言，謂之性；以稟和成性之時言，謂之始。故謂始亦指和與性言也。由此推之，保始，即保和，易所謂「保合太和」，尤足相證，亦即上文「遊心於德之和」之義也。舜獨得正命，即獨得陰陽之和也。故保始謂之保其正命，亦無不可。**不懼之實。**補此處提出一「懼」字者，以臨死不懼，人所最難。保始之義既爲保和，和則視死生爲一，自然不懼，故以人之所最難者爲其徵驗也。若心有所懼，則不能保其和矣。**勇士一人，雄入於九軍。**崔云：「天子六軍，諸侯三軍，通爲九軍。」補一人入九軍，難必不死，今入之且雄，可謂不懼矣。**將求名而能自要者，而猶若此，**將求功名而能自必者，猶可如此。正彼之不懼，非保合其和，而視生死爲一也；非審乎无假，不與物遷也。特以求勇名之故，而約束其懼死之心，強而爲之者也。然彼以求名猶能制其懼心，況具以下所舉之德者乎！若此，指不懼。**而況官天地，府萬物，**成云：「綱維二儀，苞藏宇宙。」補禮記王制「論定然後官之」，注：「使之試守。」玉篇：「府，聚也，藏貨也。」言官使天地，府聚萬物也。**直寓六骸，**宣云：「直，猶特。以六骸爲吾寄寓。」成云：「六骸，身首四肢也。」補視六骸如寄，故雖六骸均喪，猶遺土也，況喪足之一骸乎！此由其中尚有不喪者存，所謂常心也，遠非勇士之不懼所可比矣。**象耳目，**宣云：「以耳目爲吾迹象。」補故不知耳目所宜。**一知之所知，**上知謂智，下知謂境。純一無二。補知之所知，非一也，然而不二視之。即上「物視其所一」，亦即天地篇「萬物一府，死生同狀」也。**而心未嘗死者乎！**宣云：「得其常心，不以死生變。」補萬物無不隨化而盡，形體亦物也，故無不死。然形死而心不隨之俱死，所以謂之爲常也。

任形之死猶遺土，卽上所謂「命物之化」也；心不隨之俱死，卽上所謂「不與物遷」而「守其宗」也。莊子之道，不外於此矣。**彼且擇日而登假，**假，徐音遐。宣云：「曲禮：『天王登假。』此借言遺世獨立。擇日，猶言指日。」按：言若黃帝之遊於太清。補繹曲禮登假之義，則登假者，死之飾言也。禮記郊特牲云：「魂氣歸於天，形魄歸於地。」登假者，就魂氣歸天言之也；尚書之「帝乃殂落」，則就形魄歸地言之也。總之，皆死之飾言也。歷來傳記所載哲人高僧，有生死來去自由者，有預剋死朝者，擇日登假，卽此類也。彼心未嘗死，故能擇日，以明其來去從容。天地間何奇不有？未可概以怪誕目之也。**人則從是也。**宣云：「人自不能舍之。」補人則從死，不僅最之，此德之符也。或謂人特從之遊耳，何遂從死？説似過當，不知此特進一步答常季「物何以最之」之問，原非事實。然事實亦非盡無，如子畏於匡，回曰：「子在，回何敢死！」如子不在，則回必從死矣。田横德不足以感人，然從死者五百人。淮南泰族訓言墨子服役者百八十人，皆可使赴火蹈刃，死不還踵，化之所致也。吕氏春秋離俗覽，言墨者鉅子孟勝，死荆陽城君之難，其弟子從死者百八十三人，豈亦過當之説乎？**彼且何肯以物爲事乎？」**因常季疑駘有動衆之意，故答之。補物最非彼用心以要之。

申徒嘉，兀者也，而與鄭子産同師於伯昬无人。雜篇作「瞀人」。補成云：「姓公孫，名僑，字子産，鄭之賢大夫也。」**子産謂申徒嘉曰：「我先出，則子止；子先出，則我止。」**郭云：「羞與刖者並行。」補有惡心也。不審其德，而惡其形。**其明日，又與合堂同席**

而坐。子産謂申徒嘉曰：「我先出，則子止；子先出，則我止。今我將出，子可以止乎，其未邪？郭云：「質而問之，欲使必不並己。」且子見執政而不違，子齊執政乎？」執政，子産自稱。違，避也。齊，同也。斥其不遜讓。申徒嘉曰：「先生之門，固有執政焉如此哉！言伯昏先生之門，以道德相高，固有以執政自多如此者哉！子而説子之執政而後人者也？子乃悦愛子之執政，而致居人後者也？正後，如論語「事君敬其事而後其食」之後。言子重視子之執政。而輕視人也？説者，好之也。後人者，惡之也，非遊心於德之和也。聞之曰：『鑑明，則塵垢不止，止則不明也。久與賢人處，則无過。』止，猶集也。明鏡無塵，親賢無過。補久與賢人處，應蒙其化，而無好惡之過。今子所取大者，先生也，而猶出言若是，不亦過乎！」宣云：「取大，求廣見識。」按：取大，猶言引重。子産曰：「子既若是矣，既已殘形。猶與堯争善，宣云：「堯乃善之至者，故以爲言。」計子之德不足以自反邪？」宣云：「計子之素行，必有過而後致兀，尚不足自反邪？」申徒嘉曰：「自狀其過以不當亡者衆，不狀其過以不當存者寡。狀，猶顯白也。自顯言其罪過，以爲不至亡足者多矣；不顯言其罪過而自反，以爲不當存足者少也。補嘉答子産自反之説，以狀過、不狀過兩面自反。就自狀其過一面説，如誠有過，則當亡者衆。今不當亡者衆，是自反無過也，無過，則足亦不當亡矣。就不狀其過一面説，則無有不當存者。今不當存者寡，僅足不存而已。兩面自反，其無過亦明矣。**知其不可奈何而安之若命，惟有德者能之。**宣云：「以兀爲自然之命而不介意，非有德者不能。」**補**自反不當亡足，今竟亡之，非由過，乃由命，此無可奈何者也。命而能安，非德不能也。此答子産「計子之德」句。**遊於羿之彀中，中央者，中地也，然而不中者，命也。**上二中，如字。下二中，竹仲反。以羿彀喻刑網。言同居刑網之中，孰能自信無過？其不爲刑罰所加，亦命之偶值耳。**補**釋文：「羿音詣，善射人，唐、夏有之。一云：有窮之君，篡夏者也。彀音遘，張弓也。」郭云：「弓矢所及爲彀中。」武按：言今人之有過而當亡足者多矣，竟獲全足，猶之羿射無不中，今遊其彀之中央，必不免於中，而竟不中者，命也。此喻人之全足由命，非由德。**人以其全足笑吾不全足者多矣。我怫然而怒，而適先生之所，則廢然而反。**郭云：「廢向者之怒而復常。」**補**足之全不全，皆命也。笑不全者，由有惡心也。**不知先生之洗我以善邪！**以善道淨我心累。**補**陳氏闕誤於「洗我」句下，有「吾之自寤邪」一句，注：「見張本，舊闕。」武按：上言「適先生之所，則廢然而反」者，由於被化，而非自寤明矣，闕者是也。**吾與夫子遊十九年矣，而未嘗知吾兀者也。**未聞先生以殘形見擯。**補**好惡不生於心，蓋先生無執政之好，亦無兀者之惡也。**今子與我遊於形骸之内，**以道德相友。**補**修德者，形骸以内之事也。與子同學於先生之門，以期進德，此乃遊於形骸之内也。**而子索我於形骸之外，**以形迹相繩。**補**於行止出入之間，以齊執政見責，是索於形骸之外也。**不亦過乎！」子産蹵然改**

容更貌曰：「子无乃稱！」蹵然起謝。乃者，猶言如此。子無乃稱，謂子毋如此言也。大宗師篇「不知其所以乃」，亦謂不知其所以如此也。補此「過」字，收繳上各「過」字。蹵，釋文「子六反」。大宗師篇「仲尼蹵然曰」，釋文：「崔云：『變色貌。』」韓詩外傳四：「顏淵蹵然變色。」魯有兀者叔山无趾，李云：「叔山，氏。」宣云：「無足趾，遂爲號。」踵見仲尼。崔云：「無趾，故踵行。」補讓王篇「納屨而踵決」，成云：「屨敗，納之，而根後決也。」謂踵爲足根也。玉篇：「踵足後。」淮南地形訓「北有跂踵民」注：「跂踵，踵不至地，以五指行。」叔山无趾，故以踵行，與跂踵相反。郭乃訓踵爲頻，又有訓爲至者，均於本義不合。仲尼曰：「子不謹，前既犯患若是矣。雖今來，何及矣？」无趾曰：「吾唯不知務而輕用吾身，吾是以亡足。今吾來也，猶有尊足者存，宣云：「有尊於足者，不在形骸。」補釋文：「子不謹前，絶句。一讀以謹字絶句。」武按：應從「謹」字絶句，因「前既犯患」句與「雖今來」句有時間對立性故也。如將「雖」字移置「今」字之下，則兩句均以時間字冠首，意義更顯矣。尊足者，謂足雖刖，而德固未虧也。吾是以務全之也。夫天无不覆，地无不載，吾以夫子爲天地，補以夫子爲天地，故來求覆載。安知夫子之猶若是也！」孔子曰：「丘則陋矣。補自愧以形骸索之，而未能忘形也。夫子胡不入乎？請講以所聞！」无趾出。宣云：「徑去。」孔子曰：「弟子勉之！夫无趾，兀者也，猶務學以復補前行之惡，而況全德之人乎！」前惡虧德，求學以補之，況無惡行而全德者乎！　補此「前」字，緻應上「前」字。无趾語老聃曰：「孔丘之於至人，其未邪？彼何賓賓以學子爲？　俞云：「賓賓，猶頻頻也。賓聲、頻聲之字，古相通。廣雅釋訓：『頻頻，比也。』」郭云：「怪其方復學於老聃。」正郭説非。學子，弟子也。孔子弟子三千，猶言「束脩以上，未嘗無誨」，卽賓賓之意也。前節言王駘無心以動衆，此節言孔子有心以聚人。蓋蘄以諔詭幻怪之名聞，意在使人聞名慕之而來學也。一正一反，前後對照。如果學聃，何至蘄諔詭幻怪之名聞乎？彼且蘄以諔詭幻怪之名聞，不知至人之以是爲己桎梏邪？」李云：「諔詭，奇異也。」按：呂覽傷樂篇作「俶詭」。木在足曰桎，在手曰梏。蘄，期同。言彼期以異人之名聞於天下，不知至人之於名，視猶己之桎梏邪？　補成云：「蘄，求也。」釋文：「蘄音祈。諔，尺叔反。詭，九委反。梏，古毒反。」老聃曰：「胡不直使彼以死生爲一條，以可不可爲一貫者，解其桎梏，其可乎？」言生死是非，可通爲一，何不使以死生是非爲一條貫者，解其迷惑，庶幾可乎？　无趾曰：「天刑之，安可解？」言其根器如此，天然刑戮，不可解也。　補言彼之本性，自願受此桎梏，如天之所刑也。

魯哀公問於仲尼曰：「衛有惡人焉，曰哀駘它。釋文：「惡，醜。李云：『哀駘，醜貌。它其名。』」　補釋文：「駘音臺。」丈夫與之處者，思而不能去也。婦人見之，請於父母曰『與爲人妻，寧爲夫子妾』者，十數而未止也。未嘗有聞其唱者也，常和而已矣。未嘗

先人，感而後應。　補孔子集語引「常和人而已矣」其下，注云：「明本無人字。」武按：應照補。**无君人之位，以濟乎人之死，**宣云：「濟，猶拯也。」　補郭云：「明物不由權勢而往。」**无聚祿以望人之腹。**李楨云：「説文：『望，月滿也。』腹滿爲飽，猶月滿爲望，故以擬之。」　補郭云：「明非求食而往。」**又以惡駭天下，**非以美動人。　補釋文：「駭，胡楷反。崔本作駴。」成云：「驚駭。」**和而不唱，**未嘗招引人。**知不出乎四域，**知名不出四境之遠。　正淮南主術訓：「昔者神農之治天下也，神不馳於胸中，智不出於四域。」注云：「信身在中。」是此「知」字當讀智。郭云：「不役思於分外。」成云：「忘心遺智，率性任真。」二説得之。王誤讀知如字，且平添一「名」字，非句義所有。**且而雌雄合乎前。**宣云：「婦人丈夫，皆來親之。」　補郭云：「入獸不亂羣，入鳥不亂行。」成云：「雌雄，禽獸之類。」其意以爲「雌雄」二字祇可以名禽獸也。然管子霸形篇「令其人有喪雌雄」，注：「失男女之偶。」則人之男女亦得名之。此總上丈夫婦人皆來會聚於其前也。**是必有異乎人者也。寡人召而觀之，果以惡駭天下。與寡人處，不至以月數，而寡人有意乎其爲人也；**郭云：「未經月，已覺其有遠處。」**不至乎期年，而寡人信之。國无宰，寡人傳國焉，**成云：「國無良宰，傳以國政。」釋文：「傳，丈[一]專反。」　補釋文：「期音

[一]「丈」原作「文」，據釋文改。

基。」悶然而後應，悶然不合於其意，而後應焉。補釋文：「悶然，音門，李云：『不覺貌。』」成云：「不覺之容，亦是虛淡之貌。」氾而若辭。氾然不係於其心，而若辭焉。補前漢賈誼傳：「氾乎若不繫之舟。」寡人醜乎，李云：「醜，慙也。」補則陽篇「犀首聞而恥之」，又曰「華子聞而醜之」，同一句意。可知醜卽恥也。卒授之國。无幾何也，去寡人而行，成云：「俄頃之間，逃遁而去。」寡人卹焉若有亡也，宣云：「卹，憂貌。」若无與樂是國也。是何人者也？」仲尼曰：「丘也，嘗使於楚矣，適見㹠子食於其死母者，釋文：「㹠，本又作豚。」郭注：「食，乳也。」補釋文：「使，音所吏反，本亦作遊。㹠，徒門反。」武按：史記孔子世家，陳、蔡聞楚聘孔子，乃發徒役，圍孔子於野。於是使子貢至楚，楚昭王興師迎孔子，然後得免。昭王將以書社地七百里封孔子，令尹子西阻之，昭王乃止。其秋，昭王卒於城父。孔子自楚反乎衛。是歲也，孔子年六十三，而魯哀公六年也。約在哀公十一年，季康子以幣迎孔子，孔子歸魯，以後不復出，並無使楚事。一本「使」作「遊」，是也。少焉眴若，皆棄之而走。釋文：「眴，本亦作瞬，司馬云：『驚貌。』」俞云：「眴若，猶眴然。徐无鬼篇：『衆狙恂然棄而走。』眴、恂，並⿱旬丂之叚借。説文：『⿱旬丂，驚辭也。』始就其母食，少焉，覺其死，皆驚走也。」不見己焉爾，不得類焉爾。郭云：「生者以才德爲類，死而才德去矣，故生者以失類而走也。」按：言㹠子以母之不顧見己而驚疑，又不得其生之氣類而捨去也。所愛其母者，非愛其形也，愛使其形者也。成云：「使其形者，精神也。」

補成云：「郭注曰：『使形者，才德也。』而才德者，精神也。豚子愛母，愛其精神；人慕駘它，慕其才德者也。」戰而死者，其人之葬也，不以翣資，郭云：「翣者，武所資也。戰而死者，無武也，翣將安施！」成云：「翣者，武飾之具，武王爲之，或云周公作也。其形似方扇，使車兩邊。軍將行師，陷陣而死，及其葬日，不用翣資。是知翣者，武之所資，無武則翣無所資，以喻無神則形無所愛也。」李云：「資，送也。」正釋文：「翣，所甲反。」武按：説文：「翣，棺羽飾也。天子八，諸侯六，大夫四，士二。」釋名釋喪制篇：「翣，齊人謂扇爲翣。此似之也，象翣扇爲清涼也。翣有黼有畫，各以其飾名之也。」吕氏春秋孟冬紀節喪篇：「世俗之行喪，載之以大輴，羽旄旌旗如雲。僂翣以督之，珠玉以備之，黼黻文章以飾之。」高注：「僂，蓋也。翣，棺飾也。畫黼黻之狀如扇翣於僂邊。」荀子禮論：「然後皆有衣衾多少厚薄之數，皆有翣菨文章之等，以敬飾之。」注：「鄭康成云：『蔞翣，棺之牆飾也。以木爲筐，以白布畫爲雲氣，如今之攝也。』」淮南氾論訓：「周人牆置翣。」注：「周人兼用棺槨，故牆設翣，狀如今要扇，畫文，插置棺車箱以爲飾。多少之差，各從其爵命之數也。」白虎通論：「周人浸文，牆置翣，加巧飾。」觀上各説，翣者，古所未有，因周人尚文，故有此巧飾。是飾其文也，郭、成乃謂爲武飾，恐屬臆説。且自天子至士，皆得用之，特各從其爵命之數，多少不等耳。以吕氏所斥世俗之喪觀之，想其時庶人亦皆用翣，不復遵爵命之數矣，何以戰而死者獨不得用邪？惟荀子禮論〔一〕云：「刑餘罪人之喪，棺槨三寸，衣衾三領，不得飾棺。」豈以刑餘罪人之制待戰死者歟？夫戰而降敵，或臨戰而遁，因以致死者，則信乎其爲罪人，而不得以翣資矣，然此皆不得謂之戰而死者也。所謂戰而死者，衝鋒陷陣，奮不顧身，殺敵力竭而死者也。若然者，豈僅武勇，且亦忠烈，國人方以其爲國捐軀，崇德報功之不暇，而顧以刑餘罪人待之，斥去其翣乎！魯童汪踦死齊師，魯人欲勿殤，重汪踦，問於仲尼。仲尼曰：「能執干戈以衛社稷，雖欲勿殤也，不亦可乎！」豈此之戰而死者，獨不得比於汪踦乎？必無是理也。以此證之，郭、成之説，其不當明矣。武以爲翣者，飾文也，戰則重武，而非講文之時。下所謂「無其本」者，無文之本也。且兵凶戰危，民人離散，亦何從爲之備翣？而戰死者必非一人，又焉得人人而備之？此則其餘義也。**刖者之屨，无爲愛之，**釋文：「爲，于僞反。」郭云：「愛屨者，爲足故耳。」**皆无其本矣。**翣本於武，屨本於足。正翣本於文。**爲天子之諸御，不爪翦，**補淮南兵略訓「不爪翦」，注云：「去手足爪。鬋、翦同。」**不穿耳；**御女不加修飾，使其質全。**娶妻者止於外，不得復使。**匹夫娶妻，休止於外，官不役之，使其形逸。補禮記禮運：「三年之喪，與新有昏者，期不使。」**形全猶足以爲爾，**上二事，皆全其形。**而況全德之人乎！**宣云：「德全則有本，人豈能不愛乎！」**今哀駘它未言而信，无功而親，使人授己國，唯恐其不受也，是必才全而**

〔一〕「荀子禮論」原作「周禮縫人」，據荀子改。

德不形者也。」　補德充於内，不形於外。寓言篇孔子云：「夫受才乎大本，復靈以生。」列禦寇篇：「搖而本才。」郭訓才爲本性。釋文：「一本才作性。」與此「才」字義同。**哀公曰：「何謂才全？」仲尼曰：「死生存亡，窮達貧富，賢與不肖，毁譽、饑渴、寒暑，是事之變，命之行也，**成云：「並事物之變化，天命之流行。」　補山木篇仲尼曰：「饑溺寒暑，窮桎不行，天地之行也，運物之泄也。」義與此同。**日夜相代乎前，**語又見齊物論篇。　補事變命行，互相替代，前逝後繼，不舍晝夜。**而知不能規乎其始者也。**宣云：「雖有知者，不能詰其所自始。」　補禮記儒行「其規爲有如此者」，疏：「但自規度所爲之事而行。」戰國策「齊無天下之規」，注：「規，猶謀也。」則規者，謀度也。**故不足以滑和，不可入於靈府。**成云：「滑，亂也。」郭云：「靈府，精神之宅。」宣云：「惟其如是，故當任其自然，不足以滑吾之天和，不可以擾吾之靈府。」　補事變命行，既不可謀度其始，則維安於無可奈何，任天之行，而不可有所好惡入於靈府，以亂吾之和德也。庚桑楚篇「皆天也，非人也，不足以滑成，不可内於靈臺」，義與此同。靈臺，卽靈府，心之謂也。成，卽下文「德者成和之修」之成也。又山木篇仲尼曰：「化其萬物，而不知其禪之者，焉知其所終？焉知其所始？正而待之而已耳。」亦足與此段相發明。**使之和豫通而不失於兑，使日夜无郤而與物爲春，**李云：「兑，悦也。郤，間也。」宣云：「使和豫之氣流通，不失吾怡悦之性，日夜無一息間隙，隨物所在，同遊於春和之中。」　正韻會：「兑，穴也。」易説卦傳云：「兑爲口。」淮南道應訓云「則塞民於兑」，注：「兑，耳目口鼻也。」老子「塞其兑，閉其門」，王弼注：「兑，事欲之所由生；門，事欲之所由從。」則王意亦以穴訓兑也。文子下德篇：「人之情，思慮聰明喜怒也。故閉四關，（注：耳目口鼻。）止五遁，（注：五情。）卽與道淪。是故神明藏於無形，精氣反於至真。」據上各説，則此文爲使和氣逸豫流通於內，而毋使散失於耳目口鼻之穴也。下文「內保之而外不蕩」，卽爲此文取譬。蓋修道之要，在嗇精凝神，如和氣由竅穴散失，則精無由嗇，而神無由凝，斯道無由成。故上文曰「聽止於耳」，曰「徇耳目內通〔一〕」，卽恐失於兑也。老子之塞兑，文子之閉關，亦同此義。能不失於兑，則能如文子所云「神明藏於無形，精氣反於至真」矣。否則，神明何由藏？精氣何由反哉？廣成子語黄帝以至道，亦惟曰：「无視无聽，抱神以靜。」又曰：「慎女內，閉女外。」所謂無視聽而閉外，非卽不失於兑之義乎？如道家之魏伯陽，則尤明揭其旨曰：「耳、目、口三寶，固塞勿發揚。」蓋由此文悟得者也。此文道家視之爲祕要，而郭、成諸氏，乃訓之爲悦，無亦昧於莊氏之旨，而未尋究前後文義乎！**是接而生時於心者也。**宣云：「是四時不在天地，而吾心之春，無有間斷，乃接續而生時於心也。」補「接」字，承「日夜無郤」；「時」字，承「春」。卽日夜接續，生春和之氣於心而不間也。與老子「綿綿若存，載營魄抱一，能無離乎」之義同。綿綿者，卽接而無郤也。抱一者，如在宥篇「我守其一以處其和」也。又陰陽合一謂之和，則

〔一〕「通」原誤「遁」，據人間世篇改。

抱一即處和也。能無離者，勉人處和不可斷離，即接而生和也，又與易「成性存存」之義同。陳淳曰：「性字从生从心，是人生來具是理於心，方名曰性。」是性即具理之心也。朱注：「存，謂存而又存，不已之意。」亦即接而生春和之時於心也。推之佛書「無所住而生其心」，其義亦無不同。無所住者，可釋爲無所執着，亦可釋爲無所停住。無所停住，即接之義也。生其心者，生其清淨心也。欲清淨生心，不和而能之乎？蓋不和則陰陽不調，心必煩擾矣。此數語，爲修道奧竅，儒與釋不能外之也。**是之謂才全。」「何謂德不形？」曰：「平者，水停之盛也。**郭云：「天下之平，莫盛於停水。」**其可以〔一〕爲法也，**郭云：「無情至平，故天下取正焉。」補至平者莫如水，故人之求平者，皆以水爲準則。天道篇：「水靜則明燭鬚眉，平中準，大匠取法焉。」大匠取法者，如考工記「匠人建國，水地以縣」，注：「於四角立植，（疏：柱也。）而縣以水，望其高下。高下既定，乃爲位而平地。」如今建築家用水準器以取平然，故曰「其可以爲法也」。心而能平，亦猶是焉。**內保之而外不蕩也。**蕩，動也。內保其明，外不動於物。補文子上德篇：「莫鑒於流潦而鑒於止水，以其內保之止而不外蕩。」武按：平則能內保，停則不外蕩，此喻內保其和而不失於兑也。**德者，成和之修也。**宣云：「修太和之道既成，乃名爲德也。」補繕性篇「夫德者，和也」，言得和於心謂之德。此爲上文「遊心於德之和」作釋。**德不形者，物不能離也。」**含德之厚，人樂親

〔一〕「以」字，據王氏原刻及集釋本補。下補正同。

之。補物不能離者，物自最之也，此爲德之符。**哀公異日以告閔子曰：「始也，吾以南面而君天下，執民之紀，而憂其死，**成云：「執持綱紀，憂於兆庶，飲食教誨，恐其夭死。」補成云：「姓閔，名損，字子騫，宣尼門人，在四科之數，甚有孝德，魯人也。」論語「德行顏淵、閔子騫」，卽其人也。**吾自以爲至通矣。今吾聞至人之言，**宣云：「孔子之言哀駘它者。」**恐吾無其實，輕用吾身而亡其國。**補孔子集語引「其國」作「吾國」，崇本、世本同，當從之。**吾與孔丘，非君臣也，德友而已矣。」**

闉跂支離无脤成云：「闉，曲也。謂攣曲企踵而行。脤，脣也。謂支體坼裂，傴僂殘病，復無脣也。」釋文：「脤，徐市軫反。又音脣。」補釋文：「闉音因，郭烏年反。跂音企。」**說衛靈公，靈公說之，而視全人，其脰肩肩。**上說言說，下說音悅。其下同。釋文：「脰，頸也。李云：『肩肩，羸小貌。』」李楨云：「攷工梓人文『數目顅脰』，注云『顅，長脰貌』，與肩肩義合。知肩是省借，本字當作顅。」按：衛君悅之，顧視全人之脰，反覺其羸小也。正釋文：「脰音豆。」武按：各注均未得解。此處李訓肩肩爲羸小，亦無顯據，難免臆說。全人之脰，本非羸小，而視之爲羸小，必目病眚者也。未據靈公目眚，何致有此妄見？說殊未愜。李楨改爲攷工記之「顅」，鄭注「顅，長脰貌」，不過頸長耳，有何取義乎？並未足以明其形之惡。如勾踐頸長，滅吴霸越，爲當時盟主，不反明頸長之可貴乎？是改亦非也。考說文「肩，髆也」，廣韻「肩，項下」，書盤庚傳「肩，任也」，左傳襄二年「鄭子駟請息肩於晉」注「以負擔喻」。本句上「肩」字，項下之膊也；下「肩」字，任也，負擔也。猶之冠冠履履，風風雨雨，曾滌生氏所謂實字虛用也。其脰肩肩者，謂其頸乃肩膊肩負之也。言靈公視闉跂而悦之，忘其形之惡，視形全之人，惟見其以肩任負其頸耳，猶之天地篇所言「横目之民」。目横於面，脰豎於肩，皆舉一以概其全也。蓋闉跂德充於内，故靈公忘形悦德，非然者，形貌雖全，不過以肩肩脰之常人耳。蓋以肩肩脰人人如此，無足悦也。下文「德有所長，形有所忘」句，卽説明此處之義者也。荀子非相篇：「衞靈公有臣曰公孫吕，身長七尺，面長三尺，焉廣三寸，鼻目耳具而名動天下。」此則靈公悦德忘形之實證也。**甕㼜大癭説齊桓公，桓公説之，而視全人，其脰肩肩。**説文：「癭，瘤也。」李云：「甕㼜，大癭貌。」**補**釋文：「甕，烏送反。㼜，烏莽反。癭，一領反。」此段，卽下「形有所忘」也。

故德有所長，而形有所忘，總上。**人不忘其所忘，而忘其所不忘，此謂誠忘。**形宜忘，德不宜忘；反是，乃真忘也。**故聖人有所遊，**遊心於虛。**正**遊心於德之和。**而知爲孼，**智慧運動，而生支孼。**正**説文通論：「孼之言蘖也。」若木既伐而生枿，猶顛木之有曲蘖也。凡情與事之生，皆由於知，猶樹之生蘖也。下三「爲」字，卽皆由知所生。**約爲膠，**禮信約束，而相膠固。**德爲接，**廣樹德意，以相交接。**工爲商。**工巧化居，以通商賈。**聖人不謀，惡用知？**心無圖謀，故不用智。**補**庚桑楚篇：「知者謨也。」又曰：「至知不謀。」**不斲，惡用膠？**質不彫琢，何須約束？无喪，惡用德？德之言得也。本無喪失，何用以德相招引？補秋水篇：「至德不得。」不貨，惡用商？不貴貨物，無須通商。補老子曰：「聖人欲不欲，不貴難得之貨。」四者，天鬻也。天鬻者，天食也。釋文：「鬻，養也。」知、約、德、工四者，天所以養人也。天養者，天所以食之也。既受食於天，又惡用人？既受食於天矣，則當全其自然，不用以人爲雜之。有人之形，无人之情。屏絶情感。補無好惡之情。有人之形，故羣於人；成云：「和光混迹。」補大宗師篇云：「方且與造物者爲人。」義與此同。无人之情，故是非不得於身。絶是非之端。補無好惡之情，故無是非之端。眇乎小哉！所以屬於人也。謷乎大哉！獨成其天。崔云：「類同於人，所以爲小；情合於天，所以爲大。」成云：「謷，高大貌也。」補眇，釋文「亡小反」。釋名釋疾病云：「眇，小也。」謷，釋文「五羔反」。武按：大宗師篇云：「其一，與天爲徒；其不一，與人爲徒。」可作此處參證。惠子謂莊子曰：「人故无情乎？」莊子曰：「然。」惠子曰：「人而无情，何以謂之人？」莊子曰：「道與之貌，天與之形，成云：「虚通之道，爲之相貌；自然之理，遺其形質。」惡得不謂之人？」惠子曰：「既謂之人，惡得无情？」莊子曰：「是非吾所謂情也。宣云：「言惠子先誤認情字。」按：郭以是非承上言，非。吾所謂无情者，言人之不以好惡内傷其身，常因自然而不益生也。」宣云：「本生之理，不以人爲加益之。」補自然者，天也。常因自然，與刻意篇「循天之理」同義。老子曰「益生曰祥」，前漢五行志「妖孽自外來謂之祥」，謂增益其生爲凶妖也。老子又曰「無以生爲者，是賢於貴生」，卽因其自然之生，而不益之以人爲也。養生主篇之「盡年」，寓言篇之「窮年」，卽任其天年自然窮盡而已，皆不益生之義。莊子之道，在養生而不益生。惟不以好惡内傷其身，以期如大宗師篇所云「終其天年而不中道夭」，卽養生也。上所謂和者，無好惡也，故「不以好惡傷身」句，乃修和之功夫也。**惠子曰：「不益生，何以有其身？」**成云：「若不資益生道，何以有其身乎？」**莊子曰：「道與之貌，天與之形，无以好惡内傷其身。**有其身者如此。**今子外乎子之神，勞乎子之精，倚樹而吟，據槁梧而瞑。**成云：「槁梧，夾膝几也。言惠子疏外神識，勞苦精靈，故行則倚樹而吟詠，坐則隱几而談説，形勞心倦，疲怠而瞑。」**正**槁梧，解詳齊物論「惠子之據梧也」句下。**天選子之形，**選，解如孟子「選擇而使子」之選。**子以堅白鳴！」**言子以此自鳴，與公孫龍「堅白」之論何異？齊物論所謂「以堅白之昧終」也。解見前。

正堅白者，以堅石與堅，白馬與白，離而兩之以爲題，於無理中説理，以口辯相勝者也。公孫龍倡之，一時和者羣起。其目甚多，如「卵有毛」、「雞三足」之類，見荀子勸學篇。本書天下篇末所載，卽惠子之堅白辯，蓋惠子固其中之雄也。故此處注，不必再涉及公孫龍，句固未嘗言「子以公孫龍之堅白鳴」也。

大宗師第六

本篇云：「人猶效之。」效之言師也。又云：「吾師乎！吾師乎！」以道爲師也。宗者，主也。　**正**天下篇云「以天爲宗」，與此所謂「大宗」者義別。天道篇云：「夫明白於天地之德者，此之謂大宗大本，與天和者也。」蓋謂和爲大宗也。然易云「一陰一陽之謂道」，本書則陽篇「陰陽，氣之大者也，道者爲之公」，言道爲陰陽之公名也。田子方篇「兩者交通成和」，兩者，謂陰陽也。據此，則陰陽之公名爲道，陰陽之相合爲和。是則和乃道之質也，故天道篇謂和爲大宗，卽無異謂道爲大宗也。莊子何故謂天爲宗，而謂道爲大宗？則老子曰「人法地，地法天，天法道」，法者，師也，卽人師地，地師天，天師道也。本篇「夫道」節，謂道「生天生地」。夫天既法道，道既生天，則謂天爲宗，謂道爲大宗，又何疑乎？且「夫道」節「長於上古不老」句，指道言之也。篇末「吾師乎」下，亦有此句，則其所謂吾師者，亦指道言之也。而天道篇「大宗大本」下，所引「長於上古」諸句，概與本篇末同，則所言謂和爲大宗，無異謂道爲大宗，尤爲明確矣。由以上所證，則此所謂大宗者，道也；所謂大宗師者，以道爲師也。

知天之所爲，知人之所爲者，至矣。知天之所爲者，天而生也；凡物皆自然而生，則當順其自然。　**補**天地篇：「无爲爲之之謂天。」夫「无爲爲之」者，卽其所爲循天之理，因乎自然，而不雜以人爲也，如下所舉「真人不逆寡，不雄成，不謨士」等是也。故此所謂「天之所爲」，卽下真人之所爲也；「人之所爲」，卽下狐不偕諸人之所爲，而過乎其當者也。總提於此，以爲下文綱領。刻意篇云「虚无恬淡，乃合天德」，達生篇云「形全精復，與天爲一」，卽天而生也。蓋以「虚无恬淡」而至「形全精復」，下所舉真人之所爲亦可以此八字概之。**知人之所爲者，以其知之所知，以養其知之所不知，終其天年而不中道夭者，是知之盛也。**兩其知，音智。不强知，則智得所養。郭云：「知人之所爲者有分，故任而不强也；知人之所知者有極，故用而不蕩也。故所知不以無涯自困。」**補**明此爲知之盛，而非知之真也。齊物論云：「故知止其所不知，至矣。」養生主云：「吾生也有涯，而知也無涯。以有涯隨無涯，殆矣。」夫人之所爲者事也，事之能御者知也，事無涯，故知亦無涯。所謂知人之所爲者，因有人之形，故羣於人，而不離人以獨異，則應知人之所爲也，卽下文「與人爲徒」也。所謂養其知之所不知者，言知乎其所能知，不强知其所不知者，是不以有涯隨無涯也，則得終其天年而不殆矣。若狐不偕諸人，知人之所爲，而不知養其不知者，故除箕子胥狂僅免外，皆餓死蹈河而中道夭也。**雖然，有患。**成云：「知雖盛美，猶有患累，不若忘知而任獨也。」**正**知雖盛矣，然未能登假於道，非真知也，故不能無患。**夫知有所待而後當，其所待者特未定也。**成云：「知必對境，非境不當。境既生滅不定，知亦待奪無常。唯當境、知兩忘，然後無患。」**正**注非。下文「若化爲物，以待其所不知之化已乎！且方將化，惡知不化哉？方將不化，惡知已化哉」？卽證此文之義。蓋欲知已化，必待已化之時，其知然後當；欲知未化亦然。故曰「知有所待而後當」。未化，生也；已化，死也。死生命也，人何能定？故曰「特未定也」。**庸詎知吾所謂天之非人乎？所謂人之非天乎？**成云：「知能運用，無非自然。是知天之與人，理歸無二，故謂天卽人，謂人卽天。所謂吾者，莊生自稱。此則混合天人，混同物我也。」**正**注非。蓋其所待者既未定，則吾之所知者惡能必其爲真？吾所謂天理者，或墮於人爲；吾所謂人爲者，或反合於天理矣。如狐不偕等之死，彼必自以爲知之真而死之當矣，安知其行名失己，忘身不真，役人之役，而不自適其適者哉？齊物論云：「庸詎知吾所謂知之非不知耶？庸詎知吾所謂不知之非知邪？」語意正與此同。**且有真人，而後有真知。**郭云：「有真人，而後天下之知皆得其真而不可亂。」**補**真知，較知之盛進一層說。知之真者，則不墮於人爲之僞。**何謂真人？****補**此句啓下「古之真人」四節。**古之真人，不逆寡，**虛懷任物，雖寡少，不逆忤。**補**逆，不順也。天地篇：「是謂玄德〔一〕，同乎大順。」大順，卽一無所逆也，尚何寡之逆乎？**不雄成，**不以成功自雄。**補**徐无鬼篇「成固有伐」，雄成之謂也。此常人之情也，真人則不爾。老子曰：「不爲而成。」又曰：「以其終不自爲大，故能成其大。」不自以爲大，卽不自以爲雄也。本篇：「無不毀也，無不成也。」齊物論：「其成也，毀也。」夫視成毀如一，尚何成

〔一〕「德」原作「同」，據天地篇原文改。

之雄乎？不謨士。成云〔一〕：「虛夷而士衆自歸，非謀謨招致。」正注非。庚桑楚篇：「至知不謀。」真人然後有真知，卽至知也，故不與士謀。若然者，過而弗悔，當而不自得也。成云：「天時已過，曾無悔吝之心；分命偶當，不以自得爲美。」正夫知有所待而後當，若知之所待者已成過去，亦不追而悔之，此釋家所謂「過去心不可得」也。若如其所待而知當，亦不自以爲得，此與不雄成之義同，釋家所謂「現在心不可得」也。上文所謂謨者，謀議未來也。不謨士，則釋家所謂「未來心不可得」也。若然者，登高不慄，入水不濡，入火不熱。是知之能登假於道也若此。危難生死，不以介懷。其能登至於道，非世之所爲知也。補知能登假於道，斯爲真知，非僅盛也。古之真人，其寢不夢，成云：「絕思想，故寢寐寂泊。」其覺無憂，郭云：「隨所寓而安。」其食不甘，成云：「不耽滋味。」補老子曰：「味無味。」又曰：「五味令人口爽。」王弼注：「爽，差失也。」故不甘食。其息深深。李云：「內息之貌。」真人之息以踵，成云：「踵，足根。」宣云：「呼吸通於湧泉。」補湧泉穴，一名地衝，在足心陷者中，屈足卷指宛宛中。黃庭經云：「三關之中精氣深，九微之內幽且陰。口爲天關精神機，足爲地關生命棐，手爲人關把盛衰。」武按：人恃息以生，道家養生，故調息。息由口鼻出入，故爲天關精神之氣機，調之既久，其息深

〔一〕「成云」二字，據王氏原刻及成疏補。

深，則下聚於丹田，因而通於足之湧泉穴，所謂「地關生命棸」也。觀此，足以證真人踵息之義。考足腎經脈屬少陰，斜從小指趨足心湧泉穴，循内踝之後，別入跟中，上腨内，出膕内廉，尋上股内後廉，直貫脊，屬腎，從腎貫肝膈，入肺中，挾舌本，循喉嚨。然則息由口經喉，入肺，至足踵，固自有經脈以通之，踵息之説，非不可能也。以上真人一。**衆人之息以喉。**宣云：「止於厭會之際。」**正**「厭會」誤倒，應作「會厭」。靈樞經憂恚無言篇：「會厭（平聲）者，音聲之户也。」又云：「厭小而疾薄，則發氣疾，其開合利，其出氣易。其厭大而厚，則開闔難，其出氣遲，故重言也。」武按：會厭，在咽喉之兩旁，能張能收。食入則收掩其喉，音出則張開，故曰「音聲之户」，乃喉之門也。平人之息，吸由口鼻，經會厭而入於肺，復由肺呼出。然則衆人之息實以肺，此謂以喉者，特言其息之淺耳。然使肺氣鬱而不通，則亦以喉息矣。**屈服者，其嗌言若哇。**屈服，謂議論爲人所屈。嗌，喉咽也。嗌，聲之未出；言，聲之已出。吞吐之際，如欲哇然，以狀無養之人。**補**釋文：「嗌音益。哇，獲媧反，崔一音於佳反。簡文云：『嘔也。』」**其耆欲深者，其天機淺。**情欲深重，機神淺鈍。**補**耆與嗜同。以上真人二。**古之真人，不知説生，不知惡死；**郭云：「與化爲體。」**其出不訢，其入不距；**釋文：「距，本又作拒。李云：『欣出則營生，拒入則惡死。』」**補**釋文：「訢音欣。距音巨。」**翛然而往，翛然而來而已矣。**成云：「翛然，無係皃。」**補**釋文：

「翛，李音悠。向云：『翛翛然〔一〕無心而自爾之謂。』」不忘其所始，不求其所終；宣云：「知生之源，任死之歸。」　補不忘其所始，與德充符篇「保始」之義同。蓋始者，指道也；保者，守而不忘也。義見彼句下。命之當終者天也，當任而安之，有心以求，則以人助天也。受而喜之，宣云：「受生之後，常自得。」　正注非。如注謂受生自得，則與上文「其出不訢」，與下文「不悅生」矛盾。此承上句「始」字。始指道也，故曰「受而喜之」，與下文「不以心捐道」一意相承。忘而復之。宣云：「忘其死，而復歸於天。」　正此承上「不忘其始」來，謂復其始也。猶之孔子之「克己復禮」，孟子之「收放心」，蓋人欲除則天理自復矣。是之謂不以心捐道，不以人助天。是之謂真人。郭云：「物之感人無窮，人之逐欲無節，則天理滅矣。真人知用心則背道，助天則傷生，故不爲也。」俞云：「據郭注，捐疑偝之誤。」　正尋省上下文義，「捐」字不誤。説文：「捐，弃也。」上文「不忘其所始」，「受而喜之，忘而復之」，卽不以心捐弃其道也。不以人助天者，承上「不求其所終」來。求其所終者，人爲以求之也，猶之宋人助苗之長也。苗長，天也；助之長者，人也，助之適以害之矣。「是之謂真人」句，答上文「何謂真人」。若然者，其心志，宣云：「志當作忘。無思。」　正「志」字不誤。如作「忘」，心既忘矣，安能如下文「喜怒通四時，與物有宜」乎？此二者，皆心之用也。「若然」句，總承上文；「其心志」則承「受而喜之」、「不以心捐道」等句。説文：「志，心之所之

〔一〕釋文不重「翛」字，「然」上有「自」字，「自然」二字連下讀。

也。」靈樞經本神篇：「心有所憶謂之意，意之所存謂之志。」論語：「志於道。」此義亦同，即心之所之者道也，即不以心捐道也。又素問陰陽別論說心云：「在志爲喜。」王冰注云：「喜爲心志。」此爲本句確解。因喜爲心志，則上「受而喜之」，與下「喜怒通四時」之二「喜」字，皆心志也。心不捐道，亦以其受而喜之也。**其容寂，**宣云：「無爲。」**其顙頯，**宣云：「頯，額也。」頯，大樸貌，宣云「恢上聲」。**正**釋文：「頯，徐去軌反，郭苦對反。」武按：「天道篇「而顙頯然」句下，引成云「顙頯高亢，顯露華飾」，此則訓爲大樸，同一頯之形容詞，不應前後相歧。此處當訓爲高亢顯露，至「華飾」二字，成氏任意所加，應從刪節。蓋秋容寂寞，春氣昭舒，故青陽一至，則生氣開展，草木萌生，羣蟲啓蟄，此即高亢顯露之象也。故「寂」字，籠下「淒然似秋」；「頯」字，籠下「煖然似春」。可見莊文謹嚴有法，非漫然下字，惜各注家均未尋省及此。**淒然似秋，煖然似春，**郭云：「殺物非爲威，生物非爲仁。」**補**釋文：「煖音喧，徐況晚反。」武按：上句承「容寂」，下句承「顙頯」。即其容寂，淒然似秋；其顙頯，煖然似春也。**喜怒通四時**〔一〕，宣云：「喜怒皆無心，如四時之運〔二〕。」**與物有宜，而莫知其極。**隨事合宜，而莫窺其際。**正**淒然似秋，裁制萬物，各有所宜，循環無窮，而莫知其所止極。**故聖人之用兵也，亡國而不失人心；**崔云：「亡敵國而得其人心。」

〔一〕「喜怒通四時」五字，據王氏原刻及集釋本補。
〔二〕宣注據王氏原刻補。

補不失人心，由於與物有宜也。此與上句，承「淒然似秋」說。**利澤施於萬物，不爲愛人。**由仁義行，非行仁義。補長養萬物，任天之行而已，不爲愛人而施也。此承「煖然似春」說。**故樂通物，非聖人也；**不求通物，而物情自通，爲聖人。補聖人喜怒通四時，而不通物。四時運行，而萬物自通，如春之任物自長，不助其長也。聖人亦任物自通，如樂之，則爲有心而任知矣。**有親，非仁也；**至仁則無私親。補天運篇：「至仁無親。」有親則私也，與利澤施於萬物者異矣。**天時，非賢也；**宣云：「擇時而動，有計較成敗之心。」正真人與物爲春，接而生時於心者也；喜怒通四時，與物有宜者也。蓋以知爲時，而不以旦夕遷流之天時爲時也。如以天時爲時，必致勞生逐時，則非賢矣。**利害不通，非君子也；**利害不觀其通，故有趨避。補齊物論「聖人不從事於務，不就利，不違害」，能通利害爲一也。不通，非君子矣。此君子，指在位者言。**行名失己，非士也；**成云：「必所行求名而失己性，非有道之士。」補士，指在野者言。逍遥遊篇「名者，實之賓也」，以名假而實真也。專行乎名者，必失己之真。**亡身不真，非役人也。**宣云：「徒棄其身，而無當真性，爲世所役，非能役人。」補因行名而亡身，是因假而亡真也，則身有不當亡而亡者矣，如狐不偕輩是也。非役人，乃役於人也；役於人，即失己也。下引古人以明此二句之義。**若狐不偕、**成云：「姓狐，字不偕，堯時賢人，不受堯讓，投河而死。」**務光、**成云：「夏時人，餌藥養性，好鼓琴，湯讓天下，不受，負石自沉於廬水。」**伯夷、叔齊、箕子胥餘、**司馬云：

「胥餘，箕子名。尸子曰：『箕子胥餘，漆身爲厲，被髮佯狂。』」紀他、成云：「湯時逸人，聞湯讓務光，恐及乎己，遂將弟子，蹈於窾水而死。申徒狄聞之，因以踣河。」補釋文：「他，徒河反。」申徒狄，釋文：「殷時人，負石自沉於河。」是役人之役，適人之適，而不自適其適者也。郭云：「斯皆舍己效人，徇彼傷我者。」宣云：「爲人用，快人意，與真性何益！」補上之諸人，皆行名失己，亡身不真者也，與真人之所爲者異矣。此節證上文人之所爲，然不知養其所不知，以致不終其天年者。古之真人，其狀義而不朋，郭云：「與物同宜，而非朋黨。」俞云：「郭注非也。此言其狀，非言其德。義讀爲峩。天道篇『而狀義然』，即峩然也。朋讀爲崩。易『朋來无咎』，漢書五行志引作『崩來无咎』，是也。義而不朋，言其狀峩然高大而不崩壞也。」正「狀」字統攝下文，至「悗乎忘其言也」止；「義」字由上「淒然似秋」、「與物有宜」生出。郭說尚適，俞必改「義」爲「峩」，改「朋」爲「崩」，又於「義」下加「然」字，費如許周折，然後成其「峩然高大而不崩壞」之說，驗之上下文義，毫不相干。且容狀非山陵樓觀比，何可以崩壞說乎？考禮記鄉飲酒義：「西方者秋。秋，愁也。愁之以時察，守義者也。」注：「察，嚴殺之貌。」故曰「義」字由上文「秋」字生出也。下文「𩐎萬物而不爲義」，𩐎卽嚴殺之義。本篇脈絡，前後原屬一貫。又釋名：「義，裁制萬物使各宜也。」白虎通情性篇：「義者，宜也，斷決得中也。」夫裁制萬物，斷決得中，故不與物相朋黨也，秋何嘗私物而有所朋乎？朱桂曜云：「鶡冠子備知篇：『故爲者敗之，治者亂之。敗則傰，亂則阿；阿則理廢，傰則義不立。』陸注：『傰，黨也。』傰則義不立，正與此處『義而不朋』同意。漢書王尋傳『南山羣盜倗宗等』，注蘇林曰：『倗音朋。』」武按：集韻：「倗同朋。」又管子幼官篇劉績注：「倗卽朋字。」此引實爲「義而不朋」確證，足證俞說迂繆。　**若不足而不承，**宣云：「卑以自牧，而非居人下。」　**補**此句承「狀」字。說文：「承，受也。」老子曰：「廣德若不足。」蓋德足而若不足也。盜跖篇：「足而不爭。」又曰：「不足，故求之。」真人則不僅不爭不求，且與之而不受也。　**與乎其觚而不堅也，**王云：「觚，特立不羣也。」崔云：「觚，棱也。」李楨云：「觚是孤借字。釋地『觚竹』，釋文『本又作孤』。此孤、觚通作之證。孤特者，方而有棱，故字亦借觚爲之。『與乎其觚』，與『張乎其虛』對文，『與』當是趣之借字。說文：『趣，安行也。』」按：不堅，謂不固執。　**正**此句申說「義而不朋」之義。下「與乎止我德」之與字，王訓相接意，可移以訓此「與」字。李謂爲趣借，安行也，句無此意，殊屬穿鑿。觚，說文「鄉飲酒之爵也」。史記酷吏傳「漢興，破觚而爲圜」，集解：「觚，方。」索隱：「觚，八稜有隅者。」言真人義而不朋，與世相接，猶觚之方而不圜也。然其不朋者，特和而不同耳。與物有宜，亦不堅執也。李乃謂觚爲孤借，亦好橫生枝節矣。　**張乎其虛而不華也，**成云：「張，廣大貌。」按：廓然清虛，而不浮華。　**正**此申說若不足而不承之義。不足者，虛也。虛則易流於華而不實，華而不實則誠不足矣。真人者，若虛而實實，故不華也。此卽老子「大盈若冲」之義也。　**邴邴乎其似喜乎！**向云：「邴邴，喜貌。」郭云：「至人無喜，暢然和適，故似喜也。」　**正**釋文：「邴邴，音丙，簡文云：『明貌。』」言邴邴乎其狀似以明知自喜乎！此與下句貼知說；自此至「俛乎忘言」句，各以二句分貼知、德、禮、刑說。　**崔乎其不得已乎！**向云：「崔，動貌。」成云：「迫而後動，非關先唱，故不得已而應之也。」　**補**以知爲時，時至而動，動於知之所不得已，非喜之也，故上句言「似喜」。　**滀乎進我色也，**簡文云：「滀，聚也。」宣云：「水聚則有光澤。言和澤之色，令人可親。」　**補**漁父篇：「真在内者，神動於外。」大學曰：「德潤身。」淮南原道訓云：「子夏得道而肥。」呂覽士容論任地篇「人肥必以澤」，高注：「人肥，則顔色潤澤。」蓋德者，得道也。德充於内，故色澤於外也。下文女偊「色若孺子」，即證此義。　**與乎止我德也，**與，相接意。宣云：「寬閒之德，使我歸止。」　**正**「與」字，成訓容與。滀乎進色者，由於容與止我德也。此與上句貼德説。　**厲乎其似世乎！**　崔本「厲」作「廣」，當從之。俞云：「世乃泰之借字。廣與泰義相應。」郭慶藩云：「厲、廣古通借。泰字作大。世、大古亦通借。」　**正**「厲」「世」二字，皆當如字。厲，猶前漢書儒林傳「以厲賢才焉」之厲。言勉厲於禮，其狀如世人之所爲也。此句應上「人之所爲」，伏下「與人爲徒」。　**謷乎其未可制也，**成云：「謷然高遠，超於世表，不可禁制。」　**補**勉厲於禮，特似世人耳，實則謷然高遠，不爲世俗之禮所拘制也。下文孟子反、子琴張。不憒憒爲世俗之禮，以觀衆人耳目，故臨尸而歌，斥子貢曰「惡知禮意」，即證此意也。此與上句貼禮説。　**連乎其似好閉也，**李云：「連，綿長貌。」郭云：「綿邈深遠，莫見其門。」成云：「默如關閉，不聞見也。」釋文：「好，呼報反。」**悗乎忘其言也。**釋文：「悗，忘本反。」成云：「悗，無心貌。以上言真人德行，下明其利物爲政之方。」　**正**注非。好閉，故忘言。此二句，遥應「淒然似秋」句。秋氣收斂，故曰「好閉」。秋氣肅殺，刑之義也。靈樞經寒熱病篇「舌縱涎下，煩悗」，注音悶。又本藏篇「心高則滿於肺，中悗而善忘，難開以言」，正與此及上句義同。難開，卽上句「好閉」也。且均就心説，彼義並貼秋説，蓋肺爲秋藏也。故此二句，貼刑説。**以刑爲體，**郭云：「刑者治之體，非我爲。」**補**此及下三句，方明出知、德、禮、刑四字。**以禮爲翼，**郭云：「禮者，世所以自行，非我制。」**以知爲時，**郭云：「知者時之動，非我唱。」**以德爲循。**郭云：「德者自彼所循，非我作。」**以刑爲體者，綽乎其殺也；**郭云：「任治之自殺，故雖殺而寬。」**補**下文「殺生者不死」，「外生」，「以生爲附贅懸疣」等句，皆殺義也。知北遊篇引老子曰「爲道日損，損之又損，以至於无爲」，義亦相同，皆此處之例證也。此以下至「勤行者也」，再就知、德、禮、刑四義分釋之。**以禮爲翼者，所以行於世也；**郭云：「順世所行，故無不行。」**正**漁父篇：「禮者，世俗之所行〔一〕也。」鳥行以翼，世行以禮，和光同塵，與人爲徒，而爲人之所爲，故曰「所以行於世也」。**以知爲時，不得已於事也；**知以應時，不得已於世事，隨宜付之。**補**文子道原篇：「夫事生者，應變而動。變生於時，知時者無常之行。」又曰：「物至而應，智之動也。」此足以釋「以知爲時」之義。言事物來觸之時，知不得已而應之，餘時則寂然無知，亦泯然無時，故知動則時生，知寂則時滅。人於夢寐之

〔一〕「行」，漁父篇作「爲」。

際，何嘗有時乎？**以德爲循者，言其與有足者至於丘也，**宣云：「德之所在，人人可至，我特循之耳。如丘之所在，有足者皆可至，我特與同登耳，非自立異。」按：無意於行，自然而至，故曰「與有足者至」也。**正**說文：「循，順行也。」天地篇：「是謂玄德[一]，同乎大順」衆人之所行，我順而行之，而不矯異，即同乎大順也，即循乎玄德也。淮南詮言訓「至德道者若丘山，嵬然不動，行者以爲期也」，注：「行道之人，指以爲期。」據此，可以明本義。言吾之於德，循之而行，猶之與有足者指丘爲期，循之而至也。蓋丘可遠見，行者每以爲前途之鵠，庶不歧趨。而德亦吾行之鵠，惟有順而循之而已。**而人真[二]以爲勤行者也。**宣云：「人視真人爲勤行不怠，豈知其毫末以我與乎！」**正**我循德而行，容與而止，行實未勤也。而人乃以爲勤行，無亦人多不循行乎德，故以不勤者爲勤邪！**故其好之也一，其弗好之也一。**成云：「既忘懷於美惡，亦遺蕩於愛憎。故好與弗好，出自凡情，而聖智虛融，未嘗不一。」**補**人情好有差等，不好亦然。真人於此，不生差別心，視之一也。**其一也一，其不一也一。**成云：「其一，聖智也；其不一，凡情也。凡、聖不二，故不一皆一之。」**正**好一矣，不好一矣，然好與不好對，仍不一也。真人且不知悅生，不知惡死，尚何好不好之分乎？故曰「其不一也一」。**其一，與天爲徒；其不一，與人爲徒。**成

[一]「德」，原作「同」，據天地篇改。

[二]「真」字，據王氏原刻及集釋本補。

云：「同天人，齊萬致，與天而爲類也。彼彼而我我，與人而爲徒也。」**正**同生死，一好惡，喜怒通四時，利澤施萬物，不爲愛人，此與天爲徒也，爲天之所爲也。禮，所以講節文者也。儀文繁委，至不一也，而真人以禮爲翼，厲乎似世，此與人爲徒也，爲人之所爲也。**天與人不相勝也，是之謂真人。**成云：「雖天無彼我，人有是非，確然論之，咸歸空寂。若使天勝人劣，豈謂齊乎！此又混一天人，冥同勝負。體此趣者，可謂真人。」**補**「天」與「人」二字，跟篇首來，至此暫作一收。「是之謂真人」句，再答上文「何謂真人」句，並收束上「古之真人」四節。**死生，命也，其有夜旦之常，天也。人之有所不得與，皆物之情也。**死生與夜旦等，皆由天命，不可更以人與。此物之情，實無足係戀也。**補**與同預，參預也。死生由命，夜旦由天，人不得而參預也。「命」字「天」字，爲以下各節主腦。**彼特以天爲父，而身猶愛之，而況其卓乎！**身知愛天，而況卓然出於天者乎！**正**彼，指上「命」字。命者，我之生命也。之，指「彼」字。卓，指道。言命生於天，故以天爲父。天生於道，道則未有天地自古以固存。此文謂命出於天，而身尚愛之，況道卓立於天地之先者乎！此伏下「夫道」節。**人特以有君爲愈乎己，**宣云：「勢分勝乎己。」**而身猶死之，**宣云：「效忠。」**而況其真乎！**身知愛君，而況確然切於君者乎！**正**「真」字，即下文孟子反、子琴張所歌「嗟來桑户乎，而已反其真」之真。莊子之旨，在不悦生惡死，以死爲歸真，與上句「死」字方能相應。上二句，此句之喻也。「桑户」節，證此句之義者也。漁父篇：「真者，精誠之至也。」又曰：「真者，所以受於天也。」形死而精誠不死，人於忠君不惜死，何獨於離形反真而顧惡死乎！上「真人」四節，即説明此「真」字。

泉涸，魚相與處於陸，相呴以溼，相濡以沫，不如相忘於江湖。喻貪生懼死，不如相忘於自然。「泉涸」四語，又見天運篇。正釋文：「涸，户各反，爾雅云：『竭也。』呴，況於、況付二反。濡，本又作濡，音儒，一音如戍反。沫音末。」武按：此與「譽堯」二語，爲下文「桑户」節内子貢、孔子問答設喻之伏筆。彼節「魚相忘乎江湖」，繳應此文者也，詳於此，故略於彼。彼節「人相忘乎道術」，繳應「譽堯」二語者也。莊文中往往有此佈置，奇肆錯綜，令人不易捉摸，然細加審按，脈絡貫串，有條不紊也。然此文亦兼作下「善吾生」二語之喻，言善生無救於死，猶魚處陸相呴相濡，欲善生以救死也，然溼沫有幾，瞬即涸斃，斯須之善，何益於生也！王懋竑疑此文爲錯簡，其亦未加細按乎？

與其譽堯而非桀，不如兩忘而化其道。宣云：「此道字輕，謂是非之道。言譽堯非桀，不如兩忘其道；好生惡死，不如兩忘其累。」按：二語又見外物篇，下三字作「閉其所譽」。正此爲「桑户」節中作伏筆，説已見上，然亦兼繳應上「其好之也一」數句，及「死生命也」二句。蓋譽堯，好之也；非桀，不好之也。兩忘化其道，即其一也一，其不一也一也。又死生之間，相去甚促，無異夜旦之常。知北遊篇云：「雖有壽夭，相去幾何！奚足以爲堯、桀之是非！」正同此義。此與上「涸魚」數句，在全篇中籠上鎖下，爲一大關紐。

夫大塊載我以形，勞我以生，佚我以老，息我以死。故善吾生者，乃所以善吾死也。宣云：「純任自然，所以善吾生也。如是，則死亦不苦矣。」按：六語又見後。列子天瑞篇：「人胥知生之樂，未知生之苦；知老之憊，未知老之逸；知死之惡，未知死之息也。」正宣說非。文謂人每樂生，不知大塊乃以生勞我也；每畏老，不知大塊乃以老使我得逸也；每惡死，不知大塊乃以死使我得息也。然則生亦何必樂！不必樂，則不必善矣。生與死同，善生，直善死耳。善死云者，乃駁辭，非許辭也。蓋善生者，意在益生，益生者不祥。本篇一則曰「不知悦生」，再則曰「外生」，曰「殺生者不死」，是不主善生也。宣云「善生則死不苦」，本書何嘗有以死爲苦之意乎？**夫藏舟於壑，藏山於澤，**島也。**謂之固矣。然而夜半有力者負之而走，昧者不知也。**舟可負，山可移。宣云：「造化默運，而藏者猶謂在其故處。」補列子天瑞篇：「粥熊曰：『運轉亡已，天地密移，疇覺之哉！』」**藏大小有宜，猶有所遯。若夫藏天下於天下而不得所遯，是恒物之大情也。**藏無大小，各有所宜，然無不變之理。宣云：「遯生於藏之過，若悟天下之理，非我所得私，而因而付之天下，則此理隨在與我共之，又烏所遯哉！此物理之實也。」按：恒物之大情，猶言常物之通理。正舟小於山，澤大於壑，故曰「藏大小有宜」。天地密移，故曰「猶有所遯」。舟、山隨天地密移，雖藏之有宜，猶有所遯。喻生命隨歲月遷流，雖善之有術，何可使駐！恒物之大情，與上文「物之情」異義。列子湯問篇云：「然則天地一物也。」夫物無恒，而天地則有恒，故恒物者，天之謂也。下文「道有情有信」，道之情自比物情爲大，故大情者，道之謂也。道彌綸於天地之間，故曰「恒物之大情」，即謂道爲天地之大情也。藏天下於天下，言藏天下之物於天下之大情，斯物無所得遯矣。**特犯人之形而猶喜之，若人之形者，萬化而未**

始有極也，其爲樂可勝計邪！ 犯與范同。見范人形猶喜之，若人之生無窮，孰不自喜其身者！ **正**「犯」不必改「范」。淮南脩務訓「犯津關」，注：「犯，觸也。」又主術訓「犯患難之危」，注：「犯，猶遭也。」犯人之形者，偶遭遇或偶接觸而成爲人之形也。遭與觸，皆含偶然與暫時義，以與下「萬化」對照。文謂偶犯人形，誕生於世，光陰駒隙，如客之寄，生死相續，如輪之轉，古始至今，犯人之形者，千變萬化，數無窮極，現等曇花，何足喜樂！ 下文「有旦宅而無情死」，即明此義也。知北遊篇云：「人生天地之間，若白駒之過郤，忽然而已。」又曰：「已化而生，又化而死。」可以明萬化而未始有極之義。上文「受而喜之」，喜道也，此則言生不足喜，雖同一「喜」字，而涵義不同。**故聖人將遊於物之所不得遯而皆存。** 宣云：「聖人全體造化，形有生死，而此理已與天地同流，故曰皆存。」 **正**自然之道，物之所不得遯者也。聖人遊於自然之道，故不悅生，不惡死。生固存，死亦存也。蓋形雖死，而聖人之心未嘗死，故曰「皆存」也。達生篇「遊乎萬物之所始終」，山木篇「浮遊乎萬物之祖」，田子方篇「吾遊心於萬物之初」，其義皆同。**善妖善老，善始善終，人猶效之，又況萬物之所係，而一化之所待乎！** 釋文：「妖，本又作夭。」成云：「壽夭老少，都不介懷。雖未能忘生死，但復無所嫌惡，猶足爲物師傅，人放效之。況混同萬物，冥一變化，爲物宗匠，不亦宜乎！」 **正**奚侗曰：「張君房本妖作少。」武按：應作「少」。如下文女偊之色若孺子，善少也；豨韋氏挈天地，善始也；西王母之莫知始、莫知終，善始並善終也；彭祖之下及有虞，善老也。揔提於此，以爲「豨韋」一節之綱。萬物所係，一化所待，指道言。淮南精神訓云：

「以死生爲一化。」是一化指死生之一變化言，與上文「萬化」對。又淮南原道訓云：「夫太上之道，生萬物而不有，成化像而弗宰。跂行喙息，蠉飛蝡動，待而後生，莫之知德；待而後死，莫之能怨。」上數句之意，謂萬物之生死，待夫太上之道也，足以釋「一化之所待」句之義。**夫道，有情有信，无爲无形；**宣云：「情者，静之動也；信者，動之符也。」成云：「恬然寂寞，無爲也；視之不見，無形也。」補齊物論：「可行已信，而不見其形，有情而无形。」「道」字，揔承上「卓」字、「真」字、「大情」句、「物之所不得遯」句，而實發之。**可傳而不可受，**郭云：「古今傳而宅之，莫能受而有之。」**可得而不可見；**成云：「方寸獨悟，可得也。離於形色，不可見也。」補「得」字，爲「狶韋」節十二「得」字伏根。**自本自根，**宣云：「道爲事物根本，更無有爲道之根本者，自本自根耳。」**未有天地，自古以固存；**成云：「老子云：『有物混成，先天地生。』」**神鬼神帝，**下文堪坏、馮夷等，鬼也；狶韋、伏羲等，帝也。其神，皆道神之。**生天生地；**成云：「老子云：『天得一以清，地得一以寧。』」補老子云：「地法天，天法道。」**在太極之先而不爲高，在六極之下而不爲深；**陰陽未判，是爲太極。天地四方，謂之六極。成云：「道在太極之先，不爲高遠；在六合之下，不爲深邃。」**先天地生而不爲久，長於上古而不爲老。**釋文：「長，丁丈反。」按：此語又見後。補此節闡發上節「卓」字。**狶韋氏得之，以挈天地；**狶韋，卽豕韋，蓋古帝王也。成云：「挈，又作契。言能混同萬物，符合二儀。」補釋文：「狶，郭褚伊反。挈，徐苦結反。」成訓提挈。**伏戲氏得之，以襲氣母；**成云：「襲，合也。氣母，元氣之母。爲得至道，故能畫八卦，演六爻，調陰陽，合元氣。」補成云：「能伏牛乘馬，養伏犧牲，故謂之伏羲也。」釋文：「戲音羲。」武按：則陽篇云：「陰陽氣之大。」則氣母者，卽陰陽，以其大於各氣也。伏戲畫卦演爻，所以明陰陽變化之理也，故易曰「觀變於陰陽而立卦」。伏羲既明陰陽之理，自能與陰陽合德，卽襲氣母之謂也。**維斗得之，終古不忒；**成云：「北斗爲衆星綱維，故曰維斗。得至道，故維持天地，歷終始，無差忒。」補釋文：「崔云：『終古，久也。』鄭玄注周禮云：『終古，猶言常也。』」武按：大道終古不忒，北斗綱維衆星，亦終古不忒，故曰「得之」。**日月得之，終古不息；堪坏得之，以襲崐崘；**釋文：「崔坏作邳。司馬云：『堪坏，神名，人面獸形。』淮南作『欽負』。」成云：「崐崘山神名。襲，入也。」補釋文：「坏，徐扶眉反，郭乎杯反。」武按：淮南齊俗訓：「昔者馮夷得道，以潛大川；鉗且得道，以處昆侖。」莊逵吉謂「釋文云『堪坏，淮南作欽負』，是唐本鉗且作欽負也。字形近，故誤耳」。程文學據山海經云：「『是與欽鴀殺祖江於昆侖之陽』，後漢書張衡傳注引作『欽駓』。古駓、鴀本一字。」錢别駕云：「古丕與負通。故尚書『丕子之責』，史記作『負子』。丕與負通，因之從丕之字，亦與負通也。堪、欽亦同聲。」**馮夷得之，以遊大川；**司馬云：「清泠傳曰：『馮夷，華陰潼鄉隄首（成疏有「里」字）人也。服八石，得水仙，是爲河伯。』一云：以八月庚子浴於河，溺死。」**肩吾得之，以處大山；**司馬云：「山神，不死，至孔子時。」成云：「得道，處東嶽，爲太山之神。」黄帝得之，以登雲天；崔云：「黄帝得道而上天也。」補成云：「黄帝，軒轅也。採首山之銅，鑄鼎於荆山之下。鼎成，有龍垂於鼎以迎帝，帝遂將羣臣及後宫七十二人，白日乘雲駕龍以登上天，仙化而去。」顓頊得之，以處玄宫；李云：「顓頊，高陽氏。玄宫，北方宫也。月令曰：『其帝顓頊，其神玄冥。』」成云：「得道爲北方之帝。玄者，北方之色，故處於玄宫。」補成云：「顓頊，黄帝孫。年十二而冠，十五佐少昊，二十卽位。採羽山之銅爲鼎，能召四海之神，有靈異。年九十七崩。」禺强得之，立於北極；釋文：「海外經云：『北方禺強，黑身手，足乘兩龍。』郭璞以爲水神，人面鳥身。簡文云：『北海神也，一名禺京，是黄帝之孫也。』」補釋文：「禺音虞。」西王母得之，坐乎少廣，莫知其始，莫知其終；釋文：「山海經：『西王母狀如人，狗尾，蓬頭，戴勝，善嘯，居海水之涯。』漢武帝内傳云：『西王母與上元夫人降帝，美容貌，神仙人也。』崔云：『少廣，山名。』或云：西方空界之名。」補成云：「王母，太陰之精也，豹尾，虎齒，善笑。舜時，王母遣使獻玉環；漢武帝時，獻青桃。顔容若十七八歲女子，甚端正，常坐西方少廣之山，不復生死，故莫知始終也。」武按：海外經、山海經、漢武帝内傳等書，極荒誕不經。然莊書多寓言，上列各書所説，作寓言觀焉可也。彭祖得之，上及有虞，下及五伯；崔云：「彭祖壽七百歲，或以爲仙，不死。」成云：「上自有虞，下及殷、周，凡八百年。」補成云：「彭祖，顓頊之玄孫也。帝封於彭城，善養性。五伯者，昆吾爲夏伯，大彭、豕韋爲殷伯，齊桓、晉文爲周伯。」釋文：「伯，如字，又音霸。」傅説得之，以相武丁，奄有天下，乘東維，騎箕尾，而比於列星。司馬云：

「東維，箕斗之間，天漢津之東維也。星經：『傅説一星，在尾上。』」崔云：「傅説死，其精神乘東維，託龍尾，乃列宿。」釋文：「崔本此下更有『其生無父母，死，登假三年而形遯，此言神之無能名者也。』」按：下引七事以明之。　補説文「奄」下云：「大有餘也，覆也。」釋文：「説音悦。」成云：「武丁，殷王名也，號曰高宗。夢得傅説，使求之天下，於陝州河北縣傅巖板築之所而得之。相於武丁，奄然清泰。傅説，星精也，而傅説一星，在箕尾上。然箕尾則是二十八宿之數，維持東方，故言『乘東維，騎箕尾』；而與角、亢等星比並行列，故言『比於列星』也。」

南伯子葵問乎女偊曰：「子之年長矣，而色若孺子，何也？」李云：「葵當爲綦，聲之誤也。」釋文：「偊，徐音禹。一云是婦人也。」　補釋文：「孺，本亦作儒，如喻反。」成云：孺子，稚子也。」武按：色若孺子，即上文所謂「滀乎進色」。**曰：「吾聞道矣。」南伯子葵曰：「道可得學邪？」曰：「惡！惡可？子非其人也。夫卜梁倚有聖人之才，而无聖人之道，我有聖人之道，而无聖人之才，**李云：「卜梁姓，倚名。」宣云：「倚聰明，似子貢；偊忘聰明，似顔子也。」　補釋文：「惡惡，並音烏。下惡乎同。」成云：「惡，惡可，言不可也。」武按：上惡，驚歎詞；下惡可，不可也。見人間世「夫以陽爲充」句上。成説失之。**吾欲以教之，庶幾其果爲聖人乎！不然，以聖人之道告聖人之才，亦易矣。吾猶守而告之，**守而不去，與爲諄復。**參日而後能外天下；**成云：「心既虚寂，萬境皆空。」　補郭云：「外，猶遺也。」**已外天下**

矣，吾又守之，七日而後能外物；郭云：「物者，朝夕所需，切己難忘。」成云：「天下疏遠易忘，資身之物，親近難忘，守經七日，然後遺之。」**已外物矣，吾又守之，九日而後能外生；**成云：「隳體離形，坐忘我喪。」**已外生矣，而後能朝徹；**成云：「死生一觀，物我兼忘，豁然如朝陽初啓，故謂之朝徹。」宣云：「朝徹，如平旦之清明。」**正**徹，説文「通也」，廣韻「達也」。朝徹者，前守之九日，此則不待守而一朝自通也。朱晦庵補大學格致章云：「至於用力之久，而一旦豁然貫通焉。」守之七日九日，用力之久也，朱説恰爲此處注脚。又楞嚴經云：「生滅既滅，寂滅現前，忽焉超越世出世間，十方圓明。」生滅既滅，外生也。忽焉者，與一朝之義同。十方圓明，徹之謂也。三家之説，無稍不同。蓋道家於虛極靜篤時，自現此種境界，釋家亦然也。成、宣説均失之。**朝徹，而後能見獨；**見一而已。**補**未有天地，自古以固存，是道卓然獨立於天地之先也。老子稱道，云「獨立不改」，則見獨卽見道也。**見獨，而後能无古今；**成云：「任造物之日新，隨變化而俱往，故無古今之異。」**補**達生篇「道無終始」，卽道無古今也。見道而能後無古今。**无古今，而後能入於不死不生。**宣云：「生死一也。至此，則道在我矣。」**殺生者不死，生生者不生。**蘇輿云：「『殺生』二語，申釋上文。絕貪生之妄覬，故曰殺生；安性命之自然，故曰生生。死生順受，是不死不生也。」**正**列子天瑞篇：「生物者不生，化物者不化。」所謂「殺生者不死」，與化物者不化義同。惟列子就天之陰陽四時言之。意謂如霜露既降，草木凋殞，此天化物也，亦卽殺生也。天固不隨物化，不隨物死也，故曰「殺生者不死」。春來大地，萬物萌生，此天生物也。天自不生，故曰「生生者不生」。老子曰：「天地所以能長且久者，以其不自生，故能長生。」義與此同。此就上「不死」「不生」句分釋之也。老子又曰：「天法道。」故言天，卽無異於言道也。然就人之修道言之，義又有別，因天本無生，人原有生也。故此文所謂「殺生」者，如達生篇云「遺生則精不虧」，又如南郭子綦之心如死灰，上文之「外生」，下文之「以生爲附贅縣疣」，餘如離形去知，忘肝膽，遺耳目，皆殺生之義也。能如是，則可以登假於道而不死矣。所謂「生生」者，卽上之「善生」「益生」，老子所言之「貴生」也。崔云：「常營其生爲生生，除營生爲殺生。」李云：「殺猶亡也。亡生者不死也，矜生者不生也。」二氏之說，其於義亦得。蓋此乃女偊言聖人修道之功夫，與天之殺生、生生，義自有別也。**其爲物，无不將也，无不迎也；**成云：「將，送也。道之爲物，拯濟無方，迎無窮之生，送無量之死。」**補**應帝王篇「聖人之用心若鏡，不將不迎，應而不藏」，知北遊篇「无有所將，无有所迎」，均就聖人之用心言之，故不將不迎；本文則就道之妙用言之，故可無不將，無不迎。蓋道彌綸天地，包涵萬彙，凡物皆處其亭毒之中，故無物不在其將迎之內也。以言夫道之本體，無將無迎；言夫道之妙用，無不將，無不迎。蓋物有去來，道因將迎而順應之，所謂感而後動也。成云「道之爲物」，似於「道」「物」二字尚未認清。本書於此二字，界義甚明。達生篇云：「凡有皃、象、聲、色者，皆物也。」故道是道，物是物，不可混稱。如上「維斗得之，終古不忒，日月得之，終古不息」，維斗日月，物也，不忒不息，道也，謂道寄於維斗日月也。又天地篇說道云：

「金石不得无以鳴。」金石物也，所以鳴者道也，謂道寄於金石也。此處「其爲物」，猶言寄於物也。知北遊篇謂「道无所不在」，又謂「无乎逃物」，蓋道無在，以寄於物而有在也。「將」字承上「殺生」，「迎」字承上「生生」。**无不毁也，无不成也。**成云：「不送而送，無不毁滅；不迎而迎，無不生成。」　**補**「毁」字承「將」，「成」字承「迎」，分兩面説。**其名爲攖寧。攖寧也者，攖而後成者也。」**郭嵩燾云：「孟子趙注：『攖，迫也。』物我生死之見迫於中，將迎成毁之機迫於外，而一無所動其心，乃謂之攖寧。置身紛紜蕃變、交争互觸之地，而心固寧焉，則幾於成矣，故曰『攖而後成』。」　**正**在宥篇「無攖人心」，成氏訓攖爲撓。廣雅釋詁：「攖，亂也。」是則攖者，撓亂之也，承「毁」説，亦卽承「將」與「殺」説。寧者，安定之也，承「成」説，亦卽承「迎」與「生」説。説文：「撓，擾也。」是攖、撓、擾同義。天道篇舜曰「天德而出寧」，堯曰「膠膠擾擾乎」，乃「寧」與「擾」對也，可以證此處爲「寧」與「攖」對。攖而後成者，攖毁而後寧成者也。列子天瑞篇：「物損於彼者盈於此，成於此者虧於彼。」齊物論篇：「其分也成也，其成也毁也。」蓋分出之物成，而被分之物毁矣，此成由於彼毁也。就天時言之，秋行肅殺，而後春得遂長，故曰「攖而後成」也。上言天與道既有殺與生之兩用，故物遂有生死成毁之兩途。將與攖，殺之用也；迎與寧，生之用也。天與道何以有此兩用？則以天與道不外陰陽而已。董仲舒曰：「天兩有陰陽之施。」管子四時篇：「陽爲德，陰爲刑。」董子又曰：「陽氣暖，陰氣寒，陽予陰奪。陽氣仁寬愛生，陰氣戾急惡殺。」文子上德篇：「積陰不生，積陽不化。」則陽篇：「陰陽相照、相蓋、相治，四時相代、相生、相殺。」故天與道，有生殺之兩用，由於陰陽有生殺之兩性也。故殺也，將也，毀也，攖也，陰用事也；生也，迎也，成也，寧也，陽用事也。任陰陽生殺之自然，而自處於不生不死，此之謂天，此之謂道。南伯子葵曰：「子獨惡乎聞之？」曰：「聞諸副墨之子，成云：「副，貳也。」宣云：「文字是翰墨爲之，然文字非道，不過傳道之助，故謂之副墨。又對初作之文字言，則後之文字，皆其孳生者，故曰『副墨之子』。」副墨之子聞諸洛誦之孫，成云：「羅洛誦之。」按：謂連絡誦之，猶言反復讀之也。洛、絡同音借字。對古先讀書者言，故曰「洛誦之孫」。古書先口授而後著之竹帛，故云然。洛誦之孫聞之瞻明，見解洞徹。瞻明聞之聶許，聶許，小語，猶囁嚅。聶許聞之需役，成云：「需，須。役，行也。需勤行勿怠者。」需役聞之於謳，釋文：「於音烏。」王云：「『謳，歌謠也。』」宣云：「詠歎歌吟，寄趣之深。」於謳聞之玄冥，宣云：「玄冥，寂寞之地。」玄冥聞之參寥，宣云：「參悟空虛。」參寥聞之疑始。」宣云：「至於無端倪，乃聞道也。疑始者，似有始而未嘗有始。」

子祀、子輿、子犂、子來四人相與語曰：崔云：「淮南『子祀』作『子永』，行年五十四，而病傴僂。」顧千里云：「淮南精神篇作『子求』，非。求、永字，經傳多互誤。抱朴子博喻篇：『子永歎天倫之偉。』」按：據此，下「祀」「輿」字當互易。「孰能以无爲首，以生爲脊，以死爲尻，孰知生死存亡之一體者，吾與之友矣。」成云：「人起自虛無，故以無爲首；從無生有，生則居次，故以生爲脊；死則居後，故以死爲尻。死生雖異，同乎一體。能達斯趣，所遇皆適，豈有存亡欣惡於其間！誰能知是，我與爲友也。」補釋文：「尻，苦羔反。」庚桑楚篇：「以无有爲首，以生爲體，以死爲尻。孰知有无生死之一守者，吾與之爲友。」此「存亡」與「生死」複，似應從彼作「有无生死」爲是。夫首、脊、尻，雖分，實爲一體，有無生死雖分，然真人視之，亦一體也，故可與之友矣。

四人相視而笑，莫逆於心，遂相與爲友。補莫逆於心者，蓋四人皆視生死爲一體，心不相違也。**俄而子輿有病，子祀往問〔一〕之。曰：「偉哉！夫造物者，將以予爲此拘拘也！」**成云：「子輿自歎。」司馬云：「拘拘，體拘攣也。」補成云：「偉，大也。造物，猶造化也。」**曲僂發背，**成云：「傴僂曲腰，背骨發露。」補釋文：「僂，徐力主反。」**上有五管，**五藏之管向上。**頤隱於齊，**同臍。**肩高於頂，句贅指天。**李云：「句贅，項椎。其形似贅，言其上向。」正句贅，卽人間世之「會撮」，一作「括撮」。言括撮其髮，句曲如附贅也。**陰陽之氣有沴，**郭云：「沴，陵亂也。」同戾。補釋文：「沴音麗，徐徒顯反。」在宥篇：「陰陽並毗，四時不至，寒暑之和不成，其反傷人之形乎！」子輿之形惡，蓋由陰陽並毗所傷也。此句伏下「陰陽不翅父母」，及「彼近吾死」數語。**其心閒而无事，**宣云：「不以病攖心。」補成云：「心神閒逸，不以爲事。」**跰𨇤而鑑於井，**成云：「跰𨇤，曳疾貌。曳疾力行，照臨於井。」補釋文：「跰，步田反。𨇤，悉田反。」

〔一〕「問」原作「視」，據王氏原刻及集釋本改。

曰：「嗟乎！夫造物者，又將以予爲此拘拘也！」重歎之。子祀曰：「汝惡之乎？」曰：「亡，無同。予何惡！浸假而化予之左臂以爲鷄，予因以求時夜；司夜也。「鷄」疑是「卵」字之誤。時夜，卽鷄也。既化爲鷄，何又云因以求鷄？惟鷄出於卵，鴞出於彈，故因卵以求時夜，因彈以求鴞炙耳。齊物論云「見卵而求時夜，見彈而求鴞炙」，與此文大同，亦其明證矣。

正釋文：「浸，子鴆反，向云：『漸也。』」武按：王云「既化爲鷄，何又云求鷄」，本文並未言求鷄，乃求臂化之鷄爲之司夜，義無不當。此與齊物論見卵之義不同：此所求者在司夜之效，故以「鷄」字爲當；彼則言瞿鵲子方見卵耳，尚未爲鷄，便求司夜，譏其早計也，故以「卵」字爲當。何可據彼正此？浸假而化予之右臂以爲彈，予因以求鴞炙；浸假而化予之尻以爲輪，以神爲馬，予因以乘之，豈更駕哉！郭云：「無往不因，無因不可。」且夫得者時也，失者順也，安時而處順，哀樂不能入也。此古之所謂縣解也，成云：「得者，生也；失者，死也。」按：養生主篇「適來，夫子時也；適去，夫子順也。安時而處順，哀樂不能入也。古者謂是帝之縣解」，與此文證合。補說文：「縣，繫也。」徐鉉曰：「此本是縣挂之縣，借爲州縣之縣。今俗加心別作懸，義無所取。」而不能自解者，物有結之。郭云：「一不能自解，則衆物共結之矣。」

正郭謂「不解而後物結」，非也。言其所以不能自解者，由於物欲膠結於內，而爲哀樂所縣繫也。且夫物不勝天久矣，吾又何惡焉？」補上文「人之有所不得與，此物之情也」，卽物不勝天之義。吾之致此惡疾，天也。既不能勝天，亦惟知其無可奈何而安之若命而已，又何惡焉！答「汝惡之乎」句。俄而子來有病，喘喘然將死，其妻子環而泣之。成云：「喘喘，氣息急也。」補釋文：「喘，川轉反，又尺軟反。」子犂往問之，曰：「叱！避！叱令其妻子避。補釋文：「叱，昌失反。」成云：「叱，訶聲也。」无怛化！」釋文：「怛，驚也。」勿驚將化人。補列子力命篇「易怛也哉」，注：「當割反。」釋文：「丁達反。崔本作靼，音怛。」倚其户與之語曰：「偉哉造物！又將奚以汝爲？爲何物？將奚以汝適？適，往也。以汝爲鼠肝乎？以汝爲蟲臂乎？」王云：「取微蔑至賤。」補言形死爲鼠所食，化爲其肝乎？或爲蟲所食，化爲其臂乎？子來曰：「父母於子，東西南北，唯命之從。陰陽於人，不翅於父母，成云：「陰陽造化，何啻二親乎！」補釋文：「翅，徐詩知反。」王引之曰：「翅與啻同。」說文曰：「啻，語時不啻也。」書多士：「爾不啻不有爾土。」釋文：「啻，徐本作翅。」武按：「陰陽」句，應上「陰陽之氣有沴」。彼近吾死而我不聽，我則悍矣，彼何罪焉？彼，陰陽。悍，不順。宣云：「近，迫也。」補吾之將死，因陰陽之氣有沴所致，是陰陽迫吾死也，如不聽，則我悍然抵拒其命矣。夫大塊載我以形，勞我以生，佚我以老，息我以死。故善吾生者，乃所以善吾死也。六語又見大宗師篇。補陰陽近吾死，死又何足惡！乃大塊因我生之勞，使我以死休息之也。如是，吾又何必善生哉！生與死同，善生卽無異於善死，無亦多此一善，而不能安時處順者也？注中「大宗師篇」四字，當改爲「前」字。此節舉事證明前語，故重引之，以作關鎖。**今之大冶鑄金，金踊躍曰『我必且爲鏌鋣』，大冶必以爲不祥之金。**大冶，鑄金匠。**補**金而踴躍自言，大冶必致驚怪，以爲妖異不祥。**今一犯人之形，而曰『人耳人耳』，夫造物者必以爲不祥之人。**犯同笵。偶成爲人，遂欣愛鄭重，以爲異於衆物，則造化亦必以爲不祥。**補**上文「特犯人之形而猶喜之」，此曰「人耳人耳」，明自喜其爲人也。夫衆生林總，萬態千形，造化無私，平等一視。如自喜爲人，有予智自雄之念，乖造化平等之心，故以爲不祥也。**今一以天地爲大鑪，以造化爲大冶，惡乎往而不可哉？」**鼠肝、蟲臂，何關念慮！**補**或生或死，或犯爲人，或犯爲鼠肝、蟲臂，皆在天地陶冶之内，故無往而不可。明生而爲人，無可喜；死而爲鼠肝、蟲臂，亦無可惡也。**成然寐，蘧然覺。**成然爲人，寐也；蘧然長逝，覺也。**正**注非。釋文：「成，本或作戌，音恤。簡文云：『當作滅。』蘧，李音渠。蘧然，有形之貌。覺，古孝反。」武按：「成」不可通，作「滅」者是也。言處於天地鑪冶之内，一任造化之陶鑄，而爲人之所不得與，故死也如夢之滅然寐耳，生也如夢之蘧然覺也，何庸好惡於其間哉！先插此二語於此，至「孟孫才母死」節，方暢發之。可見莊子之文，有藕斷絲連，西崩東應之妙。

子桑户、孟子反、子琴張三人相與友，曰：「孰能相與於无相與，相爲於无相爲？成云：「如百體各有司存，更相御用，無心於相與，無意於相爲，而相濟之功成矣。故於無與而相與周旋，無爲而相爲交友者，其意亦然。」　**補**論語：「仲弓問子桑伯子。子曰：『可也簡。』仲弓曰：『居簡而行簡，無乃太簡乎？』」朱注：「子桑伯子，魯人。胡氏以爲疑卽莊周所稱子桑户者是也。」注又云：「家語記伯子不衣冠而處，夫子譏其欲同人道於牛馬。」説苑修文篇：「孔子見子桑伯子，子桑伯子不衣冠而處。弟子曰：『夫子何爲見此人乎？』曰：『其質美而無文，吾欲説而文之。』孔子去，子桑伯子門人不悦，曰：『何爲見孔子乎？』曰：『其質美而文繁，吾欲説而去其文。』」論語：「子曰：『孟之〔一〕反不伐，奔而殿，將入門，策其馬曰：「非敢後也，馬不進也。」』」朱注：「孟之反，魯大夫，名側。胡氏曰：『反，卽莊周所稱孟子反者是也。』」左傳哀十一年：齊師伐我，及清，孟孺子洩帥右師，冉求帥左師，師及齊師戰於郊，右師奔，齊人從之。孟之側後入，以爲殿，抽矢策其馬曰：「馬不進也。」家語「琴牢，衛人，字子開，一字張，與宗魯友。聞宗魯死，欲往弔焉。孔子弗許，曰『非義也』」，疑卽此之子琴張也。　**孰能登天遊霧，**宣云：「超於物外。」**撓挑无極，**李云：「撓挑，猶宛轉也。宛轉玄曠之中。」　**正**釋文：「撓，徐而少反，郭許堯反。挑，徐徒了反，郭、李徒堯反。」武按：在宥篇「挈〔二〕汝適復之撓撓，以遊无端」，爾雅釋詁：「適，往也。」撓撓，簡文云：「循環之名。」蓋卽往復之形容辭也。言提挈汝往復，撓撓然如循環，以遊無端也，卽其上

〔一〕「之」原誤「子」，據論語改。
〔二〕「挈」原誤「絜」，據在宥篇改。

文「出入六合」之義。且無端與循環義相應，謂如環之無端也。鶡冠子道端篇：「復而如環，日夜相橈。」橈、撓義通，均可爲此文參證。説文：「挑，撓也。」則撓挑即撓撓也。無極，猶之無端。謂撓撓往復，如循環然，以遊無極也。下「反覆終始，不知端倪」，即申説此句者也。**相忘以生，无所終窮？」**宣云：「不悦生，不惡死。」**三人相視而笑，莫逆於心，遂相與爲友。莫然有間，**崔云：「莫然，定也。間，頃也。」**補**在宥篇「莫然无魂」，成云：「莫然無知。」又左昭二十八年「德正應和曰莫」，杜注：「莫然清静。」此莫然，正形容三人相視而笑，清静無言也。**而子桑户死，未葬。孔子聞之，使子貢往侍事焉。**成云：「供給喪事。」**或編曲，**李云：「曲，蠶薄。」**正**編，説文「次簡也」。周禮春官磬師注：「編，讀爲『編書』之編。」宋玉對楚王問：「是其曲彌高而和彌寡。」漁父篇：「孔子絃歌鼓琴奏曲。」然則曲者，樂曲也，歌辭也。編曲者，編次其辭也。時僅孟、琴二人，一編辭而歌，一鼓琴以和之。李乃云「蠶薄」。孟爲大夫，琴，孔門弟子，未必恃編薄爲生，且何至惟恐稍曠其工，挾之往編於死喪者之家乎？李説亦太不倫矣。**或鼓琴，相和而歌曰：「嗟來桑户乎！嗟來桑户乎！而已反其真，**而，汝。**而我猶爲人猗！」**成云：「猗，相和聲。」**正**成説非。書秦誓「斷斷猗無他伎」，疏：「猗者，足句之辭，不爲義也。」禮大學引此作「斷斷兮」，猗是兮之類。**子貢趨而進曰：「敢問臨尸而歌，禮乎？」二人相視而笑曰：「是惡知禮意？」**是，謂子貢。**補**應證上文「謷乎其未可制也」。**子貢反，以告孔子**

曰：「彼何人者邪？修行无有，無自修之行。而外其形骸，臨尸而歌，顔色不變，无以命之。崔云：「命，名也。」彼何人者邪？」孔子曰：「彼游方之外者也，而丘游方之内者也。成云：「方，區域也。」外内不相及，而丘使女往弔之，丘則陋矣。彼方且與造物者爲人，王引之云：「爲人，猶言爲偶。中庸『仁者人也』，鄭注：『讀如「相人偶」之人，以人意相存偶之言。』公食大夫禮注『每曲揖，及當碑揖，相人偶』，是人與偶同義。淮南原道篇『與造化者爲人』，義同。齊俗篇『上與神明爲友，下與造化爲人』，尤其明證。」**正**鄭謂人也讀如「相人偶」之人，並非謂讀如「相人偶」之偶。如「爲人」可謂之「爲偶」，則鄭所云「以人意相存偶」句，亦可謂之爲「以偶意相存人」矣，安乎，否乎？且細玩鄭句，「人」下加「意」，則存偶者人之意，非謂人與偶同義也。本文之義，言造物者既笵我以人之形，而我不聽，則我悍矣。有道者則順受之，方且與造物者爲人，即上文「其不一，與人爲徒」也，又即知北遊篇「直且爲人」也，及德充符篇「有人之形，故羣於人」也。質言之，則造物者命我爲人，則我爲人耳，命我爲鼠肝、蟲臂，則我爲鼠肝、蟲臂耳，即上文「崔乎其不得已」之義也。淮南精神訓「夫造化者既以我爲坏矣，將無所違之矣」，高注：「言既以我爲人，無所離之。喻不求，亦不避也。」最足證明本義。再就王氏所徵原道、齊俗二文言之，王氏於彼文義，亦未細審。按原道訓云：「精通於靈府，與造化者爲人。」言精上通神靈之府，所謂「其一，與天爲徒」也；而形體則與造化者爲人，所謂「其不一，與人爲徒」也。至齊俗訓語更明顯：上與神明爲友者，精神也；下與造化爲人者，所笵之人形耳。據此，益足證王氏之説乖於本義矣。**而遊乎天地之一氣。彼以生爲附贅縣疣，**成云：「氣聚而生，譬疣贅附縣，非所樂。」

補知北遊篇「臭腐復化爲神奇，神奇復化爲臭腐，故曰通天下一氣耳」，郭注云「死生彼我豈殊哉」，足以相證。「附贅」句，遥明以刑爲體之義。**以死爲決𤴯潰癰。**釋文：「𤴯，胡亂反。」宣云：「疽屬。」成云：「氣散而死，若𤴯癰決潰，非所惜。」**夫若然者，又惡知死生先後之所在？**宣云：「一氣循環。」**假於異物，託於同體，**宣云：「即圓覺經地、風、水、火四大合而成體之説。蓋視生偶然耳。」**忘其肝膽，遺其耳目，**宣云：「外身也，視死偶然耳。」**補**應上「相忘以生」，又上文所謂「以刑爲體」也。**反覆終始，不知端倪，**往來生死，莫知其極。**補**應上「撓挑無極」。**芒然彷徨乎塵垢之外，逍遥乎无爲之業。**成云：「芒然，無知貌。放任於塵累之表，逸豫於清曠之鄉。」**補**應上「登天遊霧」。**彼又惡能憒憒然爲世俗之禮，以觀衆人之耳目哉！」**成云：「憒憒，煩亂。」釋文：「觀，示也。」**補**應上「厲乎其似世乎，謷乎其未可制也」。**子貢曰：「然則夫子何方之依？」**成云：「方内方外，未知夫子依從何處？」**孔子曰：「丘，天之戮民也。**成云：「聖迹禮儀，乃桎梏形性。夫子既依方内，是自然之理，刑戮之人也。故德充篇云『天刑之，安可解乎』！」**補**言吾生平以禮束縛一己自然之生，無異受天之刑也。**雖然，吾與汝共之。」**宣云：「己之所得不欲隱。」**正**雖然，吾平日與汝講習禮儀，束其性天，故汝亦共爲戮民也。孔子因子貢以臨尸而歌爲非禮，乃語之以拘禮者如受天刑也，以破其是己非人之心，繼則以相忘勖之也。子貢曰：「敢問其方。」孔子曰：「魚相造乎水，人相造乎道。造，詣也。造乎水者魚之樂，造乎道者人之樂。補相造乎道，即答子貢以方也。相造乎水者，穿池而養給；相造乎道者，无事而生定。釋文：「池，本亦作地。」按：兩本並通。魚得水則養給，人得道則性定。生、性字通。正天道篇「一心定而萬物服」，言以虛静推於天地，通於萬物。又曰：「至人之心有所定矣。」此處「无事」，即無爲也，承上「逍遥乎无爲之業」説。無爲也，而後能虛静，虛静則定矣。「生」字，如佛書「無所住而生其心」之生，不必改爲「性」字。彼所生之心，清淨心也，即此之定心也。言欲造乎道者，在生其定心，而生定之功夫則在心虛静而無事，無事而定自生矣。此莊子修道要旨也。故曰：魚相忘乎江湖，人相忘乎道術。」宣云：「愈大則愈適，豈但養給、生定而已。」正繳應上「泉涸」「譽堯」數語。夫方内方外，道術不同，猶之堯、桀之性不同也。然道術雖殊，各有所適，與其互相是非，不如兩忘而化其道，即此「相忘乎道術」之謂也。蓋子反二人，謂子貢不知禮意，子貢以彼臨尸而歌爲非禮，各是其所是而非其所非也，故孔子以「相忘乎道術」語之。子貢曰：「敢問畸人。」司馬云：「畸，不耦也。」郭云：「問向所謂方外而不偶於俗者安在？」補釋文：「畸，居宜反。」曰：「畸人者，畸於人而侔於天。司馬云：「侔，等也。」成云：「率其本性，與自然之理同。」補釋文：「侔音謀。」故曰：天之小人，人之君子；宣云：「拘拘禮法，不知性命之情，而人稱爲有禮。」人之君子，天之小人也。」按：各本皆同。疑複語無義，當作「天之君子，人之小人也」。成云：「子反、琴張，不偶於俗，乃曰畸人，實天之君子。」按不偶於俗，卽謂不偕於禮，則人皆不然之，故曰「天之君子，人之小人也」，文義甚明。蘇輿云：「以人之小人斷定畸人，則琴張、孟孫輩皆非所取，莊生豈真不知禮者哉！」正蘇輿説與本義乖違。篇首樹天之所爲、人之所爲二義以爲綱，通篇均就二義分疏，此處亦然。上文「芒然彷徨乎塵垢之外，逍遥乎无爲之業」，爲天之所爲也；「憒憒然爲世俗之禮，以觀衆人之耳目」，爲人之所爲也。君子有二。論語云：「文質彬彬，然後君子。」天下篇云：「以禮爲行，謂之君子。」此人之君子也，卽爲人之所爲也。上文「古之真人」，此天之君子也，卽爲天之所爲也。外物篇云：「老萊子曰：『丘！去汝躬矜，與汝容知，斯爲君子矣。』」卽去文尚質，去禮任天，亦天之君子也。小人亦有二。盜跖篇云：「小人殉財。」駢拇篇云：「其所殉貨財也，則俗謂之小人。」山木篇云：「小人甘以絶。」此人之小人也。若人之君子，則天之小人也。上文狐不偕、務光諸人，世所稱賢人也，然行名失己，亡身不真，亦天之小人也。「天之小人」云者，謂較至人、大人、真人爲小，非同乎人之小人也。成、蘇諸氏，疑此文語複，未深究君子、小人之義者也。蓋上以天理爲主，且義綜其全，謂以天理言之，如行名失己，及拘禮飾文，皆違自然，乃自然之小人也，然人於拘禮飾文者則謂之君子，下以人情爲主，且語有專屬，謂以人情言之，重禮尚文，於能篤守禮文者則稱之爲君子，而實天之小人也。因子貢拘拘禮文，故下二語專就子貢而言，以警覺之，語複而意不複也。

顏回問仲尼曰：「孟孫才，名才。**其母死，哭泣無涕，中心不戚，居喪不哀。无是**

三者，以善處喪蓋魯國。固有无其實而得其名者乎？回壹怪之。」郭、陸、成本，「喪」字絶句。李楨云：「文義未完。『蓋魯國』三字。當屬上句，與應帝王篇『功蓋天下』義同。釋言：『弇，蓋也。』釋名：『蓋，加也。』並有高出其上之意。言才以善處喪名蓋魯國也。」**仲尼曰：「夫孟孫氏盡之矣，進於知矣。**成云：「進，過也。」宣云：「其盡道過於知喪禮者。」**正**此「知」字，如篇首「知人之所爲」之知。言孟孫氏已盡居喪之實，進入於世人之知矣。與上文「以禮爲翼」，「厲乎似世」之義相應。**唯簡之而不得，**宣云：「簡者，略於事。世俗相因，不得獨簡，故未免哭泣居喪之事。」**補**天運篇：「黄帝之治天下，使民心一，民有其親死不哭，而民不非也。」蓋孟孫之心一，不知所以生，不知所以死，自不哭泣其親；因牽於世人之知，欲簡略於喪禮而不得，於是乃有哭泣也。**夫已有所簡矣。**宣云：「然已無涕、不戚、不哀，是已有所簡矣。」蘇輿云：「二語泛言，不屬孟孫氏説。」姚云：「常人束於生死之情，以爲哀痛簡之而不得，不知於性命之真，已有所簡矣。」似較宣説爲優。**正**宣説是也。蘇、姚説非。**孟孫氏不知所以生，不知所以死，**宣云：「生死付之自然，此其進於知也。」**正**死生，命也；其有夜旦之常，天也。人之有所不得與，是以不知所以生，不知所以死也。宣「此其進於知」句誤，正語詳下。**不知就先，不知就後，**成云：「先，生；後，死。既一於死生，故無去無就。」**正**上文「惡知死生先後之所在」，言生死相禪，如環無端，不知生先而死後乎，抑死先而生後乎？既不知死生之先後，是以不知所就也。**若**

化爲物，以待其所不知之化已乎！宣云：「順其所以化，以待其將來所不可知之化，如此而已。」按：死爲鬼物，化也。鼠肝、蟲臂，所不知之化也。**補**不知之化，將來之化也；將來之化，萬化而未始有極也。物不勝天，亦惟待之而已。山木篇「化其萬物，而不知其禪之者，焉知其所終！焉知其所始！正而待之而已」，義與此同。**且方將化，惡知不化哉？方將不化，惡知已化哉？**宣云：「四語正不知之化，總非我所能與。」**吾特與汝其夢未始**〔一〕**覺者邪！**宣云：「未能若孟孫之進於知也。」**正**注非。上「進於知矣」，言入於世知也，宣誤以爲真知，故説如此。此句係仲尼就身設喻，以明上文，且啓下文，言吾與汝方自以爲覺也，惡知其非夢而未覺者邪？生死亦然，自以爲生矣，安知其非死耶？**且彼有駭形而无損心，**彼孟孫氏雖有駭變之形，而不以損累其心。**正**彼，指孟孫之母。孟孫未死，不得言有駭形。言彼死者有駭變之形，而無損於心，雖死，如夢之未覺耳。**有旦宅而无情死。**成云：「旦，日新也。宅者，神之舍也。以形之改變，爲宅舍之日新耳。」姚云：「情，實也。言本非實有死者。」**正**旦宅，言人生駒隙，如一朝之居於宅耳。所謂死者，猶之賃宅者去此遷彼，而非實死也。**孟孫氏特覺，人哭亦哭，是自其所以乃。**乃，猶言如此。人哭亦哭，已無容心。蘇輿云：「『孟孫氏特覺』絶句。言我汝皆夢，

〔一〕「始」字，據王氏原刻及集釋本補。

而孟孫獨覺，人哭亦哭，是其隨人發哀。」　補既無情死，則死何必哭？哭特世知之禮如此耳。孟孫氏進入世知，故人哭亦哭，所謂「厲乎其似世」也。郭云：「夫常覺者，無往而有逆也，故人哭亦哭，正自其所宜也。」是郭亦以「覺」字絶句，承上「其夢未始覺」來，「乃」作「宜」，義亦通。**且也，相與吾之耳矣，庸詎知吾所謂吾之乎？**人每見吾暫有身，則相與吾之。豈知吾所謂吾之，果爲吾乎，果非吾乎？　補豈特生死不能知，即吾之爲吾，亦不能確知也，特自以爲吾，即吾之耳。淮南俶真訓：「公牛哀七日化爲虎。方其爲虎也，不知其嘗爲人也；方其爲人，不知其且爲虎也。二者代謝舛馳，各樂其成形。」可爲此處明喻。**且汝夢爲鳥而厲乎天，**厲、戾同聲通用，至也。**夢爲魚而没於淵，不識今之言者，其覺者乎，夢者乎？**未知魚鳥是覺邪夢邪，抑今人之言魚鳥者是覺邪夢邪？　補當吾夢時，吾所謂「吾之」者魚鳥也；及其既覺，吾所謂「吾之」者人也。夢、覺異，故「吾之」者亦不同。是故夢與覺，「吾之」之吾，皆不相知也，且安知魚鳥之非覺而爲人之非夢邪？　**造適不及笑，獻笑不及排，**宣云：「人但知笑爲適意，不知當其忽造適意之境，心先喻之，不及笑也。及忽發爲笑，又是天機自動，亦不及推排而爲之，是適與笑不自主也。」**安排而去化，乃入於寥天一。」**宣云：「由此觀之，凡事皆非己所及排，冥冥中有排之者。今但當安於所排，而忘去死化之悲，乃入於空虚之天之至一者耳。」

意而子見許由，許由曰：「堯何以資汝？」成云：「意而，古之賢人。」郭云：「資者，給濟之謂。」意而子曰：「堯謂我：『汝必躬服仁義，而明言是非。』」成云：「必須己身服行，亦復明言示物。」許由曰：「而奚爲來軹？ 而，汝也。軹同只。 補只，説文「語已詞也」。武按：「躬服仁義」句，乃爲人之所爲，卽人之君子也。 夫堯既已黥汝以仁義，而劓汝以是非矣，宣云：「如加之以刑然。」 補周禮司刑「墨罪五百，劓罪五百」，注：「墨，黥也。先刻其面，以墨窒之。 劓，截其鼻也。」釋文：「黥，其京反。 劓，魚器反。」汝將何以遊夫遥蕩、恣睢、轉徙之途乎？」成云：「恣睢，縱任也。 轉徙，變化也。」按：言汝既爲堯所誤，何以遊乎逍遥放蕩、縱任變化之境乎？ 補釋文：「遥蕩，王云『縱散也』。 恣，七咨反。 睢，郭、李云『許維反』。」武按：天地篇：「聖人之治天下，摇蕩民心，使之成教易俗。」此文「遥」字，似當作「摇」。 意而子曰：「雖然，吾願遊於其藩。」宣云：「言雖不能遵途，願涉其藩籬。」許由曰：「不然。 夫盲者无以與乎眉目顏色之好，瞽者无以與乎青黄黼黻之觀。」 補釋文：「與音豫，下同。 黼音甫。 黻音弗。 觀，古亂反。」成云：「盲者，有眼睛而不見物；瞽者，眼無眹縫，如鼓皮也。 作斧形謂之黼，兩己相背謂之黻。」意而子曰：「夫无莊之失其美，成云：「无莊，古之美人，爲聞道故，不復莊飾，而自忘其美色。」據梁之失其力，成云：「據梁，古之多力人，爲聞道守雌故，失其力。」黄帝之亡其知，成云：「黄帝有聖知，亦爲聞道故，能忘遺其知。」皆在鑪捶之間耳。釋文：「捶，本又作錘。」成云：「鑪，竈也。 錘，鍛也。 三人以聞道契真，如器物假鑪冶打鍛以成用耳。」庸詎知夫造物者之不息我黥而補我劓，使我乘成以隨先生邪？」宣云：「乘，猶載也。黥劓則體不備，息之補之，復完成矣。天今使我遇先生，安知不使我載一成體以相隨邪？」許由曰：「噫！未可知也。我爲汝言其大略。吾師乎！吾師乎！𩐈萬物而不爲義，澤及萬世而不爲仁，司馬云：「𩐈，碎也。」盧文弨云：「説文作𩐈，亦作韲。隸省作𩐈。」成云：「素秋霜降，碎落萬物，非有心斷割而爲義；青春和氣，生育萬物，非有情恩愛而爲仁。」補釋文：「𩐈，子兮反。」武按：吾師乎，指以下所言爲師，卽道也。「𩐈萬物」二句，爲天之所爲也，且針對上「躬服仁義」句而矯正之。長於上古而不爲老，成云：「萬象之前，先有此道，而日新不窮。」按：語又見前。覆載天地、刻彫衆形而不爲巧。成云：「天覆地載，以道爲原，衆形彫刻，咸資造化，同稟自然，故巧名斯滅。」此所遊已。」宣云：「應上遊。」補上數語，與上文「夫道有情有信」節義同，故此之所遊，卽遊於道也。

顔回曰：「回益矣。」仲尼曰：「何謂也？」曰：「回忘仁義矣。」曰：「可矣，猶未也。」他日復見，曰：「回益矣。」曰：「何謂也？」曰：「回忘禮樂矣。」曰：「可矣，猶未也。」補或謂仁義深而禮樂淺，仁義内而禮樂外，其忘也，應自淺而深，自外而内，本文不然，疑有倒誤。淮南道應訓，文與此同，惟先忘禮樂，仁義次之，似當据正。武曰：不然。仁義之施由乎我，禮樂之行拘於世。由乎我者，忘之無與人事；拘於世者，忘之必駭俗情。是以孟孫之達，且進世知；孟、琴之歌，遂來面誚。此回所以先忘仁義而後忘禮樂，蓋先易而後難也。淮南誤倒，當据此以正之也。他日復見，曰：「回益矣。」曰：「何謂也？」曰：「回坐忘矣。」司馬云：「坐而自忘其身。」仲尼蹵然曰：「何謂坐忘？」顔回曰：「墮肢體，黜聰明，成云：「墮，毀廢。黜，退除。」補釋文：「蹵，子六反，崔云『變色貌。』墮，許規反，徐待果反。」離形去知，宣云：「總上二句。」補墮肢體，離形也；黜聰明，去知也。卽以刑爲體也。同於大通，成云：「冥同大道。」補奚侗曰：「大當作化。下文『同則無好也，化則無常也』，卽分釋此兩句。淮南道應訓正作『洞於化通』。」此謂坐忘。」補如此，可謂天之君子矣。仲尼曰：「同則无好也，宣云：「無私心。」化則无常也。宣云：「無滯理。」而果其賢乎！丘也請從而後也。」爾誠賢乎！吾亦願學。極贊以進回。補注「願學」，非。説苑指武篇孔子曰「吾所願者，顔氏之計。吾願負衣冠而從顔氏子也」，卽此「請從而後」之謂也。又在宥篇云「墮爾形體，吐爾聰明，倫與物忘，大同乎涬溟，解心釋神，莫然无魂」，可作此節參證。

子輿與子桑友，而霖雨十日。雨三日以往爲霖。補左隱九年：「春，王三〔一〕月，大雨霖以震，書始也。凡雨自三日以往爲霖。」爾雅釋天〔二〕：「久雨謂之淫。淫謂之霖。」子輿曰：

〔一〕「三」原作「正」，據左傳改。
〔二〕「釋天」原誤「釋文」，據爾雅訂正。

「子桑殆病矣！」裹飯而往食之。至子桑之門，則若歌若哭，鼓琴曰：「父邪母邪！天乎人乎！」有不任其聲，而趨舉其詩焉。崔云：「不任其聲，憊也。」成云：「趨，卒疾也。」

補釋文：「裹音果。食音嗣。」成云：「任，堪也。」崔云：「趨舉其詩，無音曲也。」子輿入〔一〕，曰：「子之歌詩，何故若是？」成云：「歌詩似有怨望，故驚怪問其所由。」曰：「吾思乎使我至此極者而弗得也。父母豈欲吾貧哉？天无私覆，地无私載，天地豈私貧我哉？求其爲之者而不得也。然而至此極者，命也夫！」知命所爲，順之而已。

〔一〕「入」字，據王氏原刻及集釋本補。

應帝王第七

郭云：「無心而任乎自化者，應爲帝王也。」　正郭説非。「帝王」二字，須活看。如徐无鬼篇「雞廱也，豕零也，是時爲帝者也」之帝、德充符篇「而王先生」之王，若作實字詁之，則所謂應帝王者，言修道養氣之功，至乎其極，與帝王之義相應，蓋寓言也。如謂非寓言，而實言上古帝王治天下之道，上古之治天下者，莫過於伏羲、神農、黄帝。伏羲畫八卦，作甲子，教市易，結繩而爲網罟；神農作耒耜，教稼穡，嘗百草；黄帝制衣裳，造宮室，作五兵營陣，半生征討，致肌色皯黣，五情爽惑：皆爲任知任事之尤者也。如篇中所言以己爲牛馬，遊心於無，不知誰何，食豕如人，塊然獨以形立，無爲事任，無爲知主，而謂執此道以治天下，可臻羲、黄之盛，雖擅龍、施之辯，亦不能言其理矣。惟視爲修道養氣之寓言，則圓通無礙。蓋帝王者，寓言乎篇中之「太沖」。太沖爲陰陽二氣集合成和之名，和則德之實也。繕性篇云：「夫德，和也。」德充符篇云：「德者，成和之修也。」又云：「和豫通。」吕氏春秋云：「王者，天下之所往也，往則通矣。」管子兵法篇：「通德者王。」是以王寓言和豫通而爲太沖也。説文云：「帝者，諦也。」「諦者，審也。」書堯典傳，其疏云：「舉事審諦，故謂之帝也。」篇中「鯢桓之審爲淵」，喻修道者所養之氣，審諦於集虚而爲太沖也。故「鯢桓之審」一段，可作「帝」字之解義，而「帝王」二字，卽太沖之寓言也。則陽篇云：「陰陽，氣之大。」陰陽沖和，故謂太沖。太，大也。老子曰：「域中有四大，而王居一焉。」此處蓋以王寓太沖之大也。且也，太沖爲修道養氣之極，帝王爲天下人民之極；太沖虚，爲氣所集，帝王尊，爲人民所歸；太沖莫勝，帝王之勢亦莫勝。故特寓之以題篇也。極則無復可言，故内篇即以此而終焉。

齧缺問於王倪，四問而四不知。見齊物論。補天地篇：「堯之師曰許由，許由之師曰齧缺，齧缺之師曰王倪，王倪之師曰被衣。」武按：「知」字爲篇中骨幹，通貫全篇，故首爲揭出，而結之以「无爲知主」。本節之以己爲馬牛，三節之遊淡，合漠，順自然，四節之遊於無有，五節之不知誰何，食豕如食人，末節之渾沌，皆不爲知主也。本節之藏仁要人，二節之經式義度，四節之物徹疏明，五節之神巫預知，末節之儵、忽鑿竅，皆爲知主也。知北遊篇黄帝曰：「彼其真是也，以其不知也。」无始曰：「不知深矣，知之淺矣。」據此，可曉然於本篇知與不知之義矣。**齧缺因躍而大喜，行以告蒲衣子**〔一〕。釋文：「尸子云：『蒲衣八歲，舜讓以天下。』崔云：『即被衣，王倪之師也。』淮南子曰：『齧缺問道於被衣〔二〕。』」**蒲衣子曰：「而乃今知之乎？**而，汝。**有虞氏不及泰氏。**成云：「泰氏，即太昊伏羲也。」補淮南覽冥訓「然猶未及虙戲氏之道也」，其下云：

〔一〕「齧缺因躍而大喜，行以告蒲衣子」，據王氏原刻及集釋本補。
〔二〕王氏引釋文，據王氏原刻補。

「當此之時，臥倨倨，興盱盱，一自以爲馬，一自以爲牛。」語意與此同。虙戲，古通伏羲。成謂泰氏卽伏羲，蓋本此也。**有虞氏，其猶藏仁以要人，亦得人矣，而未始出於非人。**崔云：「懷仁心以結人也。」宣云：「非人者，物也。有心要人，猶繫於物，是未能超出於物之外。」**補**徐无鬼篇：「馳其形性，潛之萬物。」此之藏仁要人，馳其形性也；未始出於非人，潛之萬物也。**泰氏，其臥徐徐，其覺于于，**司馬云：「徐徐，安穩貌。于于，無所知貌。」**一以己爲馬，一以己爲牛，**成云：「或馬或牛，隨人呼召。」**補**天道篇老子曰：「昔者，子呼我牛也，而謂之牛；呼我馬也，而謂之馬。」呼牛呼馬，名也。名者，人爲也，非真也。故逍遥篇云「聖人无名」。馬牛也者，物也。然秋水篇云「號物之數謂之萬，人處一焉」，是人亦物也。德充符篇云「自其同者視之，萬物皆也」，列子黄帝篇云「和者大同於物」，佛書之「無差別心」，「無我相」，「無衆生相」，均此義也。**其知情信，**成云：「率其真知，情無虛僞。」**補**秋水篇「是信情乎」，成云：「信，實也。」此言其知之情爲實。實者，真也。知真，故所得亦真，與下句爲一氣。**其德甚真，**郭云：「任其自得，故無僞。」**而未始入於非人。**宣云：「渾同自然，毫無物累，未始陷入於物之中。」**補**至人和同萬物，而非入也。入之云者，馳其形性，凝滯於物，而心爲之累者也。此段重在知、德、性、真四字。雖自以爲馬牛，然有一真我在，是爲真德。彼懷仁要人，純出人爲之僞，其知非信，雖曰得人，非真得也。

肩吾見狂接輿。狂接輿曰：「日中始何以語女？」李云：「日中始，人姓名，賢者也。」崔本無「日」字，云：「中始，賢人也。」俞云：「日〔一〕猶言日者也。義見左文七年、襄二十六年、昭七年、十九年傳。」**肩吾曰：「告我：君人者，以己出經式義度，**司馬云：「出，行也。」王念孫云：「經式義度，皆謂法也。義讀爲儀，古字通。」正焦竑云：「經之式，義之度，皆所以正人。」林雲銘云：「經常之法式，義理之制度，如三綱五常，皆所以正人也。」二説義并如字讀，非不可通。天下篇云：「以義爲理。」林説「義理」字亦合，似不必改讀。天運篇云：「故夫三皇、五帝之禮義法度。」如「義」「法」互易，則爲「禮法義度」，義亦無所出入，足證改「儀」之不必矣。且「義」字於此處最適。釋名：「義，裁制事物使各宜也。」説文「度，法制也」，亦有裁制義。上文「以己出」，獨裁也；下文「人孰敢不聽」，以其獨裁而懼之也。上節藏仁以要人，此則出法以制人，其治更出有虞氏之下。必如是，然後與上節不複。**人孰敢不聽而化諸！」狂接輿曰：「是欺德也。**成云：「以己制物，物喪其真，是欺誑之德，非實道。」補反映上文「其德甚真」句。**其於治天下也，猶涉海鑿河，**涉海而鑿爲河。補説文：「涉，徒行厲水也。」徒行涉海，非惟不達，且必陷溺矣。鑿河所以通海，今涉海以鑿河，是倒道而行也，爲下「正而後行」之反喻。**而使蚉負山也。**補此非蚉力所能也，爲下「確乎能其事者」之反喻。**夫聖人之治也，治外乎？**用法，是治外

〔一〕「日」字，據王氏原刻補。

也。**正而後行**，正其性而後行化。　**補**言不治外而正内。德充符篇：「正生以正衆生。」孔子曰：「其身正，不令而行。」**確乎能其事者而已矣。**　李云：「確，堅也。」宣云：「不强人以性之所難爲。」　**正**言不强人以力之所不能爲，如使蚉負山之類也。天地篇：「聖治乎！官施而不失其宜，拔〔二〕舉而不失其能。」文子自然篇：「故聖人舉事，未嘗不因其資而用之也。有一功者處一位，有一能者服一事。力勝其任，即舉者不重也；能稱其事，即爲者不難也。」**且鳥高飛以避矰弋之害，鼷鼠深穴乎神丘之下，以避熏鑿之患，**成云：「矰，網。鼷鼠，小鼠。神丘，社壇。」宣云：「物尚有知如此。」　**補**釋文：「矰，則能反。鼷音兮。熏，香云反。」**而曾二蟲之无知！**」曾是人之無知。不如二蟲乎！　**補**言出己私意，立法制人。二蟲猶知避害，曾是人不如二蟲，而不知避爲治者之法網乎！　此答「孰敢不聽而化諸」。

天根遊於殷陽，崔云：「地名。」　**補**李云：「殷，山名。殷山之陽。」成同。**至蓼水之上，**李云：「蓼水，水名。」　**補**釋文：「蓼音了。」成云：「蓼水，在趙國界内。」**適遭无名人而問焉，**

補成云：「遭，遇也。」武按：老子曰：「道常无名。」此无名人，即寓言道也。夫人而無名，則呼牛呼馬，無不可者，上所謂「其知情信，其德甚真」也。大宗師篇「夫道有情有信」，故曰「无名人」寓

〔二〕「拔」原作「援」，據天地篇原文改。

言道也。「名」亦本篇重要字，與「知」字同貫全篇。蓋名出於知，無知則無名。首節之自以爲馬牛，此之无名人，四節之有莫舉名，六節之名實不入，皆言無名也，末節則以「無爲名尸」結之焉。

曰：「請問爲天下。」无名人曰：「去！汝鄙人也，何問之不豫也！俞云：「釋詁：『豫，厭也。』楚辭惜誦『行婞直而不豫兮』，王注：『豫，厭也。』此怪天根之多問，猶云何不憚煩也！」**正**俞說非。多問方可謂之不憚煩，此爲適遭初問，連下祇二問，俞乃謂怪其多問爲不憚煩，未免顢頇。爾雅釋詁：「豫，安也。」夫道在無爲，老子曰：「爲者敗之。」今天根問爲天下，其不安處卽在一「爲」字。彼人且無名，奈何向之問爲乎！況所問之爲在天下乎！宜乎无名人斥之去，而闢其問之不安也。以下至「感予之心爲」，明己之無爲也。**予方將與造物者爲人，**人，偶也，詳大宗師篇。**正**「人，偶」，非，正語亦詳大宗師篇。**厭則又乘夫莽眇之鳥，**成云：「莽眇，深遠。」按：謂清虛之氣若鳥然。**補**釋文：「莽，莫蕩反。眇，妙小反。」武按：逍遥遊篇「適莽蒼」，成云：「郊野之緣，遥望之不甚分明也。」釋文：「莽，莫郎反。」集韻音茫，義亦與茫同。成所謂郊野之色者，釋蒼也，蒼蓋草色也；遥望不明者，釋莽也，謂茫茫然也。就遠地言，則用「莽蒼」；就高空言，則用「莽眇」。庚桑楚篇：「藏身不厭深眇而已。」博雅：「眇，遠也。」然則莽眇者，望之不甚分明之深遠處也。此句與「藏身不厭深眇」之義同，並下句，實爲下文「遊心於淡，合氣於漠」之喻。蓋「漠」字，說文云「通幕」。程大昌北邊備對「幕者，漠也」，言望之漠漠然也，卽望之不甚分明也，亦卽莽之義也。**以出六極之外，**成云：「六極，猶六合。」**而遊无何有之鄉，**說見逍遥遊篇。**以處壙埌之野。**崔云：「壙埌，猶曠蕩也。」補釋文：「壙，徐苦廣反。埌，徐力黨反，李音浪。」武按：此與上句，爲下「順物自然而无容私焉」之喻。蓋無有者，無爲也。文子道原篇「所謂無爲者，不先物爲也」，卽順物自然爲之，而已不先也。有私，則必爲私欲所蔽塞矣。必無私焉，然後心能曠蕩，故曰爲之喻也。**汝又何帠以治天下感予之心爲？」**帠，徐音藝，未詳何字。崔本作「爲」，當從之。補帠依崔作「爲」，則當去句末「爲」字，否則不辭。俞讀作寱，孫詒讓以爲「叚」之誤，又有轉「叚」爲「暇」者，義均不愜。徐音藝，彼必有所本。音同則義通。藝者，才也。言汝又有何才藝以治天下感予之心爲？如此，則與上「汝鄙人也」相應。蓋鄙者陋也，鄙陋，無才識也，義似較合。此「心」字，爲全篇主腦。凡篇中所言道德、氣機、情知、名實，皆總之於一心，文分反、正以論之。論其反，則藏仁要人，己出經式義度，私心也；天根以鄙人而問爲天下，妄心也；嚮疾徹明而勤學，怵其心也；見神巫而心醉，迷其心也；感善待而鑿竅，亦心之妄也。論其正，則泰氏之徐徐于于，率其真心也；接輿之正而後行，正其以己出之私心也；无名人則遊心於淡，老聃則遊心於無有也；壺子之太沖莫勝，則謂之遊心於淡可，謂之遊心於無有亦可；聖人之心則若鏡，而終之以渾沌其心焉。蓋莊子之學，心學也。前六篇所論，亦論心已矣，然或舉一隅而未及其全，故此篇特就心之反正，與修之次第而詳論之，以爲内篇之殿焉。莊子之學與其道，蓋於此篇盡之矣。**又復問。无名人曰：「汝遊心於淡，合氣於漠，順物自然，而无容私**

焉，宣云：「不用我智。」**而天下治矣**〔一〕**！」**　補上二段，明有爲以治天下，卽私心主知，非正而後行也。此段卽申説正而後行之義，遊淡合漠，順自然而無私，卽正内而非治外也。知北遊篇云：「嘗相與无爲乎！澹而静乎？漠而清乎！」心淡静而氣漠清，不藏仁以要人也。順物自然，不出經式義度以制人也。仁者有親，私也；法必己出，私也。無私焉，不治天下而天下治矣。遊心於淡，合氣於漠，爲全篇精要語，然有先後之分：必先能遊心於淡，然後能合氣於漠。如篇中之徐徐于于，情信、無欺、無私，篇末之四無爲，卽遊心於淡也。合氣於漠之極致，卽下「神巫」節之太沖，蓋太沖爲陰陽二氣交合成和之謂也。故「遊心」二句，爲「神巫」節之綱。彼節方由淺入深，逐層敷陳，爲修道養氣之總説明。「天下」二字，道家謂喻全身，言頭之下，足之上也。玩「神巫」節「天壤」「地文」，及「機發於踵」諸語，卽明此言未爲無理。蓋本書多寓言，實則純就修心養氣立論，乃方以外之言也。其中所謂君、國、臣、民，各有寓意。老子五千言，意亦如之。若徒就文句之實義詁之，則多不合情理。此義已於篇題正語内及之矣。

陽子居見老聃曰：成云：「姓陽，字子居。」案：卽楊朱，見寓言篇注。**「有人於此，嚮疾强梁，**嚮往敏疾，强幹果決。正嚮，如易繫辭「其受命也如嚮」之嚮。疏：「如嚮應聲。」言其人用知則敏疾如嚮之應聲，任事則如梁棟之强而不橈。**物徹疏明，**事物洞徹，疏通明達。正史

〔一〕「而天下治矣」五字，據王氏原刻及集釋本補。

記禮書「疏房、牀第、几席」，索隱：「疏，謂窻也。」盜跖篇「内周樓疏」，李云：「疏窗外通。」武按：室設窗疏，所以通明也。句謂其於物理洞徹，如窗疏之通明也。上句言用知任事，以聲嚮與梁棟喻之；此言明物，以疏窗喻之。若如注説，則「徹」與「疏」複，「明達」與「洞徹」複。**學道不勧。**

補求知也。**如是者，可比明王乎？」老聃曰：「是於聖人也，胥易技係，勞神怵心者也。**言此其學聖人，如胥之易，如技之係，徒役其形心者也。郭慶藩云：「胥徒，民給徭役者。易，治也。胥易，謂胥徒供役治事。技係，若王制『凡執技以事上者，不貳事，不移官』，是爲技所係也。」**正**注非。禮記文王世子篇：「小樂正學干，大胥贊之。」（鄭注：「大胥掌學士之版，以待諸子春入學，舍菜合舞，秋頒學合聲。」）又云：「胥鼓南。」（注：「胥掌以六樂之會正舞位。」）周禮天官：「胥十二人。」（注：「胥讀如諝。謂其有才知，爲什長。」疏：「周室之内，稱胥者多。謂若大胥、小胥、胥師之類，雖不爲什長，皆是有才智之稱。」又云：「徒給使役，故一胥十徒也。」）然則胥須才智而爲長，徒則給使役，職任各分。郭統謂「胥徒給徭役」，非也。且句僅言胥，以其有才智也，不必涉及徒。謂「易，治也」，亦非。禮記祭義：「易抱龜南面，天子卷冕北面。雖有明智之心，必進斷其志焉。」（注：「易，官名，周禮曰大卜。大卜主三兆、三易、三夢之占。」）據此，則爲胥必精習樂舞之技，爲易必精習占卜之技，皆爲技所纏係而不能移，故曰「胥易技繫」也。陽子所言之人，以有才智而勤學，何異胥易以才智爲技所係乎？徒勞苦其形，怵惕其心耳。勞形怵心，反應上「遊心於淡」二句。**且曰虎豹之文來田，**以文致獵。**猨狙之便、**捷也。**執斄之狗來藉。**司馬云：「藉，繫也。」按：猴、狗以能致繫。二語亦見天地篇。正藉訓繫，似與事實不合。凡狗一受馴養，恆依主人，不須繫也。釋名：「藉，咀藉也。以藉齒牙也。」狗田之久，難必不爲猛獸所咀藉也。上胥易以人喻，此以物喻；上喻勞形，此喻傷生。**如是者，可比明王乎？」陽子居蹵然曰：「敢問明王之治。」老聃曰：「明王之治，功蓋天下而似不自己，**成云：「聖人功成不居，似非己爲之。」**補**不以己出經式義度也，無私也。**化貸萬物而民弗恃，**宣云：「貸，施也。」成云：「百姓謂不賴君之能。」**補**不藏仁以要人也。民弗恃，則非民孰敢不聽之治可比矣。**有莫舉名，**宣云：「似有，而無能名。」**補**老子曰：「太上，下知有之。」本書徐无鬼篇「聖人並包天地，澤及天下，而不知其誰氏」，義並與此同。**使物自喜，**成云：「物各自得。」**補**順物自然，不出經式義度以制之，則物自喜矣。**立乎不測，**宣云：「所存者神。」**補**處壙埌之野，自難測其崖際。**而遊於无有者也。」**宣云：「行所無事。」**補**自篇首至此，分四節，其意不出「反正」二字，每節内又自有反正。第一節藏仁，似治内矣，而非正；泰氏之徐徐于于，則正也。第二節以己出法，純治外也，制人更下於要人。於此提出「正而後行」，以啓下二節。第三節申説正内之義。第四節陽子所言之人，亦治内而非正，故老子闢其勞神怵心。至「功蓋天下」、「化貸萬物」二句，則申説「行」字之義，至此而後化行也。而其要，則在遊心於淡，合氣於漠；惟其能遊淡合漠，然後能立於不測，遊於無有。此義均於「神巫」節實證之。細玩此四節，反正相應，内外相對，虛實相間，先提後敍，先伏後彰，似斷實聯，皆互相發明也。

鄭有神巫曰季咸，列子黄帝篇云：「有神巫自齊來，處於鄭，命曰季咸。」**知人之生死存亡，禍福壽夭，期以歲月旬日，若神。**或歲或月或旬日，無不神驗。補「知」，主要字。任知必窮。**鄭人見之，皆棄而走。**宣云：「惟恐言其不吉。」補首節任知要人，而人始從；第二節，任知制人，而人不敢不從；此則任知惑人，皆棄而不從。前後雖分，實相映射。**列子見之而心醉，**向云：「迷惑於其道也。」補誤以知爲道，以文爲實，而不知其知非真也。**歸以告壺子，**列子作「壺邱子」。司馬云：「名林，鄭人，列子師。」**曰：「始吾以夫子之道爲至矣，**補通篇所説者道也，至此方明點，並出「至」字。帝王爲人之至，此節不僅説道，乃説道之至，以與帝王之義相應。**則又有至焉者矣。」**郭云：「謂季咸之至，又過於夫子。」**壺子曰：「吾與汝既其文，未既其實，而固得道與？**成云：與，授。既，盡也。吾比授汝，始盡文言，於其妙理，全未造實。汝固執文字，謂言得道邪？」按：列子「既其文」作「無其文」，張湛注引向秀云：「實由文顯，道以事彰。有道而無事，猶有雌而無雄耳。今吾與汝，雖深淺不同，無文相發，故未盡我道之實也。此言聖人之唱，必有感而後和。」正成謂固爲「固執」之固，非。向注蕪雜無當。此處應承「道」字説。言吾平日與汝所言者，盡乎道之外文，而未盡乎道之實體也。汝僅得吾所言之文，遂自以爲得道之實乎？句本明顯，觀成、向注，反令人迷眩。下「天壤」「太沖」，即示之以實也。**衆**

雌而无雄，而又奚卵焉！郭云：「喻列子未懷道。」**正**此以雌喻文，以雄喻實，以卵喻道。言有文而無實，安從得道？猶之有雌而無雄，安從得卵？**而以道與世亢必信，**而，汝也。信讀曰伸。言汝之道尚淺，而乃與世亢，以求必伸。列子「亢」作「抗」。**正**信讀伸，非。當如上「其知情信」之信，實也。淮南謬稱訓「文者所以接物也」，言汝誤以吾前與汝所既之文爲道，謂所以接物者也，遂出而與世亢，以爲必可得世人之實情矣。不知世人其情非信，故反爲所惑也。**夫故使人得而相汝。**故使人得而窺測之。**補**文者章於外，故使人得而窺測以惑之。**嘗試與來，以予示之。」明日，列子與之見壺子。出而謂列子曰：「嘻！子之先生死矣，弗活矣，不以〔一〕旬數矣！吾見怪焉，見溼灰焉。」**宣云：「言無氣燄。」**補**詳下。**列子入，泣涕沾襟，以告壺子。壺子曰：「鄉吾示之以地文，**列子注引向云：「塊然若土也。」**正**注非。此示以地之文，非示以塊然之土也。易說卦：「坤爲地，爲文。」「地文」二字本此。史記樂書注：「文猶動也。」故草木之萌動勾茁，條達敷榮，水流地上，蕩漾成紋，天氣下降，地氣上騰，皆地之文也。譬諸泰岱之雲，生於石罅，騰於太清，膚寸而合，不崇朝而滿天下。人身之氣亦如之，發於玄牝，會於泥丸，然後周流一身，無時或息。此段言養氣初功，蘊積於下，有待上騰，故以地文爲喻也。**萌**

〔一〕「以」上原有「可」字，據王氏原刻及集釋本删。

乎不震不正。俞云：「列子作『罪乎不誫不止』，當從之。罪讀爲崋，説文作𡶳，云：『山貌。』震卽誫之異文。不誫不止者，不動不止也，故以崋乎形容之，言與山同也。今罪誤作萌，止誤作正，失其義矣。據釋文，崔本作『不誫不止』，與列子同，可據以訂正。」按：列子注引向云：「不動，亦不自止，與枯木同其不華，死灰均其寂魄，此至人無感之時也。」**正**「萌」「震」「正」，均不誤。據俞説「不動不止，以崋乎形容之」，崋，山貌，形容不動可也，亦可形容不止乎？理恐難通。萌，承地文説，如草木之始萌芽也。在此處，義頗重要，上既承「地文」，下之「不震不正」，「杜」字「機」字，皆從此字發生。如作「崋」，則無所取義矣。震，易説卦云「動也」。正，爾雅釋詁云「長也」。有主宰義，與佛書「無所住而生其心」之住義同。又如孟子「必有事焉而勿正心」之正，朱注：「正，預期也。」就地文言之，草木初萌，不動之以助長；如爲勾茁，不正之使必直。又不預期以必生，純如无名人所謂「順物自然」而已。以喻養氣者，氣機初萌，心不可馳於物以擾動之，然亦不可有執着心，卽不主宰之也，卽無所住也。此不正之一義也。又不可有希望心與攀緣心。希望者，預期也；攀緣則由希望而生。此不正之又一義也。循是以養，卽上所謂「遊心於淡」也。萌乎者，神氣初萌，有機無跡，故用「乎」之疑問詞。季咸見之，謂其未萌則有機，謂其已萌則不震不正，未有萌動之跡，疑而不明，故曰「見怪」「見溼灰」也。**是殆見吾杜德機也。**成云：「杜，塞也。」列子「機」作「幾」，下同。注引向云：「德幾不發，故曰杜。」**補**德充符篇云：「德者，成和之修也。」蓋修和已成，方謂之德。此則和氣初萌，尚無德可言，故曰「杜德」，言德閉塞而未顯也。然德雖杜，而機已萌，故季咸得見之。見機而未見德，猶之列子見文而未見實也。壺子此時境界，如顔回坐忘，南郭子綦喪我，故季咸曰「死」，曰「弗活」也。此證明遊心於淡一。**嘗又與來。」**嘗亦試也。**明日，又與之見壺子。出而謂列子曰：「幸矣！子之先生遇我也。有瘳矣，全然有生矣。**列子「全」作「灰」。　**補**當作全。**吾見其杜權矣。」**宣云：「杜閉中，覺有權變。」**補**前僅見其將萌而未發之機，此則見其變動之權，故曰「有生」也。**列子入，以告壺子。壺子曰：「鄉吾示之以天壤，**列子注引向云：「天壤之中，覆載之功見矣。比地之文，不猶外乎！」按：郭注「地之」作「之地」，「外」作「卵」，是誤字。昔人謂郭竊向注，殆不然，此類得毋近是乎？　**正**壤，柔土也。無塊曰壤。變「地」言「壤」者，明非砂石斥鹵不毛之區，草木各物，皆易萌芽生息也。就人言之，頭圓象天，足方法地，故頭足爲一身之天地。黄庭經云：「口爲天關精神機，足爲地關生命棊。」則以人之氣息入出起迄處，定天地之關也。「天壤」二字，爲本節四段之總綱。自「地文」至「淵有九名，此處三焉」句，説明「壤」字；「未始出吾宗」段，方説「天」字。**名實不入**〔二〕，列子注引向云：「任自然而覆載，則名實皆爲棄物。」按：郭注「則」下，作「天機玄應，而名利之飾皆爲棄物矣」。　**正**淮南原道訓「天下爲之圈，則名實同居」，張注：「名，爵號之名也。實，幣之屬也。一曰仁義之功

〔二〕「入」原誤「久」，據王氏原刻及集釋本改。

賞也。」又本經訓「是故生無號，死無謚，實不聚而名不立」，注：「實，財也。」皆以爵號貨利釋名實，近是矣，然不足以概本義。蓋天壤之間，惟道無名，以無形也。有形則有實，有實則有名。無乎非實，亦無乎非名。淮南所云「天下爲之圈，名實同居」者，言圈内惟名與實，無他物也，豈但以功名貨利限之乎？如夷、齊、務光之殉名，殉仁義之名，非羨爵號功賞之名也；踐仁義之實，非貪貨財利禄之實也。然自有道者視之，彼夷、務之名實，皆亡身不真，足以傷生損性，是以不入也。且呼牛爲牛，呼馬爲馬，人之名亦不入也；忘肝膽，遺耳目，墮肢體，本身之實亦不入也。故曰「名實不入」。若然者，則能如老子所云「虛極」「静篤」之候也。然後可以機發於踵，再進焉，然後洋溢於天壤間，而爲太沖莫勝矣。此證遊心於淡二。**而機發於踵。**宣云：「一段生機，自踵而發。」**補**大宗師篇云：「真人之息以踵。」田子方篇老子曰：「至陰肅肅，至陽赫赫。肅肅出乎天，赫赫發乎地。兩者交通成和，而物生焉。」慎子曰：「天地相去八萬四千里，沖和之氣在其中。四萬二千里已上爲陽位。冬至之候，陽氣發於地，一氣上升七千里。至六氣，則上升四萬二千里，而陽至陽位。」又曰：「天地之所以能長久者，以其陽中有陰，下降極而生陽；陰中有陽，上升極而生陰。二者交通，合爲太和。」武按：慎子乃本老子之説而發揮之，漢鍾離權又本慎子之説，著靈寶畢法一書，言人身陰陽之氣，其一晝夜之升降，與天地陰陽四時之氣相應。因按月令節候，詳言養氣之方，以傳呂純陽，修煉家視之爲祕法焉。此處亦以天壤氣之升降，喻人身内氣之升降。以壤喻踵，黃庭經之地關也。機發於踵，卽老子所言「赫赫發乎地」也，亦卽慎子所言「冬至之候，陽氣發於地，一氣上升」也。蓋冬至之候，在易爲震卦，一陽初生之時也。大宗師篇「真人之息以踵」，義詳彼注，與此有別。彼言真人呼吸之常息，此言身中陽氣之初發。然衆人之呼吸以肺，養氣家則以丹田，所謂内呼吸也。蓋其身中陰陽二氣，發於兩腎，而聚於丹田。此種功候，亦非可驟幾。至機發於踵，則可以踵息矣，然非真人不能也。前段氣之初萌，此段氣之正發，將上騰而及於天矣。**是殆見吾善者機也。**宣云：「善卽生意。」**補**「善」字本於易。易繫辭云：「一陰一陽之謂道。繼之者善也，成之者性也。」前爲氣之初萌，此爲氣之繼發。**嘗又與來。」明日，又與之見壺子。出而謂列子曰：「子之先生不齊，**釋文：「側皆反，本又作齋。下同。」**正**齊當如字，與下「勝」字「衡」字相應。月令仲夏之月云：「是月也，日長至，陰陽争，死生分。」注：「争者，陽方盛，陰欲起也。」前言人身之氣與天氣相應，此發於踵之氣，猶之赫赫發於地之陽氣也。身之陽氣方盛，其陰氣欲起而相争，故不齊也。**吾无得而相焉。試齊，且復相之。」列子入，以告壺子。壺子曰：「吾鄉示之以太沖莫勝。**列子「勝」作「朕」，當從之。注引向云：「居太沖之極，浩然泊心，玄同萬方，莫見其跡。」按：郭注「莫見其迹」，作「故勝負莫得措其間也」。**正**仍當作「勝」，方與上「不齊」、下「衡」字相應。淮南詮言訓：「故神制則形從，形勝則神窮。聰明雖用，必反爲神，謂之太沖。」注：「沖，調也。」反諸神，則神制形從，卽神勝也。神勝謂之太沖，與此「太沖莫勝」之義同。易曰：「陰陽不測之謂神。」是神爲陰陽之用也。「沖」注「調」者，蓋太沖乃陰陽二氣調和之名也。文子上仁篇：「天地之氣，莫大於和。和者，陰陽調。」列子天瑞篇：「沖和氣者爲人。」愼子謂陽陰二者合爲太和。據此諸説，此太沖之所由名也。陰陽和，則無争，無争，何有勝？故曰「太沖莫勝」也。篇中所言之莽眇、壙埌、無窮、無盡，皆形容太沖者也；而遊心於淡，與篇末所言之虚，則修太沖之下手工夫也。能淡能虚，然後能合氣於漠，謂合陰陽二氣而爲沖漠之和，即太沖也。是太沖之爲氣也，體莫大焉，位莫極焉，用莫神焉，勢莫勝焉，與帝王之義有同符焉。故本篇名之曰應帝王，實歸重於太沖也。**是殆見吾衡氣機也。**宣云：「衡，平也。」列子注引向云：「無往不平，混然一之。」按：郭注同。**補**氣之初發，陰陽有盛衰多少，每不能平，故必平之使平以成和。和之極，則太沖也。季咸蓋見其平之之機，正當平之之時，氣固尚未平也，故曰「先生不齊」。**鯢桓之審爲淵，止水之審爲淵，流水之審爲淵。淵有九名，此處三焉。**列子「鯢桓之審」作「鯢旋之潘」，張注以爲當作「蟠」，云：「鯢，大魚。桓，盤桓也。蟠，洄流也。言大魚盤桓，其水蟠洄而成淵泉。」淵有九名者，謂鯢桓、止水、流水、濫水、（爾雅：「水涌出也。」）沃水、（水泉從上溜下。）氿水、（水泉從旁出。）雍水、（河水決出，還復入也。）汧水、（水流行也。）肥水。（水所出異爲肥。）是爲九淵，皆列子之文。成云：「水體無心，動止隨物，或鯨鯢盤桓，或凝湛止住，或波流湍激。雖多種不同，而玄默無心一也。」**正**此處各注都不得解。就列子文論，「潘」不誤，張改「蟠」，非也。管子五輔篇「決潘渚」，注：「潘，溢也。」言鯢桓之水，溢出而赴於淵也。此處自當作「審」，方與上下文相應。徐无鬼篇「水之守土也審」，羅勉道云：「言水之守土，審定不移也。」管子度地篇：「水出地而不流者命曰淵。」蓋水性就下，不赴海則趨高地；至淵則停而不流，故曰「守土也審」，審知乎土之下處也。此處鯢桓之水，其審諦而守者，亦惟淵之趨。水之所匯曰淵，以喻氣之所會曰太沖；水之審守淵，喻人之審守氣也。鯢，張云「大魚」，且謂「鯨鯢盤桓」，非也。鯢桓之水爲淵，是尚未爲淵也。鯨鯢，魚之大者，非海不容，況未爲淵之水，安能容其盤桓乎？本書外物篇云「灌瀆守鯢鮒」，李云：「皆小魚也。」庚桑楚篇云：「尋常之溝，巨魚無所還其體，而鯢鰌爲之制。」此則不待注，而知鯢爲小魚矣。鯢所盤桓者，蓋溝瀆也。小魚桓小水，波動亦小，以喻中段杜德方始權變，其動小也；機發於踵，其氣小也。氣雖小，當審愼守之。氣發漸盛，終則陰陽合和而爲太沖矣。止水，喻首段氣機似萌非萌，不震不正，和德閉杜之時。流水，喻末段氣機盛發，洋溢天壤，陰陽合和，一氣流行，是謂太沖，猶之溝瀆之水匯而爲淵也。淵雖有九，止取可喻本義者，故曰「此處三焉」。流水濚洄，地文也，取以設喻，既照應「地文」與「壤」字，兼爲上三段作收束，使不散漫。**嘗又與來。」明日，又與之見壺子。立未定，自失而走。壺子曰：「追之！」列子追之不及，反以報壺子，曰：「已滅矣，已失矣，**補初則距遠，沒無所見，故曰「滅」也。追之漸近，能見而不能及，故曰「失」也。**吾弗及也。」壺子曰：「鄉吾示之以未始出吾宗。**深根冥極，不出見吾之宗主。正天下篇「以天爲宗」，此「宗」字，承上「天壤」之天字，暗伏下「盡其所受於天」之天字。上各段未及天，此申說之。本書所謂天者，無爲與自然也。未始出吾宗者，言未始逸出於吾所宗自然之天也，卽上文「順物自然」之義。達生篇言至人云「其天守全」，又云「聖人藏於天」，在宥篇云「神動而天隨」，皆不出宗之義也。下數句，即順物自然而動，乃申説此句，兼作順物自然之例證也。**吾與之虛而委蛇**，成云：「委蛇，隨順貌。」郭云：「無心而隨物化。」按：列子「委蛇」作「猗移」，義同。**補**反映列子與世亢。「虛」字重要，爲下「虛」字伏根，且承上「太沖」説。太沖爲陰陽之和氣。人間世云：「氣者，虛而待物者也。」虛者，太沖之體也。委蛇者，如蛇之行，或左或右，委婉曲屈，以喻太沖之氣，或靜而爲陰，或動而爲陽，無所不可也。此句總攝下「弟靡」「波流」二句而爲之綱。**不知其誰何**，向云：「汎然無所係。」按：郭注同。**補**不爲知主，故不知其誰何。反映神巫主知以相人，有時而窮。下「食豕如食人」，即證明此句。**因以爲弟靡**，釋文：「弟音頹。弟靡，不窮之貌。」盧文弨云：「正字通弟作弟。後來字書亦因之，而於古無有也。類篇弟字下，有徒回反一音，云：『弟靡，不窮貌。』正本此。列子作『茅靡』。」**正**崔云：「弟靡，猶遜伏也。」武案：天地篇云：「豈兄堯、舜而弟之哉！」宣云：「言不肯讓堯、舜居先而已後之。」據此，故弟有遜讓義。靡，順也。弟靡者，順而隨其後也。列子作「茅靡」，言茅從風而靡，與弟從兄而順，其義同也。音頹，作不窮貌者，非也。此就虛而委蛇之靜義説。**因以爲波流**，崔本作「波隨」，云：「常隨從之。」王念孫云：「崔本是也。蛇，何、靡、隨爲韻。蛇，古音徒禾反。靡，古音摩。隨，古亦音徒何反。」**正**弟靡即隨順，此復作「波隨」，複矣。本書於四字句，多者嫌讀時聲調平板，往往協韻以救之。亦協自然之音，取其諧和適口而已，非如後世之辭賦，不可出一定之韻也。若必字字指古爲某音，既非古人口授，何從定之？是以明、清以來，論古音者，紛如聚訟，莫衷一是也。如王、俞等之於本書，其詁字論音，非不勤且博也，然徒斤斤焉㪅較於一字半句之間，而於文之全理正義，反不深究，故所詁者，恆於本義無當，已於上之各篇，逐條正之矣。即如此處，五字者僅三句，「不知」句屬上，因以兩句爲對，而以「故逃也」極短之句，頓住其氣，使極峭峻，非僅不患平板，且極起伏靈變之致。而四句之末字，平仄相間，聲復調適，何須協韻以救之乎？如必改「流」爲「隨」以合韻，義與上複，他無所取，徒犯湊韻之嫌而已。刻意篇云「聖人之生也天行，其死也物化，静而與陰同德，動而與陽同波」，以釋本段頗愜：生也天行，卽未始出其宗也；静而與陰同德，陰德静而順，地之德也。吾故曰弟靡就静義説也。動而與陽同波，陽德動而健，天之行也。波之流似之，故此句係就虛而委蛇之動義説。二句分含天地之德，卽分釋上文「天壤」二字之義也。**故逃也。**」成云：「因任前機，曾無執滯，千變萬化，非相者所知，故季咸逃逸也。」按：列子注引向云：「至人其動也天，其静也地，其行也水流，其湛也淵嘿。淵嘿之於水流，天行之與地止，其於不爲而自然，一也。今季咸見其尸居而坐忘，卽謂之將死；見其神動而天隨，卽謂之有生。苟無心而〔一〕應感，則與變升降，以世爲量，然後足爲物主，而順時無極耳，豈相者之所覺哉！」**補**前季咸言「不齊，无得而相」，其時，氣機初發，陰陽未和，誠哉其不齊也。及後，氣機已充，陰陽已和而爲太沖，如易所謂「陰陽不測」之神矣。前之「无

〔一〕「而」原誤「與」，據王氏原刻改。

得而相」者，此則不知所以相之矣，故逃也。此節係借神巫相人，喻修道養氣次第，爲道家工夫之總説明，内篇之總歸結，非真有巫如此之神也。**然後列子自以爲未始學而歸**，成云：「始覺壺丘道深，自知[一]未學。」**補**今見壺子所示之實，然後自知僅既其文，猶之未學也，故歸而求既其實。下文，求既實之説明也。**三年不出**，**補**不敢與世亢。**爲其妻爨**，向云：「遺恥辱。」**正**爲妻爨，有何恥辱？本節亦未涉及恥辱，向説非。此處重在食豕，爲妻食豕，因而爲之爨也。**食豕如食人**，釋文：「食音祀。」郭云：「忘貴賤也。」**正**此爲「不知其誰何」之證。其不主知，與上文自以爲牛馬同。**於事无與親**，不近世事。**補**虛而委蛇而已。爲下「无爲事任」伏筆。**彫琢復朴**，成云：「彫琢華飾之務，悉皆屏除，復於朴素。」**補**昔之彫琢者，今去而復朴，即去文而復實也。**塊然獨以其形立**，塊然無偶。**紛而封哉**，釋文：「紛而，崔云『亂貌』。哉，崔本作戎，云：『封戎，散亂也。』」李楨云：「崔本是也。列子作『㤓然而封戎』。六句人、親、朴、立、戎、終，各自爲韻。」**正**注非。成云：「封，守也。」武按：達生篇云：「其天守全，其神无郤，物奚自入焉？」又云：「死生驚懼，不入乎其胸中。」天守全，封之義也。物之數號曰萬，與死生驚懼等，可謂紛矣，能封吾内而守之，故神無郤，而紛然之物，與死生驚懼，自無自入矣。此時列子已既其實，雖涉紛

[一]「知」原誤「如」，據王氏原刻改。

紜，而能不出其宗矣。**一以是終。**宣云：「道無復加也。引季咸、壺子事，明帝王當虛己無爲，立於不測，不可使天下得相其端，以開機智。其取意微妙無倫。」以上引五事爲證。**正**此句係收繳上文列子見神巫而心醉，歸以告壺子曰「始吾以夫子之道爲至矣，則又有至焉者矣」各句。蓋觀列子告語，大有傾向神巫，不能終學壺子之意，今而後方知己未始學，不再他慕，而一以是道終矣。於此可以窺知莊文接構之嚴密。至注中「明帝王當虛己無爲」等語，對於本節文意，尚屬隔膜。文之真意，見前「故逃也」句補注末段。

无爲名尸，成云：「尸，主也。無爲名譽之主。」**正**注中「譽」字當删。名以知生，無爲知主，則凡爲知所生之名，皆無爲之尸，不限於譽也。文子符言篇此四語作老子說。此句總結篇中各「名」字。**无爲謀府，**無爲謀慮之府。**補**德充符篇「聖人不謀，惡用知」？故謀出於知。**无爲事任，**郭云：「付物使各自任。」**補**應上「於事无與親」。**无爲知主。**釋文：「知音智。」成云：「不運智以主物。」**正**成說非。言不爲知主，非言不爲物主也。此句重要，爲上三句之主，兼總結篇中「知」字。如藏仁，出法，胥巫之技，儵、忽之鑿，皆主知也。主知則勞神怯心，不應帝王矣。知應如字。**體盡无窮，**體悟真源，冥會無窮。**正**體非「體悟」之體，乃上「未既其實」之實也。既，盡也。「體盡无窮」，即既其實也。總結「出六極之外」，「處壙埌之野」，「立於不測」，「合氣於漠」，「太沖莫勝」各句。**而遊无朕，**崔云：「朕，兆也。」成云：「朕，迹也。晦迹韜光，故無朕。」

補總結「乘莽眇之鳥」、「遊无何有之鄉」、「遊心於淡」、「遊於无有」各句。**盡其所受於天，而无見得，**全所受於天，而無自以爲得之見。補功蓋天下，化貸萬物，不出其宗，即盡其所受於天也。無容私，似不自己，民弗恃，神巫無得而相，即無見得也。**亦虛而已。**郭云：「不虛，則不能任羣實。」補道無名無形，虛也。老子最精要之語曰「致虛極」，本書最精要之語曰「道集於虛」，曰「氣者，虛而待物者也」。蓋心不虛，則氣不集而神不凝，何能合和爲太沖而成道？故老、莊千言萬語，亦虛而已；本篇四「无爲」，亦虛而已。故此句不僅收結本篇及本書，即謂收結黃、老、莊、列一切言語，亦無不可。**至人之用心若鏡，**郭云：「鑒物而無情。」補總結篇中「心」字。**不將不迎，應而不藏，**成云：「將，送也。物感斯應，應不以心，既無將、迎，豈有情於隱匿哉！」補文子符言篇：「來者不迎，去者不將。」故成訓將爲送。此二句，承「鏡」字說。淮南原道訓：「夫鏡水之於形接也，不設知故，而方圓曲直弗能逃也。」前漢書韓安國傳：「清水明鏡，不可以形逃。」夫不設知故，即不將不迎，上所謂「亦虛而已」也。方圓曲直不可以形逃，即應而不藏也。**故能勝物而不傷。**成云：「用心不勞，故無損害。」此段正文。補文子真誠篇：「是故聖人若鏡，不將不迎，應而不藏，萬物不傷。」淮南覽冥訓：「故聖若鏡，不將不迎，應而不藏，故萬化而無傷。」武按：勝音升，說文「任也」。言能勝任物來取照而不致傷也。世說袁羊曰「何嘗見明鏡疲於屢照」，頗可證明斯義。此處喻聖人之心虛，不尸名，不府謀不任事，不主知，物來順應，故萬化而無傷也。

南海之帝爲儵，北海之帝爲忽，中央之帝爲渾沌。簡文云：「儵、忽，取神速爲名。渾沌，以合和爲貌。神速〔一〕譬有爲，合和譬無爲。」崔云：「渾沌，無孔竅也。」補釋文：「儵音叔。渾，胡本反。沌，徒本反。渾沌，李云『清濁未分也』。」武按：此節設喻明不爲知主之義。蓋渾沌爲不爲知主之正面，儵、忽鑿竅，則其反面也。儵與忽時相與遇於渾沌之地，渾沌待之甚善。補渾沌未始出其宗，與之虚而委蛇。儵與忽謀報渾沌之德，曰：「人皆有七竅，以視聽食息。此獨无有，補渾沌之無竅，以道言之，即養生主篇所謂「官知止而神欲行」也。嘗試鑿之。」日鑿一竅，七日而渾沌死。郭云：「爲者敗之。」此段喻意。

一九四八年仲秋劉武時年六十六

〔一〕「神速」，原作「儵忽」，據釋文引改。